主编 潘涛

竺可桢与他的时代

纪念竺可桢逝世50周年研究文集

上海科技教育出版社

目录

001　前言

大爱无形——历久弥珍的精神财富

002　激励学者报国、创新、前进的动力——《竺可桢全集》/ 施雅风
005　《竺可桢全集》——一部历史的真相 / 沈文雄
008　读《竺可桢全集》——我的激情和回忆 / 李元
011　令人肃然起敬——读《竺可桢全集》/ 周振鹤
014　时穷节乃现——读《竺可桢全集》第2卷有感 / 刘钝
019　"书如其人"——读《竺可桢全集》/ 何祚庥
021　一份珍贵的史料——读《竺可桢全集》有感 / 刘兵
024　存真求全的《竺可桢全集》——历史学家的梦想成真 / 王作跃
032　竺可桢学——《竺可桢全集》催生的一轮朝阳 / 何亚平

引竺问史——气象万千的学术宝库

038　原子弹的故事：应从1952年讲起——访竺问史录之六 / 樊洪业
043　科学魂，爱国心，平民情——竺可桢科普作品初探 / 卞毓麟
052　校长当如竺可桢 / 雷颐
054　"这小子倒还不错！"——竺可桢与陈寅恪之一 / 张荣明
060　竺可桢与钱学森的莫逆之交（1947—1955）/ 吕成冬
066　马一浮与竺可桢 / 虞万里

082　从"倡导通才"到"通专并重"
　　　——竺可桢大学育人理念的转变及其启示 / 许为民　潘一骁　张立

092　竺可桢与中国科学社 / 张剑

102　科学史家竺可桢 / 杜扬

105　从"雪中送炭"到"架设桥梁"
　　　——竺可桢20世纪40年代日记中的李约瑟 / 潘涛

115　竺可桢与新中国的科学史研究事业
　　　——基于档案和日记的新考察 / 郭金海

126　竺可桢日记的经济科技史料价值与时代意义 / 徐康宁

140　竺可桢著作之哲趣 / 林之光

146　引用《竺可桢日记》研习中国近现代植物学史小记 / 胡宗刚

风范永存——上下求索的一代楷模

150　竺可桢——一位战略科学家的时代高度 / 陈述彭

154　竺可桢为何十次请辞浙大校长 / 李杭春

162　哪一个是真实的竺可桢 / 散木

166　"三反"运动中的竺可桢 / 智效民

172　竺可桢与我国气象台站的建设 / 王东　丁玉平

179　竺可桢的地学思想与中国现代地理学研究体制 / 张九辰　刘超

193　从地学到地理学
　　　——竺可桢与中国近代大学地理学系的构建 / 牛力　林伟

215　竺可桢与中国土壤科学的发展 / 龚子同　张甘霖

221　竺可桢人口思想研究 / 王勇忠

228　竺可桢对我国海洋事业发展和海洋权益维护所作的贡献 / 殷昭鲁

240　竺可桢日记中的精神世界 / 竺安

246　档案证明竺老是公正的 / 陈学溶

248　竺可桢的三大精神遗产
　　　——兼述《竺可桢全集》主编樊洪业的贡献 / 李玉海

266 凭借本国文化基础　吸收世界文化精华
　　——试论竺可桢对优秀传统文化教育资源的承继 / 田正平

276 竺可桢的"伊利诺伊岁月"——早期留美教育经历及其回响 / 曾点

291 知识的跨国流通——竺可桢对哈佛大学地理学传统的继承与发展 / 林伟

附录　《竺可桢全集》的编辑与出版

310 《竺可桢全集》编辑委员会名单

311 《竺可桢全集》序 / 路甬祥、张劲夫、叶笃正、施雅风、孙鸿烈

321 《竺可桢全集》前言 / 《竺可桢全集》编辑委员会

327 《竺可桢全集》第1—24卷说明

352 关于竺可桢日记 / 樊洪业

356 一个希望
　　——在《竺可桢全集》（一至四卷）出版座谈会上的发言 / 龚育之

359 《竺可桢全集》编辑出版情况汇报
　　——在纪念竺可桢先生诞辰120周年座谈会上的发言 / 翁经义

361 在《竺可桢全集》出版研讨会上的讲话 / 路甬祥

363 在《竺可桢全集》出版研讨会上的讲话 / 方新

365 在《竺可桢全集》出版研讨会上的致辞 / 王春法

367 《竺可桢全集》编纂工作汇报 / 樊洪业

374 为编纂《竺可桢全集》征集文献和文物的函

376 为编纂《竺可桢全集》征集文献文物的首轮调查

前　言

时代造就大师，大师成就时代。竺可桢无疑是一代大师，从治学到做人，他留给后人许许多多值得研究学习的宝贵财富，如他毕生倡导的"求是"精神，毕生洋溢的爱国情怀，毕生实践的躬亲力行，等等。

竺可桢一生笔耕不辍，留下了近2000万字文稿，其中包括1300余万字的日记。这些文字已悉数收入《竺可桢全集》（简称《全集》），于2004—2013年分卷出版。这是竺可桢所遗留精神财富的真实载体，给了我们一个细细品读大师的机会。

《竺可桢全集》的面世来之不易。在施雅风、叶笃正、陈述彭、孙鸿烈等地学部的十余位院士和老科学家集体倡议的鼓舞之下，中国科学院于2001年初成立了由相关领域专家和相关单位领导人员组成的《竺可桢全集》编辑委员会，路甬祥任编委会主任，编委会委员有17位两院院士。3月1日在北京召开了《竺可桢全集》编委会全体会议，编纂工作正式启动。

《全集》编纂为国家自然科学基金、中国科学院院长基金资助项目；《全集》出版为"十五""十一五""十二五"国家重点图书出版规划项目。历经十三载，《全集》编委会的专家学者、文稿编纂组和上海科技教育出版社的出版编辑组齐心协力、精诚合作，遵循"求全""存真"的宗旨，孜孜以求，锲而不舍，终于不负众望，把一部24卷、2000万字的《全集》呈现在世人面前。

2014年4月28日，纪念竺可桢逝世40周年暨《竺可桢全集》出版座谈会在国家图书馆召开。2015年、2016年、2018年，《全集》先后获得第五届中华优秀出版物奖图书奖、第十四届上海图书奖特等奖、第四届中国出版政府奖图书奖。2023年12月，"基于《竺可桢全集》的大数据挖掘和人工智能问答融合出版技术"入选2023年出版业科技与标准创新示范项目。

在编订工作之始，主编樊洪业曾就《全集》的编辑工作提出一条原则："我们的编者不是在给竺老改作文，而是要抱着对待一件文物的态度来整理《全集》，不是整旧如新，而是要整旧如旧，保持历史的原貌。"对于出版社的编辑来说，这一原则即意味着当现行一般编辑规范与忠于历史原貌保存文本发生冲突时，宁肯制定符合"存真"原则的特定编辑规范。对于占《全集》主体的16卷日记而言，将这一原则贯彻到底尤显重要。十三年磨一剑，回顾编纂、出版历程，可以说文稿编纂组、出版编辑组的成员充分领会、忠实践行了这条原则。

2024年2月7日是竺可桢逝世50周年纪念日。为了深切缅怀竺可桢为我国科技、教育、可持续发展、环境保护等方面事业作出的卓越贡献，继承和发扬他的爱国情怀和毕生倡导的"求是"精神，我们汇编了这本《竺可桢与他的时代——纪念竺可桢逝世50周年研究文集》，收录了近年来各领域学者在学术期刊和媒体上发表的部分论文与评述，反映《全集》编纂出版情况的文献则附于书末。一方面向社会公众介绍《全集》这套凝聚了竺可桢毕生心血的著述，探讨其作为珍贵历史资料所特有的学术价值；另一方面从诸多角度展现对竺可桢学术思想、文化理念和科学贡献的回顾和研究，借以启迪后学并表达深切的怀念之情。

在百年未有之大变局的新形势下，进一步探究竺可桢所倡导的"求是"精神实有必要。何为"求是"精神？竺可桢常以"博学之，审问之，慎思之，明辨之，笃行之"和"只问是非，不计利害"加以阐释，"排万难冒百死以求真知""以天下为己任，以真理为依归"。感谢各位作者慨然惠允，因篇幅所限编者对发表文字有所节选。凡选文章，皆注明出处。愿读者朋友能从这本文集中感受竺可桢那历久弥珍的精神财富，这份财富乃是真正无价的。

潘涛

2023年12月8日

>>> 大爱无形
——历久弥珍的精神财富

激励学者报国、创新、前进的动力
——《竺可桢全集》

施雅风

《竺可桢全集》第1卷汇集了竺先生早年即1916—1928年的中文著作,最近通读一遍,联系到1977年我参与编辑《竺可桢文集》时读到过他留美期间发表的英文著作,深深感受到他炽热的科学报国、博大治学、创新、创业、奋进不懈的精神!以下略加阐述。

一、创新、创业的开拓精神

竺先生是20世纪初我国第一代有大成就的大科学家。他在美国学习8年,前3年学农,自称没有发生兴趣,光阴虚度,后5年在哈佛大学研究院地学系学习有大收获。地学系在地理、地质、气象、天文各方面著名学者汇集,他一方面从师华德(R. D. Ward)教授,深入学习气象,另一方面也选修其他教授的课程,奠定了宽厚的地学基础。哈佛大学立"真理"(Veritas)为校训,更深深印在他的思想里。他选择对我国东南沿海危害很大的台风为博士论文课题,在美国《每月天气评论》发表3篇文章,指出了台风眼中出现的高温是由下沉气流导致,依据247次台风源地运动途径和转向的变化,建立了新的台风分类。论文具有很强的创新性,奠定了20世纪20年代他在台风研究中的权威地位,也因此闻名于国际气象界。

1918年竺先生回国时,国内还没有气象单位可以施展他的才能,只能到高等学校去教书。他先到武昌高等师范学校,1920年转到南京高等师范学校。他不满于当时他所在高师文史地部地理系内容狭窄陈旧,地理学教材罗列现象,科学性低,适逢南京高师要转制和改名东南大学,他乘机建议在新的东南大学设立地学系,加强自然科学基础课程,包括地理、气象、地质、矿物4个专业,目标是培养大批地学家,以振兴中国为己任,摆脱帝国主义的控制,调查清楚全国的自然资源与环境,争取在学术上的独立平等地位。他的建议迅即得到同意,并且他被任命为地学系主任,于1921年招生,开设了十多门地理、地质各主要领域的课程。竺先生自己教授地学通论、气象学、世界地理、世界气候4门课程。前两门课程编印的讲义在《全集》第1卷中全文刊出,世界地理用的是他同时代学者编的《中外地理大全》,内容庞杂,竺先生在上课时补充了大量新鲜科学资料,指明了原教材的错误,这是我从竺先生第一代学生陈训慈先生保存的原教本空白处密密麻麻的笔记中看到的。竺先生亲自带学生到南京郊区进行地质和土地利用考察，又在校园内建立了设施完备、全国高校中"绝无仅有"的测候所，专人定时观测，每月整理报表发表并和国内外有关台站交流，还积极鼓励和指导学生提高自学与研究能力，如翻译世界名著，推荐学生文章到《科学》《东方杂志》《史地学报》上发表，培养了一批在20世纪30年代初期就相当出名的地理、气象、地质人才。由此东大地学系和北大地质系齐名。竺可桢一面教学，一面研究，1921—1926年间发表各种论著达42种之多。以上表明竺可桢学成回国后奋斗多年首次创业的重大贡献。

二、启迪民智、进行科学知识普及工作的热情

竺先生著作中科学知识普及性文章可能要占一半左右（没有精确统计）。他认为科学是人民的科学，人民是科学的主人，科学家有义不容辞的责任帮助人民群众掌握科学知识与科学精神。他是留美学生组织的中国第一个科学社团——中国科学社的骨干之一，也是第一个学术期刊《科学》的编辑之一。《科学》既发表专门论文，也登普及作品。竺先生既担任了编辑，就审察当时国民的文化程度与实际需要，超出专业范围，搜集材料，写了许多科学知识普及性文章，如《卫生与习尚》《中国人之体格》《论早婚及姻属嫁娶之害》《食素与食荤之利害观》《学生之卫生》等文，显然纯粹是出于关心国民健康，为唤醒国人增卫生与体育知识，自觉改进，以洗刷东亚病夫之恶名而写的。若干与地学有关但也不在他专业领域的文章，如《五岳》《钱塘江怒潮》《微苏维火山之历史》《四川自流井盐矿》《中外茶业略史》《夏季拨早钟点之利弊》《阴历阳历优劣异同论》等文，都是查阅了有深度研究的科学文献，深入浅出写作的。特别是《空中航行之历史》一文在《科学》分3期刊出，详细介绍气球、飞船、飞机等空中运载工具的从无到有的构思原理，从简陋到复杂的研制、试验、改进过程及其在军事和商业的应用，具体描写了参与创新者，既要殚精竭虑，有很高智慧，又要冒险升空，有甘愿牺牲自己的勇气，还要争取政府和资本家投资于此项事业的赞助，读者无疑会受到感染与激励。上述八九十年前竺老的文章今天读来仍有新鲜、新知，引人入胜的感觉。

三、摒弃旧传统，建立和发展科学的地理学深刻思想

在中国，地理学是一门既古老又新兴的学科，竺可桢回国初到高校教书，看到社会上流行的地理书籍多着重于人文现象的烦琐记述，科学性不强，学术界存在地学是不是科学的争论。竺先生认为：地理学的性质介于自然科学与社会科学之间，以自然科学为立足点，以社会科学为观察点，按汤姆生的科学分类，地理学应列入综合科学。按创建地理循环学说大师台维司（W. M. Davis）的话："地理学者，研究地球上各种物质与人类关系之一种科学也。"自然地理学所含的山脉、河流、海洋、气候等是地理学之基本，

舍此无所谓地理，人文地理包括生活（Life）与环境（Environment）两方面，二者必须融会贯通。自然地理可以专论地而不及人，人文地理必须论人地关系，如专论人而不及地，不能称为地理学。人地关系不仅是人文地理学的主题，也是整个地理学的核心。地理学的科学性主要取决于研究方法，"在于以客观的眼光测验事实，明其因果，辨其轻重异同，分门而类别之"。在地理实践中，野外观察特别重要，竺老引德国地理学家雷次儿（Ratzel）的话"吾旅行，吾笔记，吾论述"，英国地理学家侯伯生（Herbertson）的话"地学家惟一有效之训练，当于山、海、平野、天空求之"。之后他又明确地理学的三原则，即因果原则、综合原则和范围原则。以上竺先生所树立的科学地理学观念，即到现在仍然是需要我国地理学者重温而坚持的。

原载 2004 年 9 月 16 日《科学时报》

《竺可桢全集》
——一部历史的真相

沈文雄

  《竺可桢全集（1—4卷）》已经由上海科技教育出版社出版发行，这意味着共由20卷组成的《竺可桢全集》不久即将全部出齐。这是在我国科技、教育界受到关注的一套专门著作，也是出版部门用力制作的一项工程性的出版物，值得庆贺。

  科学技术是第一生产力。对于一位在学术上有造诣的科学家，收集他的学术著作和其他文字材料，出版他的文集是形成生产力，发挥它的科学效应的重要工作。但是《竺可桢全集》的内涵和它的出版意义非同一般，比许多科学家的文集要丰富和重要得多。这是因为：

  1. 竺可桢是我国科教兴国的先驱之一。他在青年时代为引进西方近代科学技术，普及民众的科技知识作出了很大努力。例如，竺可桢在1917年所撰写的《论早婚及姻属嫁娶之害》和《食素与食荤之利害论》两文，所讨论的内容在今天看来，是很多国人显而易见的道理；但是在当时，有许多中国人对此还比较陌生，而且不能接受这些科学知识。所以，透过《竺可桢全集》，我们可以检索到近代科学在中国逐步发展的概略。

  2. 竺可桢是新中国科技事业发展的见证人之一。在中国科学院建立初期，他作为中国科学院自然科学方面的实际领导人，为研究所的设置、组建、归并和新创以及确定它们的研究方向做了大量组织领导工作；又凭借他的社会地位和学术威望，吸引了国内外许多学者来参加新中国的科学研究事业。1956年以后，竺可桢把主要精力用于开创自然资源综合考察事业，为后人接近自然、了解自然、利用自然，为宣传和建立科学的发展观逐步奠定了基础。通过竺可桢的著作，就可以回顾中国人认识自然资源和自然条件的大概过程。

  3. 竺可桢学识渊博，研究领域宽广，他终身从事气候变化、物候学、中国自然科学发展史等方面的研究，一直处于领先的水平。《竺可桢全集》可以为了解这些研究领域在中国的演变过程，为今后的研究提供基本的资料。

  4. 竺可桢是一位杰出的科学家，但又是不同历史时期社会中的普通一员。他的人格魅力始终放射出耀眼的光芒，乃至在他逝世30周年后的今天，仍然在科技、教育界具有广泛的影响。他的爱国之诚、爱民之切、为学之勤、处世之正、治身之严一直被引为佳话，应当成为宣传科学道德的范本，是当今加强精神文明建设的榜样。我们可以在《竺可桢全集》的许多文字中感受到榜样的力量。

可能由于以上这些原因，早在上世纪60年代初期，当时主管全国科技工作的聂荣臻副总理就指出：像竺可桢这样的科学家应该给他出个文集。上世纪70年代末期和80年代分别出版了《竺可桢文集》和《竺可桢日记》以后，由于当时历史条件的影响，出版内容不到实际内容的三分之一，出版物的社会效果受到很大的限制，而出版竺可桢全部的文字记录，一直成为科技界和出版界的心愿。

在《竺可桢全集》的出版计划中，竺可桢的日记占有比较大的比重。在总共20卷中可能有14卷之多，刊有竺可桢的现在保存的1936—1974年共38年日记的全文。从目前的情况看，中国的自然科学家长年记日记的并不多见，能公开出版的更是极少，所以显得非常珍贵。竺可桢每天800—1000字左右的日记，主要记载当日自己的工作和学习情况，在野外考察时的所见所闻；也记述当时国内外的重大事件，以至于社会上关注的热点，比较少涉及他个人和家庭的生活琐事。长达800多万字的日记，可以看作中国近代科学发展的史书，一位地球科学家在自然资源考察过程中的科学记录，又是社会发展的历史见证。由于竺可桢的社会地位，他每天会接触到许多人士，因此也可以从竺可桢的日记中反映出他们的动向。

可以预见，随着时间的推移，《竺可桢全集》可以发挥更大的历史作用，它的功能可以反映在多方面。试举几例加以说明：

1. 为科学研究和推论提供根据。历史时期的气候，有的时期比当今时代要冷。这是竺可桢积50年研究后得出的结论。他的根据之一是，以他自己的观察所得和古代文献的记述相比来加以讨论。竺可桢曾经于1958年9月14日和16日两次考察新疆天山时，途经赛里木湖，看到四周山峰并没有积雪。但是元朝《长春真人西游记》记述邱处机于1221年10月8日的观察，他却看到赛里木湖"雪峰环之，倒影池中"。因此可以作为根据之一，推论中国十二三世纪比现代要冷。又例如竺可桢在答复郭沫若关于解释毛泽东的诗词《忆秦娥·娄山关》所表述的地理环境的问题时，检阅了他的日记。他曾于1941年2月13日和1943年2月2日两次经过娄山关都见到了积雪，当地的风向以西风和西南风为主，所以认为毛主席词的意境是合乎当地2月的天气的。

2. 了解某些历史问题的过程。竺可桢一直关心我国的人口问题，早在1926年发表《论江浙两省人口之密度》，认为"我国人口过多"，1936年在《中国的地理环境》中指出"中国现在人口为四万五千万"，"即使人口就不增加，也已经到了极严重的地步"。新中国成立以后，他仍然关心我国人口问题。在1955年7月召开的一届人大二次会议上，浙江省小组在讨论五年计划时，马寅初认为我国人口增长速度大于粮食增加速度，有必要通过计划生育来控制人口增加。这项建议得到邵力子、竺可桢等代表的支持，但也遭到其他代表的反对，特别是对马寅初的发言稿中把人口限制在6亿，一些代表认为和五年计划的精神不符。竺可桢接受委托于7月15日晚到马寅初家商谈，建议他将发言稿的主题由限制人口改为促进科学技术。7月19日竺可桢在小组会上发言，仍然认为"国家对于人口应有一个政策,不能任其自由发展"。

3. 记录一些国内外社会生活现象,立此存照,供后人参考。1946年竺可桢到欧美考察,看到第二次世界大战后的英、法两国生产凋敝,人民生活困难。例如,巴黎每周要停电两天,买肥皂、袜子、领带和衣服均须凭票证。伦敦人喝咖啡,只给客人加糖。1951年11月27日竺可桢从上海乘京沪直通车回北京,20时06分开车,于29日晨6时50分抵京,历时34小时又44分。1954年国家发行经济建设公债,总额为人民币6万亿元(旧币,折合新币为6亿元)。1955年3月中国科学院人事处公布研究人员工资情况。

此外,"十年动乱"中,许多单位向竺可桢外调,通过竺可桢日记查阅了许多历史情况,还一大批干部的真面目,从而保护了许多同志少受灾难,已是人所皆知了。

这些实例足以说明《竺可桢全集》具有丰富的历史功能。从这个意义上说,《竺可桢全集》还是一部工具书。

原载2004年8月26日《科学时报》

读《竺可桢全集》
——我的激情和回忆

李 元

竺老是我们对他的尊称,我们这一代人最习惯称呼他为竺老,偶尔也称呼他为竺副院长,但总觉得不够亲切,不顺口。竺老对天文馆工作以及我的一生事业影响极大,我对他充满了敬仰与感激之情。如今《竺可桢全集》的出版更使我欢欣鼓舞,这是我国科学家的第一部真正意义上的全集,不论在我国科学界还是文化界都是一件特大喜事。由于他博学多识,涉猎极广,交游天下,所以这部《全集》反映了近70年中,我国科技界乃至文化界的社会动态、科教变迁以及他的学术生涯、为人处世、师友情谊等。《全集》的出版得以使我们对20世纪的中国和社会有所了解,对治学为人之道有所学习和遵循,所以意义重大,影响深远。

初识竺老

我在22岁初识竺老,聆听教诲。1947年8月30日,抗日战争胜利后第一次的自然科学团体七个学会联合年会在上海举行。他在上海岳阳路中央研究院大礼堂以《科学与世界和平》为题的精彩演讲给与会者留下深刻的印象,也是我第一次亲耳听到的竺老的宏伟论谈。《科学与世界和平》直到现在仍然是影响全人类前途命运的不朽专题(该文收录于《全集》第2卷657—660页)。第二天,中国天文学会和中国气象学会的分组会议由竺老主持,会上除宣读论文外,还进行了亲切生动的交谈,竺老还和我这最年轻的人握手相识。

在《全集》出版之前,已经有了5册《竺可桢日记》的出版:由人民出版社于1984年出版了日记的第Ⅰ册(1936—1942)、第Ⅱ册(1943—1949),由科学出版社于1989年出版了日记的第Ⅲ册(1950—1956)、第Ⅳ册(1957—1965)、第Ⅴ册(1966—1974)。这5册日记为节选本(虽然是日记的主要部分),现在《竺可桢全集》将在第6卷到第19卷中发表竺老日记的全文,这是极其珍贵的近现代中国科技发展的史料。回忆起来我平凡的生涯中能有幸和竺老共同相处一段日子,使我得益甚多,终生难忘。

新中国成立前夕的竺老

1948年上海解放前夕，竺老是浙江大学校长，受当时教育部的电令到上海开会。4月30日，在铁路交通已经十分混乱的情况下他到达上海，不久便隐居于上海中央研究院迎接解放。当时蒋家父子要他去台湾，他曾向蒋经国当面婉言推辞，这表现了竺老的鲜明立场。于是他便隐身匿迹。但国民党政府为了混淆视听，曾在1948年5月2日上海各大报伪造新闻说"竺可桢已经飞抵台湾"，为此竺老致函留校护校的浙大名教授苏步青等说："近代物理学尚未发现分身之术，兄等置之一笑可耳。"(《全集》第2卷696页)那时我在中央研究院天文研究所工作，随张钰哲所长等暂迁上海，不去台湾。我和罗定江（现国家天文台研究员）住在中研院16号小楼，楼上是物理学家钱临照教授（当时任中研院代总干事）一家，而用膳就在院内的小餐厅，和竺老同桌进餐。当时局势混乱，只有很少人在那里吃质量极差的饭菜，而竺老却能忍受。我和他朝夕相处，深受教诲。当时我和罗定江正在按月编辑中国天文学会的《大众天文》科普月刊，所以有时也向竺老请教一些天文问题。竺老和蔼可亲，平易近人，回忆起来真是一段极为珍贵的人生经历。

筹建北京天文馆

新中国成立以后，主要在建立北京天文馆的工作上，更得到竺老的关心、教导和有力支持，这在竺老日记中有多处记载。1949年11月我就撰文建议建立我国的第一座天文馆，发表在中国天文学会的《宇宙》会刊上。1950年我应邀到北京中央文化部科学普及局短期工作，筹划天文科普工作，当时我也向袁翰青局长、竺可桢副院长等领导提出建立天文馆的设想。1951年北京市副市长吴晗访德归来，对德国的蔡司天象仪极感兴趣，很想在北京建立天文馆。他曾约我到市府详谈此事，并要我草拟建馆计划。1952年我将《北京天文馆筹建计划书》请张钰哲台长面呈中国科学院吴有训副院长（主管数理学科）和竺可桢副院长（主管地学等部门并兼全国科普协会副主席）审批，得到他们的首肯并将计划书转给北京市讨论，结果原则同意，等待时机和经费。在这些工作中都特别得竺老的支持。1954年8月1日竺老在日记中说"遇吴晗及钱俊瑞，谈及假天馆（注：即天文馆）事，市府已将计划列入"。9月10日吴、竺二位副院长指示院办公厅电南京紫金山天文台张钰哲台长："速派李元携假天馆资料来京。"这就是在竺老支持下建立北京天文馆的第一个启动信号，正好是50年前的事。9月中旬我到院部报到，当即向竺老等汇报了有关情况。知道由院的节余经费中拨出200亿元（改币后为200万元）建立天文馆，拨出200亿元筹建科学出版社。这是我个人的多年愿望和国家的计划融合在一起，使我无比兴奋，决心献身给我国的天文馆事业。我当即在院科学器材部门签字定购一台民主德国制造的蔡司天象仪（以前译名为假天仪）和天文望远镜，共价70亿元。从此北京天文馆开始筹建。同年 10 月，竺老参加中国代表团赴柏林祝贺民主德国五周年国庆节，他在柏林 10 月 18 日的日记中写道："据张的报告，知道购买假天馆购货单已带来，已与 Zeiss 接洽……"在那么重大的外交活动中，竺老还具体关心天文馆的事情，真是对我们建馆工程的最有力的支持。后来竺老返国途中受院部指示，要他在莫斯科参加 10 月 26 日苏联科学院举行的天体演化学学术会议。回国后他在院部作会议情况的报告。11 月 28 日的日记中说："九点……到院。……即至楼上讲演，报告上月廿六至廿九在莫斯科参加的科学院举办的天体演化会议。到天文、气象、地理学会会员约一百人之谱……长望主席，李元帮助写名词。"竺老因浙江口音较重，有些词句不易听懂，又加上许多天文学名词，外国天文机构名和天文学家等姓名颇多，所以命我写板书，会后他甚表满意并把中央气象局首任局长涂长望介绍给我认识。1955 年 1 月 17 日日记中有："下午……参加市府召集讨论假天馆的建筑。……假天馆费用 200 亿，已由科学院在 54 年经费内支出。其中 80 亿购 Zeiss Planetarium，以 120 亿作建筑。"3 月 9 日日记中有："李元来谈，知市政府把星象仪馆事领导问题要科学〔院〕来管……此事明日下午科普将讨论之。"北京天文馆筹建的全过程，竺老都为之操劳费心，这是我目睹的，他曾在日记中多处记载和论述。直至 1957 年 9 月 29 日北京天文馆落成开幕，他出席开幕式并为之剪彩，我为能在开幕的第一场星空表演中为竺老等讲解演示《到宇宙去旅行》节目感到衷心愉快。

我虽然最早来京筹建此馆，但人事关系迟迟不能调京，是因为张钰哲台长要我建成此馆后仍回紫金山天文台工作。我自量在此馆工作比在紫台更能发挥自己的特长，但又无法说通张台长，因此我请竺老向张台长疏通一下。后来竺老为我劝张台长放我到北京工作，我才能连家属一起迁京。竺老不但对天文馆事业给予指导支持，还对我个人的问题热情关怀，怎能不使我全心投入天文馆事业中去，为我国的科普事业献身呢？

竺老永远值得我们纪念和学习，《竺可桢全集》实在是我国科学工作者、科普工作者和教育工作者的精神财富和学术经典。编委会的辛劳和上海科技教育出版社肯以巨大人力、物力、财力出版这一巨著令人钦佩。这也足以说明竺老威望之所在，为人师表之感召！

原载 2004 年 8 月 19 日《科学时报》

令人肃然起敬
——读《竺可桢全集》

周振鹤

1955年，中国发行古代科学家的纪念邮票四枚，这四位科学家是张衡、祖冲之、一行与李时珍。他们都是逝去已久的古人，今人又何以知道他们的相貌，并据以设计出邮票来呢？有人发现了一个秘密，是以今人作为模特儿，然后加上古代的衣冠。如果不信，请比照一下祖冲之的画像与竺可桢的照片，就可以发现二者宛如一人（这个发现是德国汉学家阿梅龙告诉我的），除去头巾与胡子，再戴上眼镜，祖冲之就是竺可桢。竺可桢是我国气象学的开山，是我国地理学的一代宗师。以他的形象来仿写中国历史上著名的数学家祖冲之，一点也不辱没先人。

竺先生是浙江上虞人，还在清王朝覆灭之前，就与其他一些年轻人以优异的成绩考上官费留学生，出国学习自然与人文科学，他与胡适、赵元任就同为第二批庚款留学生。新中国成立后，他在思想改造时期的自我检讨中说，他一心想出国留学是因为自己有向上爬的思想。我们今天不能不感谢这样一批"向上爬"的俊彦，如果没有他们，中国现代史上就要失去一批世界有名的大学者与大科学家，学贯中西这样的帽子就只好给第二三流的人物去戴了。这些最早的一批"海归"，是一群令人肃然起敬的爱国者，在学成归国以后，把自己所学的一切都献给了国家，而且还能在某些特定年代里忍辱负重，为国家为民族的利益做违心——也许在当时是真心——的自我批评。

作为一个教育家与科学家，竺可桢先生都取得了辉煌的成绩。作为教育家，浙江大学在他手下成了全国第一流大学，间接地，也使复旦大学受惠良多。解放初院系调整时，复旦从浙大调入了从苏步青到谭其骧这样著名的一大批理科与文科教授，奠定了复旦后来成为全国重点大学的基础。20世纪80年代有人做过统计，在中国科学院院士当中，出身浙大与在浙大任过教的学者占了很大的比例。作为科学家，他在气象学方面起了奠基的作用，在近代地理学尤其是人地关系研究方面开创了崭新的局面。虽然新中国成立后作为中国科学院副院长以及其他社会职务，还有各种不绝如缕的运动，耗去了其大量的时间，但他依然坚持科学研究，写出了许多重要的学术论著。

如果不算其日记的话，他一生的著作是300万字左右，虽然丰富，但在数量上不能算多。因为即使我们不把作家算在内的话，现在的许多年轻学者也有不少人有数百万字的著作（有的人调侃说写的书比读的书还多）。但数量多的也许是兔子，数量少的却可能是狮子。我们看《竺可桢全集》的目录，从1966年起，他就差不多没有专门的学术论文问世了，在8年之中他的文字几乎只有信函，但在他去世的前一年，却在《考古学报》上发表了一篇惊天动地的大文:《中国近五千年来气候变迁的初步研究》。这不但是气象学的一篇重要著作，也是历史地理学领域的一座里程碑。现在我们研究历史时期气候的变迁，无论你同意或不同意竺先生的观点，你都得以这篇大作作为进一步研究的出发点。

历史时期的气候可以说是竺可桢一生的重要研究对象，如果大体排比一下，就有《南宋时代我国气候之揣测》(1924)、《中国历史上气候之变迁》、《中国历史上的旱灾》(1925)、《中国历史时代之气候变迁》(1933)、《历史时代世界气候的波动》(1962)等篇。而最后成就的这一篇总结性论文却反而称之为初步研究，说明他认识到学术研究的无止境，一篇论文是不能彻底解决这么大的问题的。历史气候的研究在全世界都是重要的课题，目的就是找出气候变迁的一般规律，以应对未来灾害天气的发生。所以竺先生对这一极有价值的研究，终身锲而不舍。竺先生的研究领域很宽，物候观察是气象研究的一个重要手段，在他手里也发展成了一门学术性很强的物候学。至于对科学人物的评价，对科学史的研究，对科学刊物的编辑，他也都有许多真知灼见，更重要的是，他还将自己的学问与实践密切相结合，对地理环境的保护与对地理资源的开发方面，都贡献了自己的宝贵见识，这一切在《竺可桢全集》里都可以看出来。

科学论文与文学作品的地位不同，作家虽然也有悔其少作的时候，但第一流的文学家却是片言只语也受人尊崇，而且文学的辉煌并不一定是与时俱进的，所以任何时期的优秀文学作品从来都不会令人有过时的感觉。但科学论文却是会过时的，新发现与新研究往往使过去的学术成果成为无人阅读的明日黄花。除了里程碑式的著作以外，一般过时的科学著作必然无人问津。但我们读竺先生的著作却时有新鲜感受，随便翻开《中国的地理环境》一文吧，还在1936年的时候，他就已经敏锐地指出:"中国的面积……和欧洲面积差不多，所以地大两个字，可以当之无愧，可是物博就不然了。我们要晓得单是地大是无用的，必须要有良好的地理环境才行。"接着就用详明的数据指出了中国地理环境的缺点，与历来的地大物博论唱了反调。

竺先生治学严谨，一丝不苟，即使非学术论文，他也极其认真对待。例如1957年在瑞典植物学家林奈纪念大会的开幕词中，他不但很得体地引用了恩格斯将牛顿与林奈相提并论的话，还利用了最新的科学史著作，即1954年才在伦敦出版的贝尔纳的《历史上的科学》，来加强自己的观点。其时国内还没有此书的译本，说明他一直注意国际上的学术动态。对于其他学者请他审读的书稿，也实事求是地提出自己的看法，决不敷衍，不溢美。1959年复侯仁之信，对北大地理系所编的《中国地理学简史》前四章提出中肯的意见。他认为郑和航海"诚是历史上的壮举，也是我国在海洋历史上光辉的一页，但不能称为地理发现史上的空前壮举。因为我国五代、北宋甚至隋唐的劳动人民，早已足迹达印度洋"。明年就是郑和首次出航的600周年了，国内的庆祝活动自去年已经开始。这当中，如何正确看待郑和的成就，其实是一个严肃的学术问题，决不能因为有西洋人说郑和1421年已经发现美洲,就让我们乐得丢掉了科学态度。竺先生的意见是值得我们认真思考的。至于该书的第五六两章,竺先生坦承没有时间看,也就不提意见,这是何等负责的作风!

从解放到去世,竺先生在新中国生活了24年时间,一方面他真心拥护共产党,另一方面他又不得不经历各种运动,也不得不写、不得不说那些不想写不想说的话。我们可以读到他在1957年写的一篇反右的发言稿《谁说党不能领导科学》,在两次会议上都同用这一篇,只不过第二次加了一段很轻描淡写的批判文字。在日记中他自己说,此文不过三千字,竟花了两天工夫。要批判就得有话说,但又无话可说,可见当时是如何地搜索枯肠。《竺可桢全集》的编者告诉我们只有这么一段批判语是作者手笔,独占一页,其他是别人抄写的。感谢编者的细心,让我们知道了文字以外的信息。在这篇批判文章中还有一句话是说中国有世界上丰富无匹的资源,显然与20年前在《中国的地理环境》一文中地大物不博的观点相悖,违心在这种文章中本不可免。而且在日记中,竺先生还说他的发言是完全照着稿子读的,批判会议当时的情景由此语可以想见。

竺先生不但人格高尚,而且做事执着,数十年的日记能一天不差地坚持下来,甚至在丧妻之痛时,仍不脱漏,这岂是一般没有毅力的人能够做到的?《竺可桢全集》有20卷,现在不过只出了著作4卷而已。我们等待着在某种意义上比学术著作更重要的日记的出版,因为其中记录的不但是竺先生个人的生活,还透视了国家民族从20世纪30年代到70年代的各种变迁。我常常奇怪于竺先生他们那一辈人是如何生活的,他们既写下了数量庞大的学术著作,还要参加各种学术与非学术活动,还有许多不一定愿意参加的应酬(何炳棣曾问胡适说,您在醒着的时候是不是至少有三分之一是用来应酬的,胡适说是的),最后还给后人留下成百上千的信函与几百上千万字的日记。我们的没有时间我们的忙比起他们来怎么那么微不足道呢?

原载 2004 年 9 月 3 日《文汇报》

时穷节乃现
——读《竺可桢全集》第2卷有感

刘 钝

《竺可桢全集》皇皇4卷（全部出齐20卷约1300万字），一经捧读难以释手。它们不但记载了集主毕生的科学贡献和对真理的执着追求，也反映了其伟大的人格和对社会的道义承负，后者在第2卷中尤为突出。在对有关文章进行介绍之前，请容我先讲一段小插曲。

单位里有一位爱挑刺的老先生，上至达官显贵下至市井小民都在他的严厉批判之列，一些得道的学人亦不能幸免。前些年《围城》纸贵而"钱学"走红，老先生却不以为然，大骂书界和媒体"媚俗"。他的理由是书中那些猥琐人物不足以代表抗战后方的中国知识分子。他又建议研究所开展"抗战时的中国科学"课题，研究当时的浙大、西南联大，研究竺可桢、叶企孙、王竹溪、王淦昌、吴大猷这些人。"没有他们，就没有中国科学的今天"，老先生操着浓重的浙江口音下此断语。关于《围城》的价值及其作者的学问小子无由置喙，但所里这位前辈的建设性意见却时刻萦绕心头，无奈俗务缠身能力有限，那个课题终究没能组织起来。今日借着《竺可桢全集》前4卷的出版作一开篇词，就算是一份匆忙草就的答卷吧，但愿不致挨骂。

1936年2月，继东北沦陷之后，华北和整个中国都笼罩在日本军国主义侵略的战云之下，竺可桢应邀在暨南大学作报告，名义上讲中国地理，实际上申扬春秋大义。演讲中谈到国际局势，由阿比西尼亚（埃塞俄比亚）而及中国，先生沉痛无比地说："我们不及阿比西尼亚的地方，就在阿比西尼亚的人民还晓得保护自己的国土，而我们简直袖手旁观任人宰割。阿比西尼亚是一个文化落后的国家，只有七百万人口，还不及江苏一省人口四分之一。他国内民族有三种，一是 Semite（闪族），一是 Hamite（含族），一是黑种。寻常的时候各部落不能相互联络，但是一遇外侮，尚敢抵抗。而我国号称文明古国有四万万以上的人口，竟任人家鱼肉，简直是中华民族的大耻辱。……中华民族要得一条出路，唯一方法，只有奋斗。"（《中国的地理环境》）

全面抗战爆发前夕，竺可桢同卢于道、李振翩合作编写《科学的民族复兴》一书，由中国科学社于1937年2月发行。先生在该书序中写道："世所称古国，希腊、罗马、埃及之属，悉亡灭不可复续。独中国绵历三四千年，岿然如硕果之仅存。盖其声教文物自足以悠久，故能独出于等夷，不随诸国而俱泯也。惟是近百年来，科学勃兴，交通之便利远过曩日，欧美各国均藉近世文明之利器以侵略我国，日本随之，变本加厉。……诚使举国上下懔于敌国外患之日深，危亡之在旦夕，各奋其智勇，迈进而靡已，一洗往日柔善之习、衰老之态，相与精诚团结，内兴要政，外御强侮……中国科学社诸同仁鉴于国人谬说纷纭，甘以衰老垂亡之民族自居，乃辑论文十篇曰《科学的民族复兴》，以科学方法研察吾国民族。"

1936年春竺可桢被任命为浙江大学校长，4月25日对学生训话，提出"办一地的教育，必须知其过去之历史，并明其当前之环境"，而"浙江过去历史上充满学术发达的光辉，自来学者尤多重经世，尚气节，能为民族奋斗。至今日环境，则在外患侵侮深入之中；浙江复为国防重心所寄，故本大学所负时代使命甚巨"。（《初临浙江大学时对学生的训话要点》）他从越王勾践讲到明代浙海的抗倭，一直到黄宗羲、朱舜水、王阳明，教育学生要以"宏伟的学问"和"光明的人格"立身处世。（《大学教育之主要方针》）20多天后，他对全校师生庄严宣誓："决不妄费一钱，妄用一人，并决不营私舞弊，及接受贿赂。如违背誓言，愿受最严厉之处罚。"（《就任浙江大学校长誓词》）

在整个抗日战争时期，竺可桢一再提到陆游、文天祥、陆秀夫、张煌言等气节人物，但他讲得最多的还是王阳明。这是因为后者的人生轨迹，无论是地理意义上的还是社会意义上的，都与抗战时的浙大师生有相似之处。1937年11月，先生亲率师生员工及部分家属，携书器西迁并开始流亡办学：初迁浙西天目、建德，继驻江西吉安、泰和，三徙广西宜山；几经周折，历尽磨难，行程2600余公里，终于1940年1月到达贵州，继续在遵义、湄潭、永兴等地办学。而生于余姚的王阳明"在浙江本省讲学之外，其一生事业在江西、广西两省为最大，又谪居贵州两年"，"治学、躬行、艰贞负责和公忠报国的精神，莫不足以见其伟大过人的造诣，而尤足为我们今日国难中大学生的典范"。1938年11月1日，浙大在宜山举行开学仪式，竺可桢就作了《王阳明先生与大学生的典范》之演讲，在简略回顾了阳明事迹之后他对学生们说："这次民族战争是一个艰苦的长征，来日也许更要艰苦，我们不能不作更耐苦的准备。……阳明先生平桂乱与谪贵州，正是赖非常的艰苦来成全他，结果果然动心忍性，增长他的学问，造成他的伟大。……我们要自省：敌寇如此深入无已，将士与战区同胞如此捐躯牺牲，为什么我们还受国家优遇，有安定读书的余地？这决不是我们有较高的智识，就没有卫国的义务。只说明我们要本其所学，准备更大更多的卫国的义务。"在题为《浙大的使命》的演讲中他又说："昔王阳明先生至龙场一年，其影响所及，风化文物，莫不因而改善进步。阳明先生之门弟子，率能笃践师说，影响亦宏。浙大来此，尚有多年之逗留，吾人自当法步先贤，于所在地之种种设施，革革兴兴，尽心竭力以赴。"

"风化文物""革革兴兴"，竺可桢在表彰阳明道德文章的同时，也高度赞扬其作为先进文化之代表对地方的教化之功，《大学生尤应为一般人士的表率》《大学应为一地方的楷模》等文都循着这样一条思路而来。《大学生之责任》《奋励自勉 自强不息》《体念时艰 安心求学》《大学生与抗战建国》等文则是当时环境下出色的思想动员，比起后世乃至于当今那些空洞的政治说教要高出不知多少。

在浙大西迁途中，与他相濡以沫18年的夫人张侠魂劳病交加逝于泰和，此卷《全集》就收有先生的《续成步放翁原韵悼侠魂绝句两首》，又有《致郑晓沧（时任浙大教务长）函》谈论捐款设立"侠魂女士奖学基金"事。对于金钱，竺可桢也很像王阳明，在1940年的一篇演讲中他告诫即将走入社会的浙大毕业生："在此动荡的大时代中，诸君毕业出校，意义更大，而责任亦更重。吾人所应深切的认识时代和自身，警惕奋勉，庶几可尽大学毕业生的责分。但所谓大学毕业，与职业学校不同。社会上多以'钱'来决定个人的劳力应得的代价，然大学毕业生不当以钱为目的，要当以服务为主旨。不仅要学得技术方面的进步，而且要有科学的精神。"（《当以服务为主旨》）在战前的一篇演讲中他就以法拉第为榜样，教育青年献身科学应不计名利："法拉第对于世界贡献很大，但他本人终身安贫乐道，临卒时家徒四壁。他的门人丁台儿（Tyndall）说他很有机会可以坐拥巨万，但是为富不仁，为仁不富，富与仁二者不可得而兼，他情愿终身研究科学，贫亦不减其乐。"（《科学研究的精神》）

义利之辨向来是中国知识分子关注的论题，竺可桢对浙大1939年毕业生的赠言对此作了透彻的阐述："诸君一入社会，首先要解决的是衣食住问题，在在需要金钱。若冷眼观察社会，好像钱是万能的，各种享受的东西工具，非钱莫办。钱而且可以攫高位、握大权，甚至左右一国以及全世界的外交和政治。……目前在美国，尽有许多富翁，一方面贩卖钢铁、煤油、飞机予日本，以从事轰炸中国后方手无寸铁的妇孺，赚资数千万，而一方面则又捐款若干万予礼拜堂，因而被一般庸俗人目为最忠实的基督教徒，同时也是社会上最体面的商人。如果每个人对于成功的看法都作如是观，以利为义，则均将变成为富不仁，故以赚钱为目的，则无论什么无耻的勾当都可以做到。如此种观点一日不改，则人类之腐败、残杀，即将永无底止的一天。"（《出校后须有正确之人生观》）

在此演讲中，先生盛赞那些为了国家利益与民族存亡默默奉献的人士："粤汉路在敌人轰炸下之维持交通，湘桂路工程建筑的迅速，少数化学工业研究室里的结果，统为欧美人士所称道的，而在国内反因报纸上缺乏宣传，就很少人晓得。……回溯在'一·二八'沪战时，曾有汽车夫将日本军火连人带车开入黄浦江之壮举。"他又由抗战的前景说到大学生的责任："抗战之终结，或尚有若干年，而在此时期中，吾人为了抗战多吃一分的苦，就是抗战以后，在我们的回忆中，可以多得一分快慰。吾人的使命无论多么卑微，力量如何薄弱，只要我们的工作与抗战有关，我们的心力尽了，我们自己就得到了安慰。从国家的立场说，她费了许多人力与财力来创办大学，也就得到了收获。"最后他又以先哲事迹激励青年："所以吾人一入社会，便当立定主意，假想一个吾人理想中之一模范人物，照样做去。诸葛武侯所谓'鞠躬尽瘁，死而后已，成败利钝，非所逆睹'。这几句话，每个青年应为圭臬。像诸葛武侯这样六出祁山，有志未竟；孙中山先生去世之日，军权政权均尚握于北洋军阀之手。诸葛武侯和中山先生，在事业上言，可称为失败，而其精神，可历千百年而愈益光明。"

走笔至此，不由得联想起当今某些学人宣扬的一种观点，谓中国近现代史上灭种亡国之论，不过代表一种偏激的呼声——本意是想唤醒民众，结果反被独夫民贼所用，到头来以"反帝""革命"的名义剥夺民众的自由。笔者虽然佩服论者独立思考的勇气，却断断不以为"灭种亡国"是一班读书人在那里危言耸听。在国难当头时节侈谈个人自由，恐怕只有等着同日本皇军的狼狗刺刀去对话了。纵观近代世界历史，任何一个具有现代国家意识的民族，当其国家危急、民族蒙难之际，总有志士仁人登高一呼唤起民众。民族主义在不同的历史时期有不同的内涵，不能因当代民族主义同某些宗教原教旨主张的合流而全盘否定民族大义，更不能因反对狭隘的沙文主义而否定中外历史上的爱国精神，现代国家观念同自由、民主一样是现代化的共生物。即使是当代西方最不遗余力鼓吹自由主义的辩士福山（Francis Fukuyama），在其宣告自由民主制度将成为人类社会最后归宿的《历史的终结与最后的人》中，也认为"民族尊严问题天生就是不可妥协的主权"，而"绝大多数国家只要想维持民族主权就别无选择地接受现代化中的技术理性主义"。

在《求是精神与牺牲精神》一篇中，竺可桢先以布鲁诺、伽利略、开普勒、牛顿、达尔文、哥伦布为例，说明浙大校训"求是"的精神实质，然后话锋一转落到救亡图存与社会进步的关系之上，他特别谈到德国在被拿破仑占领之后，"爱国志士如费希德（Fichte）等，大声疾呼，改良德国教育制度，废除奴籍，整顿考试制度，卒能于短期间造成富强统一之德意志。费希德在其告德意志民众的演说中有云：'……如果我们希望拯救，只有靠我们自己的力量。'"黑格尔将1806年普法耶拿战争看作现代化来到日耳曼的标志，我不敢断言竺可桢了解黑格尔的这一观点，但这里表达的是同一个意思。

先生又以亲历的英美大学战时教育为例，说明必要时一切需服从国家利益，而有志青年也应以此为荣："犹忆当第一次世界大战爆发之时，予正留学美邦，当时彼邦学子，一闻宣战，其中百分之九十，辄行自动加入战争，否则其女友亦鄙夷之。今我国则不然，大学生仍安居后方，雍容受业。然在二十年后，吾人果一朝自觉，对此抗建大业，毫无贡献，将悔之不胜矣！……同学得兹报国立身之良机，则幸勿交臂失之可也。"（《报国立身之良机》）

1944年底，抗战胜利曙光初现，内迁诸大学校长对政府号召知识青年从军多持冷淡态度。先生于11月3日致书友人，称："尤其在反攻时期，大学课程应加以改变，应与军事部门取得联络，采取英美大学办法，授学生以军事技术教育：如建筑桥梁，毁坏公路，运用军事无线电，修理汽车，管理运输，担任翻译（为配合盟军）等，训练一年后即强迫在部队中服务。惟女生及残废者得免役。"（《致陈训慈函》）

《竺可桢全集》第2卷，收录先生1929年至1949年上半年的文稿287篇，其时正当神州陆沉之际、民族危亡之秋。特别是，先生临国难而掌浙大，至抗战军兴，从暖风熏人的西子湖畔到地处边陲的夜郎之乡，一路颠沛流离，上有日寇飞机轰炸，下有土匪豪强骚扰，先生率领全校师生，卧薪尝胆，励精图治，在极为艰苦的条件下教书育人，为中华民族的复兴储备了宝贵的智力资源，浙大亦被国际友人誉为"东方的剑桥"。先生在此非常时期的言论行迹，足以使他名享"中国的脊梁"之列。

我们现在的物质条件比起竺可桢先生的时代可谓天壤之别，但论知识分子的道德操守与献身精神，我们却自愧弗如。眼下"物欲横流""金钱至上"，志节道义不为士人所重，哗众取宠的轻薄文字和境外贩来的快餐文化却大行其道，科学研究与学术建设中铜臭味道越来越浓，从规划制定到资源分配都难脱部门集团利益的影响，学术腐败屡禁不止，重复建设与铺张浪费触目惊心，思想工作流于两三句空洞的口号，极端个人主义被众多青年奉为圭臬。笔者近悉一个令人震惊的消息：某些大学校长为了使学校跻身某某工程，竟授意下属系统地编造档案，因此全校师生都被动员起来补造往年的"试卷"。据说这样的案子不在少数。斯文扫地，国运何昌？

敢请中国的大学校长、科技与教育部门的决策者们，和所有良知未泯的知识分子及青年学子，于繁忙工作之隙、日夜劳作之余，读一读竺可桢，特别是这"时穷节乃现"的第2卷。

原载2004年10月14日《科学时报》

"书如其人"
——读《竺可桢全集》

何祚庥

竺老竺可桢一直是我崇敬的学者之一。他是中国现代气象学、现代地理学的一代宗师，是中国现代科学事业的开拓者。

最先"认识"竺老，是在1947年11月，在杭州、上海以及北平等地爆发的"反迫害"的争取民主的学生运动的洪流之中。那时我们在报上看到报道说，浙大校长去探望遭国民党监狱迫害致死的于子三同学，并为之落泪！现在读到的《竺可桢全集》第2卷，第662页、第664页、第670页上刊登的文章《浙江大学第六十五次临时校务会议报告要点》《同学幸勿轻举》《致鲍祥龄函〔于子三案〕》，就反映了当时作为浙大校长的竺老爱护莘莘学子之情！特别是在致辩护律师鲍祥龄先生的"函"中说，"顷接上诉稿阅悉。叙述理由颇详而允公，当有翻案之望，实为该生等之幸"。表示了对国民党当政时期蓬勃发展的反蒋反美的学生运动的支持。为什么在新中国成立之后，竺可桢立即成为竭力支持新中国的第一批学者？从《全集》的这些记载中，就可以"想见其人"。

竺可桢无疑是响应"西学东渐"的一位早期的学者。1910年，竺可桢考取第二批留美"庚款生"，1918年以论文《远东台风的新分类》获得哈佛大学博士学位。后来又在气象学、地理学等学术领域中多有建树。由于"隔行如隔山"，我对竺老的专门学术论文，是极少拜读的。只是在1964年，我有幸读到竺老撰写的一本《物候学》，其实是专著的小册子，现在也收在《全集》的第4卷，第165—220页。当时，我深为竺老出入于古今文献的博学雄辩所折服。其所引中国古代文献，不仅有贾思勰的《齐民要术》、李时珍的《本草纲目》等讨论农学、气候问题的专著，而且涉及唐诗、宋词、诗、书、史、传，从古代诗人、词人、史学家、博物学家对当时"物候"现象的记载中汲取有关古代的"物候"的知识，从而判定唐代的气候要比宋代温暖。这些科学的考证，仍值得研究"温室"效应的现代科学家们参考。

但更令人重视的是竺老对"中国需要科学"的呼唤。在旧中国，科学不受重视，只是旧政权的一种"摆设"。但在《竺可桢全集》中，处处可以看到竺老为旧中国的科学事业的发展而奔走呼唤，并且一直延续到新中国成立以后。

尤令人感兴趣的是，竺老还写了大量的科普文章，其内容不仅涉及中国的"地理和文化"，而且涉及中国民众的"卫生与习尚"，撰写了《中国人之体格》《论早婚及姻属嫁娶之害》《食素与食荤之利害论》《学生之卫生》等破除卫生陋习的文章。有些文章甚而"破门而出",竟然撰写起《空中航行之历史》,并长达数万字之多!其讨论所及,有"一、气球;二、飞艇(飞船);三、飞机;四、飞艇与飞机在军事上的应用;五、飞机与飞艇在商业上的应用"。竺老在撰写这些科学文章时,竟然早在欧战结束后不久的1919—1920年!为什么竺老要撰写这一系列文章?显然,这是那一时代的新事物!竺老之所以要撰写这些文章,正是呼唤起国人的注意,急需发展科学,巩固国防!

在诸多至今仍有价值的科普文章中,我极其有兴趣的是《二童争日解》。历史上有一则故事:二童争日。甲童曰:"中午日光猛,晨昏日光弱,故中午日近。"乙童曰:"不然,中午日小,晨昏日大,故晨昏日近。"二者相持不下,乃求决于孔子,而孔子不能解其惑。

因为这是孔老夫子所不能回答的问题,现在就由竺可桢依据现代科学作出解答。时间是1920年7月10日,当时竺可桢年仅30岁。竺老的结论是:甲童的回答比较正确。但是竺老这一文章的价值是:"乙说固不足取,甲说虽持之有理,但其所用方法,亦不适于解决科学上之问题,其结语虽与事实偶合,然其为谬误则与乙等耳。且乙说之误在于观测上之不精密,其弊小。甲说之误在于方法上之不完备,其弊大。我国学者观察天然界现象之方法,专恃演绎逻辑,此中国学者方法之误,所以无科学之发明也。美国哈佛大学前任校长爱理阿氏(Charles Eliot)尝曰:'中国之贫弱,由于科学之不发达,而科学之不发达,则由于缺少归纳哲学。'非虚语也。"

最近,我在网上读到杨振宁先生的名文《〈易经〉对中华文化的影响》。文中说,《易经》影响了中华文化中的思维方式,而这个影响是近代科学没有在中国萌芽的重要原因之一"。杨先生认为,"归纳和演绎都是近代科学不可缺少的思维方法",而"中华传统文化的一大特色是有归纳法,可是没有演绎法"。而现在我们却在《竺可桢全集》第1卷中,读到竺可桢先生早在1920年7月10日就写下"科学之不发达,则由于缺少归纳哲学"的字句。两位科学大师的论述,虽不尽相同,但对于中国积弱的原因,却"感慨深矣"!

"文为心声!"由竺老的《竺可桢全集》,可以想见其人!

原载2004年12月9日《科学时报》

一份珍贵的史料
——读《竺可桢全集》有感

刘 兵

《竺可桢全集》，据说按计划要出洋洋 20 卷，在国内的科学家中，这也许差不多是最为详尽的全集了。仅仅从目前已经出版了的 4 卷来看，它的意义就已经非常鲜明地表现出来了。其中最重要的意义，除了以这种隆重的方式来纪念这位中国伟大的科学家和教育家之外，就是为我们提供了一份异常珍贵的史料。

这里之所以突出地强调这套书的史料价值，其实也是与类似作品的性质有着共性的联系。因为名人的全集并不同于通常的学术专著，对于科学家尤其如此。科学的发展如此迅速，以至于现在重要的科学成果极少有以专著的形式发表，而那些发表在刊物上的研究论文，除了极少数的经典之作之外（其实经典的说法已蕴含着某种史迹或史料的意味了），绝大多数也都很快就成为明日黄花。就连像爱因斯坦那样的超级科学家，其全集的出版，也并不是打算给从事前沿研究的科学家提供一份科研参考文献，而更多的是给历史学家准备一份重要的史料。

不过，人与人毕竟不同，即使是名人与名人相比，在留下史料的意义上价值也是有所差异的。即使在中国科学家中，像竺可桢这样的科学家也为数不多。其一，在于他可算是现代意义上的中国第一代科学家，属于那批最早在国外留学，学成后回国直接参与国内科学工作，并致力于在中国传播科学（以创办中国科学社和《科学》杂志为代表）的科学界的先驱人物。其二，在于他回国后不仅从事科学研究，而且成为国内重要的教育家，在 20 世纪 30 年代便就任浙江大学校长，对中国的教育事业发展影响甚大。其三，在于他于新中国成立后，很快就担任了中国科学院副院长的职务，在这种特殊的工作岗位上发挥了特殊的作用。这也正如《竺可桢全集》的前言对竺可桢的一生简要概括的总结："59 岁以前的竺可桢，先后领导过一个系、一个研究所和一个大学；59 岁以后，他参与领导中国科学院和全国的科学事业；66 岁以后侧重于对地学和生物学科研的领导；晚年遭遇'文革'，开始'赋闲'，在特殊的政治保护中幸得'平安'。"这样一位科学家的一生，可以说是相当独特的。与其经历相关的文字，自然对于相应年代和相关领域（甚至专业上不相关的领域）来说是非常重要的史料。而且，在此基础上，还有第四个原因，即由于工作的原因和需要，更是出于竺可桢本人的习惯与勤奋，他留下了大量的各类文字，尤其是数十年坚持不断的日记。正是这最后一点，才使得竺可桢的那些具备潜在史料价值的经历与见识能够存留下来。

在史料的意义上阅读《竺可桢全集》，可以发现，它留存下来的史料涉及多个领域，对有不同兴趣的研究者都有着广泛的吸引力。当然，由于作者的身份，这些史料对于研究中国当代科学史和教育史首先具有特殊的重要性。但在这里，笔者想强调的，倒是其中一些文献对于研究和理解中国科学史学史的特殊意义。

虽然竺可桢并不是职业的科学史家，但他的兴趣和工作却不时地涉及科学史的领域。仅在全集的前四卷中，除了那些与科学史家通信、他自己因演讲或纪念活动的需要而撰写的有关科学家的传记等，竺可桢还有一些在工作的意义上与科学史研究相关的文字，如《〈徐光启纪念论文集〉序言》《关于编写〈现代科学史上几门关键性学科的发展史〉的几点意见》《〈科学史集刊〉发刊词》《对〈中国天文学史〉中两章的审稿意见》，更有一些文献直接地反映出了科学史在中国发展的历史情况，代表着当时科学史的某种倾向与指导思想。最后这类文字中，重要的有《中国实验科学不发达的原因》（1935）、《科学与社会》（1943）、《为什么中国古代没有产生自然科学》（1945）、《中国古代在天文学上的伟大贡献》（1951）、《为什么要研究我国古代科学史》（1954）、《百家争鸣和发掘我国古代科学遗产》（1956）等。从中，可以发掘出来的内容也非常之多，这里也仅提出两点笔者以为重要的，其一是涉及广义的"李约瑟问题"，其二是涉及中国科学史研究之功能与意义。

就历史的发展来说，李约瑟问题中涉及的中国科学的"落后"问题，并不始于李约瑟，如果抛开最早那些在16世纪就注意到此问题的外国传教士不说，在20世纪初叶，一些中国学者也开始对此问题进行了一系列的讨论。在这当中，竺可桢也是其中重要的参与者，他的《中国实验科学不发达的原因》《为什么中国古代没有产生自然科学》等文章，就是这方面重要的历史文献，它们代表了一个时代的一批学者对此后来一直为人们所讨论不休的问题的典型看法。当我们后来再关注李约瑟问题时，如果不顾及这些前人的已有成果，显然不是完备的学术研究。从对这些文章的阅读中，在看到那个时代对此问题讨论的一个缩影的同时，也可以看到竺可桢对于此问题的独特思考。他对于中国实验科学不发达之原因给出的最核心的解释，一是不晓得利用科学工具，一是缺乏科学精神。而1945年竺可桢关于为什么中国古代没有产生自然科学的文章，也是在顾及当时各家观点的基础上对类似问题的非常详尽的讨论。这些文献，显然对于我们理解中国科学史学史是重要非凡的。

关于中国科学史研究的功能与意义，也是后来长期为国内科学史家所关注的重要问题。在这方面，竺可桢同样是一个提出过有重要影响观点的关键人物，特别是在1954年的《为什么要研究我国古代科学史》等几篇重要文章中，竺可桢明确地提出中国科学史研究的爱国主义功能的观点。这种观点后来曾极大地影响了国内对中国科学史研究的定位。虽然就目前来说明确地持这种观点的学者已经越来越少，但从关注科学史学史的意义上看，通过阅读这些现在并不容易找到的原始文献来了解当时这样的观点的产生与具体陈述，肯定对于我们的研究甚至教育有重要的意义。

前面只是从众多可能的视角中选取了两个例子，并以此说明《竺可桢全集》这样的巨著在史料上的重要价值，但这样的可利用的价值显然是远远不限于此，而是可以延伸到范围极广的多个领域。《竺可桢全集》目前所出版的四卷还仅仅是一个开端，只涉及一些正式的文章和书信，而后面将陆续出版的作为全集主体的日记，其史料的价值将会更为巨大，因而，我们也迫切地期待着它们的问世。

原载 2004 年 10 月 21 日《科学时报》

存真求全的《竺可桢全集》
——历史学家的梦想成真

王作跃

于 2013 年完成出版的 24 卷《竺可桢全集》是近现代中国科技与社会历史研究的一个里程碑,是历史学家的梦想成真。这一巨著不仅让竺可桢(1890—1974)成为具有最完整记录的中国科学家之一,而且是一座金矿,为学者广泛研究中国的科学史、教育史和政治史提供了极其珍贵的史料,其益处可能延伸至社会和自然科学的诸多领域。

2018 年初,国家新闻出版广电总局宣布,《竺可桢全集》获得第四届中国出版政府奖图书奖,标志着它的价值获得了学界和官方的共同认可。

竺可桢以中国气象学先驱而闻名于世,然而在其长久杰出的学术生涯中,他还担任过中国科学界和教育界的许多重要职位。[19][20] 他也是中国科学技术史研究的创始人之一,以至于在中国科技史领域中,有一些重大奖项都是以他的名字命名的。[6]

竺可桢于 1890 年出生于浙江绍兴,当时正是清代末期社会剧烈动荡的年代。他是在中国国内接受西式教育的第一代学子,并于 1910 年作为庚子赔款留学生前往美国深造,进入伊利诺伊大学香槟分校主修农业;1913 年成为哈佛大学研究生,转换专业攻读气象学,并在 1918 年获得博士学位。他的博士论文是关于远东台风的研究。在哈佛期间,竺可桢选修过科学史创始人之一萨顿(George Sarton)的科学史课程。毕业之后,竺可桢立即回国,开始了他的教学与研究的生涯。他不但讲授气象学和地理学的课程,还先后在几所大学里创立了气象系和地学系,并在 1920 年出任位于南京的国立东南大学地学系主任一职。竺可桢在美国留学期间就积极参与中国科学社,并成为其领袖之一。在民国时期,中国科学社是中国科学家中最有影响力的组织。1928 年竺可桢在南京国民政府最新成立的中央研究院内,创建气象研究所并担任所长一职。之后在 1936 年,竺可桢受蒋介石的委托,前往杭州担任浙江大学校长,并留任气象所所长 10 年。竺可桢和蒋介石都是浙江人。

竺可桢在浙大担任校长期间正遇上国难当头。先是 1937—1945 年的抗日战争,其后是 1946—1950 年的解放战争。然而,在竺可桢的带领下,以他倡导的校训"求是"为指南,浙江大学在短短的十几年内不但迅速发展,而且跃升成为中国最优秀的大学之一,尤以科学与工程等领域最为突出。但竺可桢为这些成就付出了巨大的个人代价。在 1938

年为了躲避侵华日军，他率领浙大向内地转移时，他的二儿子竺衡和妻子张侠魂相继不幸病逝。在他担负校长重责期间，几乎没有时间进行自己的气象学研究，也成为憾事。

1949年中国共产党取得胜利，竺可桢决定不随国民党撤离到台湾，而是留在大陆。不久，他就被任命为新成立的中国科学院的副院长。作为副院长，竺可桢在1950年代初期中国科学院初期组建、在地学和生命科学项目（包括稍后的自然资源综合考察的工作）管理中，都起到了至关重要的作用。他还参与了中国的国家科技政策制定工作。

作为一个自由主义者和爱国者，竺可桢在新的政治环境中十分挣扎。一方面他认为应提倡基础研究，保持与国际的科学合作，另一方面他又要努力地让中国科学院更快速地满足国家的实用需求。在这两者之间如何达到平衡实在是个难题。1966年开始了"文化大革命"。在充满暴力的初期阶段，由于周恩来将他放在了被保护的名单中，竺可桢才免受苦难。1972年尼克松访华后，竺可桢积极参与中美科技交流，包括与1949年之后留在美国的华人科学家重新建立联系。同年，竺可桢发表了他晚年的重要科学著述、封笔之作：《中国近五千年来气候变迁的初步研究》。他根据多方面的资料，甚至包括古代中国文学中透露出来的物候信息，重现了中国五千年间的气候变迁。这篇文章最初是用中文发表的，稍后还出版了英文版。[27]

竺可桢于1974年去世以后，仍然在中国科学家和知识分子中备受尊敬。在1976年"文化大革命"结束之后以及随后开启的改革开放时期，兴起了一个研究竺可桢的热潮，可以称为"竺可桢学"。[14]实际上，最终促成《竺可桢全集》出版的，正是源于一些科学家启动的一个计划。在2000年筹备纪念竺可桢诞辰110周年时，气象学家叶笃正连同十几位地学家，公开呼吁出版较完整的竺可桢文集。这些科学家都是中国科学院院士，都曾是竺可桢的学生或同事。这一呼吁引起了曾任浙大校长、时任中国科学院院长的路甬祥的重视。他决定在2001年亲自组建并领导正式的《竺可桢全集》编辑委员会，主持出版竺可桢所有已知的已刊和未刊的文字著述（《竺可桢全集》1：5—6）。

这个项目最初由中国科学院和国家自然科学基金委员会提供资助，并为此组织了一个工作团队，从多种渠道征集竺可桢的文字，对文集进行编辑和出版。这项浩大的工程始于2001年，直到2013年完成。编辑团队的领军人物是担任主编的樊洪业。他是中国科学院的一位资深研究员，更是受到中国近现代科学技术史学者们广泛认同和尊敬的领军人物。《竺可桢全集》的成功出版在很大程度上要归功于樊洪业主编所具有的洞察力、领导力和影响力，以及他坚持不懈和注重细节的努力。他不但亲自参与了几乎所有24卷的编辑和校对工作，投入了难以想象的时间和精力，而且在整个项目的进行过程中，坚持奉行"存真"和"求全"这两个基本原则，确保《竺可桢全集》内容的完整性，使它成为真正有价值的史实资料。[24]

《竺可桢全集》的成功出版也离不开许许多多参与编辑的历史学家和编辑们的出色工作和辛勤付出。这些默默无闻的英雄包括：副主编李玉海和沈文雄，两位都曾经在中国科学院做过竺可桢的秘书；竺可桢的儿子竺安，一位在中国科学院工作的化学家；陈学溶和黄宗甄，两位曾与竺可桢共事过的资深科学家，他们将自己八九十岁的时光都贡献给了这一项目。

上海科技教育出版社负责《竺可桢全集》的出版工作，其编辑团队专业且敬业。领头的是潘涛，一位专业的科学史家。这些编辑们承担了《竺可桢全集》出版过程中许多琐碎细微的工作。在编辑过程中最困难也最耗时的事情之一，是辨识竺可桢文字中几百万的手写中文字，其中还常常夹杂着科学符号、外文词语，以及大量的中文和其他语言的人名。另外，编辑们还竭尽所能，查找出一些隐晦内容的明确含义或出处、对一些文章的不同版本进行比照、为《竺可桢全集》撰写一个优秀的"编例"、精心选择相应的照片和图示并附加注释及附录信息。这一切努力保证了该书内容准确、前后一致，且易于查询。[7]

毋庸置疑，《竺可桢全集》得以顺利出版，除了得益于竺可桢在中国科学家和知识分子中的崇高专业和道德信誉外，还有其他天时、地利、人和的因素。随着时间的推移，有些早先的难题（例如在世者的隐私问题）开始消解。而《竺可桢全集》能够收入某些政治敏感的史料，并进而顺利出版，这又确实证明了中国在改革时期走向出版和政治开放方面所取得的难能可贵的进步。《竺可桢全集》的出版不仅得到国家机构的支持，而且如前所述，在出版后还获得了中国出版界官方的最高荣誉"政府奖"和其他殊荣。[3]

《竺可桢全集》的出版还正好赶上了这样一个政府主导的大科技史潮流。这包括由中国科学技术协会主办的"老科学家学术成长资料采集工程"，通过大规模的搜集和编撰，记录中国资深科学家的生平和事业。这个项目由科学史家张藜领军，樊洪业担任资深顾问。时至今日已经出版了100多本传记和其他书籍，其中许多都是根据口述史而编写。该工程还搜集到大量档案资料，并计划在此基础上建立一个中国科学家博物馆（http://www.mmcs.org.cn）。[16] 中国科学院、中国工程院和其他部门也组织编写了不少传记和院所史料（http://www.sciencep.com）。樊洪业还为湖南教育出版社编辑了一系列质量优秀的中国科学家口述史和传记著作（http://www.hneph.com）。中国还有几个出版赵元任著述和档案的全集项目。赵元任是一位美籍华裔的语言学家，与竺可桢是终生挚友。有一个赵元任全集工程计划出版 500 卷。[25][12]

回到《竺可桢全集》：樊洪业与其团队所坚持的存真和求全原则，最鲜明地体现在《竺可桢全集》所收入的竺可桢日记上。全部日记有 11 000 页，1000 多万字，共 16 卷，也自然成为《竺可桢全集》的核心部分。据说竺可桢在哈佛期间的 1913—1918 年，就开始了系统地写日记的习惯。但是 1923 年东南大学失火，1938 年侵华日军强占他在南京的住宅，致使他早年的日记焚毁或遗失。现存的日记是从 1936 年 1 月起，直到 1974 年 2 月 6 日他去世前一天，其中只有 1941 年 1 月前半个月的日记丢失了。这些日记的特殊之处，不仅在于竺可桢做了系统的记录，而且在经过了"文革"等动乱后，竟然能逃过劫难，幸存至今，真是奇迹（《竺可桢全集》6: 9—12）。

据说竺可桢在有生之年从未让任何人看过他的日记。直到 1978 年，一些科学家筹备编辑出版竺可桢文集的时候，才从他的家人那里得知他还留下了如此一批宝藏。1984年，在北京的人民出版社出版了 2 册《竺可桢日记》，是 1936—1949 年间的日记选集。[8] 1989—1990 年在北京的科学出版社又出版了另外 3 册，是 1950—1974 年间的日记选集。[4] 在日记选集的编辑期间，1953 年和 1961 年全年以及 1960 年 10—12 月的日记本竟然不幸遗失，留下遗憾。幸好竺可桢总是随身携带一个小记事本，记下的要事可以用作晚间写日记的基本材料。这些保留下来的记事本，弥补了丢失日记的时间段（《竺可桢全集》6：9—12）。

尽管 1980 年代出版的日记摘选只是全部日记的一小部分，其中许多政治上比较敏感的内容也没有包括在内，但是这些被称作北京版的竺可桢日记依然提供了一个前所未有的窗口，让人们窥视到中国近现代科学和教育的内幕，成为国内外历史学家研究这些领域的原始资料，其中也包括我自己的研究。[23]

北京版日记选集的出版引发了学者甚至公众的兴趣，人们希望上海版能够呈现竺可桢日记的真实全貌。尽管不少人心存担忧，甚至有些编辑也缺乏信心，然而《竺可桢全集》工程克服了重重困难，最终实现了"存真求全"的承诺，尤其是收入了竺可桢日记的足本，可以说是不负众望。这样一来，我们可以看到所有未加过滤的每一天日记的所有内容，确实是天大的礼物。唯一的例外是考虑到部分个人隐私，在 1939 年春天的部分日记中，有关浙大进行纪律调查的内容提及一些学生和教职员时，编辑适当地将人名用 × 代替（姓仍保留）（《竺可桢全集》7：63—68）。

一般来说，竺可桢的日记是每天一页。首先记录当天的日期及地理位置，通常是城市，也会使用地理坐标。比如 1947 年，他横跨太平洋从美国坐船回中国，就每天记录经纬度。作为一个气象学家和气候学家，他然后会详细记录天气数据，包括物候信息，例如一些花开的情况。接着他会写下一些关键词，作为当天日记摘要，或记录几件国内、国际大事。再接下来是日记的主体，常常不仅包括他做了什么事情，见了什么人，他们说了什么，还会有相当长的阅读笔记；最后是寄送或收到信函的人名。在每一个月或每一年结束的时候，他会在日记本最后的空白页上记录一些附加信息，比如读书和研究的笔记，还有一些统计数据，所涉及的范围相当广泛，如天气、价格变化、家庭支出，还有家庭成员身高和体重。年终的时候，他常常会列出一年的大事，然后会列出一年来与他有过交往的人名通讯录，包括地址、电话和电报号码。

阅读竺可桢足本日记里所记载的丰富多彩的内容，就如同在读者面前展现了一幅幅宏伟生动的画卷。读者可以跟随着竺可桢的脚步，行走在时间的长河中，目睹战争与革命的动荡，历经近现代中国科学、教育、社会和政治的变迁，体会这个特殊年代的人生历程。无论是考察中国的科学史、技术史和教育史，还是中国近现代社会、经济和政治史，或者中国与其他国家（尤其是美国、苏联、英国和印度）的科学交流史，都可以在这些日记中挖掘、提取资料。他在日记中记录的谈话、演讲、著述，涉及相当广泛的人脉关系，既有如蒋介石、毛泽东和周恩来这样的精英人物，也有国内和国外最顶尖的科学家及学者，甚至还包括很多普通人，比如他在中国科学院的司机。

如果你对近现代中国的医学社会史感兴趣的话，可以在他的日记里找到非常有价值的信息。竺可桢在如此漫长的时期内，不但一直记录自己的健康情况和医疗状况，还记录了家庭成员的健康状况，甚至众多朋友和熟人的状况。最让人叹为观止的还是他详细系统地记录天气和气候的数据。例如，在 1960 年代，他曾经收集并测量落在他家院落里的灰尘量。这些数据对气候学家和环境学家来说，也许是有价值的信息（《竺可桢全集》18：241）。

《竺可桢全集》的前 5 卷和最后 3 卷是除日记以外的文集，收录了迄今为止已刊和未刊的文章及书籍、讲演稿、信函以及极有价值的档案资料，例如竺可桢 1962 年申请加入中国共产党时所写的长篇自传。1 到 4 卷的文集是以时间为序，而不是根据内容分类。这样的编辑策略甚为合情合理，使读者不仅能了解文献本身的内容，而且能很容易理解各文献的前后关联。第 5 卷全部是竺可桢的外文文稿，共有 59 篇文章（56 篇英文和 3 篇俄文），包括他从未发表的博士论文。22—24 卷的内容都是在《竺可桢全集》项目已经开始后陆续发现的新增文稿和译文，其中最重要的部分当数来自南京的中国第二历史档案馆的新发现，即竺可桢担任中央研究院气象所所长时的大批书信。

《竺可桢全集》把这位杰出和细致的科学家的完整文集和日记公之于世，我作为一个历史学者深感庆幸，因为各种问题（包括政治敏感性和正当的隐私担忧）本来完全可能会延误其出版，而在国内查询档案至今还存在着诸多的限制。因此我迫不及待地开始使用《竺可桢全集》，尤其是新增加日记的部分，对 1949 年之后中国科技政策和科技政治进行历史研究，包括 1956 年十二年科技规划的制定、在"文革"前关于基础研究和应用研究的争议，以及中国留美科学家的历史，包括 1950 年代选择留在美国和选择返回中国的科学家。[21][22]

很多其他学者也已经开始在《竺可桢全集》中挖掘宝藏。他们涉及的内容各式各样，从中国地学史、浙江大学校史、中国科学院院史，到中国科学史在中国的兴起与发展。在 2014 年为庆祝《竺可桢全集》完成出版而印制的一本纪念册中，就列出了在 2004—2014 年间曾引用过《竺可桢全集》的报纸和期刊的文章与书籍，总数达 142 个。[13]正如我在前面提到的，竺可桢还是中国科技史研究的奠基人，也是今天的中国科学院自然科学史研究所的主要奠基者。[6]另外，对李约瑟进行的中国科技史研究，竺可桢也提供了关键的帮助。[10]

《竺可桢全集》的出现，特别是足本日记这一部分，提供了许多具有创意的可能性。例如，可以遴选竺可桢文字大海中某一特定方面的资料，编辑出一个专题原始资料。在这方面，中国近现代科技史和中国科学院院史领域的杰出学者王扬宗作出了表率。他曾经参与《竺可桢全集》的编辑工作，并把竺可桢 1951 年 7 月到 1952 年 12 月的日记中与"三反""五反"和"思想改造"运动有关的内容挑选出来，编成一个专题史料。[17]根据这部分新资料（大部分并没有包括在早期的北京版里），王扬宗发现，人们原来普遍认为在运动中中国科学院的情况比起大学来说要好很多,这是不准确的。竺可桢在日记中详细地记载了事情的发展过程,披露了真相。至少在运动初期,科学家们,尤其是像他这样的高级科学家,在中国科学院里承受着难以言喻的压力,要他们自我批判。在1952年的4月,竺可桢就不得不前去慰问并劝导吴有训。吴有训是中国科学院副院长,一位资深的物理学家,当时已有了自杀的念头。最后,还是因为已经发生的科学家自杀的事件以及吴有训的企图自杀,科学院内的运动势头才有所缓解。[18][21]

除了思想改造运动真相之外,还有其他案例说明,竺可桢日记足本不仅提供了更多信息,而且有可能彻底改变我们原来基于不完整北京版所作出的结论。例如,通过仔细考察竺可桢日记中一个含义隐晦的片段(没有包括在北京版里),樊洪业作出了一个令人惊奇同时也令人信服的发现。在此之前,许多学者都认为中国上马原子弹的决策时间是1955年1月。然而根据日记里的新记录,这方面的讨论有可能早在1952年3月27日左右就已经开始了。这一天,有两位周恩来的助手造访竺可桢,谈话的内容涉及"日爆"有关的内容。[1]

《竺可桢全集》的副主编李玉海充分利用了《竺可桢全集》里的丰富资料,编辑了《竺可桢年谱》,计划由出版社出版,相信一定能成为广泛使用的参考资料。李玉海和樊洪业还利用日记的资料,编辑了一本带注释的竺可桢所摄抗战照片集(竺可桢是一个摄影爱好者)。[2]同样,浙大的一位年轻学者李杭春在日记中检索出有关浙大的部分,结合其他档案馆中的有关资料,编辑了一部有价值的竺可桢年代浙大年谱。[5]

放眼未来,我们真心希望《竺可桢全集》的数字化数据库可以尽早出现,让这些丰富的资料可以在大数据的技术下尽其所用。由"国立浙江大学论坛"主办的网站曾经提供了1936—1952年的日记(http://www.ncku1897.net/diary/index.html),也有一些商业数据库提供部分或全部的《竺可桢全集》。但是如果能像爱因斯坦网站那样提供免费的、具有良好查询功能的独立网上数据库就更好了。爱因斯坦网站(http://www.alberteinstein.info)是以爱因斯坦档案(http://www.albert-einstein.org)和仍在陆续出版的《爱因斯坦全集》[15]为基础而建的。另外,如果能有一个压缩版的《竺可桢全集》,主要集中在科学技术方面,也会大有裨益。这方面的先例包括李约瑟的《中国科学技术史》的缩写本[9](中文翻译为《中华科学文明史》),还有1954年关于美国物理学家奥本海默保密资格的政府听证会记录缩写本[11]。最后我还希望,那些前面提到但还没有收入《竺可桢全集》的竺可桢随身记事本内容以及竺可桢的来往书信,有一天还能找到并能够公开发表。针对后者,胡适在1915—1948年间的来往书信的出版是一个很好的先例。胡适是中国著名的哲学家和政治家,他与竺可桢和赵元任同是1910年的庚款留学生。[26]

总之,这一部宏伟的《竺可桢全集》不仅让近现代中国科技与社会的历史研究从中受惠,它还是一座呈现真实、完整历史文献的里程碑。它应该是国内外出版原始资料项目的典范。毕竟,在《竺可桢全集》的出版过程中所体现出的真实、公开和透明的原则,不仅令人敬佩,也充分体现了现代民主社会的基本价值。

参考文献

[1] 樊洪业. 原子弹的故事：应从 1952 年讲起——访竺问史录之六. 中华读书报, 2004-12-15.

[2] 樊洪业, 李玉海. 竺可桢的抗战年代——竺藏照片考述. 北京：中国科学技术出版社, 2015.

[3] 国家新闻出版广电总局. 第四届中国出版政府奖获奖名单. 2018-01-17（http://www.chinaxwcb.com/images/2018-01/17/21011517222664021281.doc）.

[4] 黄宗甄编. 竺可桢日记（第Ⅲ—Ⅴ册）. 北京：科学出版社, 1989—1990.

[5] 李杭春. 竺可桢国立浙江大学年谱（1936—1949）. 杭州：浙江大学出版社, 2017.

[6] Liu, Dun. Zhu Kezhen and His Contributions to the History of Science in China. Newsletter of the History of Science Society, 2010, 39, no. 4: 1–2, 21–22.

[7] 刘力源. 一部科学家全集的演化史. 文汇报·文汇学人, 2016-11-11：2—5.

[8] 吕东明、许国华编. 竺可桢日记（第Ⅰ—Ⅱ册）. 北京：人民出版社, 1984.

[9] Needham, Joseph, and Colin A. Ronan. The Shorter Science and Civilisation in China. 5 vols. Cambridge: Cambridge University Press, 1980–1995.

[10] 潘涛. 从"雪中送炭"到"架设桥梁"——竺可桢二十世纪四十年代日记中的李约瑟. 广西民族大学学报（自然科学版）, 2007, 13（3）：36—48, 58.

[11] Polenberg, Richard, ed. In the Matter of J. Robert Oppenheimer: The Security Clearance Hearing. Ithaca, NY: Cornell University Press, 2002.

[12] 任思蕴. 赵元任档案——待开发的宝藏. 文汇报, 2016-06-17（http://www.whb.cn/xueren/60328.htm）.

[13] 上海科技教育出版社. 引竺问史文录——竺可桢全集出版纪念册. 上海：上海科技教育出版社, 2014.

[14] 施雅风, 许良英. 竺可桢传略. 中国科技史料, 1980,（2）：1—25.

[15] Stachel, John, et al., eds. The Collected Papers of Albert Einstein. 14 vols. todate. Princeton, NJ: Princeton University Press, 1987–.

[16] 田琪. "老科学家学术成长资料采集工程"出版丛书百册. 中国科学报, 2017-10-30（http://news.sciencenet.cn/htmlnews/2017/10/392397.shtm）.

[17] 王扬宗编. 中科院思想改造和三反运动日记（竺可桢）. 院史资料与研究, 2013, 6月：1—118.

[18] 王扬宗. 中国科学院的思想改造运动（1951—1952）. 院史资料与研究, 2014, 1月：1—82.

[19] Wang, Zuoyue. Saving China through Science: The Science Society of China, Scientific Nationalism, and Civil Society in Republican China. Osiris, 2002, 17, no. 1: 291–322.

[20] Wang, Zuoyue. Zhu Kezhen. In New Dictionary of Scientific Biography, edited by Noretta Koertge. New York: Charles Scribner's Sons, 2007: 402–405.

[21] Wang, Zuoyue. The Chinese Developmental State during the Cold War: The Making of the 1956 Twelve-Year Science and Technology Plan. History and Technology, 2015, 31, no. 3: 180–205.

[22] Wang, Zuoyue. Theory Attached to Practice: Chinese Debates over Basic Research from Thought Remolding to the Bomb, 1949–1966. In Basic and Applied Research: The Language of Science Policy in the Twentieth Century, edited by David Kaldewey and Desiree Schauz. New York: Berghahn Books, 2018: 228–247.

[23] Wang, Zuoyue, and Jiuchen Zhang. China and the International Geophysical Year. In Globalizing Polar Science: Reconsidering the International Polar and Geophysical Years, edited by Roger D. Launius, James R. Fleming, and David H. DeVorkins. New York: Palgrave Macmillan, 2010: 143–155.

[24] 熊卫民, 王聪. 为中国现代科学史研究铺路——樊洪业研究员访谈录. 广西民族大学学报（自然科学版），

2016，22（4）：1—12.

[25] 赵元任全集编辑委员会编. 赵元任全集. 北京：商务印书馆，2001—2007.

[26] 中国社会科学院近代史研究所中华民国史研究室. 胡适来往书信选. 3卷. 香港：中华书局香港分局，1983.

[27] Zhu, Kezhen. A Preliminary Study on the Climatic Fluctuations during the Last 5000 Years in China. Scientia Sinica, 1973, 16, no. 2: 226–256.［收入《竺可桢全集》5：534–567.］

原文英文，题为"Hongye Fan et al. eds. Zhu Kezhen Quanji（The Complete Works of Coching Chu）"，刊于 *East Asian Science, Technology and Society*（《东亚科学技术与社会》）2018年第2期第201—209页，版权所有：Taylor and Francis。经许可中文翻译、发表。作者在此有少许增改。沈慧翻译。中文版曾发表在2018年9月27日《知识分子》的《科学春秋》微信公众号上，感谢《知识分子》惠允在此重印。

竺可桢学
——《竺可桢全集》催生的一轮朝阳

何亚平

历经十载，皇皇24卷的《竺可桢全集》终于在2013年底完满出齐。这是功在当代、利及千秋的功德无量的好事，可喜可贺！

总计约2000万字的《竺可桢全集》，内容丰富，内涵深刻，为人们研究竺可桢，研究竺可桢所处的时代和20世纪的中国科学史、教育史、文化史，以及社会生活的诸多方面，提供了不可多得的永久性基础资料，它本身就是一座求真、求实、求是的历史丰碑。同时，它也为早在1980年代人们就呼吁应创立的"竺可桢学"奠定了基础，开辟了广阔的研究空间和领域。

一、"竺可桢学"的由来

创立竺可桢学是1978年全国科学大会后，科技界、教育界在怀念竺可桢先生的热潮中，由浙江大学的一些老教授、老校友最先提出来的。1980年代，原杭州大学地理系主任严德一教授首先提出了研究"竺学"的问题。刘操南教授认为，"严德一教授提出'竺学'即'竺可桢学'的概念，态度严肃，涵义深邃。严先生所称：'竺学'盖指竺师的气象学、地理学、古物候学等的光辉业绩，卓越贡献"。这是关于竺可桢学的最早表述，即"竺学"是指竺可桢先生卓越的学术成就而言的。

1990年，刘操南教授在他主编的纪念竺可桢诞辰100周年的文集《一代宗师竺可桢》中，对竺可桢学做了进一步的阐释。在该书的前言中，刘操南指出："竺师治学，重视实验，高瞻远瞩，博览群书，翱翔、驰骋于中国特有的丰赡的历史文献和近代、当代欧美科学成就之间。学贯中西，文理渗透，予以融合和阐发。他的科研，跨越了不少学科，开拓了许多新的领域，从而形成具有中国特色的新学科的特殊风格和特殊贡献。这一特色，不少教授尊称之为'竺学'。就学科说，竺师在气象学、地理学、自然科学史等方面成就卓越；在台风、季风、区域气候、农业气候、物候学和气候变化等方面有着独特的贡献。竺师是中国近代地理学和近代气象学的奠基人，同时又是一位杰出的物候学家。"这是关于竺可桢学更为细致、明确的论述。

在该书的《竺可桢教授与中国古籍研究》一文中，刘操南教授又谈到了竺可桢学。

他指出:"'竺学'为何?我的认识是:就其专长的学科说,宏观微观,博大精深,学贯中西,文理渗透。开物成务,富国厚生。实事求是,实践力行。"刘操南特别强调:"竺师的治学方法、治学精神和治学目的意味着中国学术史上在自然科学和社会科学研究中的一次腾飞。竺师的学术成就树立了若干具有中国特色的新学科的典范。"这里不仅阐明了竺可桢学出现的历史必然性和学术地位,而且"竺学"的内涵也大大地扩展开了,既包含了竺可桢先生的学术成就,还包括竺可桢先生的治学方法、治学精神和治学目的。

二、"竺可桢学"的内涵

1990年,浙江大学校友总会、电教新闻中心出版《竺可桢诞辰百周年纪念文集》,刘操南教授专门提交了他1985年10月的初稿,1986年2月修改的长文《竺学蠡测》,对竺可桢学做了全面的阐述。

刘操南首先指出:"卢嘉锡教授谓:'他(竺可桢)是我国近代科学家、教育家的一面旗帜,气象学界、地理学界的一代宗师,献身共产主义的一名忠诚战士。'这三个'一'字为学术界所公认,'竺学'范畴,或当于此着眼。或谓:'竺学',理应阐发竺师的治学方法,学术特色。"

然后他提出:"'竺学'为何?学贯中西,文理渗透,博大精深,开物成务。此十六个字,竺师复以其所倡导的求是精神贯之。""学贯中西",言其治学方法、参考文献,中西交叉,左右逢源。所谓'文理渗透',言其学术研究,介于自然科学和社会科学间,相互渗透,创立多种边缘性、交叉性的新学科。所谓'博大精深',言其学科领域,视野开阔,融会贯通,触类旁通。'博大'就宏观而言,'放之则弥六合';'精深'就微观而言,'卷之则退藏于密'。中外古今,野外地下,文献考古,实验调查,观象于天,察类于地;风云变幻,草木枯荣;政治革新,方志图赞,皆在竺师治学视线摄照之中。多学科地、多层次地,有广度、有深度地综合、分析地研究,数十年如一日,达到国际科学水平。所谓'开物成务',言其治学目的,不埋于故纸堆中,停留于实验室内;而是温故知新,面向现实,通过实验,指导生产,为民族的振兴和社会的发展服务。"他还指出:"爰是'竺学'的研究与'许学'、'郑学'、'郦学'的研究导趣,意义有别。其所不同者,不仅由于竺师的思睿观通,品质优秀,同时更由于其所处时代的优越。旧学术在解体、在蜕变、在更新;新学科在胎息、在勃兴、在茁壮成长。竺师的学术成就多方面地显示了这种时代精神。'画出风雷是拨声'。竺师在学术上承先启后,是时代的佼佼者。"

刘操南教授特别推崇竺可桢创立具有中国特色的新学科,如古气候学、物候学等,认为这是"具有爆炸性的"贡献,"这是对某些学者抱残守缺,笃旧自封或媚洋轻中,骛新忘本的爆炸;对从书本到书本,为学术而学术,埋头于故纸堆中的爆炸;实质是解放了学术界中某些学者的思想,将中国学术研究引上了正确的轨道。这可以说是:前越古人、后启来者的一场学术思想革命"。

《竺学蠡测》分六节：1."竺学"提出，涵义深刻；2. 多次演讲，启迪后学；3. 格物致知，日积月累；4. 掌握规律，开物成务；5. 提倡科学，祛除迷信；6. 著书立说，创新学科。全文近两万字，是迄今关于竺可桢学的最系统、深刻的经典论述。

三、"竺可桢学"展望

《竺可桢全集》的出版，为"竺可桢学"研究提供了丰富的翔实的第一手宝贵资料，开辟了"竺可桢学"研究的广阔空间和领域。

首先，"竺可桢学"的内涵需要扩展。1990年3月7日是竺可桢诞辰100周年。中国科协、中国科学院、国家自然科学基金委员会、中国气象局和浙江大学在北京全国政协礼堂隆重举行纪念大会。中国科协主席钱学森代表五单位，发表了题为《一代楷模，风范永存》的长篇讲话，赞扬竺可桢对我国科学和教育事业作出的卓越贡献。时任全国人大副委员长的习仲勋同志代表党中央和国务院发表重要讲话，指出"竺可桢是我国近代科学家、教育家的一面旗帜，是气象学界、地理学界的一代宗师，知识界的楷模"，号召大家学习竺可桢，"弘扬他热爱祖国、崇尚民主，以'求是'为校训，爱护学生，追求真理，谦虚豁达，亲自动手，深入实际，精益求精，不盲从，不附和等不屈不挠的精神"。

习仲勋这个讲话对竺可桢的评价，与前述的刘操南先生引用的卢嘉锡在1984年"竺可桢逝世十周年大会"上的致辞中"三个一"评价相比，前两个"一"，即"我国近代科学家、教育家的一面旗帜"和"气象学界、地理学界的一代宗师"完全相同，只是第三个"一"改成了"知识界的楷模"。这为"竺可桢学"的研究进一步指明了方向，应该是构建"竺可桢学"的基本框架。

回顾竺可桢逝世40年来从未间断的一系列纪念活动和发表的纪念文章，以及与竺老有关的著作、文集、研究文献，可以清楚地看出，阐述竺老作为"气象学界、地理学界的一代宗师"的方面还是比较充分的，而作为"我国近代科学家、教育家的一面旗帜"方面的研究和阐述就显得单薄，而作为"知识界的楷模"方面的研究和阐述则可谓寥寥无几。这种不平衡的产生是很自然的。因为这些年来的众多研究与纪念活动，还没有在我国科学界和教育界产生更为深刻的影响，更没有在整个知识界形成广泛的共鸣。早在1990年纪念竺可桢诞辰100周年时，谈家桢院士就指出："纵观我国近代高等教育的历史，我深深地认识到办大学而成功的校长只有两个人：其一是蔡元培先生，另一位就是竺可桢先生了。他们两人都具有许多优点，都是胸襟开阔，气度宏伟，都能打破各种思想和学术的派系束缚而广罗人才，去充分发挥各种学术思想和发展各个学术领域。他们自己，则是学有专长，学识渊博。"他还特别强调"蔡先生之与竺先生相比，蔡先生主持北大时期，是在和平时期，而竺先生接掌浙大时期，正好是在民族危亡的抗日战争时期，其困难程度当比和平时期要困难得多"。他呼吁，"我希望各有关方面，大家都来总结竺先生的办学经验，要大书特书他的事迹"，"我认为竺先生的办学是个好榜样，值得举国上下向他学习"。随着《竺可桢全集》的完满出齐和"竺可桢学"这个公共平台的构建，谈家桢先生的遗愿一定能够实现。

其次，上述三个方面只是"竺可桢学"研究的基本内容。正如毛泽东思想不仅仅是毛泽东本人的贡献，还包括了与毛泽东一道浴血奋战为创立和建设新中国而奋斗的诸多第一代党和国家领导人的贡献一样，"竺可桢学"也不仅仅是竺可桢本人的贡献，还应包括与竺可桢一道为锻造浙江大学"求是"魂魄，为推进我国科学事业，在创建中央研究院和中国科学院过程中，共同奋斗的师友和同事们的贡献。这又将是"竺可桢学"新开辟的极为广阔的研究领域。

再次，40年来对竺可桢持续不断的纪念，是特别引人注目的民心活动。诚如学界所公认的，竺老是迄今为止最难得深受国内外教育界和科学界一致尊崇，并且无任何微词与非议的大师。这一现象本身的深刻内涵与意义，很值得挖掘。而诸多与竺老有关的研究，还有待归纳、整理、提高。深化和细化竺可桢研究的诸多方面，大有可为。例如，竺可桢日记中涉及那么多交往频繁、情意深厚的人物，对他们一一加以研究的任务也仅仅刚开了头。又如，竺可桢塑像在全国到底有多少？每个塑像后面有什么样的故事？再如，在"文化大革命"那个特殊年代，竺可桢顶住"极左"的强大压力，在一批批外调人员面前，不卑不亢，实事求是地为诸多浙大师生，以及国民党军警人员书写历史证明材料，使他们免受迫害。收集研究这些材料，也是一项很有意义的工作。诸如此类，真是不胜枚举。更为重要的是，"竺可桢学"是以竺可桢为代表的一代科学界、教育界先贤在追求民族振兴、国家富强的奋斗中，共同创造的极具中国特色的，体现着中西结合、文理渗透、融汇古今的新学，其重大的历史意义和对实现中华民族伟大复兴的中国梦的巨大现实意义，都有待阐发。

创立"竺可桢学"，是深化竺可桢研究的重要组成部分之一，是正在兴起的新一轮竺可桢热的必然结果。展望"竺可桢学"，它就是《竺可桢全集》催生的一轮喷薄欲出的朝阳，灿烂辉煌。"竺可桢学"研究的新时期已经来到。

原载《民主与科学》2014年第5期

>>> 引竺问史
——气象万千的学术宝库

原子弹的故事：应从 1952 年讲起
——访竺问史录之六

樊洪业

　　共和国历史上有关原子弹的故事，一般都是从钱三强进中南海向中共高层领导介绍情况讲起，那是 1955 年元月的事。而中国公众听到这个故事，已是 20 世纪 70 年代末了。起初是出现在纪念毛泽东和周恩来的文章中，人们可以透过领袖人物的光环，体会到当初决策的英明。80 年代，以赞扬科学家为立意的文章多了起来，接着就是各种标榜"揭秘"的本子纷至沓来。不过，直到今天，我们也还没有能够看到一本像《现在可以说了》和《比一千个太阳还亮》那样关于核弹历史内幕的读物。研制原子弹是个庞大的工程，涉及战线长长过程也长长，人物多多部门也多多，很难顾及方方面面。又因受保密的约束，作者们往往多凭当事者的口述，而口述者受个人知识水平、接触范围、记忆力乃至个人情感好恶和利害关系等的局限，并不一定都能如实"再现"历史。因此，对于口述史料，首先是需要高度重视，其次则不可轻信。尤其是对那些历史事件中重要当事人都已过世的情况下而出现的孤证，不可不做认真考证、鉴别。

　　2000 年 11 月，有位朋友因参与拍摄一部反映原子弹研制过程的纪实文献片，拿出一份资料，要我从中国科学院院史的角度帮助核实一下。这份资料是雷英夫手写回忆材料的复印件，题目是"关于我国原子导弹等尖端武器技术研究试制的一点情况"，其前半部分内容如下：

　　　　1952 年五六月间，在编写《五年军事计划纲要》时，军委和总参曾考虑过我国研究试制原子导弹、核潜艇等尖端武器技术问题。毛主席、周总理认为这是一个大的政治战略问题，一个国家没有原子导弹等尖端武器技术，人家就瞧不起。为此，军委、总参在讨论军事计划时，都赞成要搞原子导弹（当时叫火箭）等尖端武器技术，但如何搞法，何时上马，则须根据实际情况，实事求是地决定。为此周总理曾专门写过一个介绍信，要我去找中国科学院副院长竺可桢，征求一下他的意见。我去后和竺可桢谈了三个多钟头，主要内容有三：
　　　　一、了解原子弹、导弹的一般性能；
　　　　二、对原子导弹武器的防护措施；
　　　　三、研究试制原子弹、导弹等尖端武器技术的必备条件。
　　　　在商谈第三个问题时，竺提出了三个必备条件：

1. 要有专家人才,并须成龙配套,集中研究。他说当时我国内也有一些人才,如钱三强等,但比较分散,我国在国外也有许多专家人才,须力争他们回国,以便形成专家队伍。

2. 要进口一些尖端的资料设备,如能争取苏联的援助最好,否则只有采取各种手段分散购买一些。

3. 要花大钱。搞尖端武器技术比常规武器技术要贵得多,动一动都要以亿来计算。

同竺谈后,我向周总理作了汇报,[周]认为竺的意见是内行话。为了加快这一战略措施,除采纳了一些竺的意见,进行了一些力所能及的措施外,总理还曾向苏联方面进行过试探,请求他们援助。苏方认为中国不具备搞尖端技术的条件,应先搞常规的,一步一步来。对提供原子导弹等尖端武器技术资料和专家问题,根本不谈。

鉴于上述情况,加上抗美援朝战争仍在继续并有扩大的危险,战费比重太大,帝国主义经济封锁很严,我国经济刚刚准备搞第一个五年计划等情况,故《五年军事计划纲要》就无法列入正式项目。

这里之所以做大段摘录,是因为它对于研究中国原子弹史是一份非常独特的珍贵史料。按雷文所述,我将1952年5—6月间的竺可桢日记原文反复读过,但没有搜索到。后来又从这一年的元旦开始逐页查起,终于在3月27日查到了雷英夫的名字,不在日记正文,而是写在这一页的天头处:

晚参谋部韦明和雷英夫来谈 Sunburst Tel. 55731 Ext. 132+510

新中国政府成立之初,政务院下设"总理办公室",办公室之下又设有秘书组。韦明为文教秘书,雷英夫为军事秘书(另兼任中央军委作战局局长)。Sunburst,本义是"阳光突现"。Tel. 55731,应是总理办公室的电话总机号码。Ext. 132+510,很可能分别是韦、雷二人在总理办公室的分机号码。

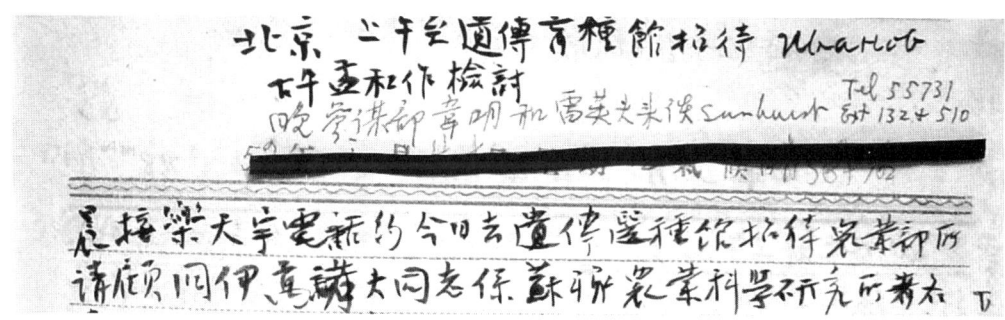

1952年3月27日竺可桢日记手迹(局部)

以竺可桢日记与雷英夫所述内容对照,可以证实确有这次访问。但是,从具体内容上看,雷英夫的忆述资料又疑点重重,难作信史引证。

（一）作为关键词语，所用最多的是"原子导弹"，但又有时拆分为"原子弹、导弹"，还有一处在"原子导弹"之后注释"当时叫火箭"。关于火箭研究，是钱学森在1955年回国后向军方和国家领导人提出的，从现有可能看到的文献，尚未发现在1952年就有动议研制导弹的有关线索。根据当时的知识水平，说1952年在总参会议上就讨论了原子弹、导弹和核潜艇问题，实在令人难以置信。

（二）雷称"周总理曾专门写过一个介绍信，要我去找中国科学院副院长竺可桢"，依此似由周恩来亲笔写信给竺可桢，又是指派雷英夫一人出访。而按竺记，当是韦明、雷英夫二人携带总参谋部的介绍信来谈的，且将韦排在雷之前。竺在此前与韦、雷并不相识，他把这次访问当作日常接待来访之中的一次，只不过是事关国家机密的总参客人而已。如果是周恩来专门为介绍雷英夫而写给竺可桢的信，竺不可能在当日日记（或后来日记）中只字不提周恩来的名字。

（三）雷称与竺"谈了三个多钟头"。竺记谈话是在晚间进行的，按日记正文，竺当日上午是在院内遗传育种馆陪苏联专家，直到下午2点才回到院部。3点钟又参加陶孟和副院长的检讨会（时在思想改造运动中）。因此他接待韦、雷，应该是在晚饭后。他当日晚间还要回家写自己的检讨发言稿，不大可能与雷谈上三个多小时。

（四）竺可桢是气象学家和地理学家，不是原子物理学家和流体力学家。雷英夫所列的三个问题中的前两个，不可能是周恩来提出要竺回答的，竺也不可能面对总参的干部去回答并非自己熟悉的专业问题。只有第三个问题，竺是可以根据自己的学识和多年的组织管理经验作出回答的，但这也不可能谈上三个多小时。

雷的回忆写于1990年10月20日，似为编写《当代中国的国防科技事业》撰写的回忆史料。

1992年出版的《当代中国的国防科技事业》一书中称，1952年5月在周恩来主持下，"中央军委领导人在研究国防建设五年计划时，就酝酿过发展特种武器问题，并征询过有关科学家的意见，从各方面进行准备，积极创造条件"（见该书上册第26页）。书中似在原则上采纳了雷英夫的忆述，但未录其细节，把雷文中模糊不清的"原子导弹"之类改称为"特种武器"，将雷文中的加了书名号的《五年军事计划纲要》文本表述，改成了加引号的"国防建设五年计划"的一般表述。其实，中共中央政治局于1951年2月决定着手编制第一个国民经济发展五年计划后，1952年国防方面将纳入国民经济计划的是《兵工五年新建设大纲》，而非《五年军事计划纲要》。

据史料翔实的权威性文献《周恩来年谱》，其中与本文主题相关者，只见1952年5月21日记有周恩来"和聂荣臻、李富春签发中央兵工委员会《关于兵工问题的决定》。《决定》同意中央兵工总局提出的《兵工工厂调整计划纲要》和基本同意《兵工五年新建设大纲》"（第239页）。

近代中国的语汇中，相沿以"兵工"指称国防工业。国民党政府在军政部之下设"兵工署"。1951年1月在中共中央军事委员会之下设"兵工委员会"，由周恩来总理兼主任,代总参谋长聂荣臻和中央财经委员会副主任李富春兼副主任。

直接大段引述雷英夫忆述资料的出版物,有1994年出版的《开国总理周恩来》,文见该书第402—403页。与雷文相比,此书中只是把"原子导弹"分述为"原子弹、导弹",删掉了"核潜艇"。

竺可桢与韦明、雷英夫之间进行的是一次保密的谈话,他应该遵守保密的要求。但是,坚持了几乎一生记日记的竺老,不可能不在日记中留下痕迹。他没有将谈话内容写入日记正文,只在天头处以Sunburst作为"原子弹"的隐语。从雷英夫问及"防护措施"和竺可桢提及专门人才钱三强等线索来看,谈话的中心内容只可能是围绕原子弹的。这次谈话的起因,也只能从与原子弹相关的线索去寻找。

1952年3月,大的历史背景是,朝鲜战争已经打了将近半年,中国领导人已经从战争实践中深刻意识到了提高军事现代化水平的紧迫需要。面对美国的核讹诈,中国必须从长远战略上作出回应。

一个具体的契机,有可能来自法国科学家约里奥-居里。据《钱三强年谱》(葛能全编著,山东友谊出版社,2002年)1951年10月记述:"放射化学家杨承宗由法国回国并至近代物理研究所工作。离法前,约里奥会见杨时对他说:'你回国后请转告毛泽东主席,你们要反对原子弹,你们必须要有原子弹。原子弹也不是那么可怕的,原子弹的原理也不是美国人发明的。'杨回国后即把这些话先后告诉了钱三强和中央宣传部科学处联系科学院工作的龚育之。钱请丁瓒报告了中央有关领导。"

约里奥-居里是核物理学家,法国共产党党员。钱三强赴法留学期间即在其实验室工作,与约里奥-居里结下了深厚的师生情谊。经钱的推荐,杨承宗于1947年初到居里实验室工作,担任约里奥-居里夫人的助手。杨承宗回国后,来到钱三强任所长的中国科学院近代物理研究所工作。当时,钱三强还与丁瓒二人分任中国科学院计划局正、副局长。丁瓒在党内担任院党组副书记,对上可以直接与领导中国科学院的政务院文教委员会(实际归口于中宣部)副主任陆定一和秘书长胡乔木对话。

综上所述,约里奥-居里向毛泽东提议搞原子弹的进言,似可理出较为清晰的通道:约里奥-居里→杨承宗→钱三强→丁瓒→陆定一或胡乔木→毛泽东和周恩来。其中的中间环节也有另一种可能:杨承宗→龚育之→陆定一。据葛能全先生告诉笔者,龚育之等人当时曾在近代物理研究所调研过一段时间,杨承宗是在那时将约里奥-居里的话转告给龚育之的。

作为政务院总理兼兵工委员会主任的周恩来,指派韦明和雷英夫于1952年3月27日拜访竺可桢。相约晚间一谈,表明了任务之急或是保密之严。竺可桢提供了个人意见,以凝聚人才、资料设备和经费投入三项为筹划原子弹研制工作的必备条件,被周恩来赞为"内行话"。

四个半月之后,以周恩来为首席代表的中国政府代表团出访苏联。主要任务是向苏联通报中国实施国民经济建设第一个五年计划的轮廓草案,就此与苏方交换意见,争取对方的援助。代表团成员和顾问中,除中央财经系统重要部门的负责人之外,来自军队方面的人员也占有很大的比重。可以想见"兵工"在计划草案中所占的分量,其中当然会包括在原子弹研制方面的要求。

没有竺可桢日记中的那一行字,雷英夫的那一份回忆材料将是一个难以令人置信的谜团;没有雷英夫的回忆,竺可桢的那一行字将是一个令人费解的谜团。两者相互印证,则为我们破解了共和国历史上有关原子弹研制事业发端的一个秘密:中国最高领导层关注筹划原子弹研制的时间,是在1952年。

原载2004年12月15日《中华读书报》

科学魂，爱国心，平民情
——竺可桢科普作品初探

卞毓麟

人们研究竺可桢的科普工作，非自今日始。然而，如今更深入地研究这一课题，却有了更为优越的条件——拥有了完整的宝贵资料。经《竺可桢全集》编辑委员会多年的艰辛劳动，这部千余万字的《全集》自2004年始由上海科技教育出版社分卷陆续出版，头7卷今已面世。笔者研究竺可桢及其科普工作尚未深入，今不揣浅陋，呈"初探"一札，盖欲求教于方家也。

一、引言

竺可桢，字藕舫，1890年3月7日生于浙江绍兴，1974年2月7日病逝于北京医院。1984年，竺可桢逝世10周年纪念会在北京举行，竺可桢研究会随之成立。嗣后，研究会着手筹备编写《竺可桢传》，并设立了编辑组。1990年，竺老诞辰百年之际，《竺可桢传》由科学出版社分为上下两篇出版，上篇主要介绍竺老的身世、经历、"求是"精神和道德修养，下篇主要介绍他多方面的建树和成就，书末附有"竺可桢生平年表"。书中"科学普及工作"一章由高庄撰写，约12 000字，所见甚当。又，此前将近10年，科学普及出版社曾出版《竺可桢科普创作选集》（1981年），收竺老科普文章28篇，编者以《科学家竺可桢和科普创作》一文代序，可资研究者参阅。

1998年，沈文雄编《看风云舒展》由百花文艺出版社出版。该书系"金鼎随笔丛书"之一种，收录竺老文章47篇并日记多则，卷首有沈文雄的长"序"。"金鼎随笔丛书"旨在综合反映中国学人大师们治学、做人的品质和他们的文化素养。从大科普的角度视之，书中不惟美文连篇，而且很能体现竺老科普创作之良苦用心。

竺老逝世以来，纪念和研究类的出版物品种尚多，此处不拟一一枚举。竺老本人原作悉按旧貌收入《全集》，此举为研究者带来的便利，当不可以道里计也。

二、竺可桢和《竺可桢全集》

1910年，20岁的竺可桢与胡适、赵元任等作为第二批庚款生同船赴美国留学，1918

年获博士学位。竺可桢是中国现代气象学、地理学的一代宗师,卓越的科学家和教育家。他曾任中国科学社社长、中央研究院气象研究所所长、浙江大学校长、中国科学院副院长、中国科协副主席,1955年当选为中国科学院学部委员,并曾当选生物学地学部主任。他在气象学与气象事业、地理学与自然资源考察、科学史、科学普及、科学教育、科研管理和诸多科学文化领域皆有杰出贡献。

《竺可桢全集》尊奉"存真"原则,以求如实展现竺老的学术成就和人生道路。《全集》原定20卷,但近来又陆续发现不少佚文和新材料,故原计划或将突破。2004年7月,《全集》第1至第4卷310万字面世,以时间为序收录竺老从1916年到1973年已刊和未刊的中文著述701篇,包括学术论文、大学讲义、科普文章、讲演词、工作报告、思想自传、信函、题词、序跋、诗作等。2005年12月出版了第5至第7卷,其中第5卷专收竺老的外文著述。竺老毕生坚持写日记,可惜1936年前的日记均已在战乱中丧失。《全集》第6和第7两卷,系竺老1936年至1940年的日记。此后诸卷将为1941年直至逝世前一日的全部日记以及补编、年表和人名索引等,各卷珍贵历史照片不乏首次公开者。《全集》不仅可以让人们看到一个真实而丰满的竺可桢,可以让我们重新思考竺老留下的宝贵思想遗产;同时它还用一种独特的方式映射出了20世纪中国政治、社会、文化发展的曲折历程。《全集》编辑委员会执行副主任兼主编樊洪业曾满怀激情地宣称,《全集》对研究者而言乃是一座"丰富的宝藏"。诚哉斯言!

竺老生前身后受到无数学人的尊敬和怀念,乃是历史的必然。2004年上半年,因有人对于费大力气出版《竺可桢全集》殊感费解,我遂作了这样的解释:《竺可桢全集》是科技和教育领域(其实远不只是科技和教育领域)的《鲁迅全集》,竺老长达半个多世纪的学术成就和社会地位,使其《全集》的价值在某种意义上绝不亚于《鲁迅全集》;有如《鲁迅全集》不只是"德先生"的写照那样,《竺可桢全集》也绝不只是"赛先生"的画像,它们都是了解近现代中国的不可替代的极珍贵的材料。

编纂和出版《竺可桢全集》是对社会责任感和历史责任感的追求。此前,1977年4月中国科学院决定编辑《竺可桢文集》,1979年由科学出版社出版,约70万字。2000年3月,在纪念竺可桢诞辰110周年前后,叶笃正、黄秉维、施雅风、陈述彭等十多位院士提议增补《文集》。而在收集整理的过程中,大家又深感有出版全集之必要。这年11月上旬,樊洪业对我提及已为编纂《竺可桢全集》申请到一笔基金。我即询问将由哪一家出版,樊告曰:"目前首先要扎扎实实地做好工作,先不急于找出版社。"我闻言深知我社有了为之效力的极佳机遇,后来《全集》成为我社的重大选题。2001年3月,以路甬祥为主任的编委会组成,《全集》编纂工作正式启动。现已出版诸卷封套上书名中"竺可桢"三字,乃是竺老当年亲题"求是精神"时落款的手迹。

三、唤起国人科学意识

1915年元月,任鸿隽、杨杏佛、胡明复、赵元任等前辈学人于内战连年、外侮交加之秋，毅然节省留学生活费而创办《科学》杂志，并于同年正式成立中国科学社，树起了"传播科学，提倡实业"的旗帜。竺可桢即由赵元任介绍加入中国科学社并担任《科学》月刊编委，从此他一直是该社的主要成员。

《科学》发刊词[1]14曰："世界强国，其民权国力之发展，必与其学术思想之进步为平行线，而学术荒芜之国无幸焉"，是以率先将科学与民主并提，以为救国之策。中国科学社早期会员们的种种努力，或可一言以蔽之：为唤起国人的科学意识筚路蓝缕、不遗余力。

此处"科学意识"一语，其语境大体与今日谈论"环保意识""安全意识""忧患意识"之语境相当。举凡对于"科学为何物""科学之内容""科学之方法""科学之精神""科学之为用""科学与社会""科学与教育""科学与道德"等之领悟，皆属科学意识之范畴。《科学》创刊之际，国人对这些都很陌生，亟待启蒙，故包括竺可桢在内的中国科学社早期会员们乃以无比的热情，竭力在《科学》杂志和其他场合对此进行全方位的宣传，其志正在于唤起国人之科学意识。

1915年9月，竺可桢被选为分组编委主席，负责一年之中4个月的编务，其亲自为《科学》撰写的文章亦殊可观。如1916年和1917年，他在《科学》上发表的作品即达16篇之多。其中固然有学术性较强的论文，但更多的还是科普类作品，如《五岳》《钱塘江怒潮》《古谚今日观》《微苏维火山之历史》《卫生与习尚》《论早婚及姻属嫁娶之害》《食素与食荤之利害论》等，均为这一时期所作。它们向当时陷入愚昧落后的国人灌输先进的科学思想，激励人们学习科学、反对迷信，影响甚著；即以今日观之，这些文字亦仍为科普的上乘之作。90年前一位二十六七岁的青年学人，何以能达于此等境界，取得如此成就，确实很值得我们后辈深思。

方今"科学"二字家喻户晓，"科学技术是第一生产力""科教兴国""科学发展观"等论断和决策已然深入人心。人们对"科普"的理解与实践也在与时俱进。2002年6月，《中华人民共和国科学技术普及法》颁行，科普之重要乃以立法形式得到更充分的肯定和体现。《科普法》中写道："本法适用于国家和社会普及科学技术知识、倡导科学方法、传播科学思想、弘扬科学精神的活动。开展科学技术普及（以下称科普），应当采取公众易于理解、接受、参与的方式。"既明确了"科普"包含"科技知识、科学方法、科学思想和科学精神"四大要素，且强调了公众的参与。所有这些，正是当年的任鸿隽、赵元任、竺可桢们梦寐以求的。下文先从科学精神一端，简述竺老为唤起国人科学意识所作的努力。

四、不朽的科学魂

如今，人们已经习惯于将科学精神、科学思想、科学方法与科学知识并提，甚或简称为"四科"。对于何为"科学精神"，讨论也正在逐渐深入。

任鸿隽尝言："科学精神者无他，即凡事必加以试验，试之而善，则守之勿忽；其审择所归,但以实效而不以俗情私意羼之。"[1] 161 今言之,则可曰"检验真理的唯一标准是实践"。

竺可桢也是对科学精神屡陈灼见的代表人物。例如,他于1933年11月6日在南京中央大学演讲《科学研究的精神》,即明白晓畅地说道:

> 法拉第对于世界贡献很大,但他本人终身安贫乐道,临卒时家徒四壁。他的门人丁台儿(Tyndall)说他很有机会可以坐拥巨万,但是为富不仁,为仁不富,富与仁二者不可得而兼,他情愿终身研究科学,贫亦不减其乐。
>
> 今天特别提出开白儿和法拉第二位,是想把两位来代表研究科学的人们应持的态度。……现在中国正在内忧外患,天灾人祸连年侵袭的时候,我们固然应当提倡科学的应用方面,但更不能忘却科学研究的精神。他的精神就是孟子所谓富贵不能淫,贫贱不能移,威武不能屈,而开白儿和法拉第就是这精神的榜样。[2] 144—145

1935年8月12日在南宁六学术团体联合年会上讲演《利害与是非》时,竺老更讲了一番道理:

> 科学是等于一朵花,这朵〔花〕从欧美移来种植必先具备有相当的条件,譬如温度、土壤等等,都要合于这种花的气质才能够生长。故要以西洋科学移来中国,就要先问中国是否有培养这种移来的科学的空气。培养科学的空气是什么?就是"科学精神"。科学精神是什么?科学精神就是"只问是非,不计利害"。这就是说,只求真理,不管个人的利害,有了这种科学的精神,然后才能够有科学的存在。[2] 238

1941年5月,竺老又一次演讲《科学之方法与精神》:

> 提倡科学,不但要晓得科学的方法,而尤贵乎在认清近代科学的目标。近代科学的目标是什么?就是探求真理。科学方法可以随时随地而改换,这科学目标,蕲求真理,也就是科学的精神,是永远不改变的。了解得科学精神是在蕲求真理,吾人也可悬揣科学家应该取的态度了。据吾人的理想,科学家应取的态度应该是:(一)不盲从,不附和,一以理智为依归。如遇横逆之境遇,则不屈不挠,不畏强御,只问是非,不计利害。(二)虚怀若谷,不武断,不蛮横。(三)专心一致,实事求是,不作无病之呻吟,严谨整饬,毫不苟且。[2] 541

半个多世纪过去了,竺老这些入木三分的论述依然令人肃然起敬。"只问是非,不计利害",永远是我们追求的精神境界,它堪称是竺老不朽的科学魂。

五、光荣的宣传员

竺老积极提倡科学之普及,毕生身体力行。在1916年到1974年的半个多世纪里,他的科普讲稿、书籍约有160余种。他认为,做好科学宣传工作是每一个科技工作者分内的事,科学工作者获得成果时,就有责任向人民作报告,因此他努力动员广大科技人员做科普讲演，写科普文章，"做一个光荣的科学宣传员"[3]166。

竺老本人的科普作品，亦如其科研著述一样，立论严谨，用语准确，且复引人入胜。试以脍炙人口的《物候学》一书观之。什么是物候学？竺老告诉我们："物候学和气候学相似，都是观测各个地方、各个区域、春夏秋冬四季变化的科学，都是带地方性的科学。物候学和气候学可说是姊妹行，所不同的，气候学是观测和记录一个地方的冷暖晴雨，风云变化，而推求其原因和趋向；物候学则是记录一年中植物的生长枯荣，动物的来往生育，从而了解气候变化和它对动植物的影响。观测气候是记录当时当地的天气，如某地某天刮风，某时下雨，早晨多冷，下午多热等等。而物候记录如杨柳绿，桃花开，燕始来等等，则不仅反映当时的天气，而且反映了过去一个时期内天气的积累。如1962年初春，北京天气比往年冷一点，山桃、杏树、紫丁香都延迟开花。从物候的记录可以知季节的早晚，所以物候学也称为生物气候学。"[4]487试想，以如此清晰生动的语言界定一门学科的分野，当需何等坚实的学术底蕴和语言功力！

杜甫有《梅雨》诗："南京犀浦道，四月熟黄梅。"是说唐时曾作为"南京"的成都梅雨是在农历四月。于是，在谈到物候的古今差异时，竺老便举了这样的例子："物候古代与今日不同。陆游《老学庵笔记》卷六引杜甫上述《梅雨》诗，并提出一个疑问说：'今（南宋）成都未尝有梅雨，只是到了秋天，空气潮湿，好象江浙一带五月间的梅雨，岂古今地气有不同耶？'卷五又引苏轼诗：'蜀中荔枝出嘉州，其余及眉半有不。'陆游解释说：'依诗则眉之彭山已无荔枝，何况成都。'但唐诗人张籍却说成都有荔枝，他所作《成都曲》云：'锦江近西烟水绿，新雨山头荔枝熟。'陆游以为张籍没有到过成都，他的诗是闭门造车，是杜撰的，以成都平原无山为证。但是与张籍同时的白居易在四川忠州时做了不少荔枝诗，以纬度论，忠州尚在彭山之北。所以，也不能因为南宋时成都无荔枝，便断定唐朝成都也没有荔枝。"[4]509

由此，竺老"推论到古今物候不同，推想唐时四川气候比南北宋为温和。从日本京都樱花开花记录看来，十一、〔十〕二世纪樱花花期平均要比九世纪迟一星期到两星期，可知日本京都在唐时也较南北宋为温暖，又足为古今物候和气候不同的证据"。如此旁征博引，在《物候学》一书中比比皆是。

宣传的终极目的是让受众认同宣传者的理念和结论。因此，宣传者必须对自己宣扬的事物有十分清晰的认识。以其昏昏使人昭昭是断然不行的，真所谓："说得清楚的人肯定想得清楚，想不清楚的人肯定说不清楚。"竺老之所以能说得异常清楚，正是因为他想得异常清楚。

今再举两例，皆为竺老中年所作。其一为1932年11月的著名科普讲演《说云》，共由四部分组成，曰：云之组织及成因，云之类别，云与雨之关系，云之美。"云之美"的结尾，也就是整篇讲演之结尾，真是令人拍案叫绝：

> 且云霞之美，无论贫富智愚贤不肖，均可赏览，地无分南北，时无论冬夏，举目四望，常可见似曾相识之白云，冉冉而来，其形其色，岂特早暮不同，抑

且顷刻千变,其来也不需一文之值,其去也虽万金之巨,帝旨之严,莫能稍留。登高山望云海,使人心旷神怡,读古人游记……无不叹云殆仙景,毕生所未寓目,词墨所不足形容,则云又岂特美丽而已。[2] 120

其二为 1939 年 5 月的天文科普讲演《测天》,结语寥寥数言即足见竺老之智慧与胸襟:

> 吾人从空间之大,已可见吾人所处地位之渺小。如再以时间之观点,以视吾人,则人生直如蜉蝣一瞬耳!……自有人类迄今,不过一百万年,知用铁仅三千四百年,待天文镜之发明,只三百四十年之久。视诸天体,则吾人类在历史上之短促渺小,几无可形容。世界人类,果能从此点观察,则定能具伟大之人生观,而以互助合作,促进人类共同之幸福为目的矣![2] 475—476

今天的科学家,今天的科普人,尤当以学习竺老"做一个光荣的科学宣传员"为自己毕生的崇高追求。

六、伟大的爱国心

竺老为唤起国人科学意识不遗余力,视宣传科学为光荣职责,其根本就在于,他既有一颗伟大的爱国心,又有一腔浓郁的平民情。他时刻关注着国家,关注着人类。1936 年 2 月,东北沦陷后,华北乃至整个中国危机日深。此时,竺可桢应邀在暨南大学讲《中国的地理环境》。这原是一个科学的题目,而他更注重的乃是申扬爱国大义。在演讲中,他极其沉痛地说道:

> 我国和阿比西尼亚同是被侵略的国家,人为刀俎而我为鱼肉,我们不及阿比西尼亚的地方,就在阿比西尼亚的人民还晓得保护自己的国土,而我们简直袖手旁观任人宰割。阿比西尼亚是一个文化落后的国家,只有七百万人口……寻常的时候各部落不能相互联络,但是一遇外侮,尚敢抵抗。而我国号称文明古国有四万万以上的人口,竟任人家鱼肉,简直是中华民族的大耻辱。……
>
> 中华民族要得一条出路,唯一方法,只有奋斗。二十年前的比利时,目今的阿比西尼亚就是中国的好榜样。[2] 321

1939 年 7 月,竺老在浙大第十二届毕业典礼上演讲《出校后须有正确之人生观》。他说:

> 诸君一入社会,首先要解决的是衣食住问题,在在需要金钱。若冷眼观察社会,好像钱是万能的,各种享受的东西工具,非钱莫办。钱而且可以攫高位,握大权,甚至左右一国以及全世界的外交和政治。……目前在美国,尽有许多富翁,一方面贩卖钢铁、煤油、飞机予日本,以从事轰炸中国后方手无寸铁的妇孺,赚资数千万,而一方面则又捐款若干万予礼拜堂,因而被一般庸俗人目为最忠实的基督教徒,同时也是社会上最体面的商人。如果每个人对于成功的

看法都作如是观，以利为义，则均将变成为富不仁，故以赚钱为目的，则无论什么无耻的勾当都可以做到。如此种观点一日不改，则人类之腐败、残杀，即将永无底止的一天。[2]481

纵观竺老一生的科普活动，这种炽烈的爱国情怀无时无刻不在感染着周围的人群。由此，我不禁想起中国科学院院士王绥琯的一首五律《缅怀竺老——竺可桢先生逝世十周年敬献》：

> 物候贯千载，禹迹穷八荒。
> 科坛标铁汉，学宇沐春光。
> 海纳百川大，壁立千仞刚。
> 浩茫极仰望，一瓣荐心香。

诗中"物候"句谓竺老研究物候学，考据远及古代文献，近至日常记录；"禹迹"句谓竺老主持综合考察，足迹遍及边远地区，故以大禹治水喻之；"科坛"两句谓竺老耿直刚正，但对学生后辈呵护备至；"海纳百川"再应"学宇"句，"壁立千仞"则应"科坛"句。

方今尚谈"人文关怀"，竺老的那些训词和讲演，不正是一种既伟大又平易的人文关怀吗？

七、可贵的平民情

享誉全球的科普巨匠艾萨克·阿西莫夫曾提出一种"镶嵌玻璃和平板玻璃"的理论。他认为，有的作品就像有色玻璃橱窗里的镶嵌玻璃，它们很美丽，在光照下色彩斑斓，但是你无法看透它们。至于平板玻璃，它本身并不美丽。理想的平板玻璃，你根本看不见它，却可以透过它看见外面发生的事情。这相当于直白朴素、不加修饰的作品。理想的状况是，阅读这种作品甚至不觉得是在阅读，理念和事件似乎只是从作者的心头流淌到读者的心田，中间全无遮拦。写诗一般的作品非常难，要写得很清楚也一样艰难。事实上，也许写得明晰比写得华美更加困难。

竺老的许多作品，真是达到了阿西莫夫所说的"理想的状况"，阅读这些作品时，理念和事件真是从作者的心头流淌到了读者的心田。我们不妨看看时时为人称道的《变沙漠为绿洲》，这是竺老于1960年以古稀之年为少年儿童写的一篇通俗文章。文有三节，首为"向地球进军"，次为"历史的教训"，末为"征服沙漠的道路"。首节在介绍各种灾害之后写道：

> 冰川、火山、地震、海啸、山崩、水旱灾荒统是我们的敌人，是我们进军地球的目标，但还不是我们人类最顽强、最普遍的敌人。那么试问谁是人类在地球上最顽强、最普遍的敌人呢？不是别的，这个魔鬼姓沙名漠，别号戈壁，又称旱海的便是。世界冰川，近一百年来统在退缩，至少是暂时保守阵地无力前进。火山、海啸，虽是猛烈，只影响到局部地区……水旱灾荒虽可以遍及大

面积，但时间上至多也不过几年。而沙漠的祸患却可以笼罩全国，甚至于好多个国家，而且天天扩大，使这个国家的人民世世代代受到灾殃。所以沙漠是人类在地球上主要的敌人，也是人类向地球进军的主要对象。[4] 48

显而易见，如此说理，就连小学生也能听得明白。全文最长的末节"征服沙漠的道路"，更是绘声绘色：

> 当然我们的敌人沙漠魔鬼是极其凶恶而顽强的，因此我们在战略上虽可藐视敌人，在战术上还须重视敌人。敌人的武器是风与沙。沙从何而来呢？他利用冬寒夏热、雨打日晒，把岩石泥土化为散沙。《佛经》中称无穷大为"如恒河沙数"，沙漠的武器供应是无穷无尽的。沙的进攻主要取两种方式。一是取游击方式。狂风一起，恒河沙数的沙粒随风的强弱和方向，各奔前程，时行时止。……
>
> 沙进攻的第二种方式可称为阵地战，即是用风力堆成沙丘，缓缓前进。沙丘的高度一般从4—5米到50米，但也有高达100米以上的。……几个沙丘常联在一起，成为沙丘链。沙丘移动虽慢，凡其所过地方，森林为其摧毁，田园为其埋葬，城郭变成丘墟。[4] 50-51

接着，作者便开始提出应对的策略了：

> 《孙子兵法》云："知己知彼，百战百胜。"人类知道了沙的进攻方式以后，就可以设计应付的方法，水是人类防御风沙主要的武器，但除水以外还必须以草皮和森林来支援，方能克敌制胜。……[4] 51

文中继而又娓娓谈及法显《佛国记》和玄奘《大唐西域记》对沙漠的种种描述，谈到"魔鬼的海"，谈到"光怪陆离"，如此等等，真是精彩纷呈，目不暇接。

确实，大多数科普和科学文化类作品追求的一个共同目标，就是"雅俗共赏"。半个多世纪前，朱自清曾写过一篇《论雅俗共赏》[5] 1 的文章，谈道：

> 中唐的时期，比安史之乱还早些，禅宗的和尚就开始用口语记录大师的说教。用口语为的是求真与化俗，化俗就是争取群众。……所谓求真的"真"，一面是如实和直接的意思。……在另一面这"真"又是自然的意思，自然才亲切，才让人容易懂，也就是更能收到化俗的功效，更能获得广大的群众。

在同一篇文章中他还谈到：

> 抗战以来又有"通俗化"运动，这个运动并已经在开始转向大众化。"通俗化"还分别雅俗，还是"雅俗共赏"的路，大众化却更进一步要达到那没有雅俗之分，只有"共赏"的局面。这大概也会是所谓由量变到质变罢。

"只有'共赏'的局面"，真乃一种炉火纯青的境界，竺老的科普作品正是如此。那么，如何才能达到"只有'共赏'的局面"呢？这似乎很难言传。但有一点却很明显，那就是作者必须也像竺老那样，怀有一腔醇厚质朴的平民情。

区区数千字，谈论竺老的科普事业和作品，势必挂一漏万。要说的话很多，姑且诉诸来日。科普，绝不是在炫耀个人的舞台上演出，而是在为公众奉献的田野中耕耘。就此而言，竺老的榜样决计堪称不朽！

参考文献

［1］任鸿隽著，樊洪业、张久春选编.科学救国之梦——任鸿隽文存.上海：上海科技教育出版社，上海科学技术出版社，2002.

［2］竺可桢.竺可桢全集（第2卷）.上海：上海科技教育出版社，2004.

［3］竺可桢.竺可桢全集（第3卷）.上海：上海科技教育出版社，2004.

［4］竺可桢.竺可桢全集（第4卷）.上海：上海科技教育出版社，2004.

［5］朱自清.论雅俗共赏.北京：生活·读书·新知三联书店，1983.

原载《科普研究》2006年第1期

校长当如竺可桢

雷 颐

浙江大学现在是全国著名高等学府，而在20世纪50年代初期"院系调整"以前，其学术声望更高，长期是屈指可数的几所享誉全国的综合性大学之一。在浙大的发展历程中，从1936年到1949年担任校长达13年之久的竺可桢先生可谓厥功至伟，被公认为浙大学术事业的奠基人，浙大"求是"精神的典范，浙大的灵魂。而这13年是国难当头、内战不止的13年，竺先生究竟有何本事、有何"秘密武器"，能在如此动荡险恶的环境中将浙大办成全国著名大学？新近出版的《竺可桢全集》（1—4卷）为我们提供了答案。

在许多文章和演讲中，他反复强调办好大学有三个关键要素：教授、图书仪器和校舍建筑。而在这三者之中，教授又最为重要。因为"教授是大学的灵魂，一个大学学风的优劣，全视教授人选为转移"。（《大学教育之主要方针》）因此，他总是想方设法延请有真才实学的教授到浙大任教，并且能在至艰至难的环境中稳定教授群体。在欠薪成为家常便饭的当时他想尽种种筹款办法，虽然有时未果，但广大教职员工却为他的诚心所动。而时局的激烈动荡，学校不可避免地成为各种政治力量争夺的重要"战场"，卷入政治斗争的旋涡，对此，一向主张学术独立、教育独立的竺可桢更是竭尽全力排除政治的干扰，维护学术和教育的尊严。在现代中国的急风暴雨中，他以自己的人格、理想和才干为浙大营造了相对安定的学术、教育氛围，吸引了许多一流学者、教授。

他认为学术独立、教育独立的重要一点是学者、学生要有独立的思想，经常提醒大学生"运用自己思想的重要"。"我们受高等教育的人，必须有明辨是非，静观得失，缜密思虑，不肯盲从的习惯，然后在学时方不致害己累人，出而立身处世方能不负所学。大学所施的教育，本来不是供给传授现成的智识，而重在开辟基本的途径，提示获得智识的方法，并且培养学生研究批判和反省的精神，以期学者有自动求智和不断研究的能力。"（《大学教育之主要方针》）

由于浙大是从"求是"学堂演变发展而来，他时时提醒浙大师生"求是"精神是浙大的灵魂。所谓"求是"即尊重、探求真理，只认真理、是非而不问利害、不为名利所动，不屈服于政治的压力。当时国民党政府实行"以党治校""党化教育"。作为国立大学校长，竺可桢先生自然无法公开彻底反对，但在实际管理中，他总是将这类"党治"减至最低，而且一有机会，他就不厌其烦地宣扬学术、教育独立。

在1936年为纪念母校哈佛大学成立三百周年，他写了《美国哈佛大学三百周年纪念感言》一文公开发表。在文章最后，他意味深长地写道：哈佛办学方针主要有两点，"第一，主张学校思想之自由，即所谓 Academic Freedom。反对政党和教会的干涉学校行政与教授个人的主张。第二，学校所研究的课目，不能全注重于实用，理论科学应给予以充分发展之机会。这两点主张与英国大学的方策一样，而与意大利、德意志、苏联各国之政策，则大相径庭。世界各国办大学教育之分野，在这两种主张上，是很清楚的。有一点哈佛大学亦可以昭示我们的，即为哈佛大学的校训〔Veritas〕，拉丁字 Veritas 就是真理。我们对于教育应该采取自由主义或干涉主义，对于科学注重纯粹抑注重应用，尚有争论的余地，而我们大家应该一致研究真理，拥护真理，则是无疑义的"。如果说在国难当头，他认为这种"党治"还情有可原甚至有一定必要性的话，那么在抗战胜利后，他认为大学即应实行民主管理。

抗战胜利后，许多人都在深思中国的前途、命运，一直关心国家、社会和民族命运的竺可桢先生自有深刻思考，在 1945 年 9 月即发表了《战后国家与学校诸问题》一文。在这篇文章中，他认为抗战胜利，国难已靖，大学的办学方针"应以理智为重，本校'求是'校训，亦即此意。近年官吏之贪污，学风之不良，非道德之咎，实社会有不合理之处，今后大学应行教授治校制，以符合民主之潮流"。

竺可桢先生与国民党许多高官都是往来甚密的好友，与其中一些人还有亲戚关系，蒋介石本人对他也颇为看重，他出任浙大校长，即由蒋"钦点"。后，蒋又想让他出任中央大学校长，为他婉拒。然而他却能"出污泥而不染"，绝未以此作为骄横之资，更未利用这些关系为自己谋任何利益，与"党国"有如此之深的渊源却能赢得包括坚决反对国民党的"左"派师生在内的全体师生的敬重，委实不易，显示出了他的人格魅力。

在 1949 年以前，作为留学美国的自由主义知识分子，他对国民党的所作所为大有不满，但对共产党的一些主张也不赞同。由于校长的身份，他对"左"派学生组织的"学潮"十分反感，多次公开表示反对，认为学生的首要任务是读书。然而，在几次学潮中，他虽反对却走在队伍的前列，为的是保护学生，怕手无寸铁的学生"吃亏"。他虽不赞同，甚至反对"左"派学生"闹事"，然而却坚决反对国民党抓捕学生，保护了不少他并不赞同其政治观点的学生。而且一旦有学生被捕，他总是极力营救，一定要到狱中看望他们；如果受审，他一定要到庭旁听。在 1949 年夏国共斗争最激烈时刻，他冒着生命危险坚决反对国民党特务在逃跑前对"左"派学生下毒手。"爱生如子"，是所有学生对他的评价。

他认为"宇宙间，有两种很伟大的力量，一种是'爱'，一种是'恨'"，而人类的命运就系托于"爱"能否战胜"恨"。"世界到现在还充满了仇恨、残暴和妒嫉，霸道横行。这还是因为仁爱的教育没有普及之故"，因此"办教育者，该有'人皆可以得善'的信心"，对学生充满爱（《大学教育与民主》）。竺先生对学生这种无私、无畏的爱应成为所有教育者的楷模；所有教育者都应扪心自问：能像竺先生那样爱学生吗？

原载 2004 年 9 月 9 日《科学时报》。本文收入陈远编，《逝去的大学》，同心出版社，2005 年 3 月

"这小子倒还不错!"
——竺可桢与陈寅恪之一

张荣明

神童的出现,自古以来总会引起世人一阵惊愕、歆羡、嗟叹以及随之而来众星捧月似的赞赏及传颂。北宋大儒程颐曾遇见一个卓荦不凡的十龄之童,不禁赞叹:此儿"日后必成大器"。5年后(大观三年,公元1109年),这位少年一鸣惊人,考中进士,参加廷试并荣获第三(俗称探花)——在孔子自称"吾十有五而志于学"的年龄已早早取得如此骄人的态势。这样的履历在一部廿四史中亦属罕见,可谓天上麒麟儿,人间俏神童。十多年后,这位青年才俊出使辽国,因功而晋爵为淮宁伯。将近半个世纪后,南宋大儒朱熹为这位当年的英俊少年写下了一篇《宋淮宁伯竺简行状》。

孟子曾说:"五百年必有王者兴,其间必有名世者。"此言系针对一个民族而言。对于一个家族来说,或许九百年方能再降生一位享誉中外的人杰。

竺可桢(1890—1974)字藕舫,浙江上虞人,中国气象学界和地理学界一代宗师。早年系哈佛博士,中年为浙大校长,晚年任中国科学院副院长。浏览过竺可桢的4卷文集及通读完他的16卷日记之后,笔者深感这是一位西方自然科学与东方传统文化完美结合的罕见博雅人物,也是一位在传统"立德、立功、立言"所谓"三不朽"中皆有建树的卓越人物。

综观其一生,竺可桢是20世纪中国知识分子一个几乎可说是绝无仅有之异数,得到国共两党领袖在不同时代的器重。他早年出洋镀金,留学哈佛,具有知识学问上的强大优势。归国后又具有深厚的政治资源,国民党高官邵元冲、蒋作宾是他的姻亲,国民党大佬吴稚晖是他的远亲(可参见竺可桢1946年9月11日日记,《竺可桢全集》第10卷第204页,上海科技教育出版社,2006年),因此盛年能够大有作为,在科研与教育领域创造辉煌业绩,一展平生抱负。否则即如才华卓绝的钱锺书,由于时运不济,中青年只能坐困"孤岛"上海,赋闲在家,纵然写出瑰奇的《围城》和精湛的《谈艺录》,当时也得不到相应的评价。此即诚如马克思所说,人们不能随心所欲地创造自己的历史,"而是在直接碰到的、既定的、从过去承继下来的条件下进行创造"(《马克思恩格斯选集》第一卷第603页)。

1949年之前,由于竺可桢的学术威望及卓越成就,加上国民党的党化教育猖獗横行一时(傅斯年对此曾痛加贬斥及辛辣嘲笑),身为大学校长的竺可桢身不由己被入国民党

（可参见竺可桢 1944 年 8 月 24 日日记，《竺可桢全集》第 9 卷第 171 页），并被选为国民党中央委员（竺可桢 1968 年 7 月 8 日日记，《竺可桢全集》第 19 卷第 161 页）。笔者认为，当年国民党党部对于大学校长的强行"党化"——这种违背个人意愿的挟持"入党"，无疑可以视作一种政治上的绑票。但在 20 世纪 50 年代几乎是"汉曹不两立"的国共尖锐对峙期，这无论如何也是一种沉重的政治包袱。身负如此沉重累赘历史包袱的竺可桢，1949 年之后仍奇迹般地被器重，受到毛泽东主席的多次接见及宴请交谈，并担任中国科学院副院长、中国气象学会理事长、中国地理学会理事长等 19 个显赫职务（见竺可桢 1957 年日记之《杂记》，《竺可桢全集》第 14 卷第 736 页）。

七百多年前，元世祖忽必烈两次派遣大军发动声势浩大的海上远征，如果具备一定的气象学知识，则后来屡屡侵华肆暴的化外蛮横之徒日本岛国或许早已成为中华帝国的一个"海北岛"，从而与海南岛遥相呼应，打造成一根包括台湾岛在内的环太平洋珍珠项链，以拱卫我五千年传承的熠熠煌煌华夏文明，亦不致明代以降屡遭倭寇小毛贼频频骚扰。

历史不是童话，时光亦无法倒流，否则的话，忽必烈的王朝只要有幸敦聘一位竺可桢式的气象学专家——试看天下谁能敌，蒙元东征大军锐不可当的锋镝必将像烤羊肉串或冰糖葫芦串似地洞穿日本列岛，东亚的版图及疆域区划亦将随之焕然一新，何劳前几年日本某位有点见识的政治家苦心孤诣地提倡"脱欧归亚"，以致引起大洋彼岸自由女神裙下的山姆大叔一阵惊慌，深恐卵翼之下降伏多年的东洋小武士脑生反骨挣脱羁绊要重争自由与独立呢？

时至 20 世纪，气象学对于国防建设及军事战争仍然具有举足轻重、不可忽视的关键作用。1932 年，竺可桢撰有《天时对于战争之影响》一文，详述天气变化对历史上东西方几次著名战争成败之影响，指出："十九世纪德国名将穆尔克（Von Moltke）每临战阵，必亲测气压之高下、风云之方向，日以为常。"至近世第一次世界大战，飞机轰炸、大炮射击、毒气施放以及舰队海战之成败亦与能否精确预测气象变化有莫大关系（参阅《竺可桢全集》第 2 卷第 112—116 页）。1943 年，竺可桢阅读到一批海外军事情报资料，这些资料再次证明在第二次世界大战中气象预报对于英国飞机轰炸德国柏林发挥了难以想象的重要作用："阅《英大使馆情报》十二月一日，*British Embassy Bulletin* December 1, 1943. p. 5 有关于英机炸柏林之气象情报。谓精密之天气预报，对晚间大规模之轰炸，如上周英机之轰炸柏林，实为必要。*Manchester Guardian* 谓，民卅至卅一年，英轰炸机常在途中遇到不测风云，其危险不亚于德国之防空。嗣后天气预报进步，上周之柏林轰炸，若非有高度技术之天气预告，决不能得如许之成功。凡每次长距离轰〔炸〕，必须有来回程途中及目的地之天气预告，并须有高空飞行层之风速、温度、达冰点之高度以及云层之有无及高下。轰炸之成功，赖有此耳。"（竺可桢 1943 年 12 月 7 日日记，《竺可桢全集》第 8 卷第 684 页）

因此，当 1949 年 10 月 1 日中华人民共和国宣告成立之后，原应归中国科学院领导的气象局将由军方接管（参见竺可桢 1949 年 11 月 22 日日记，《竺可桢全集》第 11 卷第

573 页），也就顺理成章了。

作为中国现代气象学的奠基人和领导者，竺可桢的满腹经纶及专业知识，对于国家民族的发展不可或缺，对于国民党政府与共产党政府同样重要——两种不同类型的政府皆需倚重于他，这是一种历史必然，他的学问具有超越不同意识形态的宝贵价值。其次，自1918年至1949年，竺可桢在中国教育领域与科研领域呕心沥血，取得了卓越成就，形成了巨大的学界声望。1949年是新旧社会嬗变交替的一年，一切皆在方死方生之间，呱呱坠地的新生共和国的科学建设及种种草创，尤为需要一位像竺可桢这样能够承先启后、凝聚各方俊杰的领导人物。中国科学院前院长路甬祥指出："他于新中国成立之初担任中国科学院副院长，分管生物和地学领域，在前中央研究院和北平研究院等原有基础上，领导重新组建了一批新的研究机构，以其在科学界和教育界的声望，在实现平稳过渡中发挥了无可替代的作用。"（引自秦大河主编：《纪念竺可桢先生诞辰120周年文集》第4页，气象出版社，2010年）这段话字斟句酌，是极为周详、妥帖、客观的评述，完全吻合历史的真相。

如果允许在此讲得稍稍夸张或活泼一点的话，就是：当1949年共产党军队"百万雄师过长江"之后，一位身背"国民党中央委员"历史包袱的知识分子要想从旧的社会进入新的社会中安营扎寨、贡献才华、受到器重——平稳穿越20世纪冰火两重天，他必须要具有超越常人犹如达摩"一苇渡江"的真本领。

竺可桢对气象学、地理学及科学史夙有精深的研究，对物候学、气候变迁以及自然资源考察等领域皆有筚路蓝缕的开创性贡献。作为自然科学家，他的文史修养，他对经史子集的娴熟及造诣在同行中可说是首屈一指。竺可桢在教育思想与办学理念方面所具有的深邃眼光及宏大气魄，较之近代杰出教育家蔡元培（笔者拟作《竺可桢与蔡元培》一文阐发之）绝不逊色。尤其是早在烽火连天的抗战时期，他统领浙大师生进行教育史上罕见的四次大转移，"在敌机的轰炸下，在敌寇的炮声中，坚持教书育人，锐意科研创新，体现了一种危难之际弦歌不辍勇猛精进的民族坚毅精神，终于把浙大办成腾誉国际的'东方剑桥'"（引自拙文《抗战前的预测与抗战中的预言（一）》，载《东方早报·上海书评》第156期，2011年9月18日）。令人不由想到这是一位恰如西哲所言"给我一个支点，我可以撬动地球"的人物。

可笑的是胡适怀抱皮相之见，目睹青年时代的竺可桢清癯瘦弱的身形，竟然断言他活不到20岁（竺可桢1962年2月28日日记，《竺可桢全集》第16卷第211页）。出口伤人之际的胡适虽属年轻稚嫩，但出身于徽州诗书礼仪之家的胡公子莫非就忘记了文学大家苏东坡对汉初张良的那段精悍的评论："太史公疑子房以为魁梧奇伟，而其状貌乃如妇人女子，不称其志气。呜呼，此其所以为子房欤！"（《留侯论》）张良是为数百年汉王朝开国奠基的首位关键战略家，曾受到汉高祖刘邦的高度赞赏而被封为"万户侯"。以世俗之见想来，此类豪杰必然是位魁梧的伟丈夫，或至少是像卧龙诸葛先生那样气宇轩昂的人物，但司马迁当年"至见其图，状貌如妇人好女"（《史记·留侯世家》），似乎身形柔弱如妙龄女子的张良的气概与其盖世勋业不相匹配，然而恰恰正是这种看似弱不禁风却神志清明洞察天地风云的身躯及大脑中方能迸发出"运筹帷幄，决胜千里"的惊人智慧，故苏东坡一锤定音加以强调："呜呼，此其所以为子房欤！"

20世纪，陈寅恪与钱锺书是两座风景迥异的学术高峰，两人的学术成就及影响已为学界所公认，但以笔者一家私见来看，在人文艺术领域（这里暂且把弈技按照传统观点归入"琴棋书画"一类的艺术范畴），这个世纪还出现了两位以一敌万的顶尖天才人物：一位无疑是鲁迅，另一位则是吴清源（关于吴，笔者根据掌握的一些新资料将写一篇专文）——然而这两位旷代天才皆是弱不胜衣、体重不满百磅的清癯人物。

严守古典传统惯于讥嘲胡适的国学大师黄侃（1886—1935）却别具眼光。他在武昌高等师范学校的教室楼梯之间偶尔邂逅青年竺可桢时，竟然青眼相加，说一声："这小子倒还不错！"（刘季友：《黄季刚先生对革命的贡献》，载张晖编：《量守庐学记续编》第103页，生活·读书·新知三联书店，2006年）此话口吻语气固然不雅，但恰如鲁迅所喜欢的那副郑板桥对联所言："隔靴搔痒赞何益，入木三分骂亦精。"黄侃的国学素养深厚精湛，连风鉴之术也怀抱独家之秘，他仅惊鸿一瞥，便能断定眼前这个竺姓小伙子将是个不同凡响的人物，较之胡适的皮相之见，委实高明不可以道里计。

这或许还是一个道统对政统可以分庭抗礼乃至不屑一顾的年代。才大如海的黄侃面对国民党元老、时任国民政府立法院院长的张继，因一言不合当即翻脸痛斥，张乃仓皇逃去（参阅《黄侃日记》1933年10月24日，江苏教育出版社，2001年。笔者按：黄侃《日记》每日同时标出阴、阳历，本文所引仅出示阳历），过后还来陪酒重修旧好。另一位国民党元老，时任国民党中央常委、中央党部秘书长丁惟汾，或许他自觉才疏学浅却又要附庸风雅，于是常常向黄侃这位学界尊神送款送礼，屡邀饭局，不惜仰其鼻息殷勤示好（参阅《黄侃日记》1934年2月15日、7月4日）。原来山东军阀韩复榘拉拢山东籍大佬丁惟汾主编《山东通志》一书，丁氏盛邀黄侃大驾光临青岛一次，以便为编写此书发凡起例。孰料黄侃回信说"患痹且须理书"，并"辞不赴青岛"（参阅《黄侃日记》1934年7月9日、10日）。拒人于千里之外的理由竟然是"患痹且须理书"，令人不禁莞尔，这大概也是只有在《世说新语》中才能看到的魏晋风度了。

国学大师黄侃面对国民党权贵彰显如此矫矫不群之丰采，以三家村内冬烘先生目光观之，这似乎有点欠敦厚，但或许在孔子看来，这是尚未彻底礼崩乐坏而犹存一丝古风余馨的年代中权势向学问谦卑鞠躬致敬的最后一个范例。

学术慧命之所在，即为道统尊严之所在；文化学术慧命乃一国国脉之所系，托命之人岂可妄自菲薄哉！德国大文豪托马斯·曼曾经声称："我之所在，即为德国。"黄侃胸中嵚崎磊落之气喷薄而出，仰天长吁化为虹，诚可与日耳曼民族这位四海云游的大文豪的精神气度遥相辉映。援此而论，平生睥睨天下的黄侃对于猝然相觑的青年竺可桢独施青眼，这不能不说是一种殊遇。

大抵是感于国学大师的某种善意罢，青年科学家竺可桢与黄侃在武昌高等师范学校相识而结下了不同寻常的友谊。这一年是1919年，竺、黄两位皆在该校任教（可参阅《竺可桢传》编辑组：《竺可桢传》第333页，科学出版社，1990年；司马朝军、王文晖：《黄侃年谱》第149页，湖北人民出版社，2005年）。1927年，竺可桢来到南京，出任中央大学（原名东南大学及第四中山大学）地理系主任。次年，又任中央研究院气象研究所研究员兼所长。1928年2月，黄侃离开东北大学，应邀到中央大学任教。两人重逢，喜爱摄影的竺可桢给黄侃送来了两张庐山风景照："竺藕舫又送庐山摄景二纸来。"（《黄侃日记》1928年9月9日）原来此年7月，黄侃应邀赴庐山讲学。演讲完"国学研究法"之后，黄侃与汪东、竺可桢等四人结伴同游庐山美景，"南见五老峰之背，假竺君远镜窥之（予所携甚小）"（《黄侃日记》1928年7月26日）。相约同行登峰探险，共赏山林岩壑浮岚暖翠之美，足证竺、黄两人交谊不浅。

竺可桢自1918年归国之后，辗转赴武昌高等师范学校、天津南开大学、南京中央大学任教。1928年任中央研究院气象研究所所长，次年，主持中国气象学会第五届年会，当选为会长。1936年，出任浙江大学校长。他的一生注定要与许多不同领域的杰出人物和重要人士相遇、相识、相交往及相周旋。

佛家曾说"功不唐捐"。竺可桢的学术文章固然令人敬佩，他在"立德""立功"领域留下的许多业绩——他的道德人格、嘉言懿行以及他倡导的"求是"精神和"只问是非，不计利害"的处世风范，尤其受到了浙大师生与中国科学院后辈发自肺腑的敬仰，以致有论者称其为"伟人"，并说"竺可桢是本世纪在中国科学家中最值得敬仰的大师，这样的伟大人物一百年中也不过七八个人"（引自《纪念竺可桢先生诞辰120周年文集》第44—45页）。考虑到一个文弱书生在20世纪中国波澜壮阔的历史进程中把个体生命的才华于多个领域发挥到如此极致的境地，笔者亦高度认同这个"伟人"的称呼。

特别令人赞叹的是，半个多世纪以来，竺可桢于学术研究、行政管理之余，持之以恒地每日撰写极为详尽的日记（早期十多年日记已在抗战时期散失，见《竺可桢传》第298—299页），内容涉及天文地理、科学技术、人文历史、社会经济等等许多领域——五十多年如一日，孜孜不倦写下一部罕见的长篇日记，尤为世人所难以企及。

这里暂且说得保守一点，笔者至今已通读过八十多部大陆、港台公开出版的晚清民国日记，其中有十多部每一部皆卷帙繁复字数多达几百万之巨，然而如从装帧设计、纸张材质、编校质量以及由学界耆宿、专家俊彦组成的"编辑委员会"所显示的豪华壮观阵容，加之每卷皆附作者大量珍贵历史照片这几个要素作综合考量，据管目所及，海内外中文世界至今尚无一部日记能够超越容量丰富、篇幅之广的《竺可桢日记》。

在我国历史上，人们很早就撰写日记，有源于汉、唐几种说法。宋代王安石曾作《日录》七八十卷，可见规模不小。清代之初日记尤为繁兴，至晚清时期达官显宦、文人雅士作日记者已呈鼎盛之势（参阅陈左高：《中国日记史略》，上海翻译出版公司，1990年）。《竺可桢日记》无疑是这个日记王国中的古今第一巨无霸，现存16卷1300多万字数已超越晚清四大日记（《越缦堂日记》《缘督庐日记》《湘绮楼日记》《翁同龢日记》）字数之总量。即此一端，就可称之为：伟哉竺公，非常人也！雄哉竺公，人中龙也！

现存《竺可桢日记》自1936年至1974年，历时将近40年，犹如一幅万里长江图，烟波浩渺，浪涛汹涌，气象万千，景色诱人——只有从头至尾通览一遍，读者才能看到历史细微处许许多多曾经被遮蔽的隐秘图景，有助于构建近百年中国知识分子精神文化史及思想变迁史。

《竺可桢日记》包含在《竺可桢全集》之中，由上海科技教育出版社出版，整理编辑班子强大，前后得到三个基金会的资助。2004年首先出版1—4卷文集，2005年出版第5卷外文著述，同年开始出版第一集《日记》，至2011年年底出版第十六集《日记》。前后叠加，至今呈现在读者面前的《竺可桢全集》已是皇皇巨著21卷（精装16开），一字排开，气势不凡，可说是新时期繁荣昌盛的国力在出版界的一种体现。第22卷包含补编、年表和人名索引等内容，估计此卷作为压轴之卷于2012年年底出版之时，即是《竺可桢全集》杀青竣工之日。笔者追随《竺可桢日记》出版步伐，历时多年，至今已通读完这一部罕见的日记巨著。

竺可桢一生结交学界人物众多，横跨科学与人文两个领域及多个专业，其中与历史学家陈寅恪之交往尤其令人注目。在当下陈寅恪研究资料几乎已被人"竭泽而渔"、发掘殆尽的情形下，《竺可桢日记》的出版又可为之提供许多鲜为人知的形象姿态、思想线索与历史场景。本文以1949年为一条分水岭，用前后两个部分来论述竺可桢与陈寅恪交往之详情。

原载2012年11月18日《东方早报》

竺可桢与钱学森的莫逆之交（1947—1955）

吕成冬

竺可桢出生于1890年，祖籍浙江绍兴，1909年从唐山路矿学堂毕业后考取清华庚款公费生赴美留学，1918年获得哈佛大学博士学位。钱学森出生于1911年，祖籍浙江杭州，1934年从交通大学毕业后同样考取清华庚款公费生赴美留学，1939年获得加州理工学院博士学位。由此可见，竺可桢与钱学森为浙江同乡，而且由于唐山路矿学堂后来合并至交通大学，因此又都被交通大学和清华大学列为杰出校友。与此同时，他们又都对中国科学事业作出无可估量的贡献，前者乃中国近代地理学和气象学奠基人，而后者则被誉为"中国航天之父"。

从年龄上看，竺可桢年长钱学森21岁，已属两代人，但这并不影响彼此交往。1947年竺可桢在美国考察教育、科学之际，与正在麻省理工学院任教的钱学森相识。此次相识，竺可桢对即将晋升为麻省理工学院正教授的钱学森留下深刻印象。因此当年暑假钱学森回国省亲之际，竺可桢不仅设宴欢迎，而且邀请他到浙大作学术报告。此后，竺可桢又长期关注钱学森，尤其是1950年钱学森被禁止回国后，多方打听他在美国的境况。鲜为人知的是，竺可桢在1955年钱学森回国过程中还出手相助，替钱学森转交求援信，使其顺利回国。本文以竺可桢日记为基础，重建1947至1955年竺可桢与钱学森从相识到相助的过程，使更多人了解他们之间的交往与情谊。

一、1947年竺可桢在美国相识钱学森

1946年11月3日，浙江大学校长竺可桢作为民国政府代表团成员之一，前往巴黎参加联合国教科文组织成立大会。大会结束后，竺可桢于1947年1月29日抵达美国纽约，开始为期4个月的访美之行，专门考察教育与科学。2月13日，他离开纽约前往剑桥，同届留美庚款公费生赵元任夫妇前往火车站迎接。剑桥位于美国马萨诸塞州，竺可桢的母校哈佛大学就坐落于剑桥。此外，以培养工程师著称的麻省理工学院也坐落于此。竺可桢访美除考察教育与科学外，还计划为浙江大学延揽人才，因此格外注意在美国的中国科学家。

2月27日，竺可桢与哈佛大学博士生戴振铎商谈两个星期后到哈佛学生会演讲事宜时，就邀请戴振铎到浙江大学任教。交谈中，戴振铎向竺可桢推荐了在麻省理工学院的

5位"工程方面中国人才"。竺可桢在当天日记中不仅记下这5人的姓名、专业以及毕业院校,甚至还记下他们的职称和年薪:"钱学森,交大毕业后至C.I.T.加州理工学院,专Hydrodynamics流体力学;顾培慕,交大毕业,专门Aeroengine飞机发动机;林家翘,C.I.T.,清华,Aerodynamics空气动力学;刘贻谨,M.E.机械工程;朱兰成,Radar雷达。此五人,钱、林、朱均为副教授,年7000元,顾、刘,助教授,年5000元。"[1]385因此当3月21日顾培慕设宴欢迎竺可桢时,竺可桢便"请其至浙大",[1]401可见竺可桢求贤若渴。

马萨诸塞州位于美国东部,其首府波士顿是华人聚集地之一,当中就包括为数众多的留学生,而由清华派遣来留学的就有六十多人。他们经常到赵元任家中聚会,钱学森也经常受邀参加。3月31日,赵元任在家中设宴欢迎竺可桢,同时也邀请钱学森等人参加。竺可桢因此相识钱学森,谈话中得知钱学森为杭州人,还与钱钟韩(浙江大学教授)为交通大学同学。钱学森还告诉竺可桢:"来美十一年,系清华派来者,现为Associate Prof.,下学期升Full Prof.,为中国在M.I.T.作教授之第一人。专研Aerodynamics空气动力学,定今夏回国省亲两个月即回M.I.T.。"[1]409这是竺可桢与钱学森的第一次见面,而1928年竺可桢实际上就已结识钱学森导师冯·卡门。

1947年,冯·卡门住在纽约,且每周二都会到波士顿讲课。4月22日晚上6点半,竺可桢和冯·卡门久别重逢。十多年后再相见,颇有"昔别是何处,相逢皆老夫"的感觉。竺可桢看到65岁的冯·卡门"耳虽聋,仍甚矍铄",叙谈近4小时。冯·卡门不仅与竺可桢谈起朱正元、谈家桢和赵忠尧,还谈到德国投降后曾去考察,"述德人之苦楚,又匈牙利虽通货膨胀,但已有办法"。[1]426而此次会见正是在钱学森、顾培慕、林家翘等人的安排下进行的。4月27日,"清华大学三十六周年纪念会"在赵元任家中举行,竺可桢再次见到钱学森。4月30日,刘贻谨在家中设宴欢送竺可桢前往华盛顿、芝加哥、旧金山考察,钱学森也前往参加为其饯行。

可以说,竺可桢此次访问美国之际,结识了不少中国留学生,尤其对钱学森留下了极为深刻的印象,因为钱学森即将在这一年升为麻省理工学院历史上第一位中国籍正教授。正因如此,当年暑假钱学森回国省亲时,竺可桢不仅设宴欢迎,而且邀请其到浙江大学作学术报告。

二、竺可桢邀请钱学森到浙大作学术报告

1947年6月16日,竺可桢结束在美国的访问回到上海,随后又回到杭州。当年暑假钱学森也向麻省理工学院请假回国省亲,并于7月1日乘坐泛美航空公司的航班前往上海。7月13日,钱学森回到杭州。竺可桢与钱学森第一次见面时,就了解到钱学森将于暑假回国,当7月14日得知"钱学森于昨已到杭,钱住青年会,明日来校"时,便邀其"明日在校晚膳,约工院同人作陪"。[1]484 7月15日,钱学森应约赴宴,还见到已在浙江

大学任教的谈家桢、朱正元和范绪箕。他们都曾在加州理工学院求学，而范绪箕还是钱学森的同门师弟。此外，苏步青、李乔年、万人选、王劲夫等人也都参加。竺可桢在晚宴上得知钱学森还要在杭州停留几日，便力邀其到浙江大学作学术报告。

7月28日上午7点，在浙江大学工学院61号教室一场关于"工程科学与工程"的报告准时开始。主讲人就是钱学森，竺可桢、范绪箕、潘渊、丁绪宝等四十余名师生前往听讲。竺可桢在日记中记下了报告的主要内容："述工程科学之进展必赖基本科学，古代应用科学与纯粹科学之合一，十九世纪渐趋于分离，近则以发达过甚又趋于互相联系之状况。次述科学能解决若干问题，可于理论决定，不需实验已能证明。一般人说理论与实验为二事之不合理，因理论不正确也。次述理论对将来工程科学之发展，如 Jet Propeller 喷气推进器、Fuel Problem 燃料问题等。最后述工程师之教育准备。"[1]495 9月15日的《国立浙江大学校刊》报道称："美国麻省理工大学正教授钱学森，应本校之请，于上月二十八日莅校作学术演讲，题目为：'工程与工程科学'，师生前往聆听者甚众。"

钱学森在浙江大学报告结束后，又在杭州拜望了儿时书法老师孙廑才后返回上海。随后，他又以相同内容在交通大学航空系报告"怎样研究工程科学和研究些什么"。8月26日，他又在清华大学同方部演讲"工程科学"。那么，钱学森为何要多次作这一报告呢？"工程科学"的核心是将偏重于实践的"工程"与偏重于理论的"科学"有机地结合起来，打通工程师与科学家之间的隔阂。简单地说，就是理论与工程的结合，这正是当今高校普遍倡导理工结合理念的源头，但在当时尚属科学界的前沿学术问题。

钱学森自从1936年师从冯·卡门后，就开始探索理论与工程如何结合的问题，而至1947年前后已进行过系统研究。当竺可桢邀请钱学森到浙江大学作报告时，他义不容辞地向国内科学界介绍了这一科学界的最前沿问题，其目的"意在引起国内对具有广阔发展前景的技术科学新领域的重视，利用技术科学来迅速改变中国的落后面貌，同时希望工程教育界适应科技发展趋势改革工程人才培养模式"。[2] 1948年，钱学森以"工程与工程科学"为题在美国公开发表文章，引起美国科学界的高度重视。此后，他又将工程科学广泛应用于核动力工程、火箭控制、物理力学、工程控制论等领域并取得丰硕成果，而这也为其回国后领导导弹研制奠定了坚实的基础。

三、竺可桢长期关注滞留美国的钱学森

1947年钱学森回国除看望亲友和讲学外，9月17日还与蒋百里三女儿蒋英在上海沙逊大厦举行婚礼。《益世报》《交通月刊》等报刊纷纷报道此事，竺可桢也在9月20日的日记中写道："钱学森与蒋英已结婚，并尚在沪。"[1]537 其实，竺可桢与钱学森父亲钱均夫、岳父蒋百里早年就已相识，尤其与蒋百里交往颇深。1938年11月4日，就在蒋百里不幸病逝的当天上午，他还去拜访竺可桢并与其"谈及抗战前途"问题；竺可桢第二天得知蒋百里病逝时，"若青天霹雳"。[3]

钱学森和蒋英婚后很快就返回美国生活。此后竺可桢与钱学森虽无直接联系，但他一直关注在美国的钱学森，其日记对此多有记载。例如1948年11月20日，竺可桢、苏步青等人前往凤凰山敷文书院参加蒋百里下葬典礼。中午应蒋百里太太接待，在楼外楼用膳时遇见钱学森父亲钱均夫。钱均夫告诉竺可桢，钱学森和蒋英"今年已举一子"，现仍在麻省理工学院，"每周教三小时，但因有流体力学实验，甚忙。最近 Princeton 与 U. of California 均要 Jet Propeller 飞机实验，约学森去主持，已决计去 California，但 MIT 未肯放"。[4]261 当时美国古根海姆基金会在普林斯顿大学和加州理工学院都设立基金用于建设喷气推进中心，两所大学都想钱学森担任负责人。钱学森最终决定回母校负责实验室的建设，于是就有了上述竺可桢与钱均夫的谈话内容。

1949年4月15日，蒋百里太太和二女儿前往杭州为蒋百里扫墓，与竺可桢谈及钱学森近况，告知竺可桢"现正在旅行中"。[4]420 当时钱学森的个人事业正蒸蒸日上，不仅担任加州理工学院古根海姆喷气推进中心主任，还在美国军方担任顾问。与此同时，中共也通过曹日昌和葛庭燧向钱学森转达："希望您能很快地回到国内来，在东北或华北领导航空工业的建立。"[5] 1950年中国科学院筹建之初，也曾考虑让钱学森回国参加，竺可桢1950年1月9日的日记写道："午后二点至院。正之来，又与钱三强谈，渠主张设数学及应用数学研究所筹备处，外加设工程科学研究工作筹备处，以招徕钱学森、林家翘、刘贻瑾、顾培慕及朱兰成等。"[6]

然而众所周知，1950年钱学森回国时遭到美国政府扣押，被禁止回国且受到监视居住长达5年之久。此间，竺可桢非常担心钱学森能否回国，直到1954年11月5日才从刚从美国回来的毛汉礼那里得知："钱学森在 CIT 仍教课，但不能看文件，至于来往则受监视。普通科学工作人员以其工作分为六等，即 unclassified，declassified，classified，confident secret，top secret 和 topmost secret。中国工作人员很少到 Confidential。"[7]

四、1955年竺可桢相助钱学森回国

未及一年，钱学森终于在中国政府协助之下得以回国，其中最重要的环节就是钱学森写给陈叔通的信。鲜为人知的是，正是竺可桢将这封信转交给中央。一般地认为，陈叔通收到钱学森信后直接交给周恩来。其实非然，陈叔通收到信后并未交给周恩来，而是交给竺可桢，希望由中国科学院出面处理。竺可桢在1955年7月11日的日记中记载："陈叔通交与钱经甫（家治）〈和〉〔接〕学森（本年六月十五）的信，知道学森想回国，要叔老为之设法。钱被扣已三年。"[8]130 7月12日，竺可桢便致函中国科学院党组书记张稼夫说："从钱个人信里可以看出他是急切地想回国而且极不愿再留在美帝的。但从附来美国报纸的新闻（53年3月）就可以看出美帝把钱看作航空工程的权威，而且以他为飞箭的专家，而这飞箭是美国想用来运载原子武器的，从此可以看出美帝之所以扣留钱，并不是因为他携带1800本书，而是怕钱回国后为祖国服务。院里应该如何拯救钱君使他

能脱虎口,请你设法。"[9] 7月17日,张稼夫致函向国务院副总理陈毅报告。7月21日,陈毅批示外交部副部长章汉夫"请外交部想办法"。随后外交部就向王炳南大使发去电报指示在会谈上以钱学森的例子,向美国政府施压。由此可知,竺可桢为钱学森的顺利回国发挥了直接作用。直到9月6日,竺可桢终于从焦瑞身夫妇和匡达人那里得知"钱学森已准回国,于九月十五可以上轮"。[8]167

当钱学森乘坐的"克利夫兰总统号"邮轮尚在太平洋中航行时,中国科学院已在考虑安排钱学森的工作。9月27日竺可桢从吴正之处得知,"院决定请他为力学研究所所长";[8]187 10月6日中国科学院召开第四十三次院务常委会讨论成立力学研究所事宜,决定"以行将回国的钱学森为所长",[8]192 钱伟长担任副所长,朱兆祥担任办公室主任,随后便安排朱兆祥前往深圳迎接钱学森。10月8日,钱学森抵达深圳后在朱兆祥的陪同下于10月28日安全抵达北京。竺可桢在当天的日记本上一开头便写道"钱学森到北京"。[8]205 虽然仅为6个字,中间却多少曲折,恐怕只有当事人才能体会。

11月1日,中国科学院院长郭沫若在北京饭店七楼为钱学森举行欢迎晚宴。陈叔通、竺可桢、吴有训、钱伟长、周培源、叶企孙、饶树人、江泽涵、曾昭抡、华罗庚、茅唐臣、严慕光、秦力生、郁文等人参加。竺可桢细心地发现:"钱已七八年不见,比前苍老甚多,虽只43岁,恐因在美国被软禁五年所致。据说五年中不露一笑容云。"席间,钱学森还告诉竺可桢,冯·卡门"现已告老,但尚各处走走,告别时曾云想再到中国来,并要向余致意云,其妹则于数年前去世"。[8]207 晚宴直到9点半才结束,蒋英还唱了一首法国歌助兴。

五、余论

1933年12月,竺可桢在一次报告中指出,要飞机救国,"必须从研究科学入手"。[10] 竺可桢尚不知道,此时交通大学一位三年级学生正广泛收集飞机、航空方面的材料,且连续发表《美国大飞机失事及美国建筑飞船的原因》《航空用蒸汽发动机》等论文。这位学生就是1947年竺可桢在美国相识并多次交往的钱学森,而他此时已经在科学领域取得重大成就,并在当年晋升正教授时被麻省理工学院航空工程系比喻成"一等星"。此后,竺可桢也一直长期关注钱学森,尤其是在钱学森被禁止回国期间,通过各种渠道了解钱学森的相关情况,担心其能否回国。1955年钱学森回国后被任命为中国科学院力学研究所所长,而竺可桢长期担任中国科学院副院长,彼此交往频繁并产生深厚情谊,可谓莫逆之交。直至1970年7月21日,竺可桢还饶有兴致地阅读钱学森的《星际航行概论》。

参考文献

[1] 竺可桢. 竺可桢全集(第10卷). 上海:上海科技教育出版社,2006.
[2] 姜玉平. 钱学森与技术科学. 上海:上海人民出版社,2015:53.

[3] 竺可桢.竺可桢全集(第6卷).上海：上海科技教育出版社，2005：606—607.
[4] 竺可桢.竺可桢全集(第11卷).上海：上海科技教育出版社，2006.
[5] 刘深.葛庭燧传.北京：科学出版社，2010：108—109.
[6] 竺可桢.竺可桢全集(第12卷).上海：上海科技教育出版社，2007：8.
[7] 竺可桢.竺可桢全集(第13卷).上海：上海科技教育出版社，2007：555.
[8] 竺可桢.竺可桢全集(第14卷).上海：上海科技教育出版社，2008.
[9] 吕成冬.钱学森：鲜为人知的回国细节.中国档案报，2014-12-12（1）.
[10] 竺可桢.飞机救国和科学研究.科学画报，1933，（9）：321—322.

原载《钱学森研究》2016年第1期

马一浮与竺可桢

虞万里

引　言

　　马一浮（1883—1967）是 20 世纪当之无愧的国学大师，竺可桢（1890—1974）是 20 世纪卓越的气象地理学界一代宗师。马一浮长竺可桢 7 岁，比竺早 7 年去美国，恰又先竺 7 年而逝。二人系同乡，都是绍兴上虞人。马一浮于 1898 年应绍兴县试，名列榜首，当时竺可桢大哥竺可材为同榜第五，唯马首是瞻。马一浮 1903 年起游学美国、日本，饱览西方文史哲名著并予翻译，带回英、德文原版《资本论》，之后便倾精力阅读文澜阁《四库全书》，专注于国学研究，过着"渊默而雷声"的隐士生活。竺可桢于 1910 年以优异成绩取得庚款培养的留学资格，赴美国伊利诺伊大学农学院读书；1913 年毕业，到哈佛大学地学系攻读气象学；1918 年获博士学位回国后，先后在武昌高师、南高师、东南大学教授气象和地理学；1928 年出任中央研究院气象研究所所长，奔走于祖国的南北东西，探索几千年的风云变幻，过着创新而充实的紧张生活。马一浮是涵泳儒学、承继传统；竺可桢是兼蓄并包、开拓未来。两人各自迈着坚定的步伐，走向自己的人生辉煌。可就当日寇肆虐，山河蒙尘，学校播迁，人民流离的岁月，这两颗拖着光芒的星辰在江西泰和、广西宜山互相交汇，留下了一段 20 世纪文坛佳话——马一浮应浙大校长竺可桢之聘，平生第一次也是唯一的一次为现代大学讲授传统学问。[①]

一、竺可桢一请马一浮

　　要认识、理解竺可桢聘请马一浮的动机与史实，首先应完整地表揭竺可桢出任浙大校长之前的心态和办校的宗旨。

　　1936 年初，浙江大学校长、心理学家、中研院评议员郭任远因对学校实行军事化管理，开除学生过多，与教授关系紧张而使之纷纷外流，引起学生罢课，无法继任。浙大

---

　　① 关于马一浮应竺可桢之聘请，到浙大讲授一事之细节，外间记述、报道极多，不是泛论失实，便是年代有误。包括《马一浮集》中书信的年代也有讹误。故本文以《竺可桢全集》中的日记为主线，参核《马一浮集》，冀以钩稽、复原这一历史瞬间。

教务长郑晓沧首先提出要请竺可桢出任校长，而教育部常务次长陈布雷曾推举燕大校长吴雷川、北大法学院院长周炳琳和竺可桢为候选人，最后选定竺上报。竺先于中研院评议会评议员翁文灏处得此风声，及蒋介石同意并欲亲自与竺面谈，翁于2月11日至竺可桢寓所正式告知。竺以为时局动荡，战争随时可能发起，京杭难以兼顾，不愿就任。竺上请院长蔡元培，蔡也认为最好不去。21日上午，蒋介石接见竺可桢，欲其允任。竺虽申述应上报蔡院长，而蒋意甚执。竺可桢深觉重任难以推逶，于是询问翁文灏、陈布雷关于浙大近状，得知浙大"有学生七百人，共文理、工、农三院，经费每年七十六万元。其中中央补助月四万五千元完全可靠，而浙省月万余元则常须迟发"。①办大学经费固然必不可少，但教员，特别是好的教授，更是大学的中流砥柱。当时浙大教员的状况是"外国语文系有七个副教授，而国文竟无一个教授，中国历史、外国历史均无教授"。②竺可桢奉行蔡元培先生"教授治校"的科条，谓"校长之最要在能请得良好之教员"，而面对当时现实，"良好之教员老者已为各方所罗致，一时不能脱身，而欲养成新者则非短时间所能为力"，③所以他从3月初起，一直到5月18日就职宣誓这两个多月中，一方面向教育部争取追加经费，另一方面四处张罗联系，实施第一步计划，即各院院长人选及"觅得一群志同道合之教授"。④如敦聘哈佛同年获得物理学博士的上海交通大学物理学教授胡刚复出任浙大文理学院院长，将因不满郭任远所为愤而去南开任教的著名物理学家张绍忠请回浙大任文理学院副院长、物理系主任。怂恿中央棉产改进所副所长冯泽芳往浙大任农学院院长未果，乃请原中央农业实验所研究员、昆虫学家吴福桢往浙大任农学院院长。挽留总务长程天放不成，遂邀正中书局自然科学组主任薛良叔出任此职，正中书局不放，最后聘得中央大学物理系教授倪志超为总务长。至于其高足张其昀，自然应该帮助老师支撑门面，出任史地系主任。竺可桢甄选人员，唯才是用，婉辞请托，不顾利害，⑤因而能在短时期内，初步组成一个以校长为中心的领导机构和教授队伍。马一浮就是在这一时段内为人推举给竺可桢的。

推举马一浮的是赵华煦，竺可桢5月6日日记这样记述："十点至省政府晤秘书长黄华表（二明），谈顷刻，即至公安局晤赵华煦，渠介绍马一浮与邵裴子，此二人杭州视为

---

① 《竺可桢全集》第6卷，上海科技教育出版社，2005年，第27—28页。
② 《竺可桢全集》第6卷，第36页。
③ 《竺可桢全集》第6卷，第32页。
④ 《竺可桢全集》第6卷，第50页。
⑤ 《竺可桢全集》第6卷《1936年日记》（下同此）之3月29日记云："余谓浙大如要余往，余之第一要者，乃在为浙大觅得在可能范围内最适当之人。余个人对于冯泽芳与吴福桢本毫无成见。至于毛雝则以在行政界多年，对于科学成绩稍弱，或不足以服浙大农学院诸人也。未几沈宗瀚夫妇来，余亦以此意告之。"（第46页）又5月5日日记载各方人员均纷至沓来，有自荐，有请托谋职者，使竺应接不暇。他记述道："若任意位置，抱一有饭大家吃之主义，则学校遭牺牲。若此辈均置之不理，则怨恨丛生，以是知行政当局之困难。余惟以是非为前提，利害在所不顾。"（第68页）读此可见竺可桢当时心态。

瑰宝。马本名马福田，与大哥同榜为案首，汤寿潜选为东床，未几至美国。近卅年来潜研哲学，但始终未至大学教书。余托赵觅寿毅成为介，一探其愿否至浙大。邵裴子则余已访晤一次，请为国学教师极相宜。"①体味日记所记由赵介绍马与邵，似乎竺可桢对这位同乡是略知而不太了解。但就凭绍兴榜首、汤老东床、卅年潜研哲学三点，这对国文系没有教授的浙大，实在是太重要了。邵裴子是经济学家，在蒋梦麟任浙大校长期间，曾任副校长兼文理学院院长，蒋去南京任国民政府教育部部长后，邵代理校长，执掌校务。从1930年7月至1931年11月，正式就任浙江大学校长，后因不肯加入国民党，被排挤辞职。竺前在4月23日听从图书馆馆长、陈布雷之弟陈叔谅的建议，与邵就文理学院欠账事谈话半小时，至此也想一并聘请为文科教授。可惜3个星期后，竺造访邵寓，敦请出山，邵以不再重作冯妇相辞，之后又请陈叔谅乃至蒋梦麟劝驾，邵始终未允。

半个多月后，也就是竺可桢就职宣誓（5月18日）后的星期日，他约请了几位与马一浮关系亲近的人，拜访了这位杭州的瑰宝。24日下午5点，竺可桢与赵龙文、徐曙岑、寿毅成、郑晓沧一起至马一浮寓所，双方寒暄的共同话题，当然就是同乡和县考时马为榜首，竺可材为第五名之事，可惜马老已不复记得竺可桢大哥之名。接着进入主题，竺日记云："马美髯须，而人颇矮。余等均劝其为学生授课，甚至学生至渠家听讲亦行。五点半出。"②前后不过半小时，只能是礼节性的敦请拜访。但竺可桢作为校长，是否看到马美髯长须，与一般教授不同的飘然神态，还是敬重他的高深学问，抑是为正在筹措的国文系而着急，③竟然脱口说"学生至渠家听讲亦行"。这是否因符合"礼闻来学"的古训而使马一浮萌发担任讲座的意愿，已无法揣摩。但学生到校外听课，这在路途往返时间上也确实难以安排。

两个星期后，竺可桢家乡友人任葆泉来杭说：周恩来姑父、绍兴县商会理事会主席王子余先生"已函商马一浮来校担认演讲"。④由此推知，24日之一请，马一浮并没有直接答应为学生授课，所以辗转请托前辈缙绅为之说项。但好事多磨，第二天即6月8日，竺可桢收到两封信，一封是王子余函，谓"马一浮不惯学校生活，不能来校讲课"；一封是王以中函，谓钱穆以"北大每五年可以休假一年。渠在北大已久，不愿放弃此权，故亦不能来"。⑤这一则可以想见竺可桢不仅在敦请马一浮，还想将北大钱穆聘来，足见他很想将浙大国文系办成一个国学的重镇。马、钱一时无着，国文系已经筹备设立，所以

---

① 《竺可桢全集》第6卷5月6日日记，第68页。
② 《竺可桢全集》第6卷5月24日日记，第80页。
③ 5月27日日记说："关于设史地、国文二系，雪艇意史地最好能改为历史或地理，免得以后再改，余则以为二者得并存。关于国文系拟改为暂时筹备，因国文系成立则诗、词章、中国文学史等科目均须成立也，余颇然其说。"《竺可桢全集》第6卷5月27日日记，第81页。
④ 《竺可桢全集》第6卷6月7日日记，第89页。按，王子余生于1874年，长马一浮9岁，长竺可桢16岁，当时已63岁。
⑤ 《竺可桢全集》第6卷6月8日日记，第89页。

只能"添聘祝文白为讲师,朱香晚为兼任教授"。① 竺可桢一请马一浮之事表面上暂时偃旗息鼓,但他仍在辗转托人说项。

二、竺可桢二请马一浮

第二条线由浙江财政厅章子梅托同乡眼科医生张圣征向马一浮劝驾。7月16日,任葆泉来告张圣征已与马交谈,马提出5个条件:课程不在学校科目系统之内,须登门请业,每星期一次,时间不逾二小时,公开讲演无益等。并劝竺与张细谈。当天下午,竺可桢与妻子张侠魂到青年路尚农里眼科医院晤张圣征,张说马一浮所坚持者唯须登门请业。竺可桢觉得"此点有困难,因来往时间耗费甚多,学生上下课不能衔接",所以他"主张由校方指定地点,即在校外亦可。薪水致送月二百元,每星期二小时"。② 第二天下午4点半,竺可桢第二次到马一浮住处,经张圣征劝说,马一浮已应允到校授课。竺可桢也拟在学校附近刀茅巷十七号特设一房作为讲堂。马又谈些自己出国游学时的经历,以及学生求学应有之态度。半小时后即离去。按理至此一切已经谈妥,不料事情又起苍黄,三天后,葆泉又来谈及马一浮事。他从张圣征口中,得知马一浮怀疑竺可桢之邀请非出于真诚,乃欲假马之声望名义而已,故叮嘱竺作函致王子余坦诚表白。竺立即作书致王,而当天下午他偕家眷有天目山—汤口—黄山—歙县—芜湖之游,并转道南京,处理所务,7月31日中午回杭州。下午又去为人证婚,直到晚上10点才回。8月1日上午9点,竺可桢与章子梅一起到张圣征处,再谈马一浮事,适圣征之兄张天汉亦在座。竺记当时谈话情景云:

> 据张云,一浮提出一方案,谓其所授课不能在普通学程以内,此点余可允许,当为外国的一种Seminar。但一浮并欲学校称其为国学大师,而其学程为国学研究会,则在座者均不赞同,余亦以为不可。大师之名有类佛号,名曰会,则必呈请党部,有种种麻烦矣。余允再与面洽。③

马一浮所提出的方案与张氏转述的异同,后文分析。竺所谓"在座者均不赞同",当指二张和章子梅。至此,竺可桢仍未失去信心,准备再和马一浮面洽。据8月4日子梅来回复,说马一浮对称"国学研究会"之"会"字不愿减去,推知1日与二张一章面商后,仍请章与马进一步磋商学会名号等问题。竺听了后,还想等南京公务处理回来后再谈。④ 第二天竺去南京。不料8月7日在南京接到章子梅一函,知"马一浮事因国学研究会之会字不肯取消故,事又不成"。章给竺信中可能表示已无能为力,故感叹马一浮"学问固

---

① 《竺可桢全集》第6卷6月8日日记,第89页。
② 《竺可桢全集》第6卷7月16日日记,第112页。
③ 《竺可桢全集》第6卷8月1日日记,第121页。
④ 《竺可桢全集》第6卷8月4日日记,第122页。

优,世故欠通"。竺可桢自己也觉得"对于请马一浮可称仁至义尽",①不得不赞同章的感叹而表示遗憾。第二次请马就此鸣金收兵。

三、马一浮思想解析

就《竺可桢日记》归纳马一浮不肯出山讲授的原因,无外四点:(一)坚持登门请业;(二)另设国学讲习会,课程不在学校科目系统内;(三)要学校称其为大师;(四)怀疑竺可桢之诚意。但这些都是竺可桢闻之于王子余、张圣征、任葆泉、章子梅等人的记录。竺两次登门相请,交谈总共不过1小时,日记所记对话第一次是县考佳话,第二次是马谈的游学经历和学生求学态度,②双方有些关键的问题和态度都是中介人在转述,辗转传述中是否存在偏差,下面转就马一浮的著作文字来印证王、张、任、章传递的信息,理解马一浮当时的心态,以便更客观地看待竺、马二人这段历史交往。

(一)坚持登门请业。登门请业的思想,可以追溯到1912年,蔡元培在教育总长任上,聘请马一浮北上任秘书长。两人为废经与读经产生矛盾。马劝蔡设通儒院,蔡以为夸诞迂阔、不切实际,马遂拂然而回。1916年,蔡元培长北大,邀请马任文科学长,他就用《礼记·曲礼上》"礼闻来学,不闻往教"的经语相却。自此之后,一直信守此言以保持其独立的人格。13年之后(1929年),陈大齐代理北大校长,听从马同乡邓氏兄弟的介绍,致书请马北上讲学,马不作答,电报相催,亦复电辞谢。③转请马叙伦说项,仍不为所动。第二年(1930年),陈办研究院,又奉函敦请出任导师,不必刻期讲课,只需垂答、启发学生。马答书云:

> 乌君来,奉惠书,不遗鄙远,以大学方拓研究院,欲使备员导师。但有牖启之责,初无讲论之劳,是所以待名儒显学。浮愚,何以当之。方今学子务求多闻,则义理非所尚;急于世用,则心性非所先。平生初究,未尽玄微,耻为一往之谈,贵通天下之志。亦知语默道同,物我无间,酬机赴感,教所由兴。但恐无裨仁贤厉学之心,不副髦俊研几之望,是以未敢遂承,匪欲自隐其陋也。④

陈接函后,仍函、电相催,并送上聘书。马复奉答云:

> 函、电均悉,承促北游,非欲自远,徒以衰年,久习疏放,倦于行旅,终

---

① 《竺可桢全集》第6卷8月7日日记,第124页。
② 马一浮也说:"与竺君相见两次,所谈未能尽意。"(《与王子余书一》,《马一浮集》第一册,浙江古籍出版社、浙江教育出版社,1996年,第518页。)
③ 马一浮《与邓伯成、邓叔成书》云:"陈君百年曩曾枉书,近复致电,以讲学见属。盖重两兄之言,遂忘迂陋之过。其书久未答。律以世谊,已为不情。得电之日,不容不复。电语简略,意恐未宣。旋得夷初来书,复相忠恳,备道陈君意旨,责以立答。因复去一简,粗述鄙怀,别纸录奉,亦欲使两兄知之,非浮之必欲自远也。盖随缘赴感,须辨来机。语若非时,翻成过咎。"(《马一浮集》第二册,第515页。)
④ 马一浮《答陈大齐书一》,《马一浮集》第二册,第516页。

觉此意鼓舞不起。教人不由其诚，教之所由废也。即使勉徇尊意，强为一行，己既未能鼓舞，何以鼓舞学者。……聘书仍合奉缴外，……①

1916年马一浮正风华正茂，1930年也年不满五十，所谓"衰年"之说，只是托词。但他为什么屡屡说"未闻往教"，说自己教学之意"鼓舞不起"？这与他对当时社会文化思潮和教育制度的不认同有很大关系。

马一浮5岁从何虚舟读唐诗，8岁能诗，9岁能诵《楚辞》《文选》，②12岁以聪颖使老师辞馆，16岁县试高中榜首，21岁出国游学，23岁回国后，在镇江焦山海西庵读书，旋即移居杭州外西湖广化寺嗜阅《四库全书》，后居虽屡迁，学未尝废。纵观其读书治学，全凭天资，与现代的中西学校之制无涉。不仅无涉，还颇有异见。早在1915年，他就撰《论校长教员之名不可用》一文表述自己的看法。马一浮对儒家经典内核的准确把握，对濂洛关闽义理和陆王心学的透彻理解在20世纪以来是无与伦比的。将这样一位遗世独立的贤哲，置于一片出于蓄意或无知的打倒孔家店、全盘西化的喧嚣声浪中，其内心的失落与痛苦是可以想见的。西式学校的建立，学生纷纷以学分为重，以毕业就职为务。学校制度虽有其许多优点，却也不免存在这种缺点，③这在一个世纪以后的今天，暴露得更为彻底。而在当时注重道德修养，倡导和谐博爱的贤哲马一浮看来，莘莘学子"务求多闻，则义理非所尚；急于世用，则心性非所先"。这种求知方式与先儒以内修为人生第一步，循修齐治平这种推己及人式的教育理路完全背道而驰。所以他在复蔡元培信中说："盖为平日所学，颇与时贤异撰。今学官所立，昭在令甲，师儒之守，当务适时，不贵遗世之德、虚玄之辩。若浮者，固不宜取焉。甚愧不能徇教，孤远亿之勤。"④"师儒之守，当务适时"一语，完全表达了他对这种讲授方式的态度。但是，儒家的哲学和精神理念是积极用世的，深得儒学真谛的马一浮，尽管用种种托词，一概谢绝，内心深处未尝不想将普世的真谛传播、发扬。这种思想在他给马叙伦的信函中有过真实的透露：

久谢人徒，遂成疏逖。迩者陈君百年以讲学见招，亦既电辞。未蒙省察，乃劳手书申謦，殊愧无以堪任。夫学有诸己，岂不欲转喻诸人。然义在应机，亦非一概。故道逢尹喜，始出五千；退老西河，乃传六艺。感而后应，信然后从。是知教化所由兴，不必尽在明堂辟雍也。今儒术方见绌于时，玄言亦非世所亟。乃欲与之扬邹鲁之风，析夷夏之致。僵规改错，则教不由诚；称性而谈，

---

① 马一浮《答陈大齐书二》，《马一浮集》第二册，第516页。
② 马一浮《示弥甥慰长、镜涵》，《马一浮集》第二册，第178—179页。
③ 蔡元培在《就任北京大学校长之演说》辞之第一点"抱定宗旨"中，指出在创立不久的新式大学里，学生多有做官发财思想，所热衷的已经是毕业后的出路，故入法科者多而入文科者少，因为法科是做官、干禄的终南捷径。(《蔡元培全集》第三卷，浙江教育出版社，1997年，第8页。)马一浮也说："今日学生皆为毕业求出路来，所谓利禄之途然也，不知此外更有何事。"(《马一浮集》第二册，第519页。)可见一时风气，为当时有识之士所共睹。
④ 马一浮《与蔡元培书》，《马一浮集》第二册，第453页。

则闻者恐卧。以是犹疑，未敢遽应。虽荷敦勉之切，虑难仰称所期。与其不能解蔽于一时，吾宁俟悬解于千载耳。①

"夫学有诸己，岂不欲转喻诸人"，人同此心，心同此理，毋庸置疑。马在《与王子余书》中亦曰"不欲令种子断绝，此天下学者所同然"。但传授方式缘机而异，老子逢尹喜而着《道德经》，子夏退居河西而传授经籍，都是"感而后应，信然后从"的方式。处在儒术见绌、人心思新的世道中，再拿过时、见绌的儒术传授，岂能保证不出现闻者睡卧之场景？所以"与其不能解蔽于一时，吾宁俟悬解于千载耳"，是这位贤哲内心矛盾的真切表露。理解这一层心理，便不致误解他是时时处处拒人自高了。

蔡元培与陈大齐都是书函、电报敦请，而且都要北上，这与竺可桢亲自到隆中敦请，且地点就在杭州有所不同。而且竺可桢第一次拜访就说"学生至渠家听讲亦行"，这句话从学校课程安排上考虑未免欠周，但确实对马一浮不仅有所感，而且还有所应。同在杭州，既可演绎"礼闻来学"的古训，又可以延圣贤之血脉，不令读书种子断绝。这种思想的转变，可以从他后来给王子余信的追述中体味到："惠书具道竺君藕舫见期之意，久而未答。良以今时学校所以为教，非弟所知。而弟平日所讲，不在学校之科，亦非初学所能喻。诚恐扞隔不入，未必有益，不如其已，非以距人自高也。今竺君复再三挽人来说，弟亦不敢轻量天下士，不复坚持初见。因谓若果有学生向学真切，在学校科目系统之外，自愿研究，到门请业，亦未尝不可。此实勉徇来教，不欲过拂竺君之意。"② 与此同时，一个"国学讲习会"的方案由此萌发并渐次形成。所以，虽然拜访当天没有谈定，两星期后王子余函商同意及隔天又提出"不惯学校生活，不能来校讲课"，都预示着马愿意开讲但有他自己的设想。

一个月以后，当张圣征去劝驾出山之时，马一浮的"国学讲习会"方案已经成熟。因为张转述章子梅时，明言有5个条件云云。及至竺可桢省悟学生从学校到其家往来花费时间会使前后课程无法安排时，改变主意，主张"由校方指定地点，即在校外亦可"；隔日第二次到隆中敦请，就拟定在校外特设讲堂，既使不变"来学"形式，又使学生节约时间，学校便于安排课程。这一点，马一浮完全能够理解通融。他给王子余函中说："昨竺君复枉过面谈，申述一切，欲改来学为往教。为体恤学生计，此层尚可通融。"③ 故"坚持登门请业"这一点应该已经解决。

（二）设立国学讲习会。在马一浮看来，国学讲习会最重要的一点，就是将其课程独立于大学教育之外。为使清楚理解马一浮的思想，现将他所拟定的条款移录于下：

□□大学特设国学讲习会之旨趣及办法

一、本校为引导学生对于吾国固有学术之认识，兼欲启示学生使知注重内

---

① 马一浮《与马叙伦书三》，《马一浮集》第二册，第455—456页。
② 马一浮《答王子余书一》，《马一浮集》第二册，第517页。
③ 马一浮《答王子余书一》，《马一浮集》第二册，第517—518页。

心之修养，特设国学讲习会。

一、国学讲习会设特别讲座，由本校延聘主讲大师，自由讲论。每星期一次，其时间另定之。但主讲大师有故不能到会时，得由本校商请派遣高足弟子出席代讲，或许学生造门请业，仍以每星期一次为限。

一、国学讲习会纯粹为养成国学基本知识，使学生离校后可进而为深切之研究，发挥本具之知能，阐扬固有文化，故超然立于本校所有各院、各系科目范围之外。不列学分，不规定毕业期限。但每届一年终了时，由主讲大师考询其领受之深浅，另定甲乙。其学业优异者，经校长之特许，得予嘉奖。

一、本校各院、各系学生中，不论年级。于所修科目之外，有志研究国学，曾读四书及五经中之一经以上者，由校长选拔，令自行填具志愿书，得入国学讲习会听讲。其未读四书者不与。

一、国学讲习会分经术研究、义理研究二门。俟学生领解力增进时，得增学术流别（即哲学评判）、文章流别（文学评判）二门，或其他门类。由主讲大师察看学生能力自由酌定之。

一、学生既入国学讲习会听讲，不得无故中途废辍。其有领解力薄弱或不守规则者，由主讲大师随时告知校长，令其退席。

一、国内通儒显学遇有缘会，由主讲大师介绍，经校长之同意，得临时特开讲座，延请讲论，示学者以多闻广益之道。①

如果不是他后来为完善而修订，条款共有七条，可见章与张的转述都仅是大意。②

"对于吾国固有学术之认识，兼欲启示学生使知注重内心之修养"，这是讲习会的宗旨。这个注重内心修养的宗旨决定它无法打分。他要求听讲学生必须读过四书和五经中的一经。未曾读者不得入听。为什么订立这一条？马转述沈曾植的话说："今时少年未曾读过四书者，与吾辈言语不能相通。"对此他深有共鸣，给王子余书中说："弟每与人言，引经语不能喻，则多方为之翻译。日日学大众语，亦是苦事，故在祖国而有居夷之感。"马一浮长期以来苦于后学听众难以理解，凑泊不上，所谓"讲即不辞，实恐解人难得"。曾借用禅师家宾主料简的话头说："若学者不具参方眼，师家不辨来机，互相钝置，名为一群瞎汉相趁。"③这样的讲学无非是浪费时间。所以学生如果领解力薄弱或不守规则，可以随时勒令退席。他深感"处今日而讲学，其难实倍于古人。师严而后道尊，道尊而后民知敬学，亦难责之于今"。④只有真正树立师道的尊严，儒学的精华、圣贤的血脉才有可能传授延续。以上几条，都不是大学学制中随意可以处置的，这种讲授确实是

---

① 马一浮《答王子余书二》附录，《马一浮集》第二册，第520—521页。
② 马一浮《与王子余书二》说到他代竺可桢拟定"国学讲习会宗旨和办法"后说："偶为张君圣征言之"，可见张的转述确有不清楚的地方。《马一浮集》第二册，第519页。
③《泰和宜山会语·释学问》，《马一浮集》第一册，第59页。
④ 马一浮《答王子余书一》，《马一浮集》第二册，第518页。

超然于院系课程之外的形式和内容。他为此还越俎代庖地拟定"国学讲习会"草案,自以为"力求浅显,粗具匡略",想"留俟讨论"。竺可桢执教大学、主持研究所近20年,深谙高层行政,成立某"会",必须"呈请党部"批准备案,因而请人转告请马通融。马一浮却实在不谙此道而难以理解,他说:"昨竺君复托他友致语,以讲习会之名恐引起干涉,非学校所宜。大学规程弟所未谙,然未闻政府有讲学之禁也。此项名义亦与他种集会性质不同,此而须受干涉,则学校各系讲堂上课亦须受干涉邪?既与学校无益而有妨,何为多此一举。"①因而坚决不肯去一"会"字。竺可桢为请马出山讲授,可谓用尽心思,马一浮其实也很理解他的诚意,故与王子余说:

> 竺君不以弟为迂阔,欲使诸生于学校科目之外更从弟学,大似教外别传,实为特殊办法。弟之所言,或恐未足副竺君所望、餍诸生之求。其能相契,亦未始非弟素愿。若无悦学用力之人,则语之而不知,虽舍之可也。此当视诸生之资质如何,是否可与共学,非弟所能预必,非如普通教授有一定程序可计日而毕也。②

这种理解,使得他原来与竺可桢在以国学培养学生的目的上存在的分歧也归于消解,③倒是担心学生素质不够而不能达到预期效果。但由于他闭门读书,不谙世事,略显固执,最后在一个"会"字的予夺上使得竺可桢的第二次敦请功亏一篑。④

(三)要学校称其为大师。8月1日,张圣征向竺可桢等转述"一浮并欲学校称其为国学大师"。根据7月16日张传语说"马订有五条件",8月2日马一浮给王子余信中附有"国学讲习会之旨趣及办法",又说"偶为张君圣征言之",则圣征转述时完全可能看到"国学讲习会"草案。马所拟草案上明言"国学讲习会设特别讲座,由本校延聘主讲

---

① 马一浮《答王子余书二》(《马一浮集》第二册,第519页)。马一浮长期隐居,远离官僚政务,自然不能理解政务上的规程。但当1941年政府对复性书院管理严格时,他应该醒悟到当时竺可桢要去掉"会"字是深谙事务的明智之举。

② 马一浮《答王子余书一》,《马一浮集》第二册,第518页。

③ 马一浮《答王子余书一》云:"竺君所望于弟者,谓但期指导学生,使略知国学门径。弟谓欲明学术流别,须导之以义理,始有绳墨可循,然后乃可求通天下之志。否则无星之秤,鲜有不差忒者。群言淆乱而无所折衷,实今日学子之大患也。若只泛言国学,譬之万宝全书、百货商店,虽多亦奚以为?且非弟之所能及也。此意竺君如以为然,能喻之学生,使有相当了解,然后乃可与议。否则圆凿方枘,不能收教学相长之效。"(《马一浮集》第二册,第58页。)竺可桢着眼于学生多掌握一门本国古典的必要常识,马一浮则欲将儒家的精神灌注到学生的灵魂中去。

④ 据《竺可桢日记》所记,竺可桢7月17日第二次访马,马一浮《与王子余书二》云"昨竺君复枉过面谈",自署"庚午七月十八日",月日适相吻合,而年份差异。庚午系1930年,故《马一浮集》第二册于信函前标注"一九三〇年八月"(第517页)。按,如果以"七月十八日"为农历,则折成公历已是九月三日,此时请马之事已经偃息。可见"一九三〇年八月"七字系编者揣测而补。1936年干支为丙子,马一浮草书丙子字形颇近"庚午",当是转录者误认而作"庚午",编辑时又据"庚午"而题作一九三〇年。近读刘梦溪先生《马一浮点学术精神和学问态度》(载《文艺研究》2003年第6期,第68页)一文,发现刘先生已先我而对此函之年份有过质疑,并已电话征得马镜泉先生认可,可见原书确误。

大师"云云。首先，国学讲习会所设特别讲座的主讲大师，不等同于张所转述的"国学大师"，更不是60年之后人们普遍认为的"国学大师"。竺可桢的理解是正确的，他说"大师之名有类佛号"，马一浮用"主讲大师"的名词，正是借用佛教语。"大师"一词梵语为Śāstr，巴厘文为satthar，指初果以上，乃至诸佛菩萨，堪为众生之师范者可称大师。其原意是大的师范。后有所引申，据《本事经》上所载三种大师中的第三种是指精修梵行，具足多闻，于诸经典，善知法义，出现世间，开示四谛，令诸众生出离生死，皆得无量义利安乐，是为众生之师范。《瑜珈师地论》卷八十二云："能善教诫声闻弟子一切应作不应作事，故名大师；又能化导无量众生，令苦寂灭，故名大师；又为摧灭邪秽外道出现世间，故名大师。"① 唐代朝廷多尊称通晓佛教教义的僧人为大师，所以多有某某大师之称号。马一浮认为在"群言淆乱而无所折衷"的时代，给学生灌输一种精神上的主义，排除外界各种邪道，正类《师地论》中大师的作为。其次，他不认同现代学校的教育方式，曾谓校长、教员之名不可用；他的理念是："学校为讲习之地，施教、肄业为讲习之事，教者与受教者同为讲习之人。所讲不止一科，故立多师，多师不可无统，故立主讲。"所以"校长宜改称'主讲'，教员宜改称'讲师'"。② 至于博士，他申称"博士之业，汉之博士，即今大学教授。非弟所知"，③ 自己也没有获得博士回国。既然讲学的方式、内容由不同学校教授所讲，名称自不宜剿袭雷同。因而讲习会讲座之主讲自应称"主讲大师"。主讲取之于儒门，大师原之于佛教。再从其诗词中取证，马一浮离开宜州时留赠诸教授诗有云："丈室能容师子坐，褒斜力遣五丁开。"④ "丈室"与"师子"皆用佛教典故，出自《维摩诘经》，所以草案中"大师"一词亦系借用佛教语无疑。附赘一句，姑不论马一浮学问渊博足堪承当"国学大师"之称号，亦不论马一浮的确自命不凡，即以他深厚的学养推测，亦不至自命为当时世俗和现今普遍观念中的国学大师。名相之争之辩，在这样一位哲人面前，似不容以小人之心妄测。这里只引述他致龙松生书中一段话，书云："今来书犹不屑为讲师，而必居教授，何其滞于名相也。名之贵贱，俗妄所成，呼牛任牛，呼马任马，于己何加损邪。曩尝告贤今日谋生，事同力作，居卑苟活，不可以为名高，养贤贵士，岂能期之今人。况我之果贤，亦岂待人之贤我。遁世不见知而不悔，此关若不透过，终无洒落自在分也。"⑤ 读之足以消解半个多世纪以来世人对这位贤哲的误会。70年前张圣征转述的原话已不可考，体味竺可桢日记原语，他可能是粗读讲习会草案而错会其意，或者是即兴转述时斩首去尾、粘连不当所致。这种误解在后世盛传马、竺佳话时产生了不良影响。幸好求贤心切、明智多闻的竺可桢有正确的理解，并不以为意。

---

① 参见《佛光大辞典》"大师"条，书目文献出版社，第一册，第835页。
② 马一浮《论校长之名不可用》，《马一浮集》第二册，第1167页。
③ 马一浮《与王子余书二》，《马一浮集》第二册，第519页。
④ 马一浮《将去宜州流别诸讲友》，见《避寇集》，《马一浮集》第三册，第72页。
⑤ 《致龙松生书五》，时在1942年11月15日。《马一浮集》第二册，第713页。

（四）怀疑竺可桢的诚意。至于张圣征所说马疑竺之邀请非出真诚，无非欲假马之名义云云，细读马一浮所留下的文字，没有这种痕迹。说实话，杭州瑰宝马一浮闻名遐迩，竺可桢为办好浙大遍请国内名教授，这都是时人皆知心照不宣的事实。但像马一浮这样渊博的学问和淳厚的涵养，即使心知其意，也不可能口出其言。那么是圣征代人立言还是葆泉转述走样，现在已无法对质。这种误解虽然不是竺可桢二请马一浮不成的根本原因，也不可能对虚怀若谷、礼贤下士的竺可桢之为人有所改变，但对于他当时想方设法请马出山使浙大师生略知国学门径的热忱心理上确实带来一些消极或负面的影响。

8月1日竺可桢在张圣征医院会谈之后，章子梅当天就奉竺可桢之命征求马一浮是否可去"会"字，这就是8月2日马致王子余书中所谓"昨竺君复托他友致语"一语的本事。竺可桢8月7日在南京收到章子梅来函，转述王子余收到马一浮2日的信件，中有"竺君虽有尊师重道之心，弟实无化民成俗之德。今其言既无可采，是犹未能取信，前议自合取消。此事本于学校为骈枝，于学生为分外。且选拔生徒，尤感困难。为竺君计，不如其已也。乐行忧违，或语或默，于弟毫无加损"一语，以为无可通融，遂转述致函于竺，并发出了"学问固优，世故欠通"的感叹。竺可桢因之不得不认同章说而感叹"信然"。

竺可桢两次登门邀请马一浮出任浙大讲座，最后在一个"会"字的分歧上致使不能会同在一起，给历史留下了深深的遗憾。分析其原因，马一浮深居简出，于世事太煞隔膜；竺可桢上任伊始，其工作实在繁忙。张、王、章、任四人的往返传达，未能深切体味二位大师的本意，略有误解乃至误传之处。设想如果竺可桢亲自登门或致函解释关于学会报批的律令，相信能够接受改来学为变通往教的马一浮，一定也能与竺可桢协商出一种两可的办法。

四、丈室能容师子坐

卢沟桥事变后，时局剧变，频繁的警报严重干扰着课堂，于是浙大开始疏散，首先疏散到天目山、萧山湘湖和建德，12月下旬，复又经吉安而迁往江西泰和。抵达泰和已是1938年2月19日，竺可桢领导浙大在此度过了相对安定的7个月。与此同时，马一浮于"八一三"淞沪战局失利后，携书避寇南迁，先在桐庐县辗转栖息，杭州失陷，不得已而经建德，过衢州，抵开化，依朋友叶左文居。而寇锋强势，开化亦朝夕难保，[①]人心恐惧，不遑宁处。

马一浮于2月12日自开化致函竺可桢，时正值竺率领学校第二次播迁途中。17日竺

---

① 据马一浮给叶左文函云："知寇虐竟及开化城邑，潭居亦付焚如，而尊兄平日纂录诸书，亦与之具尽。"（《马一浮集》第二册，第448页）知开化后亦陷于兵燹，叶左文数十年纂辑的《宋史注》亦毁于战乱。

在江西吉安收到马函，信中说：

> 藕舫仁兄先生左右：在杭承枉教，忽忽逾年。野性疏简，往还礼废，幸未见责。每怀雅量，叹仰实深。自寇乱以来，乡邦涂炭。闻贵校早徙吉安，弦诵不辍。益见应变有余，示教无倦，弥复可钦。弟于秋间初徙桐庐……平生所蓄，但有古书，辗转弃置，俱已荡析。即不为劫灰，亦膏鼠吻，念之能无惘然？非徒士友同嗟，直是经籍之厄。现所居虽稍远锋镝，然寇之所向，殊不可知。万一或有压境之虞，不能不预为之计。舍赣而外，别无他途。然赣中人士，鲜有交旧，一旦栖皇羁旅，托足无由。因念贵校所在，师儒骈集，敷茵假馆，必与当地款接，相习能安。倘遵道载驰，瞻乌爰止，可否借重鼎言，代谋椽寄，使免失所之叹，得遂相依之情。虽过计私忧，初不敢存期必，然推己及物，实所望于仁贤。幸荷不遗，愿赐还答，并以赣中情势，及道路所径，有无舟车可附，需费若干，不吝详告。……旅中简单生活，每月约需若干，亦望一并示及，以便量力筹措。……幸托乡里之爱，犹蒙见齿，当不厌之渎耳。……①

先申前年见顾不礼之失，次述罹乱迁徙之况，而主要是为所蓄古书罹厄所惜。因为他在江西少师友熟人，欲请竺在江西代为觅一居室，以蔽眷属，使免失所之叹。竺由于辎重在途，不便速复。19日中午抵泰和，20日下午即至梅光迪处谈马一浮之事。结果文理学院院长梅光迪和教务长郑晓沧"均主张收容，遂拟复一电，聘为国学讲座"，②电文于次日（21日）寄出，隔日（23日）又复书相请。根据马一浮3月6日之函，知马收到电报后曾复一电报，而信函至3月5日始收到。马一浮复函云：

> 迥日复电，计已早达。惠书昨至，期待良殷，兼见君子教思无穷之旨。在浮本以求远兵革，非图附于皋比，何其过见存录，欲使遂预讲筵。念方行乎患难，犹得从诸君子后相与究论，绵邹鲁遗化于垂绝之交，亦若可以申其素怀，不孤跂望。但恐衰朽之言，无裨后学，若其可得而说者，固亦不敢有隐。窃推贤智之用心，在使多士敦厉气节，仁为己任。是必求之经术，讲明义理，无囿习俗之陋，而克践性德之全。乃可济塞持危，开物成务。……今承高论，迥异恒流，或者天牖斯民，不致终沦异族。故谓欲荡膻腥，先须信古，教人必由其诚，斯好善优于天下，庶几匡复不远，丕变可期。既昭感应之同符，复何语默之异致。然则浮之至与不至，于仁者设教之方，固无所加损也。浮虽浙人，生长于蜀，蜀中尚有丘墓，亲故不乏。故入蜀之志，怀之已久，终以年衰，惮于远涉，因思就近入赣，或可相依。但令不陷寇窟，别无余望。……迪生先生前有电见速，深荷不鄙，均此致候，不另申答，并乞谅其疏简。③

---

① 马一浮《与竺可桢书一》，《马一浮集》第二册，第579页。
② 《竺可桢全集》第6卷，第472页。
③ 《马一浮集》第二册，第579—580页。

马一浮两年前深居自守，不肯临坛讲授，而于兵荒马乱中竟去从容讲授一般人无法理解、接受的高深学问，友朋闻之颇有不解，叶左文即以为非明智之举。对此，他在与友朋书函中亦有解释。① 体味这些书函的内容言辞，知他对竺可桢和浙大的看法，自己的处境和心情都有变化。

在强寇压境、百姓流离中，竺可桢领导的浙大能够辗转迁徙，照样上课，大有孔子厄于陈蔡，讲诵弦歌不衰，刘邦举兵围鲁中，诸儒"讲诵习礼乐，弦歌之音不绝"的气象，这在马一浮看来，竺校长是"应变有余，示教无倦，弥复可钦"的。其次，竺不计前事，仍然电、函相继，"期待良殷"。彼既虚怀诚心，自不能"绝物太甚"②。再次，儒者处世，非固而不化，处危应变，仍可不失本色。复次，在外敌入侵、民族危亡之际讲明义理，既可以敦厉士气，济蹇持危，可以让学生竖起脊梁，做一个堂堂正正的中国人，同仇敌忾，抵御日寇，"庶几匡复不远，不变可期"，所以"既昭感应之同符，复何语默之异致"，不容不讲。综次四点，是马一浮从权开讲的因缘，但仍申明"本以求远兵革，非图附于皋比"，且"蜀中尚有丘墓，亲故不乏，故入蜀之志，怀之已久"，只是"终以年衰，惮于远涉，因思就近入赣，或可相依"，预留他日去留之路。观照前后，守经从权之儒家本色相当特出。

而在竺可桢方面，马二请不出，虽然不免胶固，但其学问为举世冠冕仍毫无疑义。"现在开化，颇为狼狈"，③ 加之梅光迪和郑晓沧竭力主张聘为国学讲座，于是当机立断致电相请，隔日又修书备述期待之诚。梅、郑作为文理学院院长和教务长，在这种颠沛流离、危急困顿之中，照顾已有师生尚且不暇，而能念念于国学与国学瑰宝，竺可桢和浙大领导层这种坚韧的精神和恢宏的气度，不仅是马一浮莅临浙大讲学最根本的因缘，更是浙大在长达8年的迁徙中能够发展壮大的基本保证。

一段脍炙人口的佳话，一部流传千古的著作，就在双方异同交错的精神理念下产生。

马一浮3月6日的信函，至11日到竺可桢手中，四天后又接到马的电报。19日，竺请沈健强为马一浮寻觅住屋，同日得马电，谓20日从衢州出发来泰和，乃命沈准备迎接。可能因为马一浮携外甥丁安期、及门王星贤两家十五口人，妇孺童仆行动缓慢，加之战乱之际，水陆交通，转换不便，一直到29日始抵泰和。马于29日上午10点到，竺可桢等都去迎接，略叙别后情况，遂去由王焕镳代为觅定的排田村萧宅安顿。晚上，竺可桢在大原书院为马接风。31日，再到马宅拜访。4月3日，以院长梅光迪为首，同中文系教授郭斌龢、历史地理学家王庸、历史学家贺昌群等四人联合宴请马一浮，并邀请文史学家钱基博、史地系主任张其昀、图书馆馆长陈训慈、数学系教授章用、外文系教授陈逵诸人作陪。膳后，竺与马一浮、钱基博等人谈到四点半方散。次日，将国学讲座

---

① 参阅《与汤孝佶书》和《与丰子恺书三》等，《马一浮集》第二册，第557页，第562页。
② 马一浮《与丰子恺书三》，《马一浮集》第二册，第562页。
③《竺可桢全集》第6卷，第472页。

的聘书送至马家。从定聘、觅屋、迎迓、接风、宴请直至最后送上聘书，浙大自校长、院长、主任、教授以至具体操办人员，对这位国学大师真可谓礼敬有加。

马一浮在浙大什么时候开讲，《竺可桢日记》没有记录。但从所记其他几次演讲的日期中可以约略推定：5月7日星期六，上午还是一个晴好天气，学校预定下午二时半在趣园请马一浮讲，午后忽然倾盆大雨，致使马不能来讲。5月14日下午3点，在新村十号教室听马一浮讲"西方近代科学出于六艺"；5月28日下午3点，在大原书院听马讲《论语》首末二章义。① 据此所记，知马一浮在浙大所开的国学讲座是每星期六的下午3点左右，地点不定。对照《泰和宜山会语》之目次顺序，可以将其演讲的时间内容大致复原如下：

4月9日星期六：	引端、论治国学先须辨明四点、横渠四句教
4月16日星期六：	楷定国学名义
4月23日星期六：	论六艺统摄一切学术
4月30日星期六：	论六艺统摄于一心
5月7日星期六：	大雨暂停
5月14日星期六下午三点：	论西来学术亦统摄于六艺（新村十号）
5月21日星期六：	举六艺明统类是始条理之事
5月28日星期六下午三点：	《论语》首末二章义（大原书院）
6月4日星期六：	君子小人之辨
6月11日星期六：	理气
6月18日星期六：	知能
6月26日星期日：	赠浙江大学毕业诸生序、对毕业诸生演词（新村萧氏宗祠）

聘书系4月4日发出，9日似为开讲之日。《会语》每次讲稿在二三千字左右，4月9日多"引端"和"论治国学先须辨明四点"约一千余字，似为开场告白。每次时间多少也无记录，以讲义字数推测，每次在讲义之外应有所发挥。据竺可桢日记，4月9日他在南昌，16日是由宜昌至重庆路上，23日尚在重庆，30日在长沙，均在中研院处理所务。5月7日想去听讲，以大雨违缘，所以他第一次听到"论西来学术亦统摄于六艺"的内容，已经是马一浮在浙大的第五次演讲。5月21日下午4点，竺可桢邀请30名浙大导师在晨熹阁开茶话会，未能去聆听。6月4日，在南昌办事；11日下午4点开校务会，讨论借读生转正式生案；18日有翁子龙、王子玕来访，下午2点半以后才离开，故日记中均不见记有马演讲之事。由此可见，一位身兼所长、校长，被所务、校务缠身必须数地奔走的竺可桢，只要稍有隙暇时间，就亲自去恭听马一浮的国学讲座。这充分体现出这位科学大师的人品与学问。

---

① 《竺可桢全集》第6卷，第516、519、526页。

6月26日，浙大第十一届学生在萧氏宗祠举行毕业典礼，校长竺可桢致辞，教务长郑晓沧报告毕业生情况，授毕业证书。之后便齐唱宋代理学家张载"为天地立心，为生民立命，为往圣继绝学，为万世开太平"四句歌曲。最后马一浮演讲，即《会语》中的"赠浙江大学毕业诸生序""对毕业诸生演词"两篇。于毕业典礼中合唱横渠四句教，这在近代中国学制中是绝无仅有的。

　　十一届学生毕业，学期也结束。9月17日起，竺可桢忙于浙大再度之迁徙，收拾行李，向桂林进发。9月30日，因南高师毕业生唐现之请客，马一浮、郑晓沧、胡刚复、丰子恺等同宴。次日，马一浮请竺可桢等昨日相聚诸人和中国农民银行经理吴敬生等在大华饭店中膳。10月5日，大部队先后到达宜山，而马一浮则至26日始达。

　　马一浮到宜山后何时开讲，《日记》只有在11月23日星期三这天记述道："三点半至指挥部晤岑兆熊，不值。至文庙听马一浮讲'六艺要旨'。谓立国致用，当以立身行己着手。孔子所谓'言忠信、行笃敬，虽蛮貊之邦行矣。言不忠信，行不笃敬，虽州里行乎哉'云云。"①按此正是《宜山会语》第一节"说忠信笃敬"中所举。11月30日日记也记述曰："三点半听马一浮讲'学问'，谓学与问乃两件事，学问并非知识。"②此是《宜山会语》第二节。由此推知宜山讲座始于11月23日，一般是每星期三下午3点半。如果以此时间推测马一浮之讲座，对照《竺可桢日记》，可知：12月7日马一浮讲"《颜子所好何学论》释义"，竺"午后二点至校。四点至东门看菜园"；12月14日讲"说视听言动"，竺在龙州；12月21日讲"居敬与知言"，竺在昆明；12月28日讲"涵养致知与止观"，竺在重庆；1939年1月4日讲"说止"，竺在重庆；1月11日讲"去矜上"，竺在贵阳；1月18日讲"去矜下"，竺在宜山。

　　时间安排可以如上所推，但1月16日梅光迪来与竺可桢约，定于17日为马一浮赴重庆创办复性书院饯行，则此事于1月中旬无论如何都已知晓，故"去矜下"的讲稿已经写就，18日是否依然开讲，没有记录。

　　1月17日，浙大教授们为马一浮饯行，赴宴者有20人左右。24日，马一浮作诗留别浙大诸讲友。③直至2月7日，重庆方面派人来接。次日，马一浮乘交通部车赴贵阳，竺可桢与郭斌龢、贺昌群、缪钺等教授前往送行。④历时十个多月的浙大讲学在"举手长劳劳，两情同依依"的气氛中落下帷幕。

---

① 《竺可桢全集》第6卷，第617页。
② 《竺可桢全集》第6卷，第620页。
③ 马一浮《将去宜州留别诸讲友》（《马一浮集·避寇集》第三册，第72页），此诗《竺可桢全集》第7卷1月24日日记中亦载。《避寇集》"褒斜力遣五丁开"，《日记》作"蚕丛乃遣五丁开"；《避寇集》"绵蕞应培禹稷才"，《日记》作"锦蕞应培禹稷材"，并注"锦蕞"为"茅屋也"。按"绵蕞"用《史记·刘敬叔孙通列传》制订朝仪之典故，引申为经营草创。《日记》作"锦蕞"并注"茅屋"，非诗义。
④ 文学院院长梅光迪因为出席参政会，无法相送。以上均见《竺可桢全集》第7卷，上海科技教育出版社，2005年，第27页。

回顾十个多月的讲学过程,马一浮与竺可桢还有很值得表揭的私人友情。从请马这方面说,竺可桢可谓礼数周至,及至马来之后,又多次拜访、设宴相请。马一浮于开讲后,曾赠竺可桢两幅书画轴,第二天竺可桢极忙,开会到晚上7点多,但仍作书申谢。① 半个月后,马又送竺对联一副及宋赵顺孙《四书纂疏》一套,竺可桢未致谢而已出差南昌、长沙、汉口等地,及至20多天后回泰和,得知儿子竺衡亡,8月3日,即回泰和不满10日,妻子张侠魂亦去世。隔日,马一浮送挽联一副并吊唁函一封。第二天一早,又亲自登门吊丧。竺可桢记述道:"八点马一浮来吊丧,渠先一日已送挽联来,并作一函,极恳挚可感,今日又来吊。"② 马一浮深知在颠沛流离之中,竺可桢不计前嫌,不仅礼聘其来浙大讲学,而且待若上宾,当然心存感激,因而在他有丧妻之痛时,及时送去了慰藉。1939年1月26日,当马一浮已经准备离宜山赴重庆,留别讲友诗作时,竺可桢赠送他一枚象牙图章和一只漆盒,以为纪念。③ 二位大师往来相交,不废礼仪,互赠之物,亦不落俗套,为后世留下了风范。

2006年12月31日至2007年1月14日稿于榆枋斋

本文为节录,原载《中国文化》2007年第2期

---

　　①《竺可桢全集》第6卷6月10日、11日日记,第532—533页。
　　②《竺可桢全集》第6卷8月5日、6日日记,第560页。
　　③《竺可桢全集》第7卷1月26日日记,第19页。

从"倡导通才"到"通专并重"
——竺可桢大学育人理念的转变及其启示

许为民　潘一骁　张　立

作为我国现代教育的先行者和实践家，浙江大学老校长竺可桢颇具特色的教育思想和教育实践长期受到学界的重视和称道。教育史界认为，竺可桢的办学理念、精神境界和道德情操"不仅是中国教育史上的一份弥足珍贵的遗产，更是 21 世纪建设高等教育强国的征途中，我们亟待认真发掘、充分利用的宝贵的本土资源"[1]111-112。其中，竺可桢的通才教育思想一直受到人们的高度关注。在很多学者眼中，竺可桢更重视培养通才，认为"通"比"专"更为重要。这种看法有其根据，但忽视了竺可桢的思想变化。实际上，经过长期的实践和反思，竺可桢的大学育人理念在 20 世纪 40 年代之后产生了一些变化。他认识到偏重培养博雅之才的通才教育（自由教育）存在弊端，不太符合当时中国的国情，他的理念逐渐从"倡导通才"转向"通专并重"。

一、儒家思想与西方自由教育理念的影响

竺可桢（1890—1974），出生于清末，幼年时在家读私塾，学过八股文，熟读儒家经典，还参加过童子试[2]87，受过比较系统的中国传统教育。儒家思想对竺可桢有着重要的影响。

中国古代诸子百家中最重视教育的是儒家。儒家主张"君子不器"（《论语·为政》），强调君子不能像器具那样，只发挥某一方面的专门作用，而应该博学通达，有更高的追求。儒家还强调格物、致知、诚意、正心、修身之后要入世，做到齐家、治国、平天下（《礼记·大学》）。总而言之，儒家认为君子应该有崇高的追求、高尚的品德、广博的知识，成为能担当社会大任的领袖人才。从"通"和"专"的角度来看，儒家想培养的"君子"显然是一种通才，而不是专才。

青少年时期的竺可桢虽然并没有对"通"和"专"的问题做过专门的深入思考，但儒家这些思想对他后来形成"倡导通才"的育人理念具有一定影响。

1910 年，竺可桢考取第二批留美庚款生，怀着朴素的"科学救国"理想赴美求学。他先就读于伊利诺伊大学农学院，后来又到哈佛大学研究院地学系，攻读气象学博士。

美国当时流行的通才教育，特别是哈佛大学的教育理念对竺可桢产生了深远的影

响。当时美国的通才教育体现的实际上是自由教育的理念。自由教育对应的英文是 liberal education，在民国时期一般将其译为通才教育（后来也译为自由教育或博雅教育），主要指注重为社会培养知识面广博、有教养的精英人才。西方的自由教育思想可追溯至古希腊时期，一直到 19 世纪末 20 世纪初，自由教育的理念依然是西方大学教育的主流。

19 世纪英国著名教育家纽曼（J. H. Newman）在《大学的理念》（1873 年）一书中明确指出自由教育就是"造就绅士"的教育："绅士……拥有受过教养的心智，精致的品位，正直、公正和冷静的头脑，以及行动中的高贵而又理性的姿态……所有这些都是一种广博的知识的固有品质。它们正是一所大学的目标。"[3]111 纽曼还倡导"为知识而知识"："这种知识因其自身的理由而成立，它不依赖于任何结果，它不需要任何东西作为补充，更不需要靠任何目标来提供支持，它不会为了出现在我们的思考中而完全为任何技艺服务。"[3]100-101 纽曼用 liberal knowledge、liberal education 来概括这种知识和一个绅士所具有的品质。竺可桢曾在日记中表现出对纽曼这种理念的认同。[4]509

竺可桢把当时哈佛大学流行的学术和教育理念称为"学院自由主义"[5]82，他早年对此十分推崇。学院自由主义认为知识为其本身目的而存在，学术研究受追求真理的动机驱使，是一项自由探索的活动，不应受到外部力量的干预。竺可桢通才教育的理念正是源于学院自由主义，而哈佛大学当时大力倡导的通才教育（自由教育）更是对他产生了深刻影响。

哈佛大学前后两任校长艾略特（Charles William Eliot）、洛厄尔（Abbott Lawrence Lowell）的言论和一系列通才教育的探索与改革实践都对竺可桢产生了重要影响。

竺可桢求学哈佛期间的校长是以倡导"学术自由"著称的洛厄尔。洛厄尔认为："大学所培养的，不应该是有缺陷的专家，而应该是心智全面、同情心广泛和判断独立的人。"[6]25 哈佛当时的这种氛围对竺可桢影响很大。

另一位对竺可桢影响更大的哈佛校长是洛厄尔的前任艾略特。艾略特认为："大学不必过分在乎知识的应用"[6]24，"在一切思想和行为的王国里，真理和公道在实用之上"[6]24。他强调学生应该"历经哲学研究方法论的熏陶，博通历代的思想渊源"[6]24。在主持哈佛大学期间，艾略特大力倡导学术自由，推行了自由选课制度等一系列改革措施，大大提升了哈佛大学的世界声誉。

竺可桢回国后把哈佛大学作为效仿的对象。他说："哈佛为我的母校，我回国以后在大学里教书或是办行政，在研究院办研究所，常把哈佛大学做我的标准。哈佛大学便成了我的偶像。"[2]89

二、执掌浙江大学期间探索通才教育的实践

1918 年，竺可桢在哈佛大学获得气象学博士学位。同年秋天，竺可桢满怀报国热忱，回到祖国。竺可桢先在南京高等师范学校、东南大学和南开大学等校担任教授，这个时

期还没有条件将其通才教育的理念付诸实践。

1936年，竺可桢出任浙江大学校长。当时，中国外部面临日本帝国主义侵略的威胁，内部也不稳定。国民政府教育部从实际需要出发，注重实用科学，鼓励培养实用的专业人才。1929年4月26日公布的《中华民国教育宗旨及实施方针》第四条规定："大学及专门教育，必须注重实用科学，充实学科内容，养成专门知识技能，并切实陶融为国家社会服务之健全品格。"[7]295-296 同年7月，国民政府颁布《大学组织法》，其第一条就明确："大学应遵照十八年四月二十六日国民政府公布之中华民国教育宗旨及其实施方针，以研究高深学术养成专门人才。"[8]415

当时中国教育界很多著名人士，包括竺可桢在内，并不完全认同教育部的方针。这些民国时期的教育家大多既受过良好的中国传统教育，同时也有在欧美名校留学的经历，他们的教育思想很大程度上受到儒家思想和当时西方自由教育理念的影响。如梅贻琦、潘光旦等著名教育家都主张"通识为本，专识为末"。梅贻琦强调，"大学教育应有新民之道"（梅贻琦认为"新民"就是齐家、治国、平天下），大学生应担当起新民工作的责任，成为社会所需要、能担大任的通才。他还明确指出："通识之用，不止润身而已，亦所以自通于人也。信如此论，则通识为本，而专识为末；社会所需要者，通才为大，而专家次之。"[9]105 潘光旦认为，"自由的教育是'为己'而不是'为人'的教育，即每一个人为了完成自我而教育自我"，"教育的主要目的是在完成一人"，"不在造成专才与技术家"。[10]72

竺可桢主张大学要培养社会领袖人才，应当实行通才教育。他在20世纪30年代多次阐述过这一观点，并将王阳明等中国古代大儒和当时西方一些著名大学作为学习和效仿对象。他说："大学教育的目标，决不仅是造就多少专家如工程师医生之类，而尤在乎养成公忠坚毅，能担当大任，主持风尚，转移国运的领导人才。阳明先生公忠体国献身平乱的精神，正是我们今日所应继承发扬。"[11]455 他还指出："英国的大学教育目的，在于养成一种英国式的君子。但这所谓君子……是仁者不忧，智者不惑，勇者不惧的君子。"[12]639 "知者不惑，仁者不忧，勇者不惧"出自《论语·子罕》，是儒家认为君子所具有的基本品质，竺可桢以此来描述英国式的君子。显然，在竺可桢看来，儒家思想与西方自由教育理念对君子式人才的培养颇有相通之处。

竺可桢还强调大学要培养头脑清醒的人，教育的目的不是使学生单学一种技术："清醒的头脑，是事业成功的基础，二三十年以后诸位出去，在社会上做一番事业，无论工农商学，都须有清醒的头脑。专精一门技术的人，头脑未必清楚，反之，头脑清楚，做学问办事业统行。我们国家到这步田地，完全靠头脑清醒的人才有救。"[13]371-372 由此可见，竺可桢当时高度重视通才教育，认为"通"比"专"更为重要。

竺可桢在浙江大学采取了一系列加强通才教育的措施，主要有以下几个方面。

第一，加强学生的基础教育。如一年级不分系，加强公共科目的学习，并安排高水平的教授为一年级授课。在竺可桢的倡导和安排下，当时浙大很多名教授都承担过低年级的基础课教学任务,如苏步青、钱宝琮教过高等数学,王淦昌、朱福炘教过大学物理,周厚复、储润科教过普通化学,蔡堡教过生物学,祝文白教过中文,谭其骧教过中国通史,等等。这些安排使低年级学生基础理论课的教学质量得以切实提高,而且这些教授的学识、人品、治学精神和处世风范都对学生产生了深远的影响。[14]158

第二,实行主辅修制度,鼓励学生跨院系选修课程。竺可桢首先加强数、理、化、国文、外文等基本科目的教学,同时将一些人文与社会科学方面的课程(如中国通史等)也列为基本科目,并且相应适当减少各系的必修课。有些学院还规定学生要选一个辅系,允许跨系跨院修读课程。[15]128

第三,注重培养学生的综合素质,主张德、智、体全面发展。竺可桢非常注重体育锻炼,他认为:"在学校里,运动的地位要和英文、数学一样重要。不但学生要运动,教职员也要运动,而且要天天运动。惟有养成天天运动的习惯,才能使身体强健。""运动的目的,是练习自制力、自信力、忍耐心、同情心、互助心。"[16]256 当时浙江大学的体育课不是无足轻重的,学生缺课超过限额或者考试不及格要补修,否则即使其他学分都修满也不能毕业。为了提倡体育运动,学校定期举办运动会,竺可桢常常担任运动会的会长或总裁判,并身体力行,积极参加体育锻炼。竺可桢还鼓励学生开展各种丰富多彩、有益身心、提升人文修养和艺术修养的文娱、读书活动。

第四,推行导师制。竺可桢认为导师制是推行通才教育的重要措施,能够弥补当时大学教育有教无训的不足,有利于培养学生的综合素质,有助于培养社会领袖人才。他在就任浙江大学校长后补行宣誓典礼上的答词中指出:"英国大学,如同剑桥、牛津,均用导师制……就在美国,最近七八年来,在几个有名大学里,如耶鲁、哈佛,也慢慢通行导师制了。从哈佛大学历年校长报告,我们可以晓得该校行了导师制后,学生成绩比前优越。"[17]350-351 竺可桢在浙大推行导师制主要效仿了哈佛大学的做法。他曾说过:"对于哈佛大学的制度,我是亦步亦趋尽力采用,如导师制即其一例。"[18]89

另外,竺可桢还尝试在浙大实行的导师制中融入中国传统教育对品格的培养。他指出:"我们行导师制,是为了要每个大学生明了他的责任。……国家为什么要化费这么多钱来培植大学生?为的是希望诸位将来能做社会上各业的领袖。在这困难严重的时候,我们更希望有百折不挠、坚强刚果的大学生,来领导民众,做社会的砥柱。所以诸君到大学里来,万勿存心只要懂了一点专门技术,以为日后谋生的地步,就算满足。"[19]441

1937年10月,因为日寇入侵,浙大被迫搬迁。虽然教学硬件条件简陋,竺可桢还是决定在搬迁到天目山禅源寺的一年级新生中实行导师制。竺可桢为导师制的推行倾注了大量心血。在浙大西迁过程中,每到一地,草草立足后,他便立即召开导师会议部署工作。当时还制定了一些具体措施,如要求导师每周至学生膳堂与学生会餐一次,餐时及餐后留意学生生活并与之交谈;全体导师每月举行会议一次;各导师领导学生人数以12人为原则;三、四年级学生以本系教授为导师,二年级学生以本系教授或任课教员为导师;各导师定时或随时与学生谈话,解答启导。[20]172 导师制实行之初,在一段时间内对学生的课业与品德修养帮助很大。当时社会各方都反映，浙江大学的精神风貌特别好，教职员兢兢业业，学生刻苦用功，师生融融一堂，通力合作。[21]

总体来说，竺可桢的通才教育举措在当时取得了较好的效果，学生的综合素质得到了明显提高，浙江大学的学术水平和影响力也显著提升。不过，也有一些措施在实践中遇到了问题。如导师制施行了七八年，后来几年执行的效果没有起初那么好，一般的大学教授多不愿意将大量精力投入其中。导师制最后也受到国民政府政策的影响，被时任国民政府教育部部长陈立夫的训导制所代替。竺可桢对这种情况进行了反思："我国大学制度，完全抄袭欧美。……目前大学教授担任教科钟点以外，就想作专门研究工作，要叫他们当导师，既乏时间，又无兴趣。"[12]639 竺可桢这时已认识到，只在制度上照搬当时西方大学的导师制，并不完全适合中国当时的国情。

三、贝尔纳主义与《哈佛通识教育红皮书》的影响

竺可桢的大学育人理念在20世纪40年代逐渐产生了变化。变化的原因是多方面的，从现有的材料来看，贝尔纳主义与《哈佛通识教育红皮书》的影响非常重要。

随着科学与社会的联系越来越紧密，19世纪流行的学院自由主义思想在20世纪的科学界受到了很大的冲击。1939年，英国著名左派科学家贝尔纳的经典著作《科学的社会功能》问世，在学界引起巨大反响。贝尔纳不赞同学院自由主义的科学观，认为科学不应该只是个人的自由追求，科学应该为社会服务，"科学的功能便是普遍造福于人类"[22]41。他还强调，"科学事业需要组织起来"[22]435。在贝尔纳看来，"为科学而科学"的学院自由主义理想在现代是不切实际的："把科学看做是一种纯粹的、超脱世俗的东西的传统信念，看起来在最好的情况下也只不过是一种逃避现实的幻想，而在最糟糕的情况下则是一种可耻的伪善。"[22]28 苏联计划科学的崛起为贝尔纳主义提供了强有力的支持。在20世纪40年代，贝尔纳的思想在西方学界产生了广泛的影响。贝尔纳思想的反对者、著名的自由主义学者波兰尼也不得不承认贝尔纳主义在当时的重要影响："当今，对科学感兴趣的男孩和女孩得到一种完全不同的看法。他们读的书宣称科学的主要功能在于促进人类的福祉。事实上今天已经很少有人宣称科学的主要目的是纯粹因其自身的缘故而获得知识。"[23]316

贝尔纳对于大学教育，特别是大学的科学教育有着深刻的认识。贝尔纳认为，在17、18世纪，科学有了很大的发展，但是在教育中仍然没有什么地位。工业革命使科学的重要性提高，科学的专业教育在19世纪逐渐进入大学并发展起来。[22]120 科研也从原来业余爱好者或教师在业余时间进行的事情变成了一种独立的职业。[22]139-140

贝尔纳还认为专业科学人才的培养需要注意结合人文、社会方面的内容。他指出："单是培养出一些仅仅算得上是优秀科研工作者或者至少懂得什么才算是良好的科学工作的人是不够的。同样重要的是：在大学里，他们在学习比较具体的科学知识的同时，应该更清楚地看到自己的工作和总的社会活动的关系。"贝尔纳还指出，必须在大学期间学

习基础课程和专业课程之外的与人文、社会相关的内容,"这样做的总的结果是:大学培养出的学生不仅能很好地从事科研工作,而且能理解自己所从事的这门科学究竟是干什么的以及如何在理论上和实践中用它来为人类造福"。[22]347-348 由此不难看出:贝尔纳当时已认识到,"通"和"专"不是对立的,而应该是相辅相成的,有了一定的"通"的基础,才能培养出更优秀的科学研究人才。

1941年4月10日,竺可桢首次看到贝尔纳所著的《科学的社会功能》一书,很快被其吸引,迫不及待地翻阅。[24]55 竺可桢对贝尔纳的思想十分重视,做了详细的读书笔记,并在许多文章和报告中引用或论及贝尔纳的观点和著述,如在《科学之方法与精神》中引用贝尔纳关于中国科学的内容,在《大学生之责任》中引用贝尔纳关于西方大学生的论述,在《浙江大学二十二周年纪念会讲演辞》中又提及贝尔纳对中国科学的认识。1946年底,竺可桢受英国科学协会之邀访问英国。次年1月15日,竺可桢在伦敦约贝尔纳共进午餐,讨论了关于科学研究的许多问题,并特别提到《科学的社会功能》的再版。[25]349 通过研读贝尔纳的著述以及与贝尔纳的直接接触,竺可桢逐渐认同和接受了贝尔纳主义的许多理念。

除了贝尔纳主义,《哈佛通识教育红皮书》也对竺可桢育人思想的变化起到了重要作用。19世纪之后,随着近代科学的兴起,尤其是工业革命之后,社会的工业化进程不断发展,专业教育得到了快速发展,西方传统的自由教育理念开始受到冲击。20世纪前后,面对社会环境和社会需求的变化,西方教育界也开始对自由教育进行反思。1943年,当时的哈佛大学校长柯南特任命来自文理学院和教育学院的12位专家教授,组织专门委员会来筹划哈佛大学的本科教育,其任务是探讨通识教育在民主社会中的目的。1945年,该委员会发布了美国教育史上著名的报告《自由社会中的通识教育》(业内称为《哈佛通识教育红皮书》)。这份报告被教育界誉为现代大学通识教育的圣经,是美国教育史上具有重大影响的10本著作之一。[26]1-2

为区别于传统的 liberal education(通才教育或自由教育),柯南特在该报告导言中使用了 general education(通识教育)一词,并且坦陈已准备好面对传统人士的责难:"'通识教育',他们可能说,'那是什么?我只对自由教育(liberal education)感兴趣——那才是我们国家现在所需要的。'在此,我用'通识教育'这一术语代替'自由教育',而且,我已经准备好面对可能的责难。"[26]3 柯南特指出,自由教育可以看作通识教育的早期阶段,它们本质相同,但程度有所差别。他认为通识教育理念不同于强调培养绅士的古典自由教育模式,并且在报告中对自由教育的阶级性和贵族思维进行了反思:"对自由教育的反对——既反对这个词语本身也反对相关的教育实践……大体上源于历史的因素。……只要我们明确反对这种思想,即自由人只有在他拥有奴隶或服从者的时候才是自由的,那么我们就极容易反对与贵族政治的理想结构相匹配的自由教育。"[26]40

《哈佛通识教育红皮书》对通识教育进行了详细的阐述,并且提出通识教育和专业教育应该有机结合在一起:"教育的目的应该是使学生成为既掌握某种特定的职业或技艺,同时又掌握作为自由人和公民的普遍技艺的专家。这样,曾经使两个社会阶层分别接受的两种不同的教育，现如今应该为所有人共同接受了。""通识教育和专业教育不是处于相互竞争的位置。通识教育不仅为学生选择专业提供了足够的根基，而且还为学生充分发展其专业潜质提供了环境。"[26] 42, 154《哈佛通识教育红皮书》中的这种认识与前述贝尔纳在《科学的社会功能》中的看法在某种程度上是一致的。

竺可桢对《哈佛通识教育红皮书》非常重视。在该报告发布的当年，他就详细地阅读了全文。他在日记中多次提到这份报告，还做了长篇幅的核心内容摘录，并做了详细的读书笔记。[4] 589, 592; [27] 629-634 从竺可桢的读书笔记可以看出，他对报告中关于通识教育理念的阐述深有感触。

四、符合中国实际的"通专并重"思想

前面第二部分提到，20世纪二三十年代，国民政府教育部从国家实际需要出发，强调专才教育，并制定了相应的方针政策。此后，理、工、农、医等专业的毕业生数量有了一定增长，但仍然远远不能满足社会的需要。抗战胜利之后，国家百废待兴，急需大量专业人才。当时把文学、哲学、教育等科归为文类，把理、工、农、医等科归为实类。据统计，1948年全国专科以上毕业生中，偏"通"的文类毕业生为13 059人，偏"专"的实类毕业生仅为9793人[28] 1406, 1409，实类专才的缺口非常大。竺可桢逐渐认识到，完全遵循西方的自由教育理念、过于强调通才教育的做法，并不符合中国当时的国情。

面对中国极度缺乏专业人才的现实，同时在强调科学应用功能的贝尔纳主义和强调"通专结合"的《哈佛通识教育红皮书》的影响下，竺可桢对通才教育和专才教育逐渐有了新的认识。

他在1945年8月14日的日记中写道："所谓通才教育，乃柏拉图之理想教育，此种教育曾鼓励艺术之发展，曾培养无所为而为之好奇精〔神〕，而为科学之发源；曾为人类维持其心灵之尊严以应付物质势力，而此一尊严则为要求思想之自由。"同时，竺可桢也指出这种教育的弊病："此种教育病在重脑而不重手，重思想而不重行动，或重心灵而不重物质。……所谓专才教育或技术教育，其主要任务注重手工之技巧，注重眼与手之协调的行动，注重建设历程中之控制的判断。吾人之于知识不当讳言其有用，无用之知识为死知识。"[4] 484-485 可见，此时竺可桢已经对通才教育的弊病和专才教育的作用有了较为全面的认识。

在1945年9月所作《我国大学教育之前途》的报告中，竺可桢的认识更进了一步。他介绍了美国教育界关于"通"与"专"的争论，并且特别强调中国的国情与美国不同："大学教育的内容，应该注重通才教育，还是技术教育。这个问题，在美国目前争执颇为热烈。这是因为有少数美国教育家，如芝加哥大学校长赫青司等……主张大学要读古代经典，课程要普通化。……我国抗战以后，百废待举，需要大量专门技术人员。工业落后，要建立轻重工业，尤非造成大量工程人员不可。"[12] 640

同时，竺可桢对中国传统文化中重视"通"与"专"的思想也有了更为全面和深刻的认识。儒家的理念重视培养通才，墨家与法家为了解决具体问题，更为功利，更注重专的方面。竺可桢认为墨家和法家重视功利的理念对于大学教育也是重要的："我们就单从功利主义着想，也得各项科目统加以研究，不能偏废。……我国自战国以来，即有功利主义的哲学。墨子以能用不能用为善的标准。《兼爱篇》云：'用而不可，虽我亦将非之，且焉有善而不可用者。'韩非子更是一位极端功利主义者，所以说：'富国以农，拒敌恃卒，而贵文学之士，……举行如此，治强不可得也。'"[12]640

经过深入的比较和分析，竺可桢最后得出结论："在大学内通才教育与技术教育，理应并重。"[12]641 这是竺可桢第一次明确提出"通专并重"的大学育人思想。

1946 年 7 月 25 日，竺可桢在南京参加讨论《大学组织法》的会议，主张在《大学组织法》第一条"大学宗旨以研究高深学术养成专门人才"下，加入"通才教育"。[29]168 不少研究者认为这是竺可桢偏向通才教育的体现，但结合上文的分析可知，这实际上是竺可桢主张"通专并重"的体现。

在对浙江大学 1948 届新生的讲话中，竺可桢将培养通才和专才都视为大学的使命："大学之使命。扼要而言，可分为二：1，养成专门人才，以备来日作医师、教员、工程师及进研究所、办集体农场等用。2，培育良好公民，作中流砥柱，社会领袖，为大众谋福利。"[30]689 这表明竺可桢对通才教育与专才教育各自的性质和作用已有了非常明确的认识，认为两者都不可偏废。

然而，由于当时内战全面爆发，竺可桢已经没有条件在浙江大学实践其"通专并重"的人才培养理念了。

新中国成立后，竺可桢担任了中国科学院副院长，不再在大学任职，但他依然关心人才培养，主张大学与中国科学院合作培养人才。竺可桢指出："科学院和大学都是要为人民服务……大学需要科学院的协助，科学院也希望大学的帮助。"[31]42 总体而言，大学偏"通"，科学院偏"专"，最终目的都是为新中国建设服务。在 20 世纪 50 年代注重专业院校建设的背景下，竺可桢特别强调综合性大学的基础作用："综合大学现在的数量不一定很多，但它的重要性却很大。无论发展农业、工业、医学科学，都需要打下良好的基础，而综合大学就是这些科学的基础。……在综合大学里应当充实基础课的人力、设备，并且给他们以必需的时间。"[32]366-367 这些都是竺可桢"通专并重"思想的体现。

五、竺可桢大学育人理念转变的启示

当前，我国教育界对大学教育（尤其是本科阶段）应该注重"通"还是"专"仍有争论，甚至在某种程度上将"通"与"专"对立起来。有学者深刻指出："在人们的观念中，通识教育与专业教育常被割裂开来……理念的不同使大学在人才目标、学段安排、课程设置以及教学环节等方面充斥着'通专冲突'。"[33]112

深入考察竺可桢大学育人理念的转变，不仅可以更全面、深刻地认识竺可桢的教育思想，对我们今天更深刻地理解大学教育中"通"与"专"的关系，更好地推进新时代通识教育与专业教育的有机结合，也具有重要的启示意义。

其一，"专才"与"通才"是两种不同类型的人才，都不可或缺，理应并重。竺可桢在20世纪40年代就已经明确认识到培养有一技之长的专才和充当"中流砥柱、社会领袖"的通才都是"大学的使命"。竺可桢的这种看法在今天依然成立。"专才"与"通才"的培养目的不同，各有其作用，都是社会需要的人才，不应该轻视其中任何一种。

其二，不应该将"通"与"专"的理念对立起来，也不应该割裂通识教育与专业教育，而应该结合起来。虽然竺可桢在浙大的教育实践早期更多地强调"通"，但实际上他从来没有否定专业教育，后来更是明确提出应该通专并重。新中国成立后，他又强调偏"专"的科学院和偏"通"的大学应该合作培养人才。我国教育事业发展"十三五"规划中明确提出当下应该推行"通专结合"的人才培养方式："深化本科教育教学改革……探索通识教育和专业教育相结合的人才培养方式，推行模块化通识教育，促进文理交融。"[34] 通识教育与专业教育有机结合的前提在于正确认识两者的关系。通识教育与专业教育并不是对立的，而应该是相辅相成的。在统筹规划、合理平衡的人才培养设计中，通识教育能够弥补专业教育的不足，有助于完善专业人才的培养，还有利于培养跨学科协同创新的人才。

其三，今天中国通识教育的发展方向应该是 general education（竺可桢译为"通人教育"），而不应该是 liberal education（自由教育）。造就博雅"绅士"的 liberal education 是西方古典的贵族式教育，这种教育在一定程度上确实与平民化的专业教育有着理念上的冲突。培养贵族的 liberal education 不适合竺可桢时代的中国，同样也不适合今天的中国。我们今天的通识教育方向应该是舍弃了贵族教育理念的 general education，这种教育强调为学生的专业学习提供良好的知识背景与思维能力，并为学生在专业领域更进一步的研究和探索提供更为宽阔的跨学科视野。这样的通识教育才能实现"通专结合""以通促专"。

其四，竺可桢在探索适合中国的教育模式中体现的求是精神尤为值得我们学习。留美回国之初的竺可桢比较认可哈佛大学的自由教育理念，也注重汲取中国传统教育的经验，同时他还非常注重西方教育理念与中国实践相结合，根据现实情况调整教育模式。他批判性地吸收多种教育理念，并在实践中不断反思，将儒家思想、西方通识教育理念与中国的教育实践相结合，以求是的态度提出"通专并重"的育人理念，探寻适合当时中国国情的教育模式。我们今天在学习和借鉴古今中外的教育理念和经验，探索新时代中国特色教育发展道路时，竺可桢的态度和做法堪为榜样。

参考文献

[1] 田正平. 一位大学校长的理念与情操——《竺可桢日记》阅读札记. 教育研究, 2015, 12: 105—112.

[2] 竺可桢. 思想自传 // 竺可桢全集（第4卷）. 上海：上海科技教育出版社, 2004: 87—102.

[3] 约翰·亨利·纽曼. 大学的理念. 北京：中国人民大学出版社, 2012.

［4］竺可桢.1945年日记//竺可桢全集（第9卷）.上海：上海科技教育出版社，2006.
［5］竺可桢.入党申请书//竺可桢全集（第4卷）.上海：上海科技教育出版社，2004：82—83.
［6］威廉·本廷克-史密斯编.哈佛读本.张旭霞，许德金，申迎丽，等译.北京：人民文学出版社，2010.
［7］夏承枫.现代教育行政.北京：中华书局，1932.
［8］大学组织法//宋恩荣、章咸主编.中华民国教育法规选编（1912—1949）.南京：江苏教育出版社，1990：415—416.
［9］梅贻琦.大学一解//刘述礼、黄延复编.梅贻琦教育论著选.北京：人民教育出版社，1993：99—109.
［10］潘光旦.自由、民主、教育//潘乃谷、潘乃和选编.潘光旦选集（第3集）.北京：光明日报出版社，1999：69—76.
［11］竺可桢.王阳明先生与大学生的典范//竺可桢全集（第2卷）.上海：上海科技教育出版社，2004：451—456.
［12］竺可桢.我国大学教育之前途//竺可桢全集（第2卷）.上海：上海科技教育出版社，2004：638—641.
［13］竺可桢.毕业后要做什么样的人//竺可桢全集（第2卷）.上海：上海科技教育出版社，2004：371—373.
［14］浙江大学校史编写组编.浙江大学简史.杭州：浙江大学出版社，1996.
［15］杨士林.竺可桢的教育思想与实践//浙江大学校友总会，浙江大学电教新闻中心编.竺可桢诞辰百周年纪念文集.杭州：浙江大学出版社，1990：121—137.
［16］竺可桢.学校开运动会的目的//竺可桢全集（第23卷）.上海：上海科技教育出版社，2013：256.
［17］竺可桢.在就任浙江大学校长后补行宣誓典礼上的答词//竺可桢全集（第2卷）.上海：上海科技教育出版社，2004：350—352.
［18］竺可桢.科学院研究人员思想改造学习期中的自我检讨//竺可桢全集（第3卷）.上海：上海科技教育出版社，2004：86—90.
［19］竺可桢.大学生之责任//竺可桢全集（第2卷）.上海：上海科技教育出版社，2004：441.
［20］王玉芝主编.求是之光——浙江大学文化研究.北京：高等教育出版社，2011.
［21］杜祥锋，何亚平.竺可桢与浙江大学导师制.现代大学教育，2003，6：95—97.
［22］J. D. 贝尔纳.科学的社会功能.陈体芳，译.北京：商务印书馆，1982.
［23］Polanyi M. The Planning of Science. The Political Quarterly，1945，Vol. 16，No. 4：316—328.
［24］竺可桢.1941年日记//竺可桢全集（第8卷）.上海：上海科技教育出版社，2006.
［25］竺可桢.1947年日记//竺可桢全集（第10卷）.上海：上海科技教育出版社，2006.
［26］哈佛委员会.哈佛通识教育红皮书.李曼丽，译.北京：北京大学出版社，2010.
［27］竺可桢.读书笔记//竺可桢全集（第9卷）.上海：上海科技教育出版社，2006：614—639.
［28］教育部教育年鉴编纂委员会编.第二次中国教育年鉴.北京：商务印书馆，1948.
［29］竺可桢.1946年日记//竺可桢全集（第10卷）.上海：上海科技教育出版社，2006.
［30］竺可桢.对1948年应届新生的训话//竺可桢全集（第2卷）.上海：上海科技教育出版社，2004：689—690.
［31］竺可桢.科学研究和大学教育//竺可桢全集（第3卷）.上海：上海科技教育出版社，2004：41—44.
［32］竺可桢.培养人才与开展科学研究//竺可桢全集（第3卷）.上海：上海科技教育出版社，2004：365—367.
［33］周谷平，张丽.我国大学通识教育的回顾与展望.教育研究，2019，3：107—116.
［34］国务院关于印发国家教育事业发展"十三五"规划的通知.（2017-01-10）[2020-03-22］. http://www.moe.gov.cn/jyb_xxgk/moe_1777/moe_1778/201701/t20170119_295319.html.

竺可桢与中国科学社

张 剑

一

竺可桢是民国时期少数与丁文江一样"有办事才的科学家"。在学术方面，他是中国近代气象学、地理学的奠基人和中国科学史的开拓者，在东南大学创建了中国第一个地学系，开创了近代地理学和气象学教育的新局面，为中国近代地理学和气象学培养了第一批专门人才；创建中央研究院气象研究所，聚集人才从事气象科学的研究和体制化建设，为中国近代气象科学的本土化奠定了基础；发起成立中国地理学会，积极参与中国气象学会的会务，团结人才，发刊相关学术刊物与出版相关学术研究成果，促进学术交流网络的建成。更为重要的是，他并不仅仅停留于口谈笔画，而是身体力行从事艰苦的科学研究，在气象学、地理学和科学史等诸多领域都作出了卓越贡献。他是中国季风研究的创始人，研究成果至今仍是我国长期天气预报的主要理论依据。早在1913年就开始对台风展开研究，1918年在哈佛大学获得博士学位论文为《远东台风的新分类》，一些理论探索为后来的大气探测工具、电子技术和遥感技术所证实。他将农业气候分析、气候区划和自然区划结合起来，把中国气候分为8个区域，为后来中国气候区划和自然区划分奠定了基础。他开创了中国近代自然科学史研究事业，经典著作《中国近五千年来气候变迁的初步研究》也已成为历史学研究的范本。他在物候学、气候变迁和自然资源综合考察等方面也成就卓著。

竺可桢并不是一个象牙塔里的学者，在行政方面也展现出不世才能。他创建并长期担任中央研究院气象研究所所长（1928—1946），从建设南京北极阁气象台起步，培养锻炼人才，逐步统一观测标准，积累气象资料，并开展高空观测，进行天气预报；同时呼吁并四处奔走在全国设立气象观测台站，使该所一时成为中国气象科学的中心。1936年出任国立浙江大学校长后，按照其母校哈佛大学的办学模式，革除弊政，选聘良师，注重通才教育，以"求是"为校训，使浙江大学声名鹊起，几年间由一个地方性国立大学成为"东方的剑桥大学"。中华人民共和国成立后，出任中国科学院副院长，利用其在科学界和教育界的崇高声望，在中央研究院、北平研究院、静生生物调查所和公私立大学的盘根错节之间，殚精竭虑，运筹帷幄，合并重组建立中国科学院众多相关研究所，为当代中国科学事业发展打下了坚实的基础。竺可桢还是一个文史功底极厚的科学家，从二十四史到地方志，从文集到笔记，无不是他寻找中国气象变迁历史的资料宝库。哀悼亡妻的绝句："结发相从二十年，澄江话别意缠绵。岂知一病竟难起，客舍梦回又泫然。"①情感真挚，哀痛难抑。痛悼长子诗云："忆汝十六气峥嵘，投笔从戎辞母行。杀敌未成违壮志，读书不遂负生平。失言自知咎应得，却毒无方腹疾瘰。痛尔壮年竟早逝，使我垂老泪盈盈。"②白发人送黑发人，实在是人生大悲。

中国科学社是近代中国延续时间最长、影响最为深远的综合性民间科学社团，它团聚了数千名民国学术精英，发行期刊、创建科研机构、建造图书馆、自行或联合国内学术团体召开联合年会、实施学术奖励等，促成并参与了中国近代科学的发生发展。1914年6月10日，任鸿隽、秉志、杨铨、赵元任、胡明复、周仁、过探先、金邦正、章元善等9人在美国康奈尔大学发起创建科学社。其最初仅是一个股份公司形式的团体，主要目标是集股创办传播宣扬、普及科学的《科学》杂志。1915年10月25日，改组为学术性科学团体，宗旨为"联络同志，共图中国科学之发达"。除继续发刊《科学》外，成立书籍译著部、图书部，为回国进行科学研究积累图书资料；创设分股委员会，将社员按专业组成专门组织，以更好地讨论学术、交流研究心得。1918年随着主要领导人留学归国，总部搬迁回国，虽一度与大多数留学社团回国一样面临解散的窘境，但经众多领导人的艰苦努力，终渡过难关并逐步发展起来。为改变国内科学根基薄弱、学术空气稀薄的现状，毅然鼓吹宣扬从事科学研究，并将社务重心转移到科学研究及科学体制化层面，寻求科学本土化目标的实现。1922年8月进行第二次改组，宗旨改为"联络同志，研究学术，共图中国科学之发达"，明确扛起科学研究的大纛；将原董事会改为理事会，继续主持社务，新成立由社会名流组成的新董事会，主要向社会和政府募集款项并保管。同时，在南京成立生物研究所，具体从事科学研究。中国科学社由此逐步发展成为中国学术界的旗帜，在1928年中央研究院成立以前，代表中国科学界参与国际学术活动。南京国民政府成立后，获得政府巨额款项的资助，继续扩大社务范围，先后在上海设立总社所、建筑明复图书馆、创建中国科学图书仪器公司、创刊《科学画报》，在南京扩建生物研究所等。

随着科研工作的次第展开，中国各门科学迅速发展起来，到20世纪30年代中期，各专门学会在中国科学社的影响下或支持下逐步创建。在此情况下，中国科学社再次进行角色调适，试图通过向中国科学团体联合会或中国科学促进会转换，在中国科学界承担起美国科学促进会或英国科学促进会"指导、评议和奖励"科学发展的功能。可惜，这一努力因为各种原因没有实现。在其后的发展进程中，其社会角色一直难以确定，甚至变得有些尴尬，但凭借其悠久的历史和广泛的社会影响，在当时的学术生活中仍然起着相当重要的作用。抗日战争的爆发，宣告中国科学社社务逐步走向衰落，虽然抗战期间曾介入"科学建国"潮流，战后也一度号召科学家们行动起来共同致力于科学的合理

---

① 竺可桢，《竺可桢全集》第2卷，上海科技教育出版社，2004年，第450页。
② 竺可桢，《竺可桢全集》第4卷，上海科技教育出版社，2004年，第68页。

利用、追求学术独立与民主自由、嫁接科学与工业生产等，但这仅仅是"最后的疯狂"。南京社所为日本帝国主义毁坏，最为成功的生物研究所处于瘫痪状态，勉强维持发刊的《科学》《科学画报》面对国共内战的狼烟，可以说声音"微乎其微"。1949年后，积极参与新时代的建设，欲融入新的潮流，发起召开中华全国自然科学工作者代表大会。随着中华全国自然科学专门学会联合会和中华全国科学普及学会的成立，其自身存在发展的合理性完全丧失，最后勉强维持至1960年，正式宣告退出历史舞台。

竺可桢虽不是中国科学社的发起人，但是科学社时期的股东，并很快就成为主要领导人，曾担任理事会书记与社长。无论是留美时期还是回国之后，无论是抗战最艰苦的年代，还是内战战火纷飞时，他都自始至终关注中国科学社的发展，对中国科学社的维持和发展贡献极大。同时，竺可桢通过中国科学社这一平台，不仅在学术上逐步走向成熟，而且结交了大批志同道合的朋友，汇聚了一批人才，为他事业的发展编织了一个广泛的网络。

二

传统中国以农立国，在清末民初实业救国热潮的影响下，涌动着一个通过振兴农业使中国走上现代化之路的潮流。① 竺可桢也受其影响，"以为中国以农立国，万事农为本"，1910年考取二届庚款留美时放弃在唐山路矿学堂学习的土木工程，进入伊利诺伊大学学习农业。但很快发现美国农业与中国农业情形"迥不相同，而且那时美国农科的科学水平极为低落"，仅半年就对农学不感兴趣，想转习理科，但未获留美监督的许可，"只好硬〔着〕头皮读到毕业"。1913年毕业后转学到哈佛大学研究院，攻读与农业生产密切相关的气象学。② 正是在哈佛大学，竺可桢与中国科学社结下了不解之缘。

竺可桢是股份公司时期股东之一，1915年9月21日入社，社号101，③ 西文名为C. C. Chu，已获得B. S. 学位，专业气象学。④ 入社后，竺可桢积极参与中国科学社社务，担任《科学》编辑，在第2—3卷除发表专业性文章《中国之雨量及风暴说》《朝鲜古代之测雨器》《地理与文化之关系》《钱塘江怒潮》《微苏维火山之历史》《说风》等外，也曾在"卫生谈"专栏发表《论早婚及姻属嫁娶之害》《中国人之体格》《中国人之体格再论》《食素与食荤之利害论》等。1916年9月，竺可桢在麻省菲力柏学校召开的中国科学社首届年会上当选为一年期董事，并任重组后的分股委员会物理算学股股长。1917年9月，在罗得岛布朗大学举行的第二次年会上再次当选董事。1918年8月在康奈尔大学举行的

---

① 参阅拙文《清末民初农业教育体系的初创及其原因》，《上海行政学院学报》2001年第1期。
② 竺可桢，《竺可桢全集》第4卷，第88—89页。与竺可桢同时留美的胡适，最初在康奈尔大学习农，也很快发现对农学不感兴趣，转习哲学。
③《科学社股东姓名住址录》，上海市档案馆藏档案，档案号Q546-1-90。
④《中国科学社社友录》，《科学》第2卷第1期（1916），第137页。

第三次年会上当选董事会副会计。

1918年夏,竺可桢获哈佛大学博士学位,应聘到武昌高师教书,在博物地学部讲授地理、数学物理部讲授天文气象学。同年,因主要领导人周仁、胡明复、竺可桢、任鸿隽、杨铨等先后回国,中国科学社总部也搬迁国内,分别在上海大同学院和南京高师建立临时事务所,社务中心在南京。翌年夏,竺可桢在西湖宋庄住三月有余,参加了8月15日在杭州开幕的中国科学社第四次即国内首次年会,并作为开幕式主席讲话,指出中国科学社发展中国科学事业的任务包括发刊书报、审定科学名词、建立图书馆与研究所从事研究等。① 这次年会上,竺可桢没有继续当选为董事,似乎因远赴武昌而与中国科学社相隔离。

武昌高师同事多为留日学生,竺可桢"有点格格不入",学生以两湖人居多,他的"绍兴口音下江话,大家不懂"。② 1920年上学期结束后,应校长郭秉文邀请,来到南京高师,回到留美同学群中,继续投身中国科学社事业。提交论文《西湖造成原因》参加8月中旬在南京社所举行的第五次年会,并当选为司选委员,负责董事会的选举事宜。后担任科学演讲股委员,积极参与中国科学社在南京社所举行的通俗科学演讲,先后演讲过《南京地质》《南京之气候》《地形之研究》《地理对于人生之影响》等。1921年9月,中国科学社第六次年会在清华学校举行,竺可桢提交论文《中国对于气象学之贡献》(由胡刚复代读);10月,当选中国科学社南京社友会理事长。1922年参加在南通举行的第七次年会,演讲《飓风》,当选为司选委员。1923年8月,中国科学社第八次年会在杭州举行,竺可桢担任演讲委员会和论文委员会委员,介入年会组织与筹备工作中。年会上主持论文宣读会,再次当选为理事,并在职员选举中当选书记,开始负责中国科学社的日常社务工作,逐步进入中国科学社的核心领导层。因社长丁文江远在北京,南京是社务中心,竺可桢作为书记不仅常常主持理事会,会后还要将理事会通过的决议诸如退还庚款的使用意见、江苏省拨付中国科学社款项减少解决办法、年会论文的征求等事无巨细地向丁文江报告,可见作为中国科学社理事会书记在文牍上之"烦劳"。③ 1924年7月,参加在南京举行的中国科学社第九次年会,宣读《南宋时代我国气候之揣测》,开启了他对中国气象学史研究的大门,为后来凝结了半个世纪心血的经典著作《中国近五千年来气候变迁的初步研究》奠定基础。1925年8月出席在北京欧美同学会召开的第十次年会,宣读论文《中国天气之种类》。

1927年9月,在上海举行的第12次年会上,竺可桢被举为太平洋学术会议筹备委员会委员长,主席论文宣读会,发表论文《春秋日蚀考》,作为社务会主席,鉴于南京社所遭驻兵骚扰,提议中国科学社呈请政府,要求以后学术文化教育机关不得驻兵,并提议

---

① 杨铨,《中国科学社第四次年会记事》,《科学》第5卷第1期,第106—116页。
② 竺可桢,《竺可桢全集》第4卷,第90页。
③ 竺可桢,《竺可桢全集》第22卷,上海科技教育出版社,2012年。

由中国科学社向国民政府呈请设立国家研究机关。① 在理事会选举中，他以 80 票的第一高票继续当选理事，并在随后职员选举中继任鸿隽、丁文江、翁文灏后当选为中国科学社社长，一直到 1930 年青岛年会后为王琎所替代。在社长任期内，竺可桢与其他领导人一起为中国科学社做出了不少的制度安排，聘请杨孝述就任专职总干事，负责中国科学社日常事务并担任《科学》经理；购定上海法租界亚尔培路（今陕西南路）309 号为上海社所，并将总办事处由南京迁上海；筹资建造明复图书馆，成为中国第一个专业科技资料中心；从商务印书馆收回《科学》的印刷权并设立科学仪器图书公司，从事科学图书的印刷与科学仪器的制作；设立科学咨询处接受社会咨询等。1928 年在苏州东吴大学举行的第 13 次年会上，竺可桢作为开幕式主席，演讲年会的三大目标：一是学术交流，二是讨论社务，三是联络社员感情。批评上年在上海举行的年会"几将大半时光消废于各种应酬宴会，似觉于社务方面减却几分讨论之机会"。并谈及近年国内各种学会相继成立，若一人为数会会员，欲参与各会，往往疲于奔命，如果彼此有联系的多个学会一同召开年会，"时间经济精神均得节省"。② 根据时势变动，提出召开联合年会的预想。1929 年作为会程委员会和演讲委员会会员筹备 8 月下旬在燕京大学举行的第 14 次年会，以社长身份主持开幕式，追述中国科学社的历史，并希望"多设其他各种科学研究所，对于各种科学研究工作，亦应尽力提倡发展，将来庶可与东西各国在世界科学竞争之中，占一位置"。在"一年来各种科学之进步"报告会中演讲《关于 Stratosphere 与 Troposphere 两区域最近之研究》。③ 1930 年 8 月参加在青岛举行的第 15 次年会，作为社长在开幕式上致答谢词，用德国人"若要科学能在德国发达，科学必须说德国话"，论证"要发达科学，专靠翻译，专从灌输科学智识着手是不够的。中国若是要在科学上有所建树，必须从研究入手"，更希望不久的将来"科学也能说中国话了"。主持社务会，在论文宣读会上发表论文《近九十年北平之气候》。④

三

卸任社长后，竺可桢继续长期担任理事会理事（1933 年当选常务理事）和《科学》编辑部编辑。1931 年，出席在镇江举行的第 16 次年会，代表南京社友会报告称，"近来洪水泛滥，南京社所亦蒙其灾，将来须设法预防"，洪水造成出席年会的南京社友人数不多，并公开演讲《七月份长江下游雨量特多之原因》。⑤ 1934 年作为年会论文委员会委员长，提交论文参加在庐山举行的四团体联合年会。作为中国地理学会代表在开幕式发言，

---

① 《中国科学社第十二次年会记事》，《科学》第 12 卷第 11 期（1927），第 1616—1629 页。
② 《中国科学社第十三次年会记事》，《科学》第 13 卷第 5 期（1928），第 685—689 页。
③ 《中国科学社第十四次年会记事录》，上海市档案馆藏档案，档案号 Q546-1-229。
④ 《中国科学社第十五次年会记事录》，上海市档案馆藏档案，档案号 Q546-1-217。
⑤ 《中国科学社第十六次年会记事录》，上海市档案馆藏档案，档案号 Q546-1-60。

指出中国科学社是地理学会的"姊姊","国家一切问题,都与地理有关系"。社务讨论中,提议明复图书馆注重算学书报及普通科学书籍的搜集,另筹 1 万元作购书费;主张《科学》杂志聘请专职总编辑,编辑由总编辑"接洽"后理事会聘请,提议得到与会者的全体赞成①;讨论中国科学社未来发展时,以为"今后应注重灌输科学知识","尽力扶持生物研究所之发展","推行社员分股办法以联络各学会",年会中"凡极专门之论文,分组开会;彼此有关系之论文,联合开会宣读"。②

1935 年参加在广西举行的六团体联合年会,作为主席致辞,非常高兴联合年会的召开使会员们的"时间经济精神均节省",而且还可以收到不同学科共同碰撞的"切磋之功";也高兴奥地利、德国、美国和日本学者与会,不仅表征了中国科学的进步,更表明科学的无国界;当然更高兴年会收到论文一百多篇,"也可表示近来科学进步的种种表现"。作为地理学组论文主席,宣读论文《峨眉山与泰山之高度》。社务讨论中,提议中国科学社与各专门学会在论文刊载上合作,专门性质论文由专门学会负责刊行,普遍性论文由专门学会汇交《科学》发表,"免致重复,又得相辅之效"。③公开演讲论述科学精神的《利害与是非》,批评中国几十年来的科学救国走上了技术救国的不归路,要科学发达,首先要培养科学的空气,因为"科学是等于一朵花,这朵〔花〕从欧美移来种植必先具备有相当的条件,譬如温度、土壤等等,都要合于这种花的气质才能够生长"。"科学的空气"就是"科学精神",就是"只问是非,不计利害",就是"只求真理,不管个人的利害,有了这种科学的精神,然后才能够有科学的存在",就是孟子所提倡的"富贵不能淫""贫贱不能移""威武不能屈"。④同年,参加在南京中央大学举行的中国科学社二十周年纪念大会,在中央广播电台演讲《中国实验科学不发达的原因》,指出中国实验科学不发达的原因,既不是中国人缺乏观察力,没有"数目字管理"(黄仁宇先生语),也不是科举制度在作怪,而是士大夫们鄙视劳作与缺乏科学精神。⑤

抗战全面爆发后,中国科学社南京社所和生物研究所小部分书籍和标本内迁重庆,图书由竺可桢帮助搬运,中国科学社"不胜感激之至",理事会曾"具函道谢"。⑥度过初期动荡之后的中国学术也逐渐恢复,进入一个新的发展时期,竺可桢虽在贵州担任浙大校长,但还是不时参与中国科学社的活动。1940 年 3 月 27 日,参加了在重庆召开的中国科学社理事会,议决当年夏季在昆明开年会。⑦11 月 30 日,中国科学社北碚社友会成立,竺可桢出席会议并讲话,对当时青年学生群趋工程技术而漠视纯粹科学感到担忧,"此为

---

① 会后理事会聘请时任山东大学生物系主任刘咸担任《科学》专职主编,开启了《科学》杂志新阶段。
②《中国科学社第十九次年会纪事录》,单行本,中国科学社 1934 年刊行。
③ 刘咸,《中国科学社第二十次年会记》,《科学》第 19 卷第 10 期(1935),第 1629—1655 页。
④ 竺可桢,《竺可桢全集》第 2 卷,第 238—239 页。
⑤ 竺可桢,《竺可桢全集》第 2 卷,第 259—262 页。
⑥《理事会记录》(1938 年 6 月 29 日),《社友》第 62 期,第 1 页。
⑦《理事会第 143 次会议记录》(1940 年 3 月 27 日),《社友》第 67 期,第 1 页。

将来立国之绝大危机"。① 1941年3月15日，参加任鸿隽在重庆主持召开的理事会，李四光认为"科学社事业应集中力量，以发达通俗月刊……图书馆与印刷所可以继续，而生物研究所即交政府办理"，竺可桢赞同李四光的意见。② 此外，竺可桢还积极介入陷于绝境的中国科学社生物研究所维持款项的募集。③

正是在竺可桢与任鸿隽、钱崇澍、卢于道等领导人的多方努力下，中国科学社社务得以维持，并在社员征求上还有所发展。1942年年底理事会居然一次就通过新社员126人，第二年4月又通过新社员一百余人。1943年7月18—20日，六团体联合年会即中国科学社第23次年会在重庆北碚举行，竺可桢领导的中国气象学会首次与会。1944年11月，为庆祝中国科学社创建30周年，中国科学社在成都召开11团体联合年会本会，昆明、贵州湄潭及重庆北碚等地召开多团体联合年会分会。竺可桢在湄潭联合年会上发表演讲，希望中国科学社发展成为与美国科学促进会、英国科学促进会相同功能的组织："将范围扩大，包括一切的科学，组成一个扩大的推广的科学机关，……以谋科学上之改进。"④

抗战胜利后，面对原子能武器的发展与各国的军备竞赛，有良心的科学家感到了原子武器对人类生存的严重威胁，同时国共内战的狼烟四起，不仅科学研究必需的经费奇缺，而且科研的和平环境和科学家的人身安全、基本生活都不能保障。1947年8月，中国科学社联合其他团体在上海召开了七团体联合年会，会上专门讨论了"原子能与和平""改进我国科学教育之途径"两个问题，并发表"原子能问题"和"国内科学研究问题"的宣言。新从国外回国的竺可桢作为气象学会代表进入联合年会主席团，成为"大会的核心人物"，与会并演讲《科学与世界和平》，指出"过去科学上的发明，已经对于建立世界和平有很大的贡献"，以后科学的发展也应该平衡发展，"不能以这门科学与国防有关才去发展他"，"假使我们要提倡一个特种目标，亦须选择对世界人类全体有益，于建立永久和平有助的才去提倡他"，"若是各国竞来提倡与国防有关之科学，同床异梦，尔诈我虞，我们如何能得到知识上及道德上之团结呢？"⑤ 1948年，内战正酣，交通阻塞，科学家们还是照样召开学术年会。中国科学社决定在南京、北平、武昌、广州、成都、昆明等6个地区联合其他社团分别召开联合年会。竺可桢参加了南京十团体联合年会，在答谢中央研究院、中央大学、政治大学等联合招待公宴时说，中研院等"和学术团体一样，需要人才和经济来推动"，希望"政府多多扶植学术机关和科学团体"。⑥

---

① 卢于道，《四川北碚成立社友会记略》，《社友》第70期，第1—2页。
② 竺可桢，《竺可桢全集》第8卷，上海科技教育出版社，2006年，第38—39页。
③ 竺可桢，《竺可桢全集》第24卷，上海科技教育出版社，2013年，第243、247页。
④ 竺可桢，《竺可桢全集》第2卷，第618页。
⑤ 竺可桢，《竺可桢全集》第2卷，第657—660页。
⑥《如火如荼的京沪区联合科学年会》，《社友》第89—90期合刊（1948年11月30日），第1—7页。

1949年后,与任鸿隽、秉志等中国科学社主要领导人一直坚持维持中国科学社的继续存在不同,竺可桢一直持"解散"态度。这可能与他担任中国科学院副院长等职务有关,他已深刻体会到在新的历史时期已经完全没有私立社团存在的理由与必要,反映了不同社会角色对国家科学政策的认知差异。① 他看到了科学体制全面国家化的强大效力,因此批评民国科学工作者的个人主义倾向和机构之间、团体之间严重的本位主义观念,指出新时期中国科学发展的新方向是"理论与实际配合","群策群力,用集体的力量来解决眼前最迫切而最重大的问题"。②

四

正是由于有像竺可桢这样长期关心中国科学社生存发展的领导群体,中国科学社在美国时期才能稳步发展,成为留学生界较有影响的学术性团体;才能克服回国之初面临的巨大困境,而不至于销声匿迹,并能有进一步的发展与扩充;才能在抗战期间仍维持并开展学术活动,为抗战建国贡献力量。在中国科学社领导群体中,有像任鸿隽、杨铨这样主要以科学组织行政管理者名世的领导人,虽科学出身,但没有真正从事科学研究,以科学宣传、科学规划乃至科学管理影响中国近代科学的发展,他们对中国科学社社务的扩展和中国科学的发展也一样功勋卓著;有像胡明复、过探先、胡刚复、王琎这样主要以科学宣传与科学教育角色立身社会的领导人,他们对扩大中国科学社影响与中国科学教育事业的贡献也功不可没;有像蔡元培、胡敦复这样的社会名流,他们在扩展中国科学社的社会网络、为中国科学社发展募集资金方面有大作用。但这些人对中国科学社作为一个真正的科学社团在科学成就方面的提升,似乎影响力不够。正如当时担任社长的丁文江致函胡适说,"十篇英文的'成绩说明书',不如一篇真正的成绩","社友能从事研究的人,实在太少。将来进行,似应从这种方面着手,才有希望"。③ 竺可桢、秉志、赵元任、周仁等领导人,与前述三类不同,他们既以科学领导者的身份立世,更以科学家的面目在学术界出入,自然增强了中国科学社在科学研究成就方面的品质。另外,与邹秉文、钱天鹤等一些早期领导人后来很快淡出中国科学社领导层不同,竺可桢与任鸿隽、秉志、赵元任、周仁等,是少数几个自始至终关注中国科学社发展的领导人。

当然,中国科学社作为一个平台,对竺可桢的学术成长和事业推展也有大助力。1916年2月,竺可桢在《科学》第2卷第2期上发表处女作《中国之雨量及风暴说》,指出中国雨量的分布及多少与信风强弱、地形高低、风暴路径有关,以雨量多寡将中国分

---

① 参阅拙文《代际冲突与认知差异——1951—1952年任鸿隽、竺可桢相关中国科学社信函疏证》,《自然辩证法通讯》2021年第1期。

② 竺可桢,《竺可桢全集》第3卷,上海科技教育出版社,2004年,第23—25页。

③ 中国社会科学院近代史研究所中华民国史组编,《胡适来往书信选》(上),中华书局,1979年,第247—248页。

为黄河流域、扬子江流域和两广闽浙沿海三个区域。由此，一发而不可收，成为《科学》最主要的作者之一。1926年年底，《科学》编辑部曾对《科学》第1—11卷的作者撰稿数量有一个统计，竺可桢名列任鸿隽、赵元任、杨铨后居第四位，达到328页，除第1卷和第8卷没有文章外，其他各卷都有，而且为第7卷撰稿量最多的作者。竺可桢在《科学》以外发表的第一篇文章是1920年4月25日《东方杂志》上的《论夏季拨早钟点之利弊》。此后，在《东方杂志》《史地学报》等刊物发表文章逐渐增多，但一些科学性的论文还是以发表在《科学》上为多，如《我国地学家之责任》（1921年7月）、《南京之气候》（1922年3月）、《地理对于人生之影响》（1922年5月）、《改良阳历之商榷》（1922年6月）、《说飓风》（1922年9月）、《南宋时代我国气候之揣测》（1925年5月）、《日中黑子与世界之气候》（1925年9月）、《风暴成因之新学说》（1926年4月）、《北宋沈括对于地学之贡献与纪述》（1926年6月）、《日本气象学发达之概况》（1927年4月）、《直隶地理的环境和水灾》（1927年12月）等。

与《科学》早期文章主要是一些论说"什么是科学""科学精神""科学方法""科学与实业"等所谓的"通论"性文字不同，竺可桢从发表文章开始就显露出其专业特色。在这些文章中，他鼓吹设立观象台、测候所，培育中国的气象、地理人才，发达中国学术，并亲自实践进行调查研究，发表科研论文与著作，在在凸现出一个中国气象学、地理学奠基人安身立命之所在。更为重要的是，他时时不忘半殖民地中国科学的殖民性质，鼓励国人努力于科学研究，在取消列强强加于中国的不平等条约之外，更要取消学术上的不平等，为人类知识视野的扩展作出中国人的贡献，争取中国学术独立于世界学术之林，在在体现了一代爱国知识分子的拳拳之心。如他对当时沿海一带台风的预告，完全依赖法国传教士在上海创建的徐家汇天文台和英国政府在香港创设的气象台深感耻辱。军阀混战之际，政府自然没有力量设立气象台站以发展气象事业，因此他呼吁社会与民众学习欧美日本和张謇在南通创建军山气象台之成例，或个人"苦心经营"或民间学社团体协力互助，"组织机关，捐募巨款以调查全国之地形、气候、人种及动植物、矿产"。[①] 他认为气象事业与国体有关，因此对日本战胜俄国后在东北和沿海广设测候机关深为不满："一览日本中央气象台所印行之日本气候表，则奉天、长春以及天津、南京、杭州与神户、大阪……同列于一行，是则直以中国之气候，为日本之气候矣。"[②] 可以说，《科学》是竺可桢言说和发表科研成果的主要阵地，通过《科学》他在学术上逐步走向成熟与成功，《科学》也在一定意义上可以看作他学术成长过程中的重要通道与平台。

团聚数千学术精英的中国科学社也为竺可桢的事业团聚了大批人才，为他结成了一个广泛的社会网络。1920年夏离开武昌高师来到南京，这是社友们声气相求的结果。在这里，他如鱼得水，在教育事业上取得成功，创建东南大学地学系，培养了大批人才。

---

① 竺可桢，《竺可桢全集》第1卷，上海科技教育出版社，2004年，第340—341页。
② 竺可桢，《竺可桢全集》第1卷，第344页。

后因中国科学社社员群体大多不满意校长郭秉文，酿成"东大易长"风潮，他也于1925年暑假离开南京赴上海任职商务印书馆，担任编译所史地部部长，主持翻译《大英百科全书》与主编"百科小丛书"。随着胡适推荐王云五担任商务印书馆编译所所长，商务印书馆与中国科学社的关系日益密切，中国科学社一批骨干成员任鸿隽、朱经农、唐钺、段育华等相继进入商务印书馆担任重要职务，胡明复、胡刚复、杨铨、秉志等也被聘为馆外特约编辑。①但商务印书馆毕竟不是学术机构，1924年北京大学哲学系毕业、应唐钺邀入职商务印书馆的臧玉泾，1925年3月致函胡适说，商务印书馆"绝像个银行的组织"，"在电话、电铃、打字声，算盘声中构思想写文章，实在受不了"，"馆内一切设施真把'商务'二字做得淋漓尽致，绝不是我们有点学生气的久居的地方"。②任鸿隽、唐钺、朱经农等先后离开，对竺可桢来说，商务印书馆自然也不是"长久之计"，一年后应张伯苓之邀担任南开大学教授。

竺可桢自1918年回国，先后在武昌高师、南京高师（东南大学）、南开大学任教，培育人才无数，但他真正的兴趣似乎在主持科研机构，具体从事科学研究，发展中国气象科学事业。因此，1927年上学期结束应蔡元培、杨铨的邀请离开南开大学，回南京筹建中研院气象研究所，同时任教东南大学（时已改称第四中山大学，后定名为中央大学）。翌年气象研究所成立后，脱离中央大学专意于研究所。中研院中从院长蔡元培、总干事杨铨，到研究所所长周仁、王琎、唐钺等，都是中国科学社主要领导人，自然工作起来也得心应手、心情畅快。1936年担任浙江大学校长后，更是通过中国科学社的网络，网罗各门科学人才，诸如中国近代物理学开创人胡刚复担任文理学院院长、化学家王琎担任师范学院院长等。

竺可桢与中国科学社的关系，是一个卓越的科学家与科学管理者领导发展学术社团并通过学术社团成长起来的典型案例，值得进一步分析与研讨，诸如竺可桢在中国科学社的经验对他领导中国气象学会、地理学会等是否有帮助等，有待学界的努力。

原载《文景》2005年第1期，本次有较大增订

---

① 《商务印书馆大事记》，商务印书馆，1987年，第30页。
② 耿云志主编，《胡适遗稿及秘藏书信》，黄山书社，1994年，第38册，第544—547页。真正的学人似乎对商务印书馆有共同的认知，顾颉刚1922年12月任职商务，满一年就离开，理由也是不能安心从事学术研究。

科学史家竺可桢

杜 扬

在20世纪的中国科学发展历程中,竺可桢在各个阶段都是一个关键人物,他也被誉为我国气象学和地理学的一代宗师。同时值得提出的是,他不仅是一位杰出的自然科学家,同时也是一位优秀的科学史家,中国科学史学科建设中最重要的组织者与发动者。刚刚出版的《竺可桢全集》收录了他从1916年到1974年59年间各种体裁的已发表或未发表的文稿,其中就有很多关于科学史研究的重要篇章。

多年的研究生涯中,竺老从经、史、子、集以及其他文献中收集了大量宝贵资料,这在很大程度上便成为他涉足科学史研究的一个基础。竺老第一篇科学史论文是1916年5月刊载于《科学》杂志第2卷第5期上的《朝鲜古代之测雨器》,文章考证了"测雨器"的发祥地,纠正了《气候学器械沿革史》中认为测雨器是西人加斯对里(Benedetto Castelli)所为的错误。在其后几年中,他又相继发表《中外茶业略史》(1917)和《空中航行之历史》(1919)等文,从文章题目就可以看出,文章内容是对某一领域所经历的历史沿革的梳理或对某一史实的考证。这也是竺老早期科学史研究的一个侧重点,即关注学科的发展历程,用今天的科学史术语来评价,则是"内史"取向的研究。在这方面,竺老在20年代以后还有两篇极为重要的论文,一篇是《论以岁差定〈尚书·尧典〉四仲中星之年代》(1926)。文章用实验手段论证古书记载,在历史学界影响巨大。历史学家徐炳昶认为:"必须如此才能配得上说是以科学的方法整理国故!"席泽宗则高度称赞其为"用现代科学方法整理我国古代天文史料的开始"。另一篇文章是《二十八宿起源之时代与地点》(1944)。20世纪以来,中外学者对二十八星宿究竟起源于中国,还是起源于印度或中亚地区,进行了激烈的争论。但在竺老发表文章以前,这个重大的科学史问题并没有得到国人应有的重视。竺老后来又有两篇英文文章对此做了进一步讨论。其中《二十八宿的起源》被收录进《第八届国际科学史大会论文集》,此文是他在这次大会上亲自宣读的。竺老的文章使问题基本得到澄清,"二十八宿确实是起源于中国"的结论得到了肯定。

竺老在气候的变迁方面有着杰出的成就,这方面的研究使得他从学科发展的历史很自然地切入到气候本身发展的历史。正是在大量观测天象、阅读文献、对比古今以及辛勤思考总结的基础上,竺老写出了许多直到今天仍极有学术价值的文章。如《南宋时代我国气候之揣测》(1924)、《中国历史上气候之变迁》(1925)、《中国历史上之旱灾》

（1925）、《中国历史时期的气候波动》（英文，1926）、《中国历史时期的气候变化》（英文，1931）、《中国历史时代之气候变迁》（1933）、《民国二十三年夏季长江下游干旱之原因》（1934）等。历史上的气候是竺老一生关注的重要题材，在这方面他最有影响的两篇文章是《历史时代世界气候的波动》（1962）和《中国近五千年来气候变迁的初步研究》（1972）。发表后一篇文章时，竺老已是82岁高龄，虽谦称"初步"，实乃他50年来辛勤积累和思考的结晶。

竺老在求学时接受的是西方理性与实证科学传统的熏陶，他本人也极为强调追求真理、实事求是，他常用"博学之，审问之，慎思之，明辨之，笃行之"的治学态度和"只问是非，不计利害"的处世哲学来概括"求是"，这种精神和态度贯穿了他的一生。正因如此，竺老在关注历史上的科学人物时，尤其注意他们的治学方法和科学态度。1953年是哥白尼逝世410周年纪念日，这一年竺老先后写了《波兰伟大科学家哥白尼的贡献》《哥白尼在近代科学上的贡献》《纪念尼古劳斯·哥白尼》《哥白尼在科学革命队伍的前面》等文。他指出哥白尼"是科学向神权挑战第一人，他直接撼动了中世纪宗教统治的理论基础，旧宇宙观"。因此，他认为恩格斯把哥白尼的不朽著作当作近代科学的独立宣言是非常恰当的。正是通过对哥白尼、牛顿、伽利略、开普勒等近代科学大师的研究和思考，竺老在《科学之方法与精神》（1941）一文中对科学精神做了很精辟的总结。

竺老一直强调自然界的各种因素是相互制约、相互作用的，我们要掌握推动自然变化的规律。实际上，这种科学观也在他的科学史研究中体现出来，"一个人物无论如何伟大，一种运动无论如何风靡，不能离开时代的背景而可得到一个合理的解释"。竺老对科学的本质有着自己的理解，对科学史上的重大人物和事件有独到的看法。在纪念世界文化名人托里拆利诞生350周年纪念会开幕式的致辞中，竺老提出了一个问题：望远镜的发明迅速推动了天文学的发展，而托里拆利1643年发明气压表之后，气象学却经过了280多年直到第一次世界大战时期才逐渐发展起来，这是为什么？在《纪念明末先哲徐文定公》（1933）和《近代科学先驱徐光启》（1934）中，竺老从自身实践、对国家贡献以及人格修养等方面将徐光启与他同时代的英国科学家弗兰西斯·培根进行比较，认为光启"贤"而培根"不肖"。但是培根后来被认为是西方"实验科学之父"，光启则几乎300年间无人过问。"何二者贤不肖之相去如此其远，而其学术之发扬光大乃适得其反也。是则公之不幸，抑亦中国之不幸耶？！"竺老的思考集中在社会因素上：航海的需要促进了天文学的发展；没有航空的需要，气象学的发展是缓慢的；中国没有16、17世纪欧洲那样的社会环境，就不会有对生产的需要，更不会有对科学的需要。"英雄所见略同，以英雄乃时势所造成，时势同则英雄之见解与造诣亦相同也。"

1949年中国科学院成立后不久即提出要从事两项任务：中国科学史的资料搜集和编纂以及近代科学论著的翻译和刊行。这两项具有重要意义的任务落在当时的副院长竺可桢身上。如果说1949年以前，竺老还是把科学史研究作为对专业研究的补充和完善，那么1949年之后，则是竺老开创了科学史在中国走向建制化的局面。在竺老的领导下，

1954年成立了中国自然科学史研究委员会；1956年中国自然科学史研究被纳入"十二年科学发展规划"议程；也就是在这一年，时任中国科学院副院长的竺老率中国科学院代表团出席了9月在意大利召开的第八届国际科学史大会；1957年元旦，中国自然科学史研究室（中国自然科学史研究所前身）在北京孚王府正式挂牌成立；1958年4月，《科学史集刊》创刊，成为当时中国科学史家展示研究成果的重要阵地。

为了纪念竺老对中国科学史事业的杰出贡献，中国科学院自然科学史研究所开设了"竺可桢科学史讲席"，又同国际东亚科学技术与医学史学会合作设立了"竺可桢科学史论文奖"，两项举措的目标都是面向国际学术界推进科学史学科的建设，这也是竺老生前念兹在兹的。

原载 2004 年 11 月 11 日《科学时报》

从"雪中送炭"到"架设桥梁"
——竺可桢 20 世纪 40 年代日记中的李约瑟

潘 涛

摘要：主要依据新近公开的竺可桢日记中的第一手资料，对 20 世纪 40 年代竺可桢与李约瑟之间的互动关系作一初步探讨。文献考证表明：自 1930 年，竺可桢开始长期关注"中国科学何以不发达"，即"中国为什么不能产生实验科学"问题；在 40 年代的竺可桢日记里，详细记录了竺可桢与李约瑟会面的时间等情形；李约瑟在来抗战时期的中国"雪中送炭"之前即已经大致形成"李约瑟难题"的雏形，竺可桢等一批中国学者对"中国何以无科学"问题的争论促使了"李约瑟难题"的成形；50 年代初，李约瑟的《中国科学技术史》撰写计划，实际上推动了竺可桢在中华人民共和国着手建立中国科学史研究专门机构的构想。

作为科学史家的竺可桢（1890—1974）和李约瑟（Joseph Needham，1900—1995），学界已有过相当多的研究[①]。他们二人于 1943 年首次在重庆会见，随后保持了整整 30 年的友谊和密切交流。

随着近年来《竺可桢全集》的陆续出版（其中 1—11 卷已由上海科技教育出版社于 2004—2006 年出版），特别是竺可桢 1936—1949 年日记（6—11 卷，凡 500 万字，篇幅为 1984 年人民出版社出版的摘抄本《竺可桢日记》第Ⅰ、Ⅱ册的 4 倍）的完整面世，对研究竺可桢与李约瑟这两位中国科技史研究的开拓者之间的互动关系提供了良好的契机。正如席泽宗院士前此指出过的那样："这日记本身就是中国近现代科学史长编，而且其中包含着他的大量读书笔记。"[1]

竺可桢与中国天文学史研究[2]，中国人的"李约瑟情结"[3]，竺可桢与中国科学社[4]，李约瑟与中国[5]，李约瑟与浙江大学[6]，抗战中的竺可桢[7]，竺可桢与中国科学体制化[8]，竺可桢日记中的若干珍贵史料[9][10]，作为科学史家的竺可桢[11]，凡此种种议题，都已有人著文研究。本文则试图另辟蹊径，主要依据新近公开的竺可桢日记中的第一手

---

① 例如席泽宗的论述，参阅《竺可桢与自然科学史研究》和《杰出科学史家李约瑟》，载《古新星新表与科学史探索》，陕西师范大学出版社，2002 年，第 291—299 页，第 585—588 页。

资料，对 1940 年代竺可桢与李约瑟之间的互动关系作一初步探讨。①

谈及竺可桢，李约瑟研究所前任所长何丙郁指出："不可错误地认为李约瑟是中国科技史研究的（唯一）先驱。在本世纪前半期，一些中国前辈在这一领域已有相当的贡献，竺可桢、李俨、钱宝琮、钱临照、张资珙、刘仙洲、陈邦贤等，他们在（抗战）后方，同李约瑟谈话时，自然会提到各学科的科学史问题，他们告诉他读什么书、买什么书和各门学科史中的关键要领等，这使李约瑟得到了很多的帮助和指导。"[12]谈及李约瑟，何丙郁则认为："二十世纪西方学者中，就数李约瑟博士（1900—1995），最广为中国人所知。李博士一系列著作《中国的科学与文明》之出版，无疑是本世纪西方研究中国文化领域中之百年大事。……对于这些著作之诞生史，则要追溯到一九四二到一九四六中国抗战期间，李博士任职中英科学合作馆之当年。"[13]

李约瑟，"这位后半生致力于研究中国文化遗产的英国科学家"，"由于他有意要扭转一种长期以来存在的错觉和误会，要使全世界能对中国人民的成就予以应有的好评"，[14]带着为中国科学与文明史著书的构想来到中国，在执行英国援华计划的过程中，广泛与中国学者、科学家交好，其中，竺可桢应该是一位举足轻重的人物。

一、引子——20 世纪 30 年代：竺可桢论中国从"文化先进之国"变成"科学落伍的国"；李约瑟"皈依"中国文化

（一）竺可桢长期关注"中国科学何以不发达"问题

早在 1930 年 9 月 4 日和 10 月 17 日，竺可桢在南京分别发表了两次讲演《科学对于物质文明的三大贡献》和《近代科学与发明》。[15]56-63 竺可桢认为，20 世纪的文化为科学的文化。依据英国一些著名学者的意见，如威尔斯（H. G. Wells）、罗素（B. Russell）和怀特海（Whitehead），统说中国的文化，如美术、文学，同哲学，均不弱于外国，中国人个人的知能，也和外国人相伯仲。后者甚至说"世界上各国的文化的悠远和广大，没有一国赶得上中国"②。"照这样看起来，中国的文化，应该在世界上首屈一指。然而中国，何以近来各项物质文明会一点都没有进展，和西洋各国比较，就觉得相形见绌呢！推考其原因，就是因为科学没有发达。"

竺可桢列举了"使全世界统受其惠"的中国四大发明：纸，活字版，指南针，火药。他明确指出，历史学家威尔斯在其所著《世界史纲》中"曾说：'中国在世界上确曾有一

---

① 1949 年以后的竺可桢日记足本，将在今后若干年内由上海科技教育出版社出版，故 1950—1970 年代的竺李关系，拟另文探讨。鉴于一般读者从数百万字的日记内容中梳理出相关线索不容易，本文尽量引用原文而尽可能不用或少用间接转述。此外，日记中涉及大量当时的人物和事件，人或以字称，或用旧译名，均照实抄录，所涉事件及背景一般也不赘述细节缘由。

② A. N. Whitehead, Science and the Modern World, Macmillan, 1925, 第八页。——竺可桢原注

长时期保持其先进之地位，直至千年以后，第十六、十七两世纪，西方有美洲之发现，并得印刷术而广布其书籍及教育，科学上开一新纪元，而中国方瞠乎其后。'（见《史纲》下卷，四百八十八页）"

从竺可桢1927年的文章《取消学术上的不平等》所引用的罗素著作《中国的问题》[16]569-570，到引用怀特海著作《科学与近代世界》和威尔斯《世界史纲》，已然隐约可见后来所谓"李约瑟难题"的雏形。

1935年10月27日，竺可桢在中国科学社成立二十周年纪念讲演中，延续5年前的思路，更是专论《中国实验科学不发达的原因》。[15]259-263 开篇即指出："中国古代对于天文学、地理学、数学和生物学统有相当的贡献，但是近代的实验科学，中国是没有的。实验科学在欧美亦不过近三百年来的事。"他申明："为什么中国不能产生实验科学呢？我今天讲的就是要想解答这个问题。"又5年后的1941年4月10日，"晚阅 Bernal *The Social Functions of Science*，批评日本之科学工作为 pedantic，over-elaborate without imagination，uncritical and inaccurate"。[17]55 4月14日，竺可桢的读书笔记为："中国之科学 英国人 J. D. Bernal F. R. S. 著 *The Social Function of Science* 一书，民廿七年 George Routeledge 出版，价12 Scd。第209页述及中国之科学，谓中国近年来始有独立发展之科学，但过去三四千年以来中国在世界上不愧为三四文化中心之一，而大多数时间实为世界最高之文化，从政治上及技术上立场均可如此看法。但何以近代科学不发生于中国，而发生于西洋，实为一哑谜，恐因农业社会之安定及生活之充足，与夫政府之重视文人，由以致之。以中国文化之基根易足使科学发达，因中国人过去之精密忍耐，与夫持平 Sense of Balance 文化工作，将来科学之发达正未可限量，至少可与欧西并驾齐驱云。……卅年四月十四记，书在中央大学看到。"[17]228-229 由此，不难看出竺可桢对为什么中国不能产生近代的实验科学问题的长期关注和思考。

（二）竺可桢与李约瑟的"科学史情结"

1916年，26岁的竺可桢留学哈佛大学，曾经听过科学史家萨顿的课。自此，"科学史情结"便深理于竺可桢的心中，亦为其日后成为"中国的萨顿"埋下了伏笔。如果梳理竺可桢日记里的大量素材，一定会对竺可桢这一思想的发展脉络有一更清晰的图像。然而这不是本文的任务，此处仅举一例说明即可。1947年4月12日，"十点半至 Fogg Museum of Arts 晤 Prof. George Sarton。渠方退课，听者有350人之多，本学期所教者为近代科学史。……Prof. Sarton 已卅年不见，但其精神矍铄不减曩昔。询及董彦堂之《殷历谱》，欲人为之作 Review 登于 *Isis* 报上，嘱余为之。余询要若干字，据云1000字左右。渠又有刘淦芝著关于 Silkworm 之历史，以 *Isis* 无中国字体，暂不能登云云"。[18]

李约瑟早在学生时代就对丹皮尔（William Dampier）的《科学史》非常入迷，并且与五卷本《技术史》的主编辛格（Charles Singer）过从甚密。第二次世界大战前的

30年代，李约瑟不断鼓吹剑桥必须在科学史研究方面有所举措。据鲁桂珍说："剑桥建立科学医学史的独立学科，主要应归功于李约瑟。"[14]32-33 竺可桢对丹皮尔《科学史》亦颇为欣赏，做了大量的读书笔记。[19]614-616 1945年4月4日，竺可桢阅"李约瑟在Nature上对去年工矿展览会报告"，"午后阅新到Nature周刊及Sir Wm. Dampier A History of Science 第三版（1943年出版）。按Sir Wm. Cecil Dampier 系英国剑桥大学之Fellow"。[19]366

1927年，37岁的竺可桢在南开大学任地理学教授。3月他在《现代评论》上撰文《取消学术上的不平等》，最后指出："中国科学，这样幼稚，若是我们还不发愤去研究，那真是自暴自弃了。一般人统晓得条约上的不平等是一桩可耻的事，但是学术上的不平等，尤其可耻。因为条约上的不平等是人家以枪炮兵舰强迫我们结成的，学术上的不平等是因为我们自己不努力去干，遂有这种现象的。科学既是近世文明的基础，发达工商业最要的利器，而且是追寻真理的唯一的途径，我们若要和世界列国相抗衡，那末不能不脚着实地去研究。"[16]571

1937年，沈诗章、王应睐和鲁桂珍三位中国青年来到剑桥，成为37岁的生物化学家李约瑟人生的"分水岭"。按照李约瑟自己的说法："他们施给我两个主要影响——第一，他们鼓励我学习他们的语文；第二，他们提出问题来，为什么现代科学独独发生于欧洲。"[20] "天下自有对本国文明之外别一种文明整个儿地'一见倾心'的事"，李约瑟多次对鲁桂珍说。[14]35

二、20世纪40年代：竺可桢论"中国古代不能产生科学的原因"；李约瑟到中国"雪中送炭"

（一）竺可桢日记里的"竺李相会"时间、地点、情形

一般认为[21]56，早在1942年11月21日，远在贵州遵义的浙江大学校长竺可桢，就已经获知李约瑟即将来华，记录在其日记里："阅报知英国牛津大学Prof. E. R. Dodds为牛津Regius希腊文教授，继Gilbert Murray之后，系Irish，目的在调查中国之教育，年49。剑桥大学生物化学Reader Joseph Needham，年42，为惟一英国科学家能以中文讨论中国哲学〔者〕，来华拟教科学史。二人系British Council所送，或所谓British Cultural and Scientific Mission to China。"[17]431-432 翌日，竺可桢就"寄杭立武函（为E. R. Dodds、J. Needham 二教授事）"。[17]432 杭立武当时是蒋介石对英国方面的联络人。

实际上，1942年10月6日竺可桢日记里即用英文记有："Prof. Eric Robertson Dodds (Greek) of Oxford and Prof. Joseph Needham (Chemistry) of Cambridge come to China shortly."[17]409 竺可桢其时身在偏远山区，居然消息灵通，可惜未写明消息来源。此记不足1个月之后，李约瑟于11月3日飞赴美国，会见了萨顿、魏特夫、胡适、赵元任等人，于1943年2月到达昆明。[22][23]

在李约瑟印象中，跟竺可桢第一次相见是 1944 年在贵州遵义。[24] 至于二人首次会面的日期，在《竺可桢全集》出版以前，限于资料不足，有过不同的说法：一说 4 月 10 日，另一说 10 月 22 日。①

可是据竺可桢日记，李约瑟 1943 年 3 月 21 日甫抵陪都重庆，竺可桢就同他有过多次会面。3 月 30 日竺可桢为参加"青年团干部训练班"到达重庆当晚，"骝先约 Joseph Needham 在嘉陵宾馆晚餐，到梦麟、月涵②。九点半回"。[17] 537 这似乎是竺、李二人的第一次会面。4 月 2 日，"晚八点至中央党部听 Needham 讲 Axis Attack on International Science。谓德国对于科学方面之趋向为反理智 anti-intellecture，为种族主义，为侵略科学，为独裁主义。述及纳粹当政后大学中理科学生降至以前 35%，文科 25%，而教育、新闻则增加。又谓一等科学家之被逐者 1800 人云"。[17] 539 实际上当天上午，竺可桢"因写《科学与近代思想》稿，故未至三民主义青年团出席会议。……一点半高级训练班派陈君正纪用车来接。至复兴关中央训练团党政高级训练班讲演，由教务处梅嶙高招待。二点演讲至三点四十分，听讲者二百五十余人，均为第一至第十期党政训练班选拔而来者。王学素、熊东皋均在内。秩序佳，但对所讲似不甚感兴趣。余所讲'近代思想与科学'"。[17] 538-539 正是在这次"高级训练班讲演"中，竺可桢比较系统地论述了"中国古代不能产生科学的原因"——"据个人的愚见，以为这有三个原因：（一）两汉以来，阴阳五行神秘说，迷信之深入人心；（二）数字与度量之不正确；（三）士大夫阶级以劳力为苦，不肯动手，因之缺乏实验"。[15] 567-571

4 月 9 日在重庆，"研究院招待 E. R. Dodds 陶育礼与 Joseph Needham 李约瑟"。竺可桢参加了。"中午至范庄，孔祥熙请客。到英国大使 Seymour、牛津大学 Christ Church 希腊文教授 E. R. Dodds 及剑桥大学 Joseph Needham、立武、立夫、天放、月涵、臧启芳、雪艇诸人。四点，研究院在中央图招待各界，到一百六十余人，骝先主席。陶育礼 Dodds 读 British Academy、英各大学副校长协会及牛津大学给研究院函。李约瑟（尼德汉）Needham 读皇家科学会、英国科学协进会及剑桥大学来函。次骝先致谢辞，并述院中工作。咏霓讲民廿六年去苏联开地质会情形，谓德、意无代表，而日本代表最多，请地质学会去日开会未成云。遇美国公使馆 Winant、Sprout、Fairbank 等。六点散。"[17] 542-543 4 月 22 日，"中午至北碚场。回途至仲济处一谈，知 Needham 在碚仅三天"。[17] 552 4 月 25 日，"十一点馀偕金湘帆乘梦麟车外出。余在嘉陵新村下车，步行至李子坝文化基金会，应叔

---

① 1944 年 4 月 10 日，"李约瑟一行在遵义停留了一天，参观浙江大学。在这里，他第一次会见了浙江大学校长、著名气象学家竺可桢"。见：王钱国忠，《李约瑟传》，上海科学普及出版社，2007 年，第 104 页；1944 年 10 月 22 日，李约瑟"与竺可桢首次会面"。见：王钱国忠等主编，《李约瑟与中国古代文明图典》，科学出版社，2005 年，第 240 页。

② 月涵，即时任西南联大校长的梅贻琦。在"过于精炼"的梅贻琦日记里，仅记有 3 月 26 日去重庆，6 月 10 日回昆明，其间内容缺无。见：黄延复、王小宁整理，《梅贻琦日记》，清华大学出版社，2001 年，第 137 页。

永之邀中膳。到步曾、经农、美国大使馆 Fairbank、英国大使馆 Blofeld 蒲乐得及 Dodds、Needham 等。余告 Fairbank 以中国气象与美国空军之应密切合作，渠谓将告 Stilwell 司替威将军。余〔请〕Dodds、Blofeld 设法将英国 Nature 等杂志能带入中国重印，分发各校。三点 Dodds 等告别。渠与 Blofeld 定于廿七去遵义。未几，子竞来。开科学社理事会。到析薪、子竞与叔永。通过新社员一百余人。定七月十九在北碚开年会。推李约瑟为名誉社员"。[17]553-554

竺可桢12月15日到重庆参加教育部第二届学术审议会第一次大会。17日，"晚润章约中英科学合作馆 Sino British Science Cooperation Office 之 Joseph Needham 李约瑟，邀余与许元龙作陪。据 Needham 云，其夫人不日将来，而皇家学会总干事之一 A. V. Hill 亦将到。渠去遵义将延至三四月间。合作馆将分为纯粹科学、工业、军事、医药四组，可知其范围之大。研究院特请许元龙为参加国际科学合作室主任，以作与外人接洽之事。Needham 又谓 British Council 将专派 Prof. Roxby 为代表，拟留华五六年之久云云。该馆每月可由印度运入 400 磅之科学设备。凡大学所要之书籍、仪器，少量可为代运。渠有一万镑可以化用。如有研究作品，可以代寄英国。谈至九点半散。余即作函与增禄、步青、爱予、时璋"。[17]690

当时讨论的热点话题"中国何以无科学"，实际上是"中国古代科学之不能发达"的简称。有以下两段日记为证。

4月29日竺可桢在重庆，"九点听梦麟演讲'中国何以无科学'。谓中国向注重道德而不重知识，且所注重在于应用方面。如达尔文《进化论》，到中国不问其是否合理、真假，而先问其于实用如何。谓弱肉强食，则群谈瓜分之惨。见一物必询有何用处。如希腊〈Euclid〉〔Archimedes〕之抱几何而至死不舍，谓性命可不要，而几何不可毁，中国无此精神。中国之精神所宝贵者在于忠孝信义云云"。[17]555

12月26日在北碚，竺可桢在日记里就"中国何以无科学"表述己见："中国古代科学之不能发达，余尝作文申述之。尚有一点可以表明，数字之不精确，为一重大原因。[25]如近来中医西医之争，若有精确之数字，如本日记 p. 302 美国几次争战死人之数，则中西医之优劣立见。又昨读印度数学家 Ramanujan 传，Hardy 谓其以一人之智力，敌欧洲二三百年来积智。可知科学之知识，乃由积少成多。古代中国向不喜以一己所得传诸人。人亡政熄，有若干有技术者又不肯以传人。与友人谈，常有谓请西医多人〔治〕不愈，而经中医疗治者。又有自吹常吃菜馆冷食而不得病者，犹之黄河桥过保险期走火车，与中国汽车夫于急弯时不吹喇叭，以不知有小数点下数字之精密也。"[17]697-698 竺对"中医西医之争"的态度立现。

1944年1月3日在北碚，竺可桢上午"至科学社开理事会"，"晚阅李约瑟 Needham 著《国际科学合作》一文，系氏在华演讲，已译登《时事新报》，下期《科学》将转载。首述在华科学英美与中国合作之情形，如 microfilm 与购书籍与药品之类，谓氏已送出三十三次单子购物。次则报告中国科学工作，氏在 Nature 已寄文六篇，并寄中国刊物至外国。谓中国疫苗英美军人亦用，所制无线电部份亦佳，可以供英美〈陆〉〔空〕军用。〔述〕专家之交换。谓金陵大学'大麦王'之发现，使美国农业大受益。第二节述中国抗战时期未能利用科学。由于纯粹科学家恐入歧途，因政府侧重在应用科学，实际此理并不尽然。第三节讲以后科学国际合作，赞成于国际救济委员会 Internat. Relief & Rehabit. Com. 之下成立科学合作机关。结语谓世界各国均应认清，在国事大计应谋之于科学家"。[19] 4

李约瑟与竺可桢的"历史性会见"，多说是 4 月 10 日。[21] 104 在此之前，竺与李之间，曾经有过多次信函往来。1944 年 1 月 4 日、3 月 5 日、3 月 6 日，竺可桢致函李约瑟；4 月 6 日，接李约瑟函。[19] 5, 47, 71 2 月 17 日，竺可桢接廖鸿英（British Scientific Mission in China Liao Hung Ying）函，次日复廖，实际上是向李约瑟致意。3 月 5 日在遵义，"李约瑟 Joseph Needham 二月间在中华农学会演讲，其中述及题为'中西之科学与农业'，谓世人只知以维他命 B 治脚气病，世人只知系日人于 1897 年发现，但元代 1250 年胡锡徽（译音）已说菜蔬、果子可治脚气病云"。①[19] 46-47 3 月 13 日，竺可桢"晚阅李约瑟二月间在中国农学会之讲演"[19] 52。正是在这次著名讲演《中国与西方的科学与农业》中，李约瑟明确提出："We could state the matter in another way, if we say that in point of fact modern science as a whole did not develop in China. It developed in the West—in Europe, and in the U. S. A., that vast extension of European civilization. What is the reason for this？"[26] 这实际上可谓是"李约瑟难题"的第一次比较规范的表述。后来他将这篇演讲词列为《战时中国之科学》②的首篇，大概是不无考虑的。不过，早在李约瑟来到中国之前的 1942 年，他就在《自由世界》（Free World）上发表了《中国对科学人道主义的贡献》一文，在结语中指出："If modern science originated and developed wholly in the West, it was due very largely to the existence of favourable social and economic conditions there, conditions which did not exist in China. Conditions in China were, indeed, definitely inhibitory to the growth of modern science and its associated technologies."[27] 故可以认为，此文里已然萌发了"李约瑟难题"的胚芽。

4 月 10 日在遵义，"李约瑟来校"（竺可桢语）。"十点半李约瑟偕其秘书黄兴宗来。黄③，厦门大学毕业，闽人。李约瑟 Joseph Needham 年四十二，为剑桥大学之生物化学 Reader，能说俄、波、法、德诸国语言，对于中文亦能写能读。对于中国对于科学之贡献尤感兴趣。曾在美国斯坦福、加州、耶卢各大学为教授。曾著下列诸书：（1）*Science, Religion, Reality*，（2）*Man, a Machine*，（3）*The Sceptical Biologist*，*Chemical*

---

① 此处指的是元代忽思慧《饮膳正要》，此书初刻于 1330 年。竺可桢 10 月 26 日日记专门加了按语。
② 李约瑟著，《战时中国之科学》，中华书局，1947 年。
③ 竺可桢日记原文里，误作"王兴宗""王"，见：《竺可桢日记》第Ⅱ册第 750 页。在《竺可桢全集》第 9 卷第 73 页，已经正误。

Embryology，（4）*Adventure before Birth*，等等。其〔来〕中国乃由英国外交部 British Council of Cultural Relations 之代表组织 Sino British Science Cooperation Office。其夫人亦为生物学家，已到中国。氏定明日即去贵阳，转闽、浙，回途将在遵、湄停一星期云云。在社会服务处中膳。三点请李约瑟讲 International Scientific Cooperation in Peace & War。谈一小时余，至四点半散会，由劲夫陪同，参观工学院实验室。六点半在教职员俱乐部晚〔膳〕，到迪生、劲夫、荩谋、洽周、振公、直侯、尊生、坤珊、俶南、羽仪、钟韩、耀德、馥初、乔年及曹君（梁厦之公子）。膳后请李约瑟谈话，述其来中国后工作之经过。余询其是否能带入若干维他命 D 之精，即新发明之 calciferol，此物贵州需要尤急，以冬秋各月太阳光极缺乏，湄潭过去三个月中只有七天是终日没有片云的。渠允转达。谈至十点散会。"[19]73-74

4月11日，"七点至社会服务处送李约瑟赴贵阳，到荩谋、劲夫与洽周。服务处以张鸣岗赴渝而胡颂翰辞职，故各事推不动。晨间始卖面、卖茶，而李约瑟又不喜吃面，故饮汤而已"。[19]74 8月8日，寄李约瑟电。10月9日，接 Needham 电。

10月16日，竺可桢在湄潭为接待李约瑟事做精心准备。"与晓沧谈，知筹备招待李约瑟尚无头绪。中膳后二点开科学社年会筹备委员会，到晓沧、季梁、陈鸿逵（代邦华）、何增禄（代刚复）及朱善培。以本年十月廿五为科学社卅周纪念，故各地社友会均举行年会于此时。但以廿二为星期日，可到会者较多，故决定湄潭于廿日、廿一两天举行。暂时定廿日晨大会，推余主席，下午读论文，晚演讲。廿一日上午社务报告，下午演讲。如李约瑟十七八可到，则请李演讲。此外，钱琢如亦预备讲'中国古代对于数学之贡献'。次讨论招待李约瑟膳宿问题。余与晓沧及季梁、善培偕至南门外卫生院晤杜宗光，适孙宗彭亦在。卫生院内之房间较小而适于住人，比文庙之大而无当者为好。故决计以卫生院为李及随从三人之住宿处，并请孙稚荪觅一李姓厨子。"[19]201 10月19日，竺可桢"开行政谈话会，讨论招待李约瑟 Joseph Needham、玉皇观筑路及房租等事"。[19]203

10月23至28日，李约瑟在湄潭浙江大学的活动，竺可桢日记记录甚详。

10月27日，竺可桢虽然"觉疲乏如感冒"，仍然勉力主持讨论会，李约瑟夫妇均参加。28日，早上"八点偕贝时璋至卫生院晤李约瑟夫妇。李等行李均已准备待行。……余与 Picken 及李约瑟夫人坐车中。八点三刻启行，与舒厚信、贝时璋等告别。李对于杜宗光院长尤感谢不止，谓愿寄医书与彼。沿途均雨不止……直至一点半始到遵义……知李约瑟视察史地系尚满意，渠对地图及徐霞客三百周纪念事甚注意"。29日在遵义，竺可桢再次向李约瑟辞行，"八点至社会服务处，送别李约瑟夫妇、曹天钦及 Picken。回至办公室。作函与高文伯，嘱通知桐梓招待〔所〕为李约瑟定房间"。[19]211

11月1日、13日，竺可桢两次致函李约瑟。12月18日，竺可桢获悉"Needham 在英国赞美中国科学家"，"见十二月十六日《贵州日报》载尼德汉 Needham 回英国以后在中国大学委员会讲演，赞扬我国科学家，并谓联大、浙大可与牛津、剑桥、哈佛媲美云云"。[19]245 后来的"东方剑桥"说法，也许脱胎于此。

1945年，2月28日，竺可桢偕谈家桢在重庆，"出至胜利村一号中英文化合作馆新址，遇 Dr. Ficken、Mrs. Dorothy Needham 及 Sanders（即专造 Penicillin 者），知 Prof. Roxby 于五月间可来。而李约瑟大约于三月可回浙大，现有若干箱仪器书籍。余嘱其径送遵义内地会张东光收转"。[19]340 4月4日，竺可桢读到"李约瑟在 Nature 上对去年工矿展览会报告"，并作了摘记。4月14日，竺在重庆至中英科学合作馆，获悉"李约瑟于本月可回"。5月24日，竺致函李。7月24日，"据 Pickens 云，渠等拟往贵阳、安顺及昆明，于九月二十日左右始回渝。李约瑟已自莫斯科回，拟与其夫人赴西安，并欲至武功及西康一游。Sanders 将于十月返国，Pickens 明年三月间〔返国〕，李约瑟于战事终结返国"。[19]464-465

8月3日，竺可桢"阅李约瑟寄来 The Place of Science & International Scientific Cooperation in Post War Organization"。8月11日，竺记道："昨李约瑟在重庆星期五聚餐会讲演中国工业化前途，谓西方工业、科学发达之情况受当时物质环境影响，并非偶然。中国自秦朝以来，官僚士大夫阶级停留甚长，社会生产少有进展，封建势力甚为牢固。科学则必与资本主义同时产生，民主亦为其副产品，资本主义国家人士以为非资本主义国家即无民主、无科学，乃绝对错误，苏联科学经费占总预算 1%，美国千分一，英国万分一。"[19]482 8月13日，竺接李约瑟函。8月21日，竺在日记里详细摘录李约瑟著《战后国际科学合作之地位》一文中的观点。8月31日，竺"阅李约瑟著《国际科学机构 UNECO 之主要目标》（见廿一日日记）"。10月2日，"十点至胜利新村一号中英科学合作馆晤李约瑟夫妇等，均不在。遇胡乾善、钱逸云，知浙大有书四包、杂志五包，拟托酒精厂车带去。据胡云，李约瑟于月底可回，Sanders 与 Pickens 本月五六号可回。后二人均将回国（Sanders 与 Pickens）。李约瑟夫人本〔年〕冬，李则于明夏返国云"。[19]532 由如此频繁的记录可见，竺可桢始终关心着李约瑟的动向。李约瑟则在《自然》（Nature）周刊上发表系列文章，介绍抗战时期的中国科学。①

致谢：感谢席泽宗、刘钝、樊洪业、王国忠、王作跃、张剑诸位先生对本人写作此文的鼓励、提供资料和具体建议，感谢王兴康、王立翔、杜扬、刘渤提供相关资料。

参考文献

[1] 席泽宗. 竺可桢与自然科学史研究 // 席泽宗. 古新星新表与科学史探索. 西安：陕西师范大学出版社，2002：297.

[2] Xi Zezong. Chinese Studies in the History of Astronomy, 1949—1979. ISIS, 1981, 72（263）：456—470.

[3] 刘钝. 剪不断的"李约瑟情结" // 文化一二三. 武汉：湖北教育出版社，2006：158—162.

[4] Wang Zuoyue. Saving China Through Science. Osiris, 2002, 17: 291—322.

[5] 王国忠. 李约瑟与中国. 上海：上海科学普及出版社，1992.

[6] 许为民，张方华. 李约瑟与浙江大学. 自然辩证法通讯，2001，（3）：65—68.

---

① 比如，Joseph Needham，Science in Kweichow and Kuangsi，Nature，156（3965）：496—499。

［7］刘钝.时穷节乃现——读《竺可桢全集》第2卷有感.科学时报，2004-10-14.

［8］张剑.科学社团在近代中国的命运.济南：山东教育出版社，2005.

［9］樊洪业."访竺问史录"之一至之七，从人文史料角度看《竺可桢全集》.中华读书报，2004-08-25；竺可桢记"至钱锺书家".中华读书报，2004-09-15；从竺可桢日记探究顾准生平的一个盲区.中华读书报，2004-09-29；文澜阁《四库全书》的抗战苦旅.中华读书报，2004-11-03；中关村早期变迁史的见证.中华读书报，2004-11-17；原子弹的故事：应从1952年讲起.中华读书报，2004-12-15；竺可桢对人口问题的终生关注.中华读书报，2005-01-26.

［10］吕东明.大有价值的竺可桢日记//先生之风　山高水长——竺可桢逝世20周年纪念文集.合肥：中国科学技术大学出版社，1994：190—200.

［11］杜扬.科学史家竺可桢.科学时报，2004-11-11.

［12］何丙郁.如何正视李约瑟博士的中国科技史研究.西北大学学报，1996，（2）：93.

［13］何丙郁.《李约瑟与抗战时中国的科学》序.台湾"国立"科学工艺博物馆，2000：6.

［14］鲁桂珍.李约瑟的前半生//李国豪.中国科技史探索.上海：上海古籍出版社，1986.

［15］竺可桢.竺可桢全集（第2卷）.上海：上海科技教育出版社，2004.

［16］竺可桢.竺可桢全集（第1卷）.上海：上海科技教育出版社，2004.

［17］竺可桢.竺可桢全集（第8卷）.上海：上海科技教育出版社，2006.

［18］竺可桢.竺可桢全集（第10卷）.上海：上海科技教育出版社，2006：417.

［19］竺可桢.竺可桢全集（第9卷）.上海：上海科技教育出版社，2006.

［20］李约瑟.《中国科学技术史》的规划与现状//张孟闻.李约瑟博士及其《中国科学技术史》.上海：华东师范大学出版社，1989：32.

［21］王钱国忠.李约瑟传.上海：上海科学普及出版社，2007.

［22］李约瑟，李大斐.李约瑟游记.贵阳：贵州人民出版社，1999：322.

［23］段异兵.李约瑟赴华工作身份.中国科技史料，2004，25（3）：204.

［24］Needham, J., and Dorothy Needham, ed. Science Outpost. London: The Pilot Press Ltd., 1948.

［25］竺可桢.北宋沈括对于地学之贡献与纪述//竺可桢全集（第1卷）.上海：上海科技教育出版社，2004：530.

［26］Needham, J. Science and Agriculture in China and the West. Inn: Science Outpost. Londonn: The Pilot Press Ltd., 1948: 252.

［27］Needham, J. The Chinese Contribution to Scientific Humanism. In: Science Outpost. Londonn: The Pilot Press Ltd., 1948: 265.

本文为节录，原载《广西民族大学学报（自然科学版）》2007年第3期

竺可桢与新中国的科学史研究事业
——基于档案和日记的新考察

郭金海

竺可桢（1890—1974）是学界公认的新中国科学史研究事业的奠基人。关于其倡导、组织和领导新中国科学史研究事业的活动，先前已有一些论述。如早在1982年，受竺可桢知遇并与之多有交往的席泽宗即回顾了竺可桢的相关活动。[1] 近年来，宋正海、钱永红、何亚平等学者又相继做过考察。[2-4] 然而，由于研究者均未充分利用档案资料和竺可桢日记，竺可桢的相关活动实际并未得到全面、细致的梳理。有些活动还鲜为人知，如竺可桢于1951至1954年为中国科学院物色、延揽科学史人才的活动；1954年起主持中国自然科学史研究委员会的活动；中国自然科学史研究室成立后，主持编撰《徐光启纪念论文集》；在"文革"中吁请恢复该室工作等活动。而对于深入了解科学史研究在新中国如何走上建制化之路和客观认识竺可桢对新中国科学史研究事业的贡献而言，厘清这些活动是十分必要的。鉴于此，本文基于中国科学院档案和竺可桢日记，试图侧重梳理前人所忽略的史实，对竺可桢倡导、组织和领导新中国科学史研究事业的活动进行新的考察。

一、领导开创中国科学院科学史研究事业

1949年新中国成立后，疮痍满目，百废待兴。为了激发和鼓舞民众建设和热爱新中国的热情，中央和人民政府大力提倡爱国主义教育，积极宣传中国古代科技成就，将《人民日报》作为主要宣传窗口。同时，英国剑桥大学李约瑟（Joseph Needham，1900—1995）对研究中国古代科技史怀有高度热情，正在撰著规模宏大的《中国科学技术史》（*Science and Civilisation in China*），并与中国科学院副院长竺可桢有所交流。在这样的背景下，对科学史兴趣浓厚的竺可桢主张在中国科学院成立一个中国科学史方面的委员会，将来再成立一个研究室。1951年1月13日，竺可桢与中国科学院副院长李四光谈李约瑟寄来的《中国科学文化历史》①目录时，就表示：

中国科学史应有一委员会，常川注意其事，以备将来能成一个研究室，而

---

① 《中国科学文化历史》是李约瑟《中国科学技术史》的另一种译名。

同时对于各种问题，如近来《人民日报》要稿问题，可以解决。[5]269-270

1月15日，竺可桢与中国科学院副院长吴有训、院办公厅正、副主任严济慈、丁瓒，清华大学物理系教授何成钧商谈后，"拟成立一《中国科学史》编辑委员会"。[5]271 1月30日，又在清华大学与叶企孙、华罗庚、李继侗等商讨了委员会人选，"天算方面有傅种孙、郑桐生、刘景芳（辅仁），化学张资珙（华中），植物吴征镒，物理钱临照"。[5]280 2月12日，竺可桢召集"中国科学史座谈会"，进一步征求意见。座谈会邀请到1月30日物色的人选傅种孙、钱临照，还有叶企孙、张子高、刘仙洲、张含英、乐天宇、王重民、赵万里、向达、叶公绰、李涛、陈垣、王振铎、范文澜、郑振铎、冯家升、马衡（叔平）等学者。在会上，陈垣"主张出《中国科学史资料丛刊》"，向达"主张图书馆以科学史为重心搜集图书"，刘仙洲"主张加食品工程和陶磁工程"，叶企孙"主张开座谈会"。[5]289

然而，由于中国科学院成立不久，机构残缺不全，许多重要科学部门尚待补充，未能立即组织力量成立《中国科学史》编辑委员会。[6] 1952年12月27日，竺可桢向副院长吴有训、陶孟和提出组织科学史工作"非有专人来主持，则还是要落空的"，主张"把钱琢如或刘朝阳能到院来专任其事"。[5]747 钱琢如即钱宝琮，是数学史家、浙江大学教授，曾与竺可桢共事多年，但因浙江大学不放，1952年此事未果。后经竺可桢直接请示周恩来总理并与教育部协商[7]，钱宝琮于1956年6月4日调入中国科学院专门从事科学史研究[8]。

1954年初，高等教育部鉴于高校有教授科学史的需要，向中国科学院提出组织科学史研究工作的问题。2月19日，中国科学院邀请高等教育部、卫生部、文化部及其他有关部门的专家20余人举行了座谈会。竺可桢主持会议。与会者就如何组织力量进行中国科学史的研究交换了意见。竺可桢首先发言：

> 我个人认为有组织有领导地来进行中国科学史的研究工作在今天已经是很迫切的任务了。中国是一个有悠久历史的国家，文化遗产极其丰富，特别是几千年来劳动人民在农业方面的创造和经验，如能加以总结，对人类的贡献是很大的。[6]

同时，竺可桢强调"苏联对中国科学史很重视，盼望我们能撰写这种文章寄苏"。嗣后，与会者一致认为有组织有领导地进行中国科学史的研究工作是非常必要的。[6] 但与会者也提出关键问题在于人，中国科学院历史研究所第一所和第二所"目前基本人材尚缺，很难兼顾，必得高教部能从大学中抽人出来"。[9]384 北京大学物理系教授叶企孙，是竺可桢看中的人选之一。1954年3月7日，竺可桢亲自与叶企孙晤谈，"约其来院作合聘教授，并管中国科学史事"。[9]393 3月14日，竺可桢还与北京大学教务长周培源谈"约企孙任科学史事"。[9]397 经竺可桢努力，此事最终落实。

在此前后，中国科学院决定成立中国自然科学史研究委员会。1954年8月5日，第30次院务常务会议通过该委员会名单，由竺可桢任主任委员，叶企孙、侯外庐任副主任委员。根据《中国自然科学史研究委员会暂行组织办法》，该委员会的任务有三：一是组织力量，进行中国自然科学史的史料搜集、整理和研究工作；二是编审有关科学史的论文和刊物；三是制订培养科学史研究干部的计划。[10]

1954年9月2日，中国自然科学史研究委员会召开首次会议。竺可桢明确提出该委员会的研究范围："科学史的研究范围很广，本院主观能力有限，必须有全国历史工作者和自然科学工作者在各方面的密切配合。因此，根据目前条件，本会工作范围拟只限于自然科学部门，如数学、物理、化学、地学、生物、天文等基础科学史的研究，工、农、医等方面则拟协助清华大学、南京农学院、北京医学院等单位分工负责。"[11]

会后，中国自然科学史研究委员会在中国科学院历史研究所第二所设立工作室——科学史组。为组织力量开展研究工作，在竺可桢领导下，除钱宝琮外，中国科学院还相继于1955年、1956年调入数学史家李俨、严敦杰到该组工作。李俨的学术造诣与钱宝琮旗鼓相当。严敦杰较为年轻，但学识渊博，学术成就骄人。这三位数学史家的调入壮大了科学史组的研究力量。为培养科学史研究干部，科学史组分别请陈桢、袁翰青、向达负责培养组里的三位专职的初级研究人员，指导他们从事中国生物学史、化学史的研究。[12]

1955年1月30日，竺可桢主持召开中国自然科学史研究委员会第二次会议①。这次会议决定组织有关人员评介李约瑟1954年出版的《中国科学技术史》第一卷。[12]竺可桢对这项工作十分重视，亲自约请侯外庐、叶企孙、张含英、陈桢、谭其骧等专家予以评介。[13]这次会后，该委员会计划组织人员撰著一套《中国古代自然科学及技术史》。此计划的提出明显受到李约瑟《中国科学技术史》第一卷出版的触动。按照该委员会的安排，先由叶企孙起草了该书第一编分章草案说明。

11月25日，竺可桢主持召开中国自然科学史研究委员会第三次会议，讨论该草案说明。[14]据竺可桢日记，"讨论后大家认为有需要，但时间是否到两汉，时期1956年或57年年底。全集于第二个五年完成。决定组成七人委员会主其事"。[15] 221 1956年1月3日，竺可桢就撰著该书之事，又组织座谈会讨论，决定"起初不以断代而定，分门别类，以三年为期，写好后再写编年中国科学史"。同时，拟订了14个学科门类的作者人选。[15] 268 这些工作的安排为该委员会的研究工作做了初步规划。

1956年1月14日至20日，中央召开"知识分子问题会议"。周恩来总理代表中央提出制定"一九五六年到一九六七年科学发展的远景计划"的任务，发出"向科学进军"的号召。不久，中国科学院决定将科技史的研究工作纳入"十二年科学技术发展远景规划"。2月28日，竺可桢在西苑大旅社主持召开会议，"讨论十二年远景规划中国科学史部分"。这次会议决定"中国自然科〔学〕和技术史作为一个重要项目"[15] 298，委托席泽宗和谭其骧协助叶企孙制定《中国自然科学与技术史研究工作十二年远景规划草案》

---

① 关于这次会议的召开时间，竺可桢日记记载是1955年1月29日，中国科学院档案记载是1955年1月30日，本文以后者为准。

（简称《科技史研究工作远景规划》）。《科技史研究工作远景规划》对全国科技史的研究工作和研究机构做了规划。按照规划，中国科学院将于1957年正式成立中国自然科学史研究室（简称"科学史室"）。[16]

制定《科技史研究工作远景规划》期间，中央宣传部部长陆定一应郭沫若之邀，于1956年5月26日在中南海怀仁堂向首都科学界和文艺界发表了题为《百花齐放，百家争鸣》的重要讲话。他说："我国有很多的医学、农学、哲学、历史学、文学、戏剧、绘画、音乐等等的遗产，应该认真学习，批判地加以接受。这方面的工作不是做得太多，而是做得太少，不够认真，轻视民族遗产的思想还存在，在有些部门还是很严重。"[17]这对开展中国科学史研究工作起到良好的舆论导向作用。

嗣后，中国自然科学史研究委员会于1956年7月9日至12日在北京西苑大旅社组织召开了中国自然科学史第一次科学讨论会。7月9日，竺可桢在会议开幕式上作了题为《百家争鸣和发掘我国古代科学遗产》的报告。他指出，在中国科学正急起直追国际科学水平之际，整理古代科学遗产并非南辕北辙，因为"科学特点之一是其积累性，后人的发现常常是根据前人的结果的"。他还阐述了研究中国古代科学遗产应作出的贡献，结合中央出台的"双百"方针强调如何进行和对待百家争鸣。[18]上海医史博物馆的王吉民研究医学史已40年，但只是为了兴趣，听了竺可桢的报告后说，这给科学史研究工作者指出了研究的方向和方法，明确了科学史的研究也可以为社会主义建设作出实际的贡献。[19]除宣读论文和学术讨论外，这次会议讨论了《科技史研究工作远景规划》。与会者对规划提出许多意见，并一致要求中国科学院应把全国的科技史研究力量进一步组织起来。

会后，中国自然科学史研究委员会决定"今后必须切实负起协调推动全国科学史研究的任务"，向中国科学院提出"今年在历史二所科学组的基础上正式建立中国自然科学史研究室"的建议；科学史室成立后，立即着手《自然科学史研究》（暂定）的编辑和出版工作，"明年开始定期（半季）出刊"。[19]

不久，竺可桢作为团长，率领由他和刘仙洲、李俨、田德旺、尤芳湖组成的5人代表团赴意大利佛罗伦萨参加1956年9月3日至9日召开的第八届国际科学史大会。为寻求创办科学史室的经验，8月22日代表团在赴佛罗伦萨途中到莫斯科参观了苏联科学院自然科学与技术史研究所。[15]393 该所研究人员规模之大、研究领域之宽、出版论著和藏书之多，均给代表团留下深刻印象。[20]

参加第八届国际科学史大会期间，竺可桢在大会开幕式上应邀发言，指出了西方文化与东方文化的关系，并表明"人民中国的科学家，愿意在促进国际文化科学的交流方面贡献自己的力量"。在随后的分组会议中，竺可桢、刘仙洲、李俨分别宣读了论文《廿八宿的起源》《中国在计时器方面的发明》《古代中算家内插法计算》。除宣读论文外，代表团的另一个重要任务是申请中国加入国际科学史协会。竺可桢亲自撰写了入会申请。9月9日，在大会闭幕式上，竺可桢介绍了中国加入国际科学史协会的愿望。大会一致通过正式接受中国为国际科学史协会国家会员。[20]

代表团参加第八届国际科学史大会期间还做了争取留学生回国的工作。与会者王铃、鲁桂珍、黄光明和罗马东方学院教授杨凤歧均表示要回国。[20]其中，王铃是李约瑟的大助手、剑桥大学博士。此前，竺可桢多次写信邀请王铃返国参加和指导科学史研究。为吸引王铃，1956年4月中国科学院发给王铃345英镑的全年工资。[13]280-282 9月7日，竺可桢参加这届大会时告诉王铃，"已得博士学位，再留英无意义，劝其于半年内回国"。次日王铃去巴黎，竺可桢还"给与四十英镑，作为在巴黎购Archive及其他书籍之用"。[15]405-407 但1957年起，"反右"运动、"拔白旗，插红旗"、"大跃进"等政治运动迭起，这些留学生均未返国工作。

从佛罗伦萨归国后，竺可桢即着手领导筹设科学史室的工作。1956年10月20日，他与李俨、钱宝琮、严敦杰、叶企孙、李涛、席泽宗、尤芳湖、谭其骧等讨论了成立科学史室的计划。[15]436 当月，中国自然科学史研究委员会提出"中国自然科学史研究室筹建方案（草案）"。11月6日，中国科学院召开第28次院务常务会议，决定在科学史组的基础上成立中国自然科学史研究室，并通过筹建方案（草案）。[21] 1957年元旦，中国自然科学史研究室（简称"科学史室"）成立。作为新中国第一个综合性科技史研究机构，科学史室的成立是新中国科学史研究事业发生的历史性转变，在中国科学史学史上具有划时代的意义。

二、指导研究天文学史与组织编撰科学史论著

科学史室成立后，竺可桢对该室天文学史研究工作给予了指导。例如，1957年8月21日，席泽宗向竺可桢请教了天文学史研究方面的问题，竺可桢给予了指导。关于此事，竺可桢日记记载道："席泽宗来询五年计划。余告以五星测定和恒星图之历代进展与日月蚀之进步统可作为研究，借以展现历代天文学之进步，并介绍Wolfram Eberhard著《中国汉代对天文之贡献》。"[15]638 Wolfram Eberhard，即美国加州大学社会学教授艾伯华，对中国古代天文学史有较深的研究。

1958年，根据《科技史研究工作远景规划》，科学史室组织人员开始撰著《中国天文学史》与《中国数学史》《中国地理学史》《中国化学史》等专史。对撰著《中国天文学史》，竺可桢十分关心，几次参加会议，提出指导意见。例如，7月10日，席泽宗向他汇报《中国天文学史》目录后，约定7月14日"开会来谈"。[22]135 7月14日，竺可桢"十点至自然科学史室谈著《中国天文史》问题，到刘士楷（师大）、叶企孙、钱琢如、严敦杰、席泽宗、陈遵妫、李鉴澄诸人，讨论原来拟定目录中加入'阿拉伯、印度天文学的传入中国'一章，由刘世楷写，原定刘写的清代天文学拟约王应伟（年已八十多）写（目录已见拾日日记）。规定每章字数从三万到一万，明年三月交卷，十月一日定本付印"。[22]137 12月8日，竺可桢又到科学史室参加讨论该书撰著工作。从竺可桢日记看，这次讨论较为深入：

下午二点至历史所参加讨论天文史。原定"五四以来天文学"一章由陈遵妫写,陈已被定为右派。第六章"日月蚀"由赵却民写,没有时间。我的第一章"先秦天文史"也无时间,统要另觅人。已拟就方案的有钱宝琮"汉《太初》以后历法变迁",讨论后认为可用。我提出二十四节气、七十二候应特别一提,因为这是老百姓所需要的东西,也表示着进步方向。次讨论王应伟写的"清代天文学",其中有星的中西对照。我认为应插星图,同时对于十七世纪Cautier以后所有西欧介绍中国天文到西方也要一提。[22]250-251

后来竺可桢未参加撰著该书的工作,但审阅了部分文稿。例如,1960年2月4日竺可桢日记记载:"席泽宗来,交来《天文史》稿,约二十万字,交我阅。"[22]584 3月27日,竺可桢日记写道:"阅叶企孙写《中国天文学史》'天文学的起源和先秦天文学',第一节'殷代的历法与天象记录'。"[22]622 3月30日,竺可桢日记显示:"上午交杨宣仁以审查《中国天文史》第一章,企孙写的'中国古代天文学'(至秦为止)一章和刘世楷写的'印度、阿拉伯天文学对于中国的影响'二章,其余各章我就没有时候校阅了。关于印度、阿拉伯一章,三月廿四日日记中已讲到,关于第一章我提了两点意见……"[22]625

为了纪念明末科学家徐光启诞辰400周年,1962年竺可桢约请万国鼎、石声汉、梁家勉,组织科学史室薄树人、梅荣照等撰稿,主编了《徐光启纪念论文集》。竺可桢审阅了全部文稿。1962年11月12日竺可桢日记写道:"下午开始阅院科学史研究室所交来徐光启研究论文集,其中包括万国鼎'徐光启的学术路线和对农业的贡献',石声汉'徐光启和《农政全书》',梁家勉'《农政全书》撰述过程及若干有关问题',薄树人'徐光启的天文工作',梅荣照'徐光启的数学工作'及刘昌芝、汪子春'徐光启论治蝗'六篇文。"[23]385 12月10日晚,竺可桢"继续看纪念徐光启文稿。阅梁家勉(广州西南农学院图书馆馆长)著《〈农政全书〉撰述过程及若干有关问题的探讨》",认为"此文也写得很好,对于徐光启写《农政全书》的时间、陈子龙校对、印刷经过以及版本的经历统有了考证"。[23]404

《徐光启纪念论文集》于1963年12月由中华书局出版。所收文章均为关于徐光启研究的新成果。万国鼎之文从徐光启的生平和学术路线,论述徐光启对农业的主张和贡献;石声汉之文分析了徐光启在《农政全书》中提出的开垦、水利工程、备荒与救荒3项农政及其来源,以及全书内容;梁家勉之文探讨了徐光启撰述《农政全书》动机、工作方法、文稿整理和刊本流传情况。这些论文深化了对《农政全书》的研究,有助于评价徐光启在农业上的贡献。薄树人之文较全面地考察了徐光启在天文学方面的工作。梅荣照之文从数学翻译、数学研究两方面较系统介绍了徐光启的数学工作。这两文增进了对徐光启在天文学和数学方面的工作的了解和认识。

鉴于陈伯达提出"要追上世界水平,首先得把科学在如何发达搞清楚"[24]410,1965年竺可桢还在中国科学院全院范围内,组织人员撰写近代科学发展史的文章和世界科学家名人传。为开展这项工作,竺可桢相继于1965年3月11日、3月18日、5月10日、

10月15日主持召开4次讨论会。3月11日的会议"决定了十一个题目和其负责单位"："微积分、万有引力（数学所）、控制论 Cybernetics（计算机所胡世华）、原子物理（原子能所）、半导体（物理所）、高分子（化学所）、生物化学（生化所）、分子生物（生化所）、微生物（微生物所）、进化论（动物所）、电子学（电子所）和有机化学（有机所）。"同时，会议决定"传记由出版社校阅原已出版的各种科学名人传（主要是两种，即科学社在1933年左右出版的和翻译的 Grove Wilson 著 Great Men of Science 两种）后，再于下次讨论"。[24]410

3月18日的会议决定将11个题目改为10个方向："1）微积分，2）控制论 Cybernetics，3）原子物理，4）电子学，5）半导体，6）高分子，7）生物化学，8）分子生物学，9）微生物学，10）进化论。"题目由各所拟定："如原子物〔理〕可以专谈高能核子，生物化学可单〔谈〕酶或激素。字数定为3000—5000，于一个月内下月二十号左右交。"关于世界科学家传，会议决定不再重刊先前出版的科学名人传，而是重新选择传主，撰写新稿。竺可桢提了"Norbert Wiener 维纳，Einstein 爱因斯坦"[24]414-415

5月10日的会议讨论了世界科学家名人传的撰写工作。竺可桢日记记载："讨论时，大家认为中西科学家要分别出版。刘仙洲主张称为《欧洲科学家传》，但因其中有美国人，故改称为《西洋科学家传》。但这次传记需于半年出版，而目的是为了青年科学工作人员，尤其是学生。而到会的人，希望能出一本好传记，需要长时间的酝酿，所以不免意见有矛盾。"最终，会议从科学出版社拟就的37位世界科学家名单中删除8人，把居里夫妇合为一，确定撰写28个传记。"字数限五千至一万，限七月交文。"[24]457-458

这次会后，竺可桢一面审阅陆续交来的稿件，一面又与各方商讨编撰工作。例如，1965年5月12日，竺可桢约中国科学院数学研究所关肇直，要其在《牛顿发明微积分》一文中把莱布尼茨（Gottfried Wilhelm Leibniz，1646—1716）同时发现微积分的情况也写进去，"使一般人能更明了科学上的发现是时代造成，也即社会进化到一定程度"。[24]459 5月13日，竺可桢到科学出版社，"谈《科学名人传略》"；因对科学出版社撰写的传略的"清规戒律"①不满意，当晚起草了《科学名人传略缘起》。[24]460 5月21日，竺可桢与郭沫若"谈《科学名人传略》及《科学发展史论文集》事。事先拟好一个西方近代科学家名单，从 Copernicus 哥白尼到 Einstein 爱因斯坦共38人"。[24]465 另外，竺可桢亲自撰写了德国气象学家、地球物理学家魏格纳（Alfred Wegener，1880—1930）传。

1965年9月至10月，《西洋科学名人传》的传记已撰就20种。1966年1月7日，竺可桢通知科学出版社朱务善："把《名人传》已写就的二十种于二月初付印，因其已写好逾三个月，不必再等，而且是内部发行，有错误仍可改正。"[25]9 但后因"文革"爆发，《西洋科学名人传》未能内部发行。科学出版社仅付印了单行本。[25]592

---

① "清规戒律"指不要遇事夸大，不要全面评定，不要详细叙述专门性东西等。

三、"文革"中吁请恢复科学史室

"文革"爆发后，大批知识分子遭到打击和迫害。在特殊的政治保护中，竺可桢赋闲在家，幸得平安。不过，他多次被贴大字报。有的大字报使他甚为伤心。1966年7月22日，科学史室7位年轻研究人员所贴《竺可桢放毒的一例》便是其一。这张大字报指责竺可桢在《徐光启纪念论文集》序言中，"把徐光启驾于培根之上，明明违背恩格斯说法"，并称他说"徐死后三百年中国科学不发达由于工业不兴，是有意和毛主席所说中国由于帝国主义、封建主义和半殖民主义三座大山的压力使工业不兴对立起来"。[25]167 竺可桢认为这张大字报"批评了我于1962年写的徐光启纪念文集的序言，来势凶猛，而且不是善意，是恶意。故意将若干不是我文中的东西字句引用了，使人相信也是我写的"。[25]192 对于大字报中指称纪念徐光启得不到群众支持一说，竺可桢还进行了反驳：

> 1962年四月间《解放日报》即有本市天文、数学、水利、艺农四学会举行座谈会纪念徐光启诞生400周纪念，《光明日报》也报道了上海科技界举行座谈会纪念徐光启400周纪念。而写大字报的潘吉星在5月1日的《辽宁日报》上写了一篇《杰出的科学家徐光启》，1962年在报上发表徐光启文章有33篇之多，这能说我个人的私见吗？写大字报的薄树人就在纪念刊上称徐光启是明末一位杰出的科学家，说徐光启青少年时代生活相当清苦，父耕母织，而他自己则在稍长时以教书糊口，他比较接近劳动人民。[25]192-193

不过，竺可桢事后并未将不满转化给科学史室，仍以学科发展为重的公心将之牵挂于心。1968年3月5日，他看了"学习毛主席对科技革命语录卡片"，在日记中写道："关于自然科学史，1964年8月在北戴河关于哲学问题的讲话中说道，要研究自然科学史，不读自然科学史不行。"[26] 1970年科学史室已被"一锅端"，全体下放到河南"五七干校"劳动，他听说有人要处理一批科学史的书，便赶快写信到河南，希望能有人回来接收。[1]

1971年9月15日，周培源将华印椿所写关于发展科学事业建议的信件转给竺可桢。该信建议"研究科学史、农业遗产停顿，应把这种人才〔放〕到数学研究所和农业科学院"。周培源要竺可桢对"科学史研究如何处理加以研究"。[27]479 竺可桢虽感到"心有余而力不足"，要周培源"有机会和郭老一谈"，但仍重视此事。9月22日，竺可桢亲自与吴有训谈周培源的信："希望科学院能为中国科学史所的年青有训练人〔安排工作，不要〕放在河南息县五七学校无事可干。"[27]483

1972年，全国政治形势有所好转。4月20日，借华南农林学院图书馆馆长梁家勉来函建议设立中国科技遗产工作机构的机会，竺可桢致信郭沫若，吁请尽快恢复科学史室工作：

> 查我院本设有中国科学史研究室，于1960年左右下放给社会科学部领导。该部本身已濒于被取消，科学史研究室人员已全部下放至"五七"干校，只剩一人在京留守。近来院中呈国务院关于院方向任务请示第三稿中，曾主张把科

学史研究室仍归院继续办理。我认为这是符合毛主席"学习我国历史遗产"的指示的。希望国务院批准后能迅速建立起来。去冬北大周培源同志也曾来信，认为科学史室年青同志一旦遣散未免可惜为言。并此附闻。[28]

1972年7月，科学史室全体人员返京。不久，为给郭沫若编写的《中国史稿》提供科技史素材，科学史室严敦杰、席泽宗、杜石然、潘吉星成立史稿组，率先恢复业务工作。为了壮大研究力量，竺可桢拟请叶企孙重返该室工作。9月16日，竺可桢参加郭沫若宴请陈省身的晚宴时，向周培源打听了叶企孙的近况，询问："院中将恢复科学史工作，不知企孙是否尚能参加？"[29]197 9月21日，竺可桢亲至北京大学探望叶企孙，"谈到科学史研究室要恢复事"。[29]201 但叶企孙因病重，已不能工作。更令人惋惜的是，1974年2月7日竺可桢因病逝世，生前未能见到1975年科学史室扩建为自然科学史研究所与正式恢复业务工作的场景。

四、结语

由以上考察可知，1951年竺可桢即主张在中国科学院建立中国科学史方面的委员会。这与其对科学史怀有浓厚的兴趣有关，也有着深刻的时代背景。这就是当时在国内，中央和人民政府大力提倡爱国主义教育，积极宣传中国古代科技成就；在国际上，李约瑟正在撰著规模宏大的《中国科学技术史》。为了落实这一主张，竺可桢积极为中国科学院物色和延揽科学史人才，钱宝琮、叶企孙等知名专家调入或兼职于中国科学院，都是他努力的结果。1954年中国自然科学史研究委员会成立，竺可桢出任主任委员。随后他组织人员评介了李约瑟的《中国科学技术史》第一卷，领导规划了《中国古代自然科学及技术史》的撰著工作。

1956年，中央发出"向科学进军"的号召。在选定专人顺利制定《科技史研究工作远景规划》和参加中国自然科学史第一次科学讨论会后，竺可桢率代表团参加了第八届国际科学史大会，为中国加入国际科学史协会贡献了重要力量。1957年科学史室成立后，竺可桢对该室天文学史研究工作给予了指导。1962年，他亲自主编了《徐光启纪念论文集》，推进了关于徐光启的研究。1965年，他还在中国科学院全院范围内组织人员撰写近代科学发展史的文章、世界科学家名人传，以求为新中国的科学"追上世界水平"提供历史的借鉴。在竺可桢与科学史室人员的共同努力下，"文革"前该室在中国古代科技史研究方面取得了可观的成就，研究队伍也得到了壮大。"文革"中，竺可桢虽然赋闲在家，并十分感伤于科学史室部分青年研究人员对他的批判，但仍关心该室命运，1972年曾吁请恢复该室工作。

竺可桢组织和领导的新中国科学史研究事业并非圆满。他领导规划的《中国古代自然科学及技术史》的撰著工作就不了了之。但总体而言，他在新中国科学史研究事业早期发展历程中扮演了重要而积极的角色。这一角色的形成并非单一因素使然，而是他的个人兴趣、权位、研究和组织能力与时代背景综合作用的产物。

参考文献

[1] 席泽宗.竺可桢与自然科学史研究//席泽宗.古新星新表与科学史探索.西安：陕西师范大学出版社，2002：291—299.

[2] 宋正海.竺可桢：中国科学史事业的奠基人——中国科学院自然科学史研究所成立50周年之际追思.科学新闻，2008，(1)：45—46.

[3] 钱永红.竺可桢：中国科学史研究事业的奠基人//秦大河主编.纪念竺可桢先生诞辰120周年文集.北京：气象出版社，2010：68—81.

[4] 何亚平，张立，于小涵.竺可桢与中国科技史研究.合肥工业大学学报（社会科学版），2011，25（3）：6—12.

[5] 竺可桢.竺可桢全集（第12卷）.上海：上海科技教育出版社，2007.

[6] 中国科学史座谈会记录//中科院召开地震工作委员和自然科学史研究委员会等会议记录、纪要.北京：中国科学院档案馆，1954-3-46.

[7] 何绍庚.钱宝琮先生传//李俨，钱宝琮.李俨钱宝琮科学史全集（第10卷）.沈阳：辽宁教育出版社，1998：555.

[8] 关于钱宝琮调中科院工作的函//中科院出席意大利举行的世界科学史大会（专案）.北京：中国科学院档案，1956-4-82.

[9] 竺可桢.竺可桢全集（第13卷）.上海：上海科技教育出版社，2007.

[10] 关于聘竺可桢等为中科院中国自然科学史委员会委员的函（附暂行组织办法及委员名单）//中科院关于"建筑工作、哲学研究所筹备、地震工作、中国自然科学史研究"等四个委员会的成立及组织成员聘请的函件.北京：中国科学院档案馆，1954-2-73.

[11] 中国自然科学史研究委员会第一次会议纪要//中科院召开地震工作委员和自然科学史研究委员会等会议记录、纪要.北京：中国科学院档案馆，1954-3-46.

[12] 中国自然科学史研究委员会第二次会议纪要//中科院召开地震工作委员和自然科学史研究委员会等会议记录、纪要.北京：中国科学院档案馆，1954-3-46.

[13] 郭金海.李约瑟《中国科学技术史》与中国自然科学史研究室的成立.自然科学史研究，2007，26（3）：273—292.

[14] 中国自然科学史研究委员会第三次会议纪要（附件）//中科院第四十五次至五十次院务常务会议通知及其材料.北京：中国科学院档案馆，1955-2-12.

[15] 竺可桢.竺可桢全集（第14卷）.上海：上海科技教育出版社，2008.

[16] 中国自然科学与技术史研究工作十二年远景规划草案（二次稿）//中科院一九五六年至一九六七年研究机构设置和中国自然科学与技术史研究室远景规划草案（修改稿）.北京：中国科学院档案馆，1956-3-8.

[17] 陆定一.百花齐放，百家争鸣——一九五六年五月二十六日在怀仁堂的讲话.人民日报,1956-06-13（2,3）.

[18] 竺可桢.百家争鸣和发掘我国古代科学遗产.人民日报，1956-07-15（7）.

[19] 关于召开第二十二次院务常务会议的通知（附筹建北京植物生理研究室及西南土壤研究室的报告、中国自然科学史第一次科学讨论会报告及提请任免干部事项）//中科院一九五六年召开第二十一次至第二十七次院务常务会议通知及有关材料.北京：中国科学院档案馆，1956-2-22.

[20] 关于召开第二十八次院务常务会议的通知（附会议报告、合作协议等）//中科院一九五六年召开第二十八

次至第三十八次院务常务会议通知及其有关材料．北京：中国科学院档案馆，1956-2-23．

［21］中科院第二十八次院务常务会议纪要 // 中科院一九五六年召开第二十八次至第三十八次院务常务会议通知及其有关材料．北京：中国科学院档案馆，1956-2-23．

［22］竺可桢．竺可桢全集（第15卷）．上海：上海科技教育出版社，2008．

［23］竺可桢．竺可桢全集（第16卷）．上海：上海科技教育出版社，2009．

［24］竺可桢．竺可桢全集（第17卷）．上海：上海科技教育出版社，2009．

［25］竺可桢．竺可桢全集（第18卷）．上海：上海科技教育出版社，2010．

［26］竺可桢．竺可桢全集（第19卷）．上海：上海科技教育出版社，2010：56．

［27］竺可桢．竺可桢全集（第20卷）．上海：上海科技教育出版社，2011．

［28］竺可桢．竺可桢全集（第4卷）．上海：上海科技教育出版社，2004：430．

［29］竺可桢．竺可桢全集（第21卷）．上海：上海科技教育出版社，2011．

原载《广西民族大学学报（自然科学版）》2013年第2期

竺可桢日记的经济科技史料价值与时代意义

徐康宁

竺可桢,字藕舫,1890年生,1974年去世。中国现代气象学的奠基人,著名的科学家、教育家,曾任浙江大学校长、中国科学院副院长,身后留下令人叹为观止的个人日记。竺可桢日记内容极为丰富,大至国际局势、政党主义,小至民生市情、个人交往,在其笔下均表现得生动多彩,堪称了解中国20世纪经济社会的一部大型参考书,值得深入挖掘和探究。

一、蔚为大观的个人日记

竺可桢于1910年考取第二批庚款留学美国资格,与他同船去美国的有胡适、赵元任、钱崇澍等后来的民国一代名流。他先入美国伊利诺伊大学习农,后进入哈佛大学攻读气象,1918年获哈佛大学博士学位,回国后在东南大学创建了中国第一个地学系,奠定了中国现代气象学和现代地理学的基础。竺可桢曾被蒋介石"钦点"为浙江大学校长,新中国成立后得到毛泽东主席的专门接见,畅谈气象与经济发展。他一生与教授、名流和高官交往甚多,经常参与讨论国是,阅历丰富。由于有这样的身份和经历,所以留下的个人文字颇有独特的史料价值。

竺可桢数十年如一日,每天一记,短则三五百字,长则一两千字,一直记到逝世前一天。无论大喜还是大悲,都不影响他作日记一篇。时局动荡时刻,竺可桢突然接到自己长女死讯(别离已三载,得讯时人故已一年),依旧不忘写下当天(1949年6月3日)日记:"得梅去世的消息,呜呼,痛哉!……惊骇莫名……余为泪涔涔者久之……梅……享年仅二十六有余……余于1938年丧妻及子,1948年又丧女。忧患余生,又安能再受此打击耶!"①日记并没有因心悲而凌乱,最后一段是当天物价上涨的情况。第二天,日记一如平常。

竺可桢日记共16卷,蔚为大观,计1300多万字。②前后历39年,时代跨度惊人,过程近无中断。竺可桢日记并非生活流水账,而是反映时代变迁,记录思想观点,有人物、事

---

① 竺可桢,《竺可桢全集》第11卷,上海科技教育出版社,2006年,第452页。
② 殷晓岚,《科学文化的历史宝藏——〈竺可桢全集〉出版侧记》,《中国出版史研究》,2018年第4期。

件、评论，视角远超出一般个人日记，许多年份还有笔记、剪报、收支一览表附录在后，资料价值不同寻常。就系统性、连续性而言，已有的名人日记，很难与其相比肩。①

竺可桢生前，私人日记秘不示人，周围人甚至不知其有写日记的习惯。他写得如此认真，也不是为身后出版，因为时有私密的内容现于日记，比如家庭矛盾、儿子学习成绩不佳、同事是非等。据他自己所言，写日记是备忘。正因为是私人所记，没有刻意修饰，记录时代更有其独特的"原生态"价值，可以让历史鲜活起来。社会重要变化，笔下都有记录，使后人得知许多历史细节。例如，1946年1月1日这天记下："从今日起车靠右行。"②原来在此之前，中国交通袭英国制度，车靠左行。第二次世界大战以前，来自英国的西风对中国影响更大。

现有文献对竺可桢日记的研究，主要限于浙江大学校史内容。如杨建忠以竺可桢日记为线索，分析抗战期间国立浙江大学迁移贵州的主要原因。③邱丙亮、苏亚借助对竺可桢日记的有关记载，分析其校园禁烟的理念和育人思想。④还有一些文献从真实性和连贯性角度加以研究，如胡志富以"日记的价值完全在于真实"为题高度评价了竺可桢日记。⑤但是，在现有可查到的研究竺可桢日记的文献中，无一篇专门研究其经济史料价值的文章，也鲜见专门从科技史视角研究竺可桢日记的文献。考虑到涵盖日记的《竺可桢全集》出版已近20年，不能不说是一个遗憾。笔者因查旁证资料接触到竺可桢日记，由随便一读到仔细品读，再到将全部日记浏览一遍，颇有几分震撼，深感这部私人巨制的特殊史料价值，值得深入其中做一些分析研究工作。

二、竺可桢日记的特殊史料价值

竺可桢一生饱含家国情怀，日记反映世界变化、国家命运、社会苍生。抗战艰难年代，身处偏僻之乡，他静心细读《国富论》。1941年12月4日的日记写道："二点至校。阅严又陵⑥所译亚丹·斯密氏《原富》⑦。乃清芬书局校刊，泰和时所获者。有吴汝纶序，严复光绪廿七年作译事例言。读此书足知又陵先生译笔之谨严。"⑧同年12月11日又记：

---

① 樊洪业，《关于竺可桢日记》，《竺可桢全集》第6卷，上海科技教育出版社，2005年。
② 竺可桢，《竺可桢全集》第10卷，上海科技教育出版社，2006年，第3页。
③ 杨建忠，《抗战时期国立浙江大学迁黔原因及其抉择——以〈竺可桢日记〉为中心》，《遵义师范学院学报》，2022年第4期。
④ 邱丙亮、苏亚，《从〈竺可桢日记〉来看一位大学校长的禁烟理念》，《遵义师范学院学报》，2017年第2期。
⑤ 胡志富，《日记的价值完全在于真实——〈竺可桢日记〉手稿典藏记》，《浙江档案》，2017年第5期。
⑥ 即严复，又陵为其字。
⑦ 即《国富论》。
⑧ 竺可桢，《竺可桢全集》第8卷，上海科技教育出版社，2006年，第195—196页。

"晨六点半起。八点至校。阅严又陵译 Adam Smith《原富》,其第七章述专利之害,抨击东印度公司与荷兰人之治东印度群岛,语极沉痛。……严之译笔雅而真,读者不觉其为译本也。"① 日记中的泰和是指江西泰和县。抗日战争爆发后,浙江大学曾西迁至此,后又迁至广西、贵州等地。竺可桢这则日记是写在贵州遵义期间。几天后的 12 月 20 日又记:"七点起。八点半往江公祠图书馆。阅《大英百科全书》中关于东印度公司部分。"② 江公祠是浙江大学迁至遵义时校图书馆所在地。原来,他是在对东印度公司作一番更深的了解。《大英百科全书》是竺可桢一生不离不弃之物,日记里有很多次记载。

概括而言,竺可桢日记的经济史料价值主要有以下三方面。

第一,反映历史物价。日记中有大量的物价和民生费用记录,堪称宝贵的第一手资料。现有统计资料反映历史物价,不够鲜活细致,更有事后统计的失真之虞。大半个世纪后,看到竺可桢笔下的物价陈迹,研究者难免顿生感慨。1955 年 5 月 17 日的日记有:"现已改为解放碑。在附近……以二元二角购冬虫夏草二两。"③ 同年 5 月 30 日记有:"在王新记以三元三购檀香扇一柄。十二点回。"④ 今日读来,如同远古当下之别。读其日记还可知,战争动乱时期,价格涨幅最高的并非粮食、猪肉这些必需品,而是汽油、药品等战略物资。据其 1942 年的日记,食品价格比战前涨了数倍,而汽油、药品价格却涨了上百倍。同年 6 月 10 日的日记中有:"盐水针一瓶战前值一元,现则四百元矣。"⑤

第二,记录当年知识分子的收入状况。竺可桢以有心之人在日记中记下不同时期知识界人士的月薪酬劳,为后人了解各时期知识分子的收入情况提供了重要资料。1947 年冬春,竺可桢在美国剑桥晤钱学森。当时钱学森为美国麻省理工学院副教授,年薪 7000 美元(1947 年 2 月 27 日记)。⑥ 新中国成立初实行薪给制,以小米为工资单位,当然不是直接发小米。1950 年 1 月 14 日的日记写道:"提……钱三强……为研究员,薪水 1060 斤……外加每人七十斤小米的车马费。"⑦ 时代转折之时,币值不稳定,粮食成财富之锚。1956 年工资改革,竺可桢没按一级研究员定薪,而是按五级干部薪级取酬,前者 345 元,后者 382 元。他在 1956 年 6 月 13 日的日记中还记下,严济慈、钱三强、钱学森、钱崇澍等享受特级研究员待遇,月薪 450 元。⑧ 可见,那时高级知识分子颇受优待。

第三,记载许多重大经济事件。竺可桢很关注经济,许多重大事件在他的日记中都有反映。第二次世界大战战事正酣,美国和英国已在为战后国际货币秩序重建做准备了,

---

① 竺可桢,《竺可桢全集》第 8 卷,上海科技教育出版社,2006 年,第 200 页。
② 竺可桢,《竺可桢全集》第 8 卷,上海科技教育出版社,2006 年,第 205 页。
③ 竺可桢,《竺可桢全集》第 14 卷,上海科技教育出版社,2008 年,第 91 页。
④ 竺可桢,《竺可桢全集》第 14 卷,上海科技教育出版社,2008 年,第 101 页。
⑤ 竺可桢,《竺可桢全集》第 8 卷,上海科技教育出版社,2006 年,第 350 页。
⑥ 竺可桢,《竺可桢全集》第 10 卷,上海科技教育出版社,2006 年,第 385 页。
⑦ 竺可桢,《竺可桢全集》第 12 卷,上海科技教育出版社,2007 年,第 12 页。
⑧ 竺可桢,《竺可桢全集》第 14 卷,上海科技教育出版社,2008 年,第 354 页。

并各自抛出了一个方案，也就是凯恩斯方案和摩根索方案。早在1943年的日记中，竺可桢就记录了凯恩斯方案和摩根索方案的内容，并加以评论，比当时国内所有的公开报道都要早，也比所能查到的任何一位经济学家诉诸文字的时间要早。

竺可桢日记的科技史料价值也至少有以下三点。

一是及时记录科技领域的最新成果。竺可桢数十年不间断阅读《自然》（Nature）和《科学》（Science）这两份著名的学术期刊，民国时期还经常浏览《纽约时报》《科学美国人》《读者文摘》等有影响的报刊，一些重要的科技发明是先出现于他的日记，然后才见于国内的专业期刊。1943年9月28日，竺可桢在日记中提到两件重要事情：一是国民政府以《租借法案》2万万美元购160吨黄金，用飞机从美国运回；二是"晚阅 Reader's Digest 本年六月份 pp. 105—106 '战争中之秘密武器 radar'，即以无线电侦飞机之所在"。① 笔者借助"中国近代报刊数据库"，查到民国时期最早出现雷达或 radar 一词的时间是1944年，刊于一份比较专业的杂志——《现代防空》第三卷第3期。

二是反映新科技在中国的应用。一般以为，在医院用专业方式洗牙是近二三十年才有的事情，读竺可桢日记可知，专业洗牙早在20世纪30年代就有了。竺可桢很注重牙齿的保健，多次在日记里写下在牙科诊所洗牙的经历。可能是对国内牙科诊所不放心，他的几次洗牙经历都出现在海外旅行期间。竺可桢任中国科学院副院长时主管生物学地学部，日记中有许多关于抗生素在我国研制和生产的情况，而抗生素使用是新中国医药发展的重要里程碑。读其日记可知，到1955年，青霉素的研制与生产问题在我国已基本解决，开始广泛使用，但链霉素研制仍未过关，说明当时肺结核仍然是难治重症。

三是记载重要科技政策的制定。竺可桢在新中国成立后参与制定了许多重要科技政策，日记中记载的一些人和事，对于后人了解一些科技政策制定的背景很有帮助。例如，1956年的日记有较多内容反映当年中央出台知识分子政策和"十二年科技发展远景规划"的制定情况。1956年1月21日，竺可桢在日记中记下毛泽东、刘少奇、周恩来等国家领导人以及各部、省负责人共一千多人在中南海怀仁堂听科学院专家作报告的情形。竺可桢和其他三位科学家整整讲了一下午，晚7点才结束。"今天大会极为庄严，料不到人民政府看科学如此重要。"② 为制定宏伟的科技发展长远规划，新中国最高领导人十分想了解科学技术的情况。

三、再现民国时期货币制度演变的生动窗口

竺可桢日记反映了许多重要的经济事件，最值得一提的是民国时期的货币制度演变。

民国时期的货币制度经历了三次大的变动。第一次是1933年的"废两改元"，取消

---

① 竺可桢，《竺可桢全集》第8卷，上海科技教育出版社，2006年，第645页。
② 竺可桢，《竺可桢全集》第14卷，上海科技教育出版社，2008年，第279页。

银两流通,统一改用银元。第二次是 1935 年的法币改革,终止银本位,以法币代替银元。第三次是 1948 年的"金圆券"制度。现存的竺可桢日记始于 1936 年(之前的 10 年日记毁于战祸),"废两改元"在日记中不存,这里只讨论后两次币制变动。

有必要先交代一下 1935 年的法币改革。1935 年 11 月以前,中国采用银本位制,流通银元。1934 年,美国颁布《白银收购法案》,银价上涨,大量白银从中国流出,银根紧缩,市场凋敝,工商业不振。国民政府决定终止银本位制,使货币与白银脱钩,以避免受国际金融动荡牵连,于 11 月 3 日颁布《财政部改革币制令》,确立当时的中央银行、中国银行和交通银行发行的纸币为法定货币,同时确定法币的外汇汇率。

1937 年 2 月 17 日,竺可桢在日记中写道:"中国自前年行新法币后亦以金镑为标准,可称用金本位制,因金镑与美金亦有相当比例,而美金三十五元可购一两〔黄金〕,故吾国币制实以金为单位也。"① "前年行新法币"指 1935 年 11 月开始实施法币制度。"金镑"是英镑,当时官方和民间普遍称英镑为金镑,说明那个年代英镑的地位还很高。当时官方确定的法币兑换英镑汇率为 1 元法币兑英镑 1 先令 2.5 便士,与美元之间的汇率为 1 元法币兑 30 美分。② "美金三十五元可购一两〔黄金〕",指当时美国确定的美元与黄金之间的比价,1 两指 1 英两,即 1 盎司。法币制度并非金本位制,当时英国和美国都放弃了金本位制,中国更无条件实行金本位制,实际是汇兑本位制,即以外汇储备作为法币信用基础,国民政府承诺无限制以外汇承兑法币。为保证手中有外汇,国民政府于 1935 年 5 月专门派著名银行家陈光甫率团访问美国,与美国财政部商谈用白银购买美元。③ 原计划是向美国政府售卖价值 2 亿盎司的白银,④ 实际商谈的结果是由美国向中国购买 7500 万盎司白银,按市场价格交易,当时价格为每盎司白银 45 美分上下。⑤

关于法币改革,一些研究常将之概括为政府搜刮民间财富,滥发没有价值的纸币,引发通货膨胀。这种分析实属简单"脸谱化",与历史实际不符。从竺可桢日记看,法币改革后的头两三年内,物价相对平稳,没有出现严重的通货膨胀。现以 1936 年和 1937 年的几则日记为例。1936 年 9 月 18 日的日记写道:"中午约陈庆堂赴大膳厅与学生共餐,四菜一汤,四人同桌,每月伙食费七元尚不算恶。"⑥ 身为大学校长,竺可桢为了解学生伙食,特

---

① 竺可桢,《竺可桢全集》第 6 卷,上海科技教育出版社,2005 年,第 252 页。
② 张嘉璈,《通胀螺旋——中国货币经济全面崩溃的十年:1939—1949》,于杰译,中信出版集团,2018 年,第 317 页。
③ 陈光甫一生颇为传奇。他早年留学美国,在宾夕法尼亚大学沃顿商学院获得学士学位,回国后从事金融行业,后创办私营的上海商业储蓄银行,业绩显著,在金融界颇有声望。他与国民政府来往密切,互动频繁。抗战爆发后,他受蒋介石"征召",与胡适一同赴美,开展对美外交工作。胡适以文化交流为途径,靠撰文和演讲争取美国支持中国抗日;陈光甫从经济金融入手,凭借专业知识和在美国广泛的财经人脉,争取美国财政援助。
④ 何品、宣刚,《陈光甫日记言论集》,上海远东出版社,2015 年,第 93 页。
⑤ 任东来,《1934—1936 年间中美关系中的白银外交》,《历史研究》,2000 年第 3 期。
⑥ 竺可桢,《竺可桢全集》第 6 卷,上海科技教育出版社,2005 年,第 147 页。

地到学生食堂与学生一道吃饭。"尚不算恶"是评价伙食的标准和质量，即不算差。1937年4月14日的日记写道："十二点四十分至宜兴，在车站旁惟珍茶店泡茶一壶，去一角，尚余一角钱而已。"① 当时竺可桢兼任国民政府中央研究院气象研究所所长，家在南京，经常往返于南京、杭州之间，多数乘火车，有时也乘校长专车驰于两地之间。他观察十分细致，连路边茶店的店名都记在日记中。一角钱一壶茶，今天看来恍若隔世，却十分可信。

1937年6月19日的一段日记颇有意思："晨六点起。进早餐后七点抵沪。因离杭州开车尚有一小时二十分，遂至四川路恒康试新制衣服，并添制Pon Beech一套，价洋卅二元。八点半车开。头等舱人满，余与一法国家庭同舱。"②

恒康是上海一家有名的服装店，专门定制西服，竺可桢当天在那里添置（定制）了一套名为Pon Beech的西服。Pon Beech为何物？遍查不得。整理竺可桢日记的编者大概也未查到，故保留了英文原文，未加中文翻译。借助于人工智能ChatGPT的帮助，才知Pon Beech为Palm Beach的误拼（很有可能竺可桢未拼错，因英文书写潦草，日记整理者认错了），而Palm Beach是美国20世纪30年代流行的一款夏装西服的风格（Palm Beach Suits），其特点是面料轻薄，比较凉爽。价洋卅二元，指价格32元法币。这既反映竺可桢很有生活品位，对美国流行的东西很了解，也证实当时并未出现明显的物价上涨，32元一套西服的价格和银元时代基本相同。日记记载，竺可桢于1937年初在香港出席学术会议期间在当地服装店也定制过西服，价格相仿。

这一史料说明，纸币制度不一定与通货膨胀画等号，币值是否稳定取决于该货币发行的数量。当年国民政府以纸币替代银元，头两年能够保持物价稳定，并非由于其背后有外汇支撑，而是因为发行规模有所控制。然而，纸币就是纸币，本身毫无价值，一旦政府为了某种目的或迫于无奈，加快印钞机的运转速度，货币发行规模过大，物价上涨乃至严重通货膨胀就不可避免。事实上，法币制度仅仅稳定了两三年，随着货币规模迅速扩大，很快就出现了严重的通货膨胀，这在竺可桢1938年后的日记中有大量记载。

1935年的法币改革使物价稳定保持了几年，而1948年推行的金圆券制度从一开始就掀起了物价上涨狂潮，是当局货币政策的一大败笔。

为抑制高涨的物价，国民政府于1948年8月20日发行金圆券，废除旧法币。竺可桢当天日记开头就是："以金圆券为本位币制实行改革，发行金圆券，收兑法币，以三百万元折合金圆一元，限十一月二十日前兑掉。收兑人民所有黄金、白银。金圆券发行额二十亿为限。"③ 不及两月，虽有政府限价，黑市价格已一路飞扬。1948年10月19日的日记写道："因日来暗盘大涨，物价因受限制不能明涨，但瓦砖、水泥均无现货，洋钉限每人买四两……水泥定价每袋四元三角，黑市至十二元。因物价随米价，米价随金

---

① 竺可桢，《竺可桢全集》第6卷，上海科技教育出版社，2005年，第284页。
② 竺可桢，《竺可桢全集》第6卷，上海科技教育出版社，2005年，第321页。
③ 竺可桢，《竺可桢全集》第11卷，上海科技教育出版社，2006年，第186页。

价,而黑市金价每两七百元,较规定二百元涨二倍半矣。"① 竺可桢虽非经济学家,但洞察米价、金价之间关系,十分精辟。同年 11 月 8 日的日记写道:"近日物价狂涨,为向来所未有。〔米〕昨日萧山 170 元一石,杭州 250 元,而上海到 450 元。今日闻上海已到 700 元。"② 金圆券改革彻底失败,行政院院长和财政部部长引咎辞职,前后不足三月。

一般研究将金圆券改革失败原因归结为三条:第一,货币超发,搜刮民间财富;第二,官员腐败,中饱私囊;第三,战场连败,民众失去信心。读竺可桢日记,可多一分认知。除上述原因外,技术官员不专业,也是一重要原因。时任财政部部长王云五乃奇人,靠自学英语施教于上海有名的中国公学,其中一个学生后来成了大名人,就是胡适。多年后商务印书馆仰慕胡适才学,高薪聘其为编译所所长,胡适难从,乃推荐他的老师王云五,王云五就当上了商务印书馆的高管。他到商务印书馆后实行西式科学管理,业绩突出,后进入政界,一直做到财政部部长,金圆券改革就由他直接操刀。一个出版公司管得好,未必能管好一国的货币财政。在当时的时代背景和治理结构下,用央行缩表的方式控制通货膨胀,完全是异想天开、纸上谈兵。况且,由财政部部长制定货币改革方案,本身就是一个笑话。竺可桢在日记中不仅记录了金圆券改革失败的全过程,而且记下自己心中的愤懑。作为政府良民,其妻将家中黄金兑换金圆券,结果成一堆废纸。

四、中国半导体早期技术水平的科学评价佐证

竺可桢是中国科学院创院副院长,他的日记真实记录了时代的科技进步,为今天的人们了解新中国科技发展史提供了宝贵的资料。其中涉及中国半导体早期技术的发展情况,称得上不可多得的旁证,具有特殊的价值,有助于科学评价中国半导体早期技术的实际水平。

学术界一直流传着一种观点,即中国半导体技术和产业发展的起步并不晚,与日本同步甚至早于日本,与世界先进水平也只有几年时间的差距,只是后来因政治运动频繁,差距才被拉大。甚至一位颇有名气的经济学家在一篇长文中写道:所有的资料表明,中国的第一台计算机比日本的早了将近一年,中国的第一只晶体管也比日本早,但以后就不一样了。③ 真的是这样吗?中国半导体技术起步比日本还要早吗?对这一问题进行科学评价,不仅可以还原真实历史,而且对今天具有重要的启示意义。这里以竺可桢日记为重要线索,力求还原中国半导体技术和产业发展的真实历史。

1947 年 12 月,美国贝尔实验室的三位科学家发明了晶体管,开创了半导体技术发展

---

① 竺可桢,《竺可桢全集》第 11 卷,上海科技教育出版社,2006 年,第 235 页。
② 竺可桢,《竺可桢全集》第 11 卷,上海科技教育出版社,2006 年,第 251 页。
③ 朱嘉明,《发展·改革·开放——中国现代化进程中的三大课题》,亚洲研究所编,《新亚洲》,上海三联书店,1989 年,第 34 页。

的一个重要里程碑，半年后这项技术被公开。1952 年，贝尔实验室的母公司以 2.5 万美元的价格转让了晶体管专利。除美国和欧洲的一些企业外，一家名叫日本东京通信株式会社的企业也购买了这项专利，并于 1954 年成功研制出晶体管（贝尔实验室只转让生产许可，不传授技术诀窍），1955 年开始用自制的晶体管生产出收音机，并很快出口到美国市场。这家企业后来更名为索尼公司，并一度成为世界电子工业的翘楚。[①]

同一时期，中国的科学界和工业界却多年寂静。1957 年出版的《英华大辞典》是当年国内词汇量最大的英汉词典，没有收入"transistor"（晶体管）。经考证，晶体管一词第一次出现于国内正式出版物的时间是 1956 年，出自《电信科学》创刊号（当年下半年创刊）上成众志的一篇文章。成众志，1945 年留学美国，取得哈佛大学硕士学位，1955 年回国，时为中国科学院应用物理研究所副研究员。据 1956 年回国的美国麻省理工学院电子学硕士吴锡九在其自传《回归》中介绍，将"transistor"翻译成晶体管，是他回国后与成众志一道商量后定下的，时间为 1956 年夏天。[②]中国物理学会在 1956 年初开过一次以半导体技术为主题的重要会议，当时国内该领域的主要科学家都提交了论文。这些科学家绝大多数都是新中国成立初期从国外回国的博士、硕士，如黄昆[③]、王守武[④]、洪朝生[⑤]、高鼎三[⑥]、成众志等。黄昆和成众志在会上有专文论述晶体管，但用的分别是"晶体放大器"和"半导体放大器"[⑦]（晶体管的主要功能是将电子信号放大），间接证实了吴锡九关于晶体管一词首次使用时间的说法。

1956 年之前，竺可桢日记没有出现过晶体管一词，类似的表述也没有。1956 年 10 月 24 日，竺可桢在日记中写下当天参观在北京举办的日本商品展览会的情形："下午看刘委员长报告二小时。五点半和允敏去苏联展览馆看日本商品展览会，已开幕二周。日本商品颇丰富。"[⑧]同年 11 月 16 日的日记写道："晚至文化宫看科普展览会。分总馆、自然科学、工业技术及新技术四部，有人造卫星模型，日制半导体收音器。八点回。"[⑨]半导体

---

① 参见索尼传媒中心，《索尼源流——从废墟上起步》，华夏出版社，1999 年。
② 吴锡九，《回归》，上海辞书出版社，2012 年，第 70 页。
③ 黄昆（1919—2005），1948 年获英国布里斯托尔大学博士学位，世界著名物理学家，中国固体物理学和半导体物理学的奠基人之一，曾任中国半导体研究所所长、名誉所长，1955 年当选为中国科学院学部委员（院士）。
④ 王守武（1919—2014），1949 年获美国普渡大学博士学位，著名半导体器件物理学家、微电子学家，我国第一个半导体研究室、半导体器件工厂和半导体研究所的创建者与负责人，1980 年当选为中国科学院学部委员（院士）。
⑤ 洪朝生（1920—2018），1948 年获美国麻省理工学院博士学位，著名物理学家，中国低温物理和低温技术研究的开创者之一，1980 年当选为中国科学院学部委员（院士）。
⑥ 高鼎三（1914—2002），1947 年赴美留学，著名半导体器件物理学家，创建了我国大学第一个半导体系，1995 年当选为中国工程院院士。
⑦ 中国物理学会编，《半导体会议论文集》，科学出版社，1957 年，第 49—102 页。
⑧ 竺可桢，《竺可桢全集》第 14 卷，上海科技教育出版社，2008 年，第 439 页。
⑨ 竺可桢，《竺可桢全集》第 14 卷，上海科技教育出版社，2008 年，第 454 页。

收音器即晶体管收音机,那个时代半导体收音器是习惯说法。可以判定,这时竺可桢已经知道了晶体管。竺可桢在日记中提到的日本商品展览会是当时国内经济生活的一件大事,该展览会1956年在北京和上海先后举办,每天有数万人参观,商品的丰富性和技术的先进性给当时的国人留下了深刻印象。展览会上,晶体管收音机是参观者争相购买的商品之一。竺可桢在科普展览会上看到的日制半导体收音机应该和前一个展览会有必然关联。

中国第一只晶体管由吴锡九和其助手共同研制完成,时间是1956年11月,吴锡九时为中国科学院应用物理研究所副研究员。但是,这个晶体管仅是实验室产品,没有实现商品化生产。中国科学院的专家后来总结为,这个晶体管虽有放大效应,但放大倍数和击穿电压较低,工作稳定性也差。[①]1956年,国务院组织了数百名高层次专家,花费近一年时间,编制了有深远影响的"十二年科技发展远景规划",半导体、电子计算机、无线电、自动化作为"四大紧急措施"被列为规划重点,说明中央高层和科学家们从这一年开始重视半导体技术研究。竺可桢全程参与此项重大规划编制,并担任重要工作,他的日记中也常有晶体管研制情况的内容。1962年1月11日,竺可桢视察成立不久的中国科学院半导体研究所,了解有关科研情况。他在第二天的日记中写道:"昨下午参观了东皇城根本院的半导体所,由副所长王守武……诸人谈后参观。该所方于前年从物理所分出,现有100多人,均为前年和去年大学毕业生,高级研究人员仅四五人而已(王守武、王守觉、林兰英等)。……据云,锗的提炼已无问题,可到七八个9……硅可提炼至用化学方法到4个9,在所中用物理方法可提至八个9,但捷克已能至九个9。"[②]锗和硅都是晶体管所用材料,20世纪50年代末,国际上用硅代替锗已成趋势,因为硅的材料来源比锗广泛得多,且更加耐高温。提纯是晶体管制造的一项关键技术,硅单晶达到9个9的纯度,即99.9999999%,是高品质晶体管的基本条件。从竺可桢当天的日记可知,当时我国半导体硅提纯技术水平尚不及捷克斯洛伐克。1963年10月18日的日记记载:"晚阅《1963—72年科学技术发展报告》,中说……水平方面,大致认为世界先进国家40年〔代〕的水平。……美国晶体管有1000多种,我国只8种,电子管美国三千种,我国只266种。"[③]相信那份报告当年是保密资料,如果不是竺可桢日记,后人也无从知晓。在实验室研制成功的产品,与实际技术水平并非一回事,距产业化有相当长一段距离。根据我国半导体产品研制成功比美国晚几年,就认定起步时间只比国际上晚几年,甚至认为与日本同时起步,这种判断并不准确。至于说中国的晶体管早于日本,那是非常不严谨的。

中国半导体技术从一开始就输在了起跑线上,与世界先进水平至少有6年的差距。据中国半导体科学技术的开拓者和奠基人之一、中国科学院半导体研究所首任业务副所

---

① 何春藩,《记新中国第一只晶体管的诞生》,夏建白、陈辰嘉、何春藩,《自主创新之路——纪念中国半导体事业五十周年》,科学出版社,2006年。

② 竺可桢,《竺可桢全集》第16卷,上海科技教育出版社,2009年,第178—179页。

③ 竺可桢,《竺可桢全集》第16卷,上海科技教育出版社,2009年,第624页。

长王守武回忆,他于1950年底回国,1954年了解到新一代电子器件——半导体晶体管已在国外广泛应用,并预见到这将引起电子技术的一次新的革命。于是"与同期回国的黄昆、洪朝生等著名专家,在当年召开的物理学年会上,作了这方面的介绍,希望引起有关方面的重视"。① 据洪朝生的传记介绍,黄昆1951年从英国回国,洪朝生1952年从美国回国,两人对半导体研究产生了浓厚兴趣。1954年下半年起,他二人与王守武、汤定元② 二人经常在一起讨论,每周讨论一个下午,由黄昆主持,持续了较长一段时间。③ 这个时间与王守武回忆文章的时间是吻合的,说明中国的科学家关注晶体管是从1954年开始的,这时距晶体管问世已经过去7年时间了。至于有计划的研究,则是从1956年开始的。中国科学院应用物理研究所1956年的工作计划中列入了半导体放大器(即晶体管)的研制,但由于"我们在这方面的基础是薄弱的,因此,我们的工作重点是通过具体工作建立基础,培养干部"。④

中国在这一领域起步晚、发展缓慢,付出的代价极其惨痛。在晶体管问世十几年以后,国际上已普遍用硅晶体管替代锗晶体管,而我国仍处在锗晶体管生产阶段。1972年,国际上大规模集成电路技术已经很成熟,我国刚能生产中等规模集成电路,而且由于技术质量问题,当时的电子计算机整机调试受到影响。我国早期从事集成电路研制的技术专家朱贻玮在回忆录中披露了这一情况,应该很有说服力。⑤ 由于基础薄弱,再加上半导体技术发展速度很快,后面的差距越拉越大。时任国家计委副主任房维中在1980年代初的一篇访日经济考察报告中写道:"我们的电子工业太落后。我们的半导体,技术相当于一九五六年日本在中国办第一次日本商品展览会时的半导体水平,差距是二十年。"⑥

五、中国半导体技术起步落后的真实原因

为什么晶体管出现后,中国的反应如此迟缓,与日本形成巨大反差?是中国的科技人才力量不如日本吗?答案是否定的。中国第一代从事半导体研究的科学家力量并不弱,

---

① 王守武,《青春的岁月》,谷向阳,《中国名人谈青年时代丛书——无愧青春》,中国友谊出版公司,1994年,第132页。
② 汤定元(1920—2019),1950年获美国芝加哥大学硕士学位,著名物理学家,长期致力于固体物理、半导体和红外技术研究,中国红外学科的主要奠基人。1991年当选为中国科学院学部委员(院士)。
③ 秦金哲、冯丰,《低温王国拓荒人——洪朝生传》,中国科学技术出版社,上海交通大学出版社,2017年,第116—119页。
④《中国科学院应用物理研究所1955年工作情况及1956年工作计划的说明》,存于中国科学院档案馆。转引自李艳平等,《硅芯筑梦——王守武传》,中国科学技术出版社,上海交通大学出版社,2015年,第66页。
⑤ 朱贻玮,《追"芯"之梦》,华龄出版社,2022年,第29页。
⑥ 房维中,《日本经济的特点》,《"中国经济代表团"访日情况报告》,读秀数据库。

许多是从欧美国家学成归来的优秀专家。如黄昆是留英博士，王守武和林兰英[①]是留美博士，洪朝生是美国 MIT 博士，汤定元是留美硕士。黄昆和林兰英都是世界著名的半导体研究专家，作为名人被收进《不列颠百科全书》即《大英百科全书》。至于高鼎三、成众志、吴锡九更有在美从业的实际经验。高鼎三是留美硕士，在美国有两年从事半导体研究的切身经验，1955 年回国。成众志从哈佛大学毕业后曾在美国著名的无线电企业 RCA 工作，回国前与他人合著《晶体管电子学》，该书是国外早期晶体管技术的经典著作之一。当年的日本东京通信株式会社，即后来的索尼公司，远没有这般整齐的人才力量，其做法是派技术人员到美国边看边学。日本半导体历史博物馆有一份 24 位先驱者的名单，他们都是对日本半导体技术和产业有杰出贡献的科学家和企业家，其中包括在日本最早开展晶体管研究的菊池诚、因半导体研制而获得诺贝尔物理学奖的江崎玲于奈、索尼公司创始人井深大。仔细查阅这 24 人的简历可知，无一人毕业于国外著名大学。

相关文献将当年我国半导体技术落后的主要原因归为两点：一是美国的技术封锁；二是全面倒向苏联，包括在科学技术上全面向苏联学习，而苏联在半导体科学技术方面并不是很先进。[②] 笔者认为其实还有一个重要原因，那就是新中国成立后一段时间人为隔绝了欧美国家的学术信息，科技人员看不到相关资料，根本无法及时充分了解国外的科技进展情况。在这方面，竺可桢日记提供了两点重要佐证。一是竺可桢有长期阅读国外报刊的习惯，民国时期的日记多半直接引用，20 世纪 50 年代中期后日记有关国外的资料信息，则基本引自《参考消息》或苏联出版的英文报刊。二是 1954 年 12 月 26 日的日记有这样一段："今日科学院、科联、科普约请出席二届政协社会科学和自然科学人员，计到苏步青、何之泰、张德庆、陶述曾、涂治、杨树棠、蔡方荫、蔡邦华、谢家荣、金岳霖、陈岱孙、罗尔纲、丁西林、茅唐臣、严慕光、武衡、钱三强等。……任叔永谈英美期刊看不到，现在有俄文既不懂，英文又看不到，两边落空。"[③] 任叔永即任鸿隽，叔永是他的字，为竺可桢一生至交。任鸿隽早年留学美国，回国后曾任北京大学教授、四川大学校长，长期致力于科学在中国的传播，是民国时期最有影响力的科学社团——中国科学社的创始人之一和第一任社长，在中国科学界名望很高，新中国成立后任全国政协委员、上海图书馆馆长。作为长期关注世界科学进展、致力于科学传播的学界名流，任鸿隽都感叹看不到英文期刊，可见当时来自欧美国家的信息之闭塞。有理由推断，在高鼎

---

① 林兰英（1918—2003），1955 年获美国宾夕法尼亚大学博士学位，著名半导体材料学家、物理学家，中国半导体科学与技术的奠基人和开拓者。1980 年当选为中国科学院学部委员（院士）。

② 为了了解和学习苏联的先进科学技术，1956 年 12 月中国科学院专门组团赴苏联访问考察，团长为中国科学院副院长、技术科学部主任严济慈。考察团设有半导体组，成员有王守武、洪朝生、成众志、吴锡九等当时国内该领域的主要专家。但在严济慈的《中国科学院赴苏考察团工作报告》中有一个基本结论，即在无线电技术中使用半导体电子器件这个新兴的半导体技术的最重要的部门中，苏联的发展迟后了一些。参见严济慈，《中国科学院赴苏考察团工作报告》，《科学通报》，1957 年第 13 期。

③ 竺可桢，《竺可桢全集》第 13 卷，上海科技教育出版社，2007 年，第 583—584 页。

三、成众志、吴锡九回国之前,国内对晶体管的了解是很不充分的,仅有的一些认知也来自苏联。即便是高水平的专家,由于回国较早,掌握科技动向不及时,故一开始就落后于日本。1956年吴锡九刚回国,曾应上海市委之邀,专门做晶体管方面的报告,他带回的小巧的五管晶体管收音机,成为新奇之物,在市领导之间争相传看。①

1956年初,党中央召开知识分子会议,紧接着发出"向科学进军"号召,引入欧美国家图书和期刊资料的情况有所好转。一些研究把1956年称作中华人民共和国成立后至改革开放前的最好光景之年,颇值得思考和探究。②

六、时代启示与结语

如此叙述历史,并不仅仅是为了再现历史,而是力图从一个特别的视角谈一谈对今天的启示意义。

承认中国的半导体技术从一开始就落后于世界,并在起跑线上就输给了日本,绝不会因此而妄自菲薄、信心受挫。中国的科学家在那个极其困难的年代能够研制出晶体管、集成电路等半导体先进产品,已经足以让历史铭记。承认差距是为了尊重事实、尊重历史,更是为了启发今天人们认识事物发展之本质,遵循科技和经济发展规律。在一些关键技术上一步落后,就可能步步落后,以致落后许多。今天强调实现科技自立自强,不仅要在许多领域缩小与世界先进技术的差距,克服一些关键技术被"卡脖子"的问题,还要善于寻找新赛道,勇于在一些引领未来的前沿技术领域提前布局,着力塑造自己的先发优势。

许多重大科技发明是人类相互学习启发的结果,了解世界往往是进步的开始。今日主张以国内大循环为主体,切不可忘了了解世界、学习世界,关起门来是出不了尖端技术的,历史上的教训太深刻。由于信息渠道不畅,对世界了解不够,尤其是对国际上重要科技进展不能及时掌握,晶体管一词出现后多年才在中国出现,相关产业发展差距越拉越大。应让科学家和科研工作者广泛接触国际信息,这是开展科研工作的基本前提。接触不到新的信息,就难产生新的思想,创新的火花就无法燃起。当年成众志回国后,一直订有 Proc. IRE 杂志(《无线电工程师协会会刊》)。该刊1959年第9期有红外技术内容,他送给正在关注红外这一新技术的汤定元。汤定元如获至宝,以极大兴趣从头看到尾,坚定了他从事红外技术研究的技术方向。汤定元看到这份科学期刊的时间比国内其他科学家至少早半年,因为其他人要等到国内翻印本出版后才能看到。③一条关键的信息

---

① 吴锡九,《回归》,上海辞书出版社,2012年,第70页。
② 中华人民共和国成立50周年大庆之时,中国工人出版社出版了《共和国里程碑》丛书,选择了9个年份作为50年发展的时代里程碑,共出书9本,每本各有一个书名。1956年被视为一个里程碑,书名为"意气风发"。参见武力,《意气风发——1956年的中国》,中国工人出版社,2000年。
③ 汤定元,《八十忆旧》,朱显谟等,《资深院士回忆录》第3卷,上海科技教育出版社,2006年,第364页。

有可能触动产生一项重大科技创新的灵敏神经,这在科技发展史上比比皆是。

竺可桢一生都在了解世界,始终坚持通过广泛阅读中西书刊跟上时代的步伐。他在担任浙江大学校长和中国科学院副院长期间,总是竭尽所能为所在单位增加图书资料。20世纪60年代,英文书刊得不到重视,加上经费紧张,中国科学院订购西方国家科技期刊遭到大幅压缩,竺可桢在日记中表达了对这种状况的不满,并积极做工作,争取有关部门放宽指标。1956年,政治空气比较宽松,竺可桢在这一年的5月14日写下《学习外语与爱惜时间》,谈学习毛泽东主席《论十大关系》的体会,对当时国内学校一边倒组织学生学习俄语而放弃英语学习提出批评,并提出为赶上世界先进科学技术,要减少科技人员的开会时间,让他们有精力从事科研工作。[①] 如今社会上又有英语学习不再重要,甚至主张取消英语科目的观点思潮,本质上还是夜郎自大思想意识作祟,或者根本就不想了解世界。

实现科技自立自强,不仅在于成功研制新技术、新产品,实现从0到1的突破,更在于把新技术用于实际生产,使产品成为商品。真正从0到1的跨越不是停留在实验室阶段,而是实现从研制到产业化生产、从实验室到市场的转换。我国许多技术研制成功的含义只是通过专家评审,从此就束之高阁,不再向生产转化。我国半导体技术和产业长期落后,原因很多,其中有一个非常关键的原因,就是研究开发与实际生产脱节,创新链与产业链不融合。长期以来,我国半导体的创新活动主要集中在科研院所和高等学校,20世纪50—70年代主要集中在中国科学院等机构,而国际上则是由企业扮演创新主体。晶体管是美国企业发明的,集成电路也由美国两家企业同时发明(德州仪器公司和仙童半导体公司),个人电脑和智能手机也诞生于企业。20世纪50年代我国在编制科技发展长期规划时,曾提出科研机构、大学与企业结合的要求,但未能落实,科技创新活动仍然主要集中在科研机构和大学,企业远不具创新主体地位,而科研机构和大学在创新成果产业化上存在天然不足。这方面的教训很深刻。仅凭一个科研机构几年后研制或开发出一种新产品,就认为我国在这项技术上与世界仅相差几年,这显然不仅不符合客观实际,而且容易强化科技研发脱离产业实际的不利倾向。

读竺可桢日记,最为欣赏之处是,他对外部世界始终如一地好奇和认真,有着丰富的精神世界。作为科学家,他爱读文史和政经之书,在日记中写下很多心得。他买书广博不拘,只要是好书,财力可及,便收入囊中。1947年他在美国花243美元买下一套新出版的《大英百科全书》,另用30.9美元购得《韦氏国际大词典》。抗战胜利后,竺可桢虽身为大学校长,月薪按当时官方价能换百余美元,如果按黑市价只换几十美元,但上述购书花费远超一月收入。身为科学家,竺可桢更懂科学技术的作用,知道关键时候科学可以救命。1948年8月,他的幼女患肺结核,以不菲代价用上了刚在美国问世不久的链霉素,保住了生命。同时期,在同一家医院,一青年因迟用了青霉素,被伤寒夺去了

---

① 竺可桢,《竺可桢全集》第3卷,上海科技教育出版社,2004年,第295—296页。

生命。竺可桢在日记里详细记下了这一过程，并在日后的日记中专门留意记录各种抗生素。时隔 7 年后的 1955 年，中国著名建筑学家、一代才女林徽因在患肺结核数年后去世。无从知道林徽因是否用过链霉素治疗，但可以肯定的是肺结核在那个年代仍是不治之症。

  不经意处，竺可桢日记也不自觉地留下了时代痕迹。1971 年 12 月 30 日，竺可桢记下："至朝阳门大街光华出版社取所定《现代高级英汉双解辞典》……1354 页，价 6.80。取回后，我即阅读该书，使我大为失望，因为这书 Bilingual Edition 虽是 1970 年，但内容却极陈旧。举例来谈，如通用全世界已近二十年的抗生素……统没有。……'人名字典'中现代中国人中没有我们伟大领袖毛主席，但却有无聊文人林语堂。"[1] 这部英汉词典在那个年代很有影响，为香港牛津大学出版社所出版。香港当时为英治，词典列文人林语堂而不列政治人物是正常的。竺可桢在日记中写下这一段，潜意识里似乎有一丝自我保护的意味。

原载《阅江学刊》2023 年第 4 期

---

[1] 竺可桢，《竺可桢全集》第 20 卷，上海科技教育出版社，2011 年，第 555 页。

竺可桢著作之哲趣

林之光

竺可桢先生一生著作极丰，《竺可桢全集》浩浩2000万字。他的《论我国气候的几个特点及其与粮食作物生产的关系》曾受到毛主席称赞。毛主席说，农业《八字宪法》只管地不管天，……还可以加上"光"（日光）和"气"（气候）。竺可桢的《中国近五千年来气候变迁的初步研究》享誉世界，发表后立即得到国内外科学界普遍赞扬，不仅赞扬他的科学结论，而且赞扬他开创了用历史记录和物候资料研究气候变化方法的先河。

笔者对竺老十分敬仰，也经常拜读他的著作。最近粗读了上海科技教育出版社出版的《竺可桢全集》（承蒙王世平总编惠赠），主要是科学著作部分。这里部分摘录了他文章中充满哲理的精彩点滴，与大家共赏。

最早指出二十四节气局限性

二十四节气是我国古代的重要发明，它使古人得以掌握农时，保证收成，使中华民族得以繁衍生息，兴旺发达，其功至伟。但是二十四节气毕竟是两千年前产生的，自有其许多局限性。所以，竺可桢早在1931年就说过，"现行之二十四节气，乃初汉时所定，只能适用于黄河流域，以之概论漠北、岭南，则不啻闭门造车，削足适履"。这是说的二十四节气的直接适用区域有限。

对二十四节气取名的科学性问题，竺可桢指出，即使在黄河中下游地区，二十四节气中四季开始的节气名也大都不符合事实。因为"此乃从天文上观点而平均分配者。自农业气候上立场，则不能不以寒暑为主。故立春以后尚有雨水，顾名思义，应列在冬季。立秋以后，尚有处暑，应列在夏季"。他的意思是，"立春"节气尚未立春，"立秋"节气尚未立秋，从天文划分的二十四节气名不符当地农业气候实际。即，这是说二十四节气即使在黄河中下游地区，适用的季节（节气）也有限。我受此启发，进一步研究了全部二十四节气名称，写成了《从现代气象学看，古代二十四节气命名"矛盾百出"》（《科普时报》两期连载）。

有趣的是，他还很早就批评"过去……总以为阳历是西洋传来的，西洋古代历法要比中国来得精密高明，这是完全错误的"。因为二十四节气就是阳历。

最早解释为何夏季风来自海洋却主旱江南

东南季风（太平洋夏季风）进退决定了我国东部地区夏季旱涝分布规律。东南季风强的年份，我国南方伏旱重而北方夏雨丰沛；反之，南方夏季雨量多而北方夏雨少。这个我们曾称为"南涝北旱"和"北涝南旱"规律的，就是竺可桢在20世纪30年代《东南季风与中国之雨量》一文中阐明的。

竺可桢在这篇文章里肯定了苏东坡"三时已断黄梅雨，万里初来舶䑲风"的正确性，继而成功地解释了为何潮湿东南季风来自海上却又主旱江南的原因。他说，东南季风水汽固然丰富，但因缺乏抬升动力造成水汽凝结，从而仍然不能致雨。文中用并不多的篇幅，但却令人信服的气象资料例子证明北方冷空气（东北风）是东南季风抬升的主要动力，因而"夏季舶䑲风强，则长江下流主旱，而平津平原主潦"。他指出1932年7月就是这样的例子。相反，1931年7月东南季风弱，长江中下游东北风（冷空气）盛行，东南季风中的水汽大量在这里凝结降落，遂造成"被水区域共凡七万方英里，受灾人民凡二千五百万人，淹毙人数约一十四万人"的严重灾害。

所以，正是来自太平洋副热带高压西部的凉爽夏季风"制造"了江南高温酷热的伏旱季节。因为1931年7月毕竟是极少数情况。

台风灾害、炎暑天气亦有利

台风是我国最大的灾害性天气系统，但《竺可桢全集》第2卷中说："然台风之影响亦不尽皆有害。当久旱酷暑之时间（如一九三四年七、八两月长江流域之情形），则颇为人民所欢迎，以台风一至，即凉风习习、霪雨霏霏故也。""这炎威肆虐的盛夏，除非雷雨时兴，台风入侵，才可以解脱了这干旱的灾象，市民和农人才可以舒一口气。"

还有，对于我国季风气候造成的夏热，过去大都不敢恭维，但竺可桢却辩证地说："炎暑虽于生活不甚适宜，然亦自有其优点，稻米收获之丰歉，大体即以温度高下为转移。"民谚说，"不冷不热，五谷不结"，新中国成立后东北曾几次发生粮食减产百万斤的夏季冷害，主要就是因为夏凉。

橡胶北移问题

20世纪50年代初，为了争取橡胶自给，我国在华南大力试种橡胶。竺可桢说："过去曾有一种看法，以为北纬22.5°以南地区为橡胶种植北缘，其根据是这些地区存在着个别橡胶植株，但对这些个别植株所以能残留下来的特殊环境与条件则缺乏分析。"因为他从这些残留植株看到希望，指出分析它们存在的原因和条件，就能成功实现橡胶更远北移。因此他在组织了海南岛和雷州半岛考察后指出，"这次我们考察后，肯定地认为只要选择适当环境，橡胶树在这里是可以推广种植的"；并在中国科学院组织了西双版纳热带地区考察后指出，"这里夏秋两季无台风的肆虐，冬季无寒潮的侵袭，种植橡胶、咖啡等热带作物非常相宜"。果然，1981年我受邀参加中国科学院横断山区科考时，在怒江河谷中约北纬26度、海拔约400米的潞江国营农场中，就见到了当时已发展到2300多亩的橡胶林。

新疆干旱地区不喜雨反喜晴

1959年竺可桢发表了《新疆记行》一文。文中风趣地指出，由于极为干旱的新疆系灌溉农业，灌溉用水"大部取给于夏天天山或昆仑山顶上的溶雪与溶冰，而只小部取给于雨水，所以新疆农民不希望阴雨天气而要火伞高张，使冰雪能迅速溶化"。因为阴天或只湿地皮的小雨，对庄稼无补而只会减少融冰化雪的灌溉水量。

干旱也是资源

竺可桢在《改造沙漠是我们的历史任务》一文中，有一段颠覆当时人们一般观念的叙述，"一般人往往以为荒漠既为不毛之地，便一定不能生长农作物。其实荒漠如能得到适当的水源，并加以人工的灌溉，反而能得到比一般土地更高的产量。原因是这种土壤在发育过程中没有受到淋溶的损失，肥力充沛，再加上荒漠地区一般日照较长，阳光充足。所以青海的柴达木和新疆的哈密、吐鲁番是我国小麦和棉花的高产区"。因为干旱地区阳光、热量资源比一般地区更充足，只是缺水，所以干旱地区只要有了灌溉，便成了气候资源最丰富的地区。吐鲁番盆地能生产我国热带也不能生长的长绒棉，就是这个道理。还有，新疆的水果是我国最甜的，引出新疆后甜度会立即降低，也是这个原因。

古诗中的以讹传讹

唐代王之涣著名的《凉州词》："黄河远上白云间，一片孤城万仞山。羌笛何须怨杨柳，春风不度玉门关。"竺可桢指出，第一句中的"黄河"是以讹传讹，原诗应为"黄沙"。"实际黄河和凉州及玉门关谈不上有什么关系，这样一改，便使这句诗与河西走廊的地理和物候两不对头。"因为显然只有黄沙才能直上白云间，也才能与孤城、万仞山等荒凉的大西北景象相协调。这个意见对文学界影响很大。

再如，唐代诗人张籍《成都曲》中有"新雨山头荔枝熟"。但宋代当时因成都不能生长荔枝，因此有人认为张籍作伪，因为张籍没有去过成都。但竺可桢指出历史气候是有变化的，我国唐代温暖而宋代寒冷，因此张籍没有说谎。他还举出和张籍同代的白居易"在四川忠州时做了不少荔枝诗"（例如"自向庭中种荔枝"），并指出，"陆游只知道宋时成都无荔枝，但并不能证明唐代成都也无荔枝"。

科学家参与评论修改古诗词的必要性在于，文学家不一定了解科学，靠文学家不能解决古诗词中的科学问题。文学家可以虚构故事，但不能捏造科学事实。受竺老启发，我也曾为苏轼《登州海市》诗"平反"，从科学上指出苏轼并未造假，证据就在该诗末句"相与变灭随东风"之中。文发在 2012 年 2 月 17 日《中国科学报》。

对竺老哲思之继承和发展

我一生喜欢哲学。年轻时代，《矛盾论》不知反复读了多少遍。我同样也热爱竺老的哲理故事。我禁不住按竺老的这种思路，初步但全面地陆续研究了中国气候中若干比较重大的哲趣，今摘其主要标题如下。只不过不知道这些算不算得上对竺老哲思的继承和发展：

"干旱地区的洪灾""小风地区的大风灾害：火车的挡风墙和电杆木的铁马甲""山麓是荒漠而山腰却有千里蜿蜒的美丽林带""天路上的尖锐有趣气象矛盾多多""干旱，难道不是资源？""宁夏地腾奇观中的哲理""登州海市（蜃景）为何罕见？""以风避风的蓬莱避风亭""吉林雾凇和吉林冬季龙舟赛，为何世界独有？""全球变暖原因中的哲理"，等等。全部共 12 例，已作为"中国气候中的趣味哲理篇"，收进《气象学家给孩子新讲中国气候》（江苏凤凰文艺出版社，2023）第四册之中。

竺老奠定了"气候影响历史"的基础

2022 年 12 月 19 日《北京晚报》第 15 版头条，以约半版篇幅发表了《气候如何影响历史》一文（作者署名"小土"）。此文标题区还配发了竺可桢头像和上海科技教育出版社出版的《竺可桢全集》11 册，文前还有竺可桢简介。此文的主要内容是介绍竺可桢《中国近五千年来气候变迁的初步研究》中揭示的我国历史上出现的三次寒冷期和温暖期，文并研究指出，三次变冷期中，由于气温降低食物匮乏，造成了北方少数民族南侵。例如第二次寒冷期魏晋南北朝时期，还造成了"五胡乱华"和南北朝分治的严重局面。或者说，我国农牧业界限是随历史上气候变迁而南北移动的。因此，文章得出结论，"气候影响历史"。我支持这个观点。

其实，历史上这种事件还很多。例如，明末我国北方 5 年连续大旱，赤地千里，促使爆发了李自成农民起义，明朝因此灭亡。只是因为其成灾主要原因不是冷暖而是干旱，因而没有被以冬季温度为主要指标的《中国近五千年来气候变迁的初步研究》举例罢了。其实这种事实和研究国外也有，例如金城出版社总编潘涛先生就曾赠我《气候改变历史》（金城出版社，2014），是由 11 篇论文组成的论文集，其中就有许多这方面的事实。他们甚至提出了环境历史学的概念。

但是，作为"气候影响历史"的奠基研究，我觉得非竺老莫属。因为竺老一辈子系统研究中国（甚至国外）气候对人类社会方方面面的重大影响，其中包括造成社会动荡、朝代更迭等重大历史事件，无人能出其右，《中国近五千年来气候变迁的初步研究》只是其中一个典型。竺老仅仅没有具体说出"气候影响历史"这几个字罢了。

其实，"气候"是自然科学，"历史"和下面要说的"文化"是社会科学，这完全是两股道上跑的车。说两者有关系，这本身岂不也就是一大哲趣？

竺老"求是"思想引导我研究"气候影响文化"

我认为，我这辈子科研工作中最重要的、最有意义的就是研究中国气候对中国传统文化的影响。因为这不仅有利于宣传"弘扬中国传统文化"，提高我们的"文化自信"，在国际上也有意义，因为别的国家迟早都会来研究他们国家气候对他们国家传统文化的影响。只不过因为我们国家的这种影响，在世界上最大、最典型，因此发现和研究最早而已。

但是我能开展这项研究，并取得初步成绩，应归功于竺老的榜样和教导。主要有三方面的原因。

第一，指导思想问题。我十分钦佩竺老毕生倡导的"求是"精神，竺老还把它作为浙大的校训。竺老经常用"博学之，审问之，慎思之，明辨之，笃行之"（《礼记·中庸》）来加以阐释，要求我们追求真理必须锲而不舍（《引竺问史》，上海科技教育出版社，2014）。我把它简化成"学之，审之，思之，辩之，行之"，即"五之"。我一辈子的科研工作，包括选择和进行"中国气候对中国传统文化的影响"这个课题，都是自觉和不自觉地在践行这个精神，虽然水平不高。因为它也非常符合我的性格。因此，我也为痛失成为（可能）《竺可桢全集》编委会某组成员的机会而深深自责［因为樊洪业主编曾电话邀我"为竺老著作做点工作"（但未说明是《全集》）。这在2014年4月28日于北京国家图书馆召开的《竺可桢全集》出版研讨会上，我发言中已经提到］。

第二，科研方向问题。实际上，竺老创作《中国近五千年来气候变迁的初步研究》，主要还是因为我国气象资料年代不够长，不能用来研究中国古代几千年的气候变迁。因此，才创造出了用历史资料、物候记载等来研究气候变迁的这个全新方法。而且他还在《历史时代世界气候的波动》文中谆谆教导说，"我国历史文献中也蕴藏着很丰富的气候资料，正待我们去发掘"；"但我们却有一个无比利器：用物候记录来衡量古代气候。凡是经史子集以及古代热爱大自然，尤其与劳动人民相接近的诗人文士没有不歌颂物候的"。此外他还在《中国近五千年来气候变迁的初步研究》中说，"在中国的历史文件中，……除历代官方史书记载外，很多地区的地理志（方志），以及个人日记和旅行报告都有记载"；"我国地方志有五千多种……对于一个地区的气候提供了很可靠的历史资料"；"只有我国的材料最丰富"，"为世界任何国家所不能企及"；"我们应当好好地加以研究"。

那么，我们能不能遵照竺老教导，利用历史资料和物候记载来好好研究中国气候的另一些新问题呢？我想到了文化。因为我国传统文化就是在几千年中，我国劳动人民在生活和生产实践中创造出来的，文字记载最为丰富，最最符合竺老的这个教导。而且，气象学是自然科学，传统文化是社会科学，跨学科的研究，其生命力也应该是最强的。其实，在《竺可桢全集》中，竺老也已有这方面的研究，例如《地理与文化之关系》、《气候与人生及其他生物之关系》中第二部分"气候与文化"，等等，只不过在当时（近百年前）情况下研究的重点和现在不同而已。

第三，研究契机问题。大凡有成就的科学家，其思维中无不充满了辩证法，竺老自不例外。这也是我十分喜爱研究竺老哲思的主要原因。我写江苏教育出版社《金苹果文库》中《气候与生活》（江苏教育出版社，1998）中气象与养生保健方面的谚语，例如"春捂秋冻""冬病夏治"等有哲趣的问题时，在研究中悟到，这些内容正是传统文化的一部分，就在书的扉页，按出版社要求写下了如下的作者题词，"冬冷夏热的气候，不仅深刻地影响了我国的农业，而且深刻影响着我国人民的风俗习惯和文化"。这就是我研究气候对传统文化影响的开始。

从此，我一发而不可收地开始了自己初步但较全面的这方面研究。到现在，已经初步完成了《中国民俗文化（衣食住行）》《中国古诗词文化》《中医和中医养生文化》《中国二十四节气文化》《中国气象成语》《中国气象楹联》等有关文章数十篇。其中部分已在《气象学家给孩子新讲中国气候》第三册、第四册等著作中发表。《中国传统文化气象学》（文集，暂定名）是我的"中国梦"。这是我学习竺老的最大收获。

最后，承《竺可桢全集》编委会出版编辑组组长、金城出版社潘涛总编告我，在《全集》第16卷，即竺可桢日记第11集，1961年4月7日的日记中提到了我的工作，6行字。令我十分惶恐和汗颜。本文就作为我毕生向竺老学习的一个初步学习总结汇报吧，但愿他能够接受。

原载2018年3月9日《中国科学报》，本书收录时作者有修改补充

引用《竺可桢日记》研习中国近现代植物学史小记

胡宗刚

作者按：《竺可桢日记》为《竺可桢全集》主要组成部分。《全集》多达24卷，而《日记》即有16卷之多。本人研习中国近世植物学史，《竺可桢日记》为重要材料。余藏有一套，系主编樊洪业先生所赠。该书出版周期前后十余年，余与樊先生交往亦十余年。2014年《全集》出版结束，还受樊先生邀请，出席4月28日在国家图书馆举行的研讨会，本文即为参加是会而写，后刊于7月2日《中华读书报》。樊先生已于去年8月29日归于道山，仅以樊先生赠我以《全集》就当作文悼之，然思想凌乱，未曾着笔，今以旧文志我不尽之怀想。2021年6月17日识于庐山。

日记乃重要史料，历来备受史家之重视。但中国近现代科学家之日记却不多见，就余熟悉的生物学领域如第一代动植物学家秉志、胡先骕、钱崇澍、陈焕镛等均没有日记，其门生大多亦没有日记，仅见《吴中伦云南考察日记》（中国林业出版社，2006年1月初版）和《王文采日记》（未刊），远没有人文学家留下日记之丰富。考察其中原因，实是近现代大多数科学家本就没有记日记之习惯。这并不是说科学家人文素养不如人文学家，他们均受中国传统文化培养，秉持"中学为体、西学为用"价值取向，有些科学家国学造诣精湛，还为人文学家所折服，但却没有日记，这是一个值得关注的文化现象。其他学科情形大致亦复如是，惟气象学家竺可桢是例外，留下大量且丰富的日记，为今日史家所珍视。

在20世纪末，中国科学院曾组织人员对《竺可桢日记》予以整理，摘录出版，将1949年之前部分编辑成两卷，交人民出版社出版，1949年后部分编辑成三卷，由科学出版社推出。其时，余对秉志、胡先骕等生物学家饶有兴趣，竺可桢与他们为同时代之人，同在中国科学社、中央研究院、中国科学院等机构任职，且交往密切，日记中记载不少他们过从之事，即将此五卷节录本陆续购置。阅读之后，获悉科学家在现实生活中的一些情形，如一项事业办理过程、个人性格细节、人群之间亲疏关系等。这些鲜活之材料，为中国近现代生物学史研究提供另一视角，若继续发掘类似材料，或可还原史事。其时之学者对此关注者并不多，应属研究新领域。也许是这点发现、这点取向，引导余进入研习中国近现代生物学史。但是五卷节录本《竺可桢日记》，删减太多，有些省略还造成对事理产生歧义。每每看到省略号时，即让人感到遗憾，期待能窥全豹。

其后，余果真在中国近现代生物学史中蹒跚学步，并有幸结识中国科学史家樊洪业先生，得其指教甚多。开始交往之时，樊先生正在着手编辑《竺可桢全集》，余乐意将自各地档案馆抄得竺可桢书札或其他文献中见到相关信息予以提供，以补其缺。《全集》共计24卷，每卷在80万—100万字之间，前四卷为文集，于2004年由上海科技教育出版社出版，6—21卷为日记，约1300万字，后陆续问世。日记在《全集》中比重较大，也最为余所期待。樊先生以史家之学识予以整理，其前言云："以'存真'为基本要求，如实展现竺可桢的人生道路和社会文化变迁的历史进程，为后世提供具有独特价值的珍贵史料。"恰如所言，余之著述即得益于其甚多。

2007年余经10年编纂而成《胡先骕先生年谱长编》，行将出版。胡先骕与竺可桢交往日久，自摘录本《竺可桢日记》中获得相关内容，很不完整，而樊编《竺可桢日记》尚未出版，但已有电子文本，即请樊先生将日记中涉及胡先骕之内容先为摘出，以便用于《年谱》。得樊先生慨允，嘱人为之检出提供，拙编得以丰富，而未留下遗憾。如1944年胡先骕辞国立中正大学校长之原因，坊间传言系胡先骕支持学生运动而受到罢免。余找到档案材料并非如此，《竺可桢日记》可与档案互证。其云："余询百川，何〔以〕中正大学校长胡先骕中央竟任其辞职。据谓步曾实为免职，非辞职。近因由于蒋经国至都后报告中正大学办得极坏，故主席与熊天翼一函，谓熊为中正大学之发起人，应立即设法。熊乃电话教部，故不得不换。去年五月，中正大学学生捣毁《民国日报》，与秋间校中学生因水源不洁而死于伤寒者十余人，病者百人，总务又有贪污之嫌，凡此皆使教部不快云云。"此类关乎胡先骕生平重要事件，还有许多，此不多举。

2008年余著《庐山植物园最初三十年》一书，将先前樊先生提供胡先骕内容中关于该园部分又用于此，以其说明1962年在庐山植物园下放到江西之后，该园经费拮据，以致影响事业发展。胡先骕找到时任中国科学院分管生物学之副院长竺可桢，请其设法保护。经竺可桢过问，后将该园收归中国科学院管理。又，1964年9月，中国植物学会第一次引种驯化会议暨庐山植物园成立三十周年纪念会在庐山召开，竺可桢亲自来山主持。为丰富拙著，特向樊先生索要一页会议期间《竺可桢日记》手迹照片，作为书中插图，得樊先生复印惠予。

2012年余著《西双版纳热带植物园五十年》，在该园档案中有几张1963年竺可桢率黄秉维、汤佩松等专家来园考察留下之照片，但无人能辨识，故存之未曾使用。此时《竺可桢日记》已出版过半，余翻检得知竺可桢此行原委，系为设于西双版纳大勐龙森林生物地理群落站召开建站以来首次总结会议，并借之辨识出照片中人物。后该站归并于植物园，故日记所记即是关于该园鲜为人知之史料，于拙著不可或缺。不仅如此，该园之创设，亦在竺可桢领导之下得以实现，今据《日记》将始末澄清，无疑提高拙著之价值。

2013年余又著《华南植物研究所早期史——中山大学农林植物研究所史事》，该所为陈焕镛所领导，1950年由于人事关系，陈焕镛竭力要求将该所改隶于中国科学院，此事办理三年，最终得以实现。竺可桢为中国科学院分管之副院长，经手此事，《日记》多有记载，阅之让人明悉其中之经过。1951年中国科学院请陈焕镛率吴征镒等赴印度出席南亚栽培植物起源国际学术研讨会，在代表团尚在印度期间，竺可桢于1951年2月1日见到一份汇报材料，"昨在文教会见到电报一通，系报告政务院〔有关〕陈焕镛出席印度经济会议中有荒谬言论。此次派陈前往系植物分类所主张。余告雨农①，嘱其嗣后必须留意"。也许陈焕镛并不知其之言行会受到监视。这些重要细节，只有从《竺可桢日记》中获得。

所列拙著，或还有许多不周之处，但假若没有《竺可桢日记》，即使阅读了大量之档案，其贫乏还是可以想象，甚至在一些关键之处，不能知悉事件之本源。余之引用《竺可桢日记》仅此几点，即受益颇大，由此可以想象学界同仁也应有同感，那么《竺可桢日记》将是研究中国近现代科学史不可或缺之材料。

原载2021年6月17日《近世植物学史》微信公众号

---

① 钱崇澍，时为植物分类所所长。

>>> 风范永存
——上下求索的一代楷模

竺可桢
——一位战略科学家的时代高度

陈述彭

竺可桢先生解放前任浙江大学校长13年（1936—1949年），在那烽火狼烟的抗战年代，他把这所"流亡大学"创办成"东方剑桥"，为新中国培育和储备了大批人才，已经有过不少的报道。他又曾在中央研究院创建气象研究所，开拓东亚季风和物候学的研究，为新中国的气象科学事业培养了大批精英和骨干。组建中国气象局的涂长望、卢鋈，都曾在浙江大学任教。领导中国科学院大气物理研究所、荣获2005年度国家最高科学技术奖的叶笃正院士，也曾是浙江大学的研究生。竺可桢先生作为我国气象、气候事业的奠基人，受到了国内外气象学界的推崇。他在82岁高龄著述的《中国近五千年来气候变迁的初步研究》论文，仍然是研究全球气候变化的经典之作，脍炙人口。

竺可桢先生在杭州解放的前夕，由于浙江大学学生地下党组织的营救，传奇式地离开学校，摆脱了被劫持去台湾的危险，北上参加第一届全国政治协商会议，并出任中国科学院副院长。在筹建中国科学院的初期，他从浙江大学调进师生近50人，包括原理学院院长贝时璋、原农学院院长蔡邦华、原物理系主任王淦昌和一批青年讲师、助教。他们来科学院先后参加了20多个研究所的筹建。同时，黄宗甄、许良英、过兴先、施雅风等一大批党员科学家先后担任院军管、组建工作的骨干。

他引领气象学研究和组建中国科学院的丰功伟绩，在《竺可桢全集》和许多纪念文献中，多有记载，毋庸赘述。本文试就竺可桢先生在开拓资源环境研究领域、应对国家建设重大战略需求、倡导区域可持续发展理念方面的三大建树，作一些概括的介绍。但由于水平和知识的局限，挂一漏万，在所难免，抛砖引玉，就正于科学界的领导和专家。

组织多项综合考察

中国科学院建院初期，竺可桢副院长兼任生物学地学部主任，组建中国科学院综合考察委员会。20世纪50年代初，百废待兴，摸清家底、掌握国情、把握第一手科学资料，是新中国建设的先行基础性科学任务。综考会凝聚全国高等院校和产业部门专家学者的智慧和力量，团结协作，并得到苏联专家的支持，先后组建了治沙队、黑龙江队、新疆队、青藏队、南方队和西南队等十多个大型考察队。对全国960万平方公里广袤的国土，进行全面有序的调查研究。竺可桢先生亲自参加黄土高原的野外考察，在治沙队赴宁夏野外考察时，险遭车祸。他在综考会的领导工作，后来由土壤学家马溶之院士、孙鸿烈副院长继任，竺可桢先生一贯提倡学习徐霞客的精神，脚踏实地，求真务实！

在前期工作的基础上，这些考察队逐步转型为专业研究所或定位试验或工作台站。例如，治沙队后来在兰州建所，在宁夏沙坡头建试验站，成为国际知名的荒漠化试验研究基地。青藏队在兰州设置高原气候与冰川冻土等研究所，近年来又组建青藏高原研究所，对高原隆起、冰雪资源、大气环流、冻土工程等诸多新领域，继续进行调查研究，取得了举世瞩目的成就。又如黑龙江队为三江平原的农垦开发，为黑土粮仓的建设，也作出了巨大的贡献。后来在沈阳设置了生态农业研究所，在长春设置了东北农业与湿地研究所，成为我国湿地保护研究的主力军。南方队在江西留下的千烟洲试验站，被评为全球百佳生态试验站之一。现在，中国科学院遍布全国的近30个试验台站，已成为我国长期、定位观测的生态网络的组成部分。大部分是由当年综合考察活动播撒的种子，经过几代科技工作者的执着呵护，茁壮成长为参天大树，造福一方，为近50年来全球气候变化和可持续发展提供了科学依据，为我国区域协调发展打下了坚实的科学基础。

组织编撰国家大地图集

周恩来总理在20世纪50年代，亲自主持制定《全国十二年科学技术发展规划纲要》。《中华人民共和国国家大地图集》列为第四项重大专项，由中国科学院和国家测绘总局共同负责。竺可桢先生任主任委员，约请全国地学、生物学、经济学、地图学专家近50人，组成阵营强大的编纂委员会。策划出版包括普通、自然、人口、农业、历史等五卷地图集。指定黄秉维、周立三、谭其骧院士等分别担任主编。竺可桢先生亲自为编辑部的青年培训班讲课，为国家大地图集写序。鼓励大家继承祖国地图学的光荣传统，再铸辉煌。当苏联专家提出一个越俎代庖的方案，要与中国合编中国的国家地图集时，周总理和竺老坚持独立自主、自力更生的方针，指示我们：既要认真帮助苏联编图，更要加紧加快自己的设计试验工作，争取中国国家大地图集早日出版，为国争光！

国家大地图集是以地图的语言，全面综合反映新中国测绘、地学与生态、农业、人口诸多科学领域的成就，集成度比较高，对我国资源、环境初步实现定位、定量与标准化、规范化的描述。以自然地图集为例，其中推出了新构造、第四纪地质平原地貌、海洋图组等20多种新兴学科的开拓性代表作，同时又覆盖了大气、海洋和陆地各圈层的研究进展。除了实地考察的典型区域详图之外，还有大量历史变迁的分析图和全国区划图。可以说，它是对当年自然资源与地理环境的科学积累进行了一次大清理，又是对区域分异规律与时空演化过程研究的初步总结。同时作为一项科学工程，它掀起了全国20多个省区编制地图集的高潮，带动了造纸、色标、照相排字、薄膜刻图、组合图例等制图工艺流程中8项重大技术革新，提高了我国地图生产技术水平。国家大地图集的内部版只分发到军级以上干部,后来中英文版则在国内外公开发行。《中华人民共和国国家大地图集》先后分别获国家自然科学二等奖,国家科技进步一、二等奖。国际地图学协会(ICA)颁发了两项最高荣誉奖。国家与区域地图集专业委员会在北京召开了两次现场展览及学术会议,对《中华人民共和国国家大地图集》的成就给予高度评价。

组织开展自然区划

自然区划列为新中国"十二年科学技术发展规划"第一项任务。竺可桢先生任中国自然区划委员会主任委员,凝聚全国地学和生物学家近50人。金善宝、钱崇澍、伍献文、曾承奎、吴征镒、郑作新、黄汲清、张文佑、马溶之、侯学煜、张宝堃等老一辈科学先驱们都大力支持、积极参加,阵营非常强大。同时还聘请苏联科学院格里哥里也夫副院长、柯夫达通讯院士和萨莫依洛夫教授等来华指导工作。先后历时10年,编制了气候、地貌、土壤、植物、动物、地下水和综合自然共7种全国1∶400万区划图件,完成了相关的7部专著,并促进了全国植被、土壤、土地利用、土地资源等1∶100万—1∶400万专题类型地图的编制。当时这些都是达到国际先进水平的科学成就。

气候区划是各种自然区划的基础。竺可桢先生是中国气候区划的奠基人,对中国境内气候地带的划分做过长期的深刻的研究。在新中国的自然区划工作中,他对热带、亚热带、温带的界定和划分又进行了精确、细致的论证和研究。例如,亚热带的南界,曾经引发了许多专家的议论:北亚热带是否达到北京?苏联专家也有不同的意见。温带荒漠和青藏高寒荒漠的划分,是否体现了全球性与地区性的统一?竺可桢先生最后都深思熟虑,逐一厘定。他每星期五抽出时间来北郊917大楼办公,参与自然区划的各种方案的讨论会。同时还指派周廷儒、施雅风和我,从北向南,从山东半岛到雷州半岛,步行穿越大别山、雪峰山、南岭、十万大山,实地勘察区划分界线的具体部位:究竟分界线应该是在山顶还是山麓?在南麓还是在北麓?景观生态是否与积温指标吻合?分界线是条带状还是斑点式渐变的?逐一提交报告作出界定。当时竺先生还曾派出另一支小分队经兰州去拉萨。这支小分队回到北京向他汇报,他严肃地批评说:"你们看的内容,在外国人的书本中都见到了,没有什么新的发现。"当即宣布小分队解散。竺先生严谨、认真的学风,给予我们的影响是非常深远的。

新的自然区划很快应用于指导制定农业生产区划。竺先生1964年发表了《论我国气候的几个特点及其与粮食作物生产的关系》一文,综合考虑农业生产条件,深入分析光照、温度和水分等因素。侯学煜向中央提交了大农业区划的报告,受到毛泽东的高度赞赏,批示分发给全国党政干部,作为学习资料,农业部从而在全国设置各级农业区划办公室。从中学到大学,也纷纷把新区划方案列入教材。

无论类型区划还是地域区划,都是从全球观点着眼,研究地区差异、协调地区经济发展的科学方法,都是从自然资源与地理环境的多样性中加以简约、提炼出来的,反映客观的时空演化规律,从而为科学地制定总体规划和宏观调控的对策服务,做到因地制宜。可以说,区划是以科学发展观统领五个统筹的一项最基础的工作,在农、林、牧、副、渔生产布局中,发挥了宏观调控的指导作用。

竺可桢先生当年担任中国科学院的副院长,分管生物、地学领域,其贡献远不止上述的三大建树。但从这三大建树的回顾中可以看到,如何继承地球系统科学理论方法的经典研究模式、如何开拓创新,他都做了示范、树立了楷模。他平时经常督促青年地学工作者要加强、加深数、理、化的科学基本功。他在病中还亲自给我写信,勉励我们加速制图自动化的研制。我们就是在他的鼓励和鞭策下,把遥感作为物理手段,以信息系统作为数学方法,来加速地球科学的信息化,并以此作为服务现代化的切入点。

通过综合考察、大地图集编纂和自然区划等重大国家任务半个世纪的磨炼,无论老、中、青干部,多学科的综合能力都有了明显的提高。从团队式的野外实地勘察、定位的观测分析、综合分析制图的实践中,对研究地区有了比较全面的感性认识,也加深了对当地人民疾苦的了解,坚定了为科学献身的决心,出生入死、栉风沐雨,为开发中国西部、振兴东北的战略,作出了宝贵的贡献。

竺可桢先生在学术组织工作中的大家风范,人格魅力,海纳江河的博大胸怀,凝聚全国产学研的人力资源和智慧,大协作,大团结,更是我们永远应该学习的榜样,又是非常难以达到的精神境界。在今天市场经济的新形势下,国家科研机构怎样打破学院式的工作模式,走出急功近利,各自为战,零金碎玉,满足于小学科、小部门的一点贡献,沾沾自喜,甚至计较个人获奖名次,不敢勇挑重担,不善于从国家战略需求凝练创新目标,带动多学科高度集成的系统工程,对照竺先生的引导和示范工作,值得我们深思。

原载 2006 年 3 月 13 日《科学时报》

竺可桢为何十次请辞浙大校长

李杭春

竺可桢记日记或始于 1913 年入学哈佛之时，但遗憾的是，1936 年前的日记先失于火灾，后失于战争，均已不存，今天我们能读到的竺可桢日记自 1936 年 1 月 1 日始，至 1974 年 2 月 6 日，他去世前一天。日记时间连贯，叙事清晰，内容细致丰沛，是史学界公认的"20 世纪最具影响力的名人日记之一"。尤其新中国成立前的部分，完整地记录了一位大学校长的教育理念、办学情怀，以及战火硝烟里执掌一所高校所体会的五味；而其长校浙大 13 年间的去与留，直可谓遍历周折，费尽思量，颇引人怀想。

一

1935 年 12 月 9 日，平津各高校发起"一二·九"抗日爱国运动，得到全国各地学生的响应。12 月 24 日，"浙江大学校长郭任远，因阻学生游行，被迫辞职"。次年 1 月 21 日，蒋介石由陈布雷陪同视察浙江大学，并委陈布雷、许绍棣与浙大校务委员会处理善后。据陈训慈称，首推竺可桢往长浙大者正是时以教务长名义主持临时校务会的郑晓沧；而竺可桢知道自己"躺枪"，是在 1 月 28 日的午餐餐桌上：

> 中午肖堂与晓峰约在美丽川中膳，到咏霓、谢季华、冯景兰（怀西）等。据咏霓云，浙江大学教员与学生均不满于校长郭任远，郭辞职，教部已有允意，但蒋因学生排斥校长势不可长，故决维持郭，在郭辞职时曾有人主派余前往长浙校之议云。（1936 年 1 月 28 日日记）

其时也，竺可桢已在南京工作生活了十多年。虽然 1936 年前的南京日记包括更早的哈佛日记均已不存，但从这年年初短暂的南京日记，我们还是可以看到，作为东南大学地学系主任、北极阁气象研究所所长、中国气象学会会长和中央研究院评议员，身在南京的竺可桢，可谓工作得心应手，事业如日中天，生活平静而美满，在指导各地建气象测候所、组织学会会议之余，也偕夫人走亲访友，教长子竺津学英文，带孩子们去看秀兰·邓波儿的《小姑娘》，一切都是最好的模样。

当然，此间内外政局之患，是困扰竺可桢们的餐桌话题：

> 六点半至利涉桥老万全，周汉章邀晚膳，到翼谋、肖堂、晓峰、王焕镳、张廷休、缪赞虞、展叔、振公等等。张廷休谓政府现已具决心抵抗，二三个月

以内或将发动云云。张与何敬之颇接近,故似可代表军部之意见,盖已至忍无可忍之时期矣。(1936年2月2日日记)

战争迹象则是随处可见:

《字林西报》载上月份我国在美大买军火,计值三百万金元,抵全美军火出〔口〕四分之三云。(1936年2月7日日记)

据石瑛云,政府已有决意抵抗,现政府已将现银运往成都云云。(1936年2月11日日记)

对时局之悲观,甚至让竺可桢有出售住宅之计划:

晤元任,余以时局危急,拟将住宅出售,以一旦薪水不发,则银行按月应还之款,无法付去。元任云,此事当非限于一二人之事,临时当可缓付云云。又若政府一旦滥发纸票,则屋售出后,等于得到若干废纸而已,故此事作罢。(1936年2月10日日记)

竺可桢在南京有两处住宅,分别是珞珈路新居和鸡鸣寺路旧居。以仍需按月还款推测,竺可桢拟出售的或为珞珈路新居。这年4月,竺可桢只身前往杭州,家还留在南京,直至次年8月南京遇炸,竺可桢才移家杭州,并偕家人随校一路西迁,夫人侠魂和次子竺衡俱病殁泰和。待再次回到南京,已是1945年抗战胜利以后。他先上了北极阁:

无线电台屋尚好,惟门窗全去。自山上下望,见全城依然如故,不禁有江山依旧,面目全非之慨也。院中草已深,且壁亦失修……(1945年10月14日日记)

次日回"家",知"所有书籍均亡",包括1927年遇火灾后10年间的日记:

十点,余偕高玉怀至珞珈路廿二号,由江苏路往。外表与八年前无异,内住伪财次〔长〕……陈君衍。陈已被押,其妻女在内……余所有书籍均亡。问之,据云目前亦无一书架,其不读书可知矣。内部装修甚好,但草木无增加,但高大不少矣。后面添一砖屋,系卫队用。(1945年10月15日日记)

这是后话,回到1936年。2月11日晚8时,国民政府行政院秘书长翁文灏(咏霓)到访,正式告知拟请出任浙大校长之提议。在竺可桢看来,战争将至、危机四伏的时局,对学校师生自然是巨大威胁;而若站在大学主事者角度,一个安放不下一张安静书桌的校园,更是万难维持的。因之,竺可桢随即有如下表示:

余谓在此时局,难保于三四月内不发生战事,京杭兼顾势所不能,故余不愿就,若能于浙大有所补益,余亦愿竭全力以赴之也。(1936年2月11日日记)

这应该是竺可桢的基本态度,作为一介知识分子,在个人利益与大局利益存在冲突的时候,竺可桢选择的是牺牲自己。

10天以后,蒋介石约见:

待约一小时,蒋始来,盖在军校训话云云。待约五分钟,即偕布雷同见蒋。渠最初问余是否初来自北平,余告以去年曾至北平,但渠意中终以为余方由北平回也。次即约余赴杭州长浙大事，余告以须与蔡先生谈后方能决定。渠意即欲余允任，余告以尚须考虑，谈约七八分钟而出。（1936年2月21日日记）

考虑到事已至此，或难推辞，竺可桢以诸多实际困难，设想着自己的半年之约：

余个人之困难在于：一，不善侍候部长、委员长等，且亦不屑为之；二，时局如斯，万一半年内战事发生，余不能离杭，则不免悬心吊胆；三，余目的并不在于要能长做校长，故半年之内亦难看见成绩也。（1936年2月25日日记）

后来，蔡元培建议一年为期并答应推荐继任者，邵元冲、张默君夫妇亦劝其"宜暂往一试"，因为"借此可以转易学风，展施怀抱"。在师长、朋友、家人的鼓动和支持下，1936年4月26日，竺可桢到浙大接事。但他以"不愿放弃气象研究所事"，而"久兼决非办法"，故始终惦记着"半年"之期。除不移家、不离所，一个未事张扬的证据就是，这年10月中旬，借报告过去半年来校务改进状况之名义，竺可桢托陈布雷将《半年来浙大之改进》一文转呈蒋介石。显然，这份报告很有点布局进退——以进为"退"——的功能。

二

后来我们知道，竺可桢在获得了"财政须源源接济，用人校长有全权"两项办学特权以后，"以半年为限"的要求却遥遥无期，并且先后有10个年头，竺可桢带着他的大学流亡在战争边缘，历尽千辛万苦。

这期间，他10次请辞校长之职（参下表），前9次都因种种原因不能如愿，从（官方）不让走，到（西迁）不能走，到（师生）不让走。直至1949年4月29日，竺可桢在确认浙大师生能保安全，自己已无留浙大之理由之后，决立时避开。从1936年4月26日到校视事，到1949年4月29日悄然离校，竺可桢接掌浙大13年整。

竺可桢关于请辞浙大校长的记录

	时间	对接者	请辞理由	反馈	备注
1	1937.3.1	王雪艇 陈布雷	四月底须摆脱浙大		以一年之期，第一次请辞
	1937.3.2	翁咏霓	提议任叔永调浙大		
	1937.3.6	陈训慈 陈布雷		劝弗辞浙大，先解决经费问题	
	1937.3.17	朱家骅	辞浙大回气象所	恐叔永来又起纷扰	
	1937.3.24	陈布雷		劝弗辞浙大，120万元建筑款恐有困难	
	1937.3.30	蒋介石		建筑费分五六年给	

（续表）

	时间	对接者	请辞理由	反馈	备注
	1937.3.31	教育部		浙大经常费加2万，临时费增15万	
	1937.5.7	王雪艇	谈辞浙大校长问题	以蒋病，一时不提	
2	1938.3.3	朱家骅	以朱家骅将赴任德国大使，提出辞浙大职	胡刚复如愿干，则与教育部商量	非正式请辞
		蔡元培		主张不辞	
3	1939.11.27	学生自治会	少数学生以即停课迁校为条件挟校长辞职		以定校遵义，第二次请辞
	1940.2.23	顾一樵	函请辞职		
	1940.3.4	陈立夫	辞浙大回气象研究所	提议气象所迁遵义	
	1940.3.12	朱家骅	非辞不可	劝勿辞浙大	
	1940.3.21	陈布雷	决辞浙大		
	1940.3.27	陈立夫		主张气象所迁遵义	
	1940.4.1	陈立夫	再函辞浙大，但允维持至暑假止		
	1940.4.11	张梓铭	浙大辞职		
	1940.4.15	张梓铭		以为极难提出	
	1940.4.24	教育部	向教育部辞职		
4	1940.10.18	陈布雷 朱家骅	气象所和浙大二事必去其一	朱家骅主张留浙大	以不可兼任二事，第三次请辞
	1940.10.26	陈立夫	函辞浙大校长		
	1940.10.28	朱家骅	函辞浙大校长，若不允，则辞气象研究所所长	气象所系纯科学机关，万请以所务为重	
	1941.4.11	陈布雷		称继任人选不易得	
		陈训慈	体力不胜任不可兼二事		
	1941.4.12	陈布雷	浙大、气象所二事必去其一	以继任人选为虑	

(续表)

	时间	对接者	请辞理由	反馈	备注
5	1941.6.21	朱家骅	已三递辞呈谋摆脱浙大"素愿在于回气象所"		为求三递辞呈结果，第四次请辞
	1941.8.28	陈立夫		仍主张气象研究所迁遵义，以二者兼顾	
6	1942.1.17	教育部	以学生游行引咎辞职	学生200余人签名挽留	为学生游行，第五次请辞
	1942.3.22	陈立夫	浙大经费困难，请辞职		
7	1943.12.14	朱家骅	若不能脱离浙大，气象所所长必另派人		第六次请辞，为辞气象所所长
	1944.1.6	朱家骅	提出辞去所长职，确定赵九章为代理所长		
	1945.1.3	朱家骅	函请辞气象所所长兼职		
	1945.3.20	李书华	谈辞气象研究所所长事		
8	1945.3.27		学生罢课。次日若不复课，即告辞职		第七次请辞，再辞气象所所长
	1946.8.30	朱家骅	请辞气象所所长		
	1946.10.13	朱家骅	函请辞气象所所长兼职	请维持至年底	
9	1947.11.4	教育部	为学生不听劝告继续罢课，决定向教育部辞职		为学生罢课，第八次请辞
	1947.11.5	朱家骅	告以浙大事不能再干	恐此时辞职必受人责备，竭力劝弗辞	
	1947.11.6	朱家骅	对此内外交迫实无以应付，至明春决计辞职		

（续表）

	时间	对接者	请辞理由	反馈	备注
10	1948.1.19	王国松	为辞浙大而觅继任		主动觅继任，第九次请辞
	1948.1.31	教授会代表	为拟于4月间辞校长事		
	1948.2.20	朱家骅	谈辞职问题，如部中乏人，则校内产生		
11	1949.4.29		下午2时离浙大		第十次先走后辞
	1949.5.2	严仁赓 苏步青	函告已向教育部辞职，回中央研究院任事		

竺可桢的想要摆脱浙大，无论是为半年之约，还是为不愿放弃的气象事业，都很能让人理解。但其中因学生不听劝阻罢课、游行而提交的几次辞呈，或许可以让我们对这位校长的心事更多一份猜想。

这13年，竺可桢从47岁到60岁，从一位科学家的正当华年到年近花甲垂垂老矣，他以离杭后一句"余对浙大校长一职实已厌恶万分也！"写尽了13年长校浙大带给他的所有疲惫、愤懑、酸涩和委屈，包括举校西迁的艰辛，事无巨细的操劳，家破人亡的哀恸，"落伍气象学"的追悔，以及更多不被理解的伤怀、内外交困的迫压。翻读日记，竺可桢一向坚忍、宽厚、克己、自省，即便如何苦楚，鲜有直言不讳者。但他不是三头六臂的英雄，也不是不食烟火的金刚，作为一位承受了如此多苦难和艰辛的老人，13年执着的请辞和终得脱离的感慨掩藏着太多沉重的心思。

竺可桢离开了浙大，带着无可名状的伤感。从来，浙大得于竺可桢者多矣，求是问学的精神，教书育人的理念，"东方剑桥"的美誉，甚至综合性大学的建制和规模，都在竺可桢治下得以奠定和弘扬；而竺可桢得之浙大，或唯"牺牲"二字。

三

竺可桢是浙大历史上最伟大的校长，这是几十万浙大校友的共识。但值得一提的是，这一评价是伴随着同事好友、青年学生曾经的不理解、不体谅甚至不支持、不合作，在忍辱负重之中获得的。

初来乍到之时，为"觅得一群志同道合之教授"，竺可桢开始大规模延聘各学科优秀学者。他选拔师资、延聘教授，既不任人唯亲，也不举贤避亲，而惟能力、学养、修为和是否有助于人才培养为标准。他招揽梅光迪（迪生）、张其昀（晓峰）、胡刚复等左膀右臂和马一浮、柳诒徵等国学大师，并竭力为他们创造尽可能好的治学条件，包括在校内成立以教授为主体的各种委员会，同时争取源源不断的财政支持，为浙大腾飞打下基础。而其中，因为大量引进东南大学师生，竺可桢曾被投匿名状，被指"植党行私"，并列"九大罪状"，校内甚至成立了"浙江大学驱竺团"。

西迁期间，竺可桢依"有公有建筑可资做校舍"，"物产丰富，物品价格低廉"，"偏安一隅，无军事价值"等择校条件，带领浙大师生辗转建德梅城、吉安泰和、广西宜山等多地后，才最终落定遵义湄潭。这一举措伴随着诸多批评与指责，最激烈的时候，学生以校长下台相要挟，好友梅光迪也对竺可桢不一步到位的迁校方式表示遗憾，他在1938年6月30日的家书中称："最近我们可能不得不再次搬家，去广西或贵州。……我们都指责那些当年没能让学校走得更远的责任者。播迁伊始，我们就应该去广西、贵州或云南。如今，成千上万的钱被砸在这里——修房子，筑坝，为所有房间配置家具等，现在都白费了。"

面对这些责难甚至驱逐，竺可桢以心底无私，故行事坦荡，表白了自己"惟以是非为前提，利害在所不顾"的行事原则，并最终用辉煌的事实赢得了师生们的尊重和支持。但其内心的苦涩与失落，怕是外人难以详知的。

对于天之骄子的大学生，竺可桢一向爱护有加。除了教导他们固守"求是精神"，明了"大学生的责任"，能明辨是非，静观得失，敢追求真知，探索真理；他也像母鸡护雏一样，时刻准备着张开羽翼护佑校内每一位年轻人。学生中有得肺病、伤寒、脑膜炎、恶性疟疾等各种疾病的，他定期前往探望，每一位年轻人的夭折，都成为他的日记里最沉痛的记录；夫人张侠魂去世后，竺可桢将所贮国币1000元，作"侠魂女士奖学基金"，奖励家境清寒而学业优良的女大学生；学生因卷入运动被拿捕、被禁闭训练团的，竺可桢更是多方营救并往探视。1943年5月29日，竺可桢从北碚回重庆的路上，曾徒步七八华里，绕道前往青木关五云山青年训练团探望王蕙、何友谅：

> 余在小湾站下车，往探王蕙、何友谅。问站旁人，知战时青年训练团距站七八华里之遥。余徒步往，自八点二十分走起向东南行，为一石板路，至一石桥，名群力桥，则已为五云山矣。训练团在五云寨。余上寨觅队长陈上川，即召王蕙来谈约半小时。王蕙告余以被捕经过，谓系反孔为主因，并以湖南学生杨姓失金戒子事而结私仇。至贵阳后，何友谅因被打三次而招供，逼写自承共党等。（1943年5月29日日记）

1947年于子三惨案后短短10天内，竺可桢密集接洽和走访了包括保安司令部警察、首席检察官、法医检察员、监狱长、法律顾问、省政府主席、省党部官员、报社记者、学生代表在内的多方人士，并赴南京与教育部、司法行政部、行政院官员会晤，就这一惨剧提出交涉。

但是另一方面，这13年里，竺可桢对校规校纪的执行从来都不温和，从来不失原则。前任郭任远以严厉限制学生而遭驱逐，事实上，竺可桢在校长任上，除考试作弊、考试不及格等原因退学的以外，因各种违反纪律而记过、留校察看、勒令退学、开除的学生亦绝不是个小数字，就日记记载，即有因群殴闹事而被开除的，有违反网球场规则、擅贴壁报肆意攻击或发起罢课签名而被记过的，也有因策动游行而被勒令退学的。仅1941年7月，因阻挠毕业考试受到处分的就有13名学生，包括开除学籍1人，勒令退学3人，记大过5人，记小过4人。执行纪律可谓严厉矣。

作为民国时期惟一一位非国民党籍国立大学校长，竺可桢对学生罢课、结社之态度十分明确，即，不反对学生有政治信仰，但不赞成学生的学业受到太多干扰。"学生应埋头求学问，否则从军可也"，"学生在校，尽可自由信仰，但不得有政治活动"。但抗战胜利后，随着战事的不断升级，校内外罢课风潮此起彼伏。1947年于子三事件中，为全校学生屡劝不听，持续罢课近4周，竺可桢第8次正式提出辞职：

> 于子三之惨死，予以澈查。至于余之辞职，乃由于治安机关不听吾言，酿成于之惨死。而你们同学不听吾言，将来难免不再出事，故余不能负责。（1947年11月8日日记）

这里隐含着多少痛心疾首，多少爱莫能助！那种担忧、无奈的叠加，会对当事人心理形成怎样的挤压，又有几分影响到竺可桢最后断然舍离他执掌13年的大学，我们不能确知。但事实上，这是竺可桢对学生别一种形式的耽爱和保护，保护他知识的汲取，保护他智慧的增长，保护他人身的安全与人格的康健，让他们远离政治迫害，努力"教育救国"，真正明白天地间惟学无际，御强敌、树邦国最靠知识。

竺可桢的这些坚持，学生们曾不理解、不接受；待走上社会，他们中的大多数人，一生都在传播和实践"求是精神"和"大学生的责任"。从这个意义上讲，竺可桢或许从不曾离开他耕耘了13年的大学，他是浙大永远的校长。

原载 2020 年 9 月 18 日《文汇报》

哪一个是真实的竺可桢

散 木

最近几年的出版物,以非虚构著作而论,有几种书籍非常吸引眼球。套用时人经常讲的话:欲阅人,传记是最不可靠的,《全集》则一向不全,《年谱》又似清汤,唯有书信和日记,因是原始手迹,如果没有删削,倒是颇可一读的。

不久前由三联书店出版的全套《吴宓日记》和上海科技教育出版社出版的《竺可桢全集·日记》(2006—2007年出版,以下称"上海版"),无疑就是这样难得的出版物。这两套巨著,出版者都说明是没有删削或极少删削的,这就让读者很放心(此类读物过去无一例外是必须"动手术"的)。近日捧读《竺可桢全集·日记》,忽然想起过去阅读人民出版社和科学出版社分别出版的《竺可桢日记》(第Ⅰ—Ⅱ册,人民出版社1984年版;第Ⅲ—Ⅴ册,科学出版社1989—1990年出版。以下称"北京版")。人们凭借着"北京版"《竺可桢日记》的文字,塑造、建构了竺可桢这位历史人物的形象——一位进步知识分子、红色科学家。当然,这个观察并非不是事实,只是其间的发展线索、转变过程,却被大大忽略甚至是失真了。

日记中的两个竺可桢?

一如目前很多人总结历史经验教训,都提倡"说真话",出版也理应如此。

竺可桢的日记,从1936年1月1日至1974年2月6日他逝世前一日止,共38年,"北京版"《竺可桢日记》只是一个摘选本。当然,笔者丝毫没有贬低"北京版"的意思,在20世纪80年代的历史条件下,经过众多相关单位和竺可桢生前友好、亲人的不懈努力,5册《竺可桢日记》得以出版,毕竟是功德无量的伟业。

不过,也正是这"摘选",今天比勘"上海版"《竺可桢全集·日记》,就会得出"两个"竺可桢的印象。

笔者根据"北京版"日记,曾发现竺可桢当年通过阅读革命和进步书刊而发生思想变化,如《西行漫记》,抗战时期后方的许多知识分子都秘密读过。

"上海版"却有记云:1940年4月4日晚,竺可桢在重庆北碚始阅《西行漫记》。8日夜,他记下:书中"有云,共产党以为此次全民抗战只能在革命最彻底之领袖下方能胜利。战争之开始，资本主义制度下之政府可以行之，但结束战事必待于劳工。全国人民抗战情绪紧张，以后共产党将尽全力以得最后胜利。只要政府能抵抗，共党必与合作。倘若一犹豫，共党即将起而代之。共党以为此种趋势，政府一经败绩以后，不久即将发现云云。"（《竺可桢全集·日记》第7卷）9日夜，又记云："此书过于为共产党宣传，使人读之觉其不可靠。""北京版"悉数"摘"去以上内容。

又，竺可桢后来的变化，与他受到友人的影响有关。"上海版"在1940年10月20日的日记中，记录了竺可桢与马寅初的一次谈话，时马寅初因大胆抨击国民党豪富声名大振。竺可桢在日记中写道："寅初近来对于孔、蒋大肆抨击……颇信共产党为较有办法，认其领袖能刻苦为可佩。"竺可桢对此有不同的看法："余告以共产党以苏联为背景，惟Stalin之命是从……蒋纵容孔令仪、令侃、宋霭龄辈贪赃受贿，固属不符舆情，但国家欲养成全国爱戴之领袖亦不易。故以忠言劝告为善策，莫为共产党所利用也。"后面的这段话，"北京版"也"摘"去了。

当然，当年"北京版"也保留了一些难能可贵的文字，如1941年4月24日，竺可桢从贵州湄潭浙江大学赴永兴分部向学生演讲，提及外交情形时，"批评苏联各国均只知利害，不管是非，将来自食其果。我校求是精神，即只知是非，不顾利害"。8月27日，竺可桢因公赴重庆，在与陈训慈的谈话中，针对时人要求国民党释放张学良，他以为："张学良一纨绔，不思报父仇，泄泄沓沓，断送东三省，乃民国罪人也。"

考量和评价竺可桢的政治态度及思想变化，关键是浙江大学的几次学潮。如1942年1月16日，大后方发生了以西南联大学生为首学潮，反对孔祥熙等国民党权贵派飞机接迎家眷、洋狗而弃接学者，浙江大学的学生也在遵义等地响应，后来很多回忆文章称赞竺可桢走在游行队伍前列，表现了他大无畏的气概等。其实，竺可桢当日出行，是担忧国民党军警会对学生施以暴力。他考虑到"难免不发生冲突，故决计出以劝导方式"，向学生"晓谕以守法"，结果学生"不听"。有学生被国民党军警捉去，竺可桢四处奔忙，并召开学校"行政谈话会"，对几位带头的学生"记大过"处分。随后他又在国民党当局的警备司令部"博弈"，对方"经余解释始晓然"。一边与国民党当局周旋，一边要求学生"守法"和克制，作为校长，他是恪守了自己的职责的。对于学生在游行中散发的传单（谓孔祥熙派"飞机去港接洋狗，而吴稚晖全家、胡宗南、王儒堂、王宠惠、郭复初均不得出"），他却以为"全系谣言也"。以上内容，两本《日记》也稍有不同。

1945年4月，遵义的浙大学生再次掀起学潮，竺可桢周旋其间，不堪其苦。精疲力竭之余，他甚至在日记中这样写道："下次如有罢课行为，不惜全体开除。以此等要挟手段不可为法。"他以为："凡民主必先注意两点，即法治精神与少数服从多数，但多数亦须尊重少数人之意见。"对于民主程序中发生的"大众民主"的偏差，作为校长的竺可桢领受颇深。

左右夹击的尴尬

其实,在本质上,竺可桢是一位自由主义的科学家和教育家,对中国当时两大政党国民党和共产党,他决不偏向任一方。或者说因为国民党政府是当时中国的政府,他站在国家的立场上,是维护之而不是给以添乱的。对于学生的政治倾向,他一本自由主义的精神,取蔡元培当年在北大办学的宗旨:思想自由,兼容并包。1944年10月6日,竺可桢演讲《怎样做一个民主国家的公民》,提及"俄之民主无言论自由,以国家在民族之上"。对此,两本《日记》给读者的感觉是完全不同的。

1945年6月7日,竺可桢在遵义阅读约翰·里德的名著《震撼世界的十天》。对于这本描写苏联十月革命的书,竺可桢写道:"按Read系共产党,故其所言不免于偏。"此后的1947年6月7日,竺可桢在旅美期间阅读一本"畅销书"Thunder Out of China(《来自中国的惊雷》,一译为《中国震撼世界》),书的两位作者是二战期间美国驻重庆的《时代》记者,竺可桢写道:此书"对于政府攻击不遗余力,所叙多为事实,但对于共产党则赞扬备至,不免偏激。对于政府之攻击亦多不公允之处,且不多指出病源在于何处,无非随意谩骂,失去价值不少"。不过,竺可桢又认为:"闻国内对于此书禁止购买,则大可不必也。诗云:'他山之石,可以攻玉。'"这正是竺可桢一贯的看法,而"北京版"却"摘"去了竺可桢批评作者的内容。

20世纪30年代前后,国际形势的发展和变化使得全世界许多正直善良的知识分子开始集体性"左转"。他们不约而同看好实行"计划经济"的社会主义,如曾到中国访学的英国科学家李约瑟。竺可桢与李约瑟有过多次接触。1947年8月10日,竺可桢在杭州阅读李约瑟的《历史在我们一边》,写道:李在书中"大为共产党辩护,故英国人称李约瑟为共产党,非无故也"。显然,这几个字反映了竺可桢对李约瑟的评价。而此前1945年7月7日,曾是中共元老、博古入党介绍人的历史系教授顾谷宜讲演《战后中国国际地位与应有政策》,竺可桢听后在日记中写道:"顾言词中多庇护共产党而批评国民党,但未明言也。"竺可桢也曾在顾谷宜讲演后发言,认为战后中国时局,"谓国民党在朝,既以楬櫫交出政局,应十分诚意,随时可以退为第二、第三党,但同时在野之共产党亦须有雅量,预备将来得志以后不致压迫敌党。民主之所以能保存,在于少数服从多数,而多数亦不压迫少数"。对此,"北京版"又"摘"去了其中竺可桢作为自由主义者的言论。

揆诸历史,一个自由主义者是在时代的夹缝中尴尬地栖存着的。果然,战后回到杭州的浙江大学陷于政治风波之中,学潮迭起,乃至成为一座"东南民主堡垒"。校长竺可桢更是身心交瘁,决意从此离开浙江大学,再也不担任校长了。在此期间,学生运动与竺可桢校长之间,如果取"北京版"的日记资料来看,似是一种"共谋"的关系;而取"上海版"的日记资料,则是一种"博弈"的关系。竺可桢对学生的爱之恨之,尽情透露于字里行间:比如学生(自治会)实行罢课,理由或程序是否得当?再如罢课签名者第一名居然是竺安(竺可桢的儿子),竺可桢本能地质疑(其实是代签),他要求代表给予事实的澄清（"切实告诫"），因为这关乎"求是"。

作为校长，竺可桢更不满意于学生在学校"到处张贴反政府、骂人以及侮辱元首之壁报"，向学生代表表示："事实胜于雄辩，侮辱谩骂之壁报必须撕去。"这除了是竺可桢不能容忍非理性的所谓"大众民主"之外，更是为学生考虑："彼等若反动漫画继续不绝，则人人自将目浙大为反动之大本营，甚至军警入内捕人，自召祸端。"来自南京教育部的情报则认为竺可桢"包容奸伪匪谍学生之一切非法活动于不问不闻"，"无怪社会人士认浙大为共匪之租界"。其实，若论竺可桢的真实想法和教育理念，则是："余素来主张，政党不要入学校也。"这正是自由主义的立场和观念，而彼时，这种立场和观念受到了"左""右"双方的排斥和攻击，竺可桢只能局促其间，左支右绌，在政治风暴的夹缝中坚守自己的底线。因此，竺可桢在学潮中的形象和角色，与许多书籍和文章中所描写的大相径庭，这也是当时竺可桢被"左"派学生视为必欲去之而后快的人物的一个原因。

事实上，当年"这一个"的竺可桢已因自由主义立场和做派而招致部分浙大学生的不满，浙大校内的壁报甚至指责他"受英美教育之毒，做事不彻底，不能对恶势力争斗，只剩了些科学救国空谈"。竺可桢就是在这一历史背景下发生了他的人生转折的。如果我们不对他转变的方方面面认真梳理和解读，仅凭他此前曾阅读过斯诺的《西行漫记》、赵超构的《延安一月》等书籍而简单地下结论，无疑是过于仓促的。

竺可桢的转变，是逐渐对新社会真正有了感性的认知，包括对旧社会的反省，在阅读、听闻以及亲历中开始的。如1949年5月27日的日记："吴正之来谈，谓上海科学学术各团体定于六月一日下午在科学社集会，讨论如何参加其他团体之活动云。正之询余意见，余谓民十六年国民党北伐，人民欢腾一如今日。但国民〔党〕不自振作，包庇贪污，赏罚不明，卒致有今日之颠覆。解放军之来，人民如大旱之望云霓。希望能苦干到底，不要如国民党之腐化。科学对于建设极为重要，希望共产党能重视之。"

竺可桢是独立的知识分子，历史学家和认真的读者若要对他有全面的认识，可通过他的真实的"文本"去细读、去体会，进而对历史有全方位的把握。在这个意义上，"上海版"《竺可桢全集·日记》的出版，是可贺的。

原载《同舟共进》2008年第10期

"三反"运动中的竺可桢

智效民

竺可桢是著名科学家、教育家。1936年至1948年,由于蒋介石信任,他当了浙江大学校长;1949年以后,由于毛泽东赏识,他当了中国科学院副院长,直到1974年去世。在此期间,他写下了大约1000万字日记。这套日记不仅记录了他的人生轨迹和心路历程,也展示了中国社会的历史命运与巨大变化。其中,他在"三反"运动中的遭遇,就颇具代表性。

一、"三反"运动的背景

所谓"三反",是反贪污、反浪费、反官僚主义。现在看来,"三反"运动的出现有些出人意料。

1950年6月,刚刚成立的新中国经济非常困难,因此毛泽东在中共七届三中全会上提出《为争取国家财政经济状况的基本好转而斗争》的报告,并在会上作了《不要四面出击》的讲话。讲话的中心意思是不可树敌太多,并要在各方面有所让步。

毛泽东话音刚落,就爆发朝鲜战争,中国政府决定派志愿军入朝参战。对外战争的爆发使当局对国内形势的判断有所改变,于是在毛泽东向中国人民志愿军下达参战命令的第三天,即1950年10月10日,中共中央发出《关于镇压反革命活动的指示》,要求各级党委要坚决纠正对反革命分子"宽大无边"的倾向。这样一来,不可树敌太多的思想路线立刻演变成轰轰烈烈的镇压反革命运动。这场运动与正在进行的土地改革运动、抗美援朝运动合称为"三大运动"。

三大运动结束后,由于经济建设欠账太多,毛泽东于1951年10月又号召开展爱国增产运动。与此同时,为了加强思想统治,防止知识分子对当局的做法产生怀疑,毛泽东还要求在知识分子中同时开展一个自我教育和自我改造的思想运动,简称思想改造运动。

竺可桢是全国政协委员,当他在政协大会上听了毛泽东对两个运动的解释以后,在日记中写下自己的体会:"思想改造,首先是各种知识分子的思想改造,是我国在各方面澈底实现民主改革和逐步实行工业化重要条件之一。……增加生产,厉行节约,以支持人民志愿军,这是中国今天的中心任务。"(《竺可桢全集》第12卷,上海科技教育出版社,2007年,第458页。以下凡引该书,只注页码)

在增产节约运动中，中央发现全国各地的贪污浪费现象非常严重。于是中共中央在 12 月 1 日作出《关于实行精兵简政、增产节约、反对贪污、反对浪费和反对官僚主义的决定》。为了加强对运动的领导，中共中央建立了以薄一波为主任的中央增产节约检查委员会，并在党政军三个系统成立了各级增产节约检查委员会。12 月 7 日，竺可桢在政务院第 114 次会议上听取薄一波的报告。薄首先介绍了政务院关于调整机构紧缩编制方案，接着讲到贪污浪费情况。他说："在财政部、贸易部、人民银行三机关内共有 326,000 人服务，而贪污者占九万人，占 28%，其中应受严重处分者占千分之一二，已枪毙者 150，其中 60 人在四川一省。税务人员五千人贪污，占全体 40%，共贪污五十三亿，平均每人 106 万元。贪污人员，外勤多于内勤，新干多于老干，直接掌握财权多于间接。论其性质，可分为：1）出卖情报，2）盗卖国家资产，3）假造单票，4）接受贿赂，5）贱买贵卖，6）取公款盗卖金银，7）伪造证据，8）监守自盗，9）集体贪污，10）假公济私。"薄一波的报告代表了中央对国内形势的基本估计，因此周恩来在随后的讲话中说：虽然有抗美援朝运动，但"反贪污、反浪费的运动必须展开"；浪费的原因，"大概是官僚主义"（第 484 至 485 页）。

第二天，中共中央又发出《关于反贪污斗争必须大张旗鼓地去进行的指示》。这反映了中央反对贪污浪费的决心。但是，由于爱国增产运动和思想改造运动并没有宣布结束，再加上只有大张旗鼓的指示，而没有具体实施的办法，因此如何贯彻落实中共中央的上述决定和指示，还是一个很大的问题。

针对这一情况，毛泽东于 1952 年元旦在中南海设晚宴招待各界人士并发表重要讲话。他说："1952 年已开始，本年将继续抗美援朝工作为重心工作，增加生产，厉行节约。"为了完成这些任务，"本年新增加反贪污、反浪费、反官僚主义运动"（第 531 页）。根据毛泽东的讲话精神，中共中央于 1952 年 1 月 4 日发出《关于立即限期发动群众开展"三反"斗争的指示》。这样一来，在全国范围内很快出现了一个群众性的检查、揭发贪污、浪费和官僚主义的高潮。此后，"三反"运动在全国范围内轰轰烈烈开展起来。

二、中国科学院为"三反"运动而停止办公

在此之前，《光明日报》于 12 月 1 日报道了中国科学院办公室营造科科长黄山立贪污案。据说黄在修建物理楼的过程中，利用职权贪污受贿 6059 万元。为此竺可桢在日记中说："……黄山立之贪污，院中三不管之状态有以养成之。……我们大家统对于国家负此损失负点责任。"（第 482 页）

12 月 12 日，中国科学院成立思想改造"学习委员会"，由院长郭沫若担任主任委员，副院长李四光、陶孟和、竺可桢、吴有训担任副主任委员。12 月 25 日上午，中科院召开动员大会，郭沫若在大会上说："官僚主义为贪污与浪费的根源，要肃清贪污与浪费，必须清除官僚主义。为此须发动群众，要大家把公物视为神圣不可侵犯，这要改造思想，

所以……改造思想和三反运动要双管齐下。"这就是说，无论你有没有贪污浪费行为，有没有官僚主义作风，都要从思想改造的角度，积极投入这场政治运动。

会后，竺可桢担任中科院"三反"运动的领导机构"节约检查委员会"主任。当天下午，竺召开节约检查委员会第一次会议，"决定头十天阅读文件，发动群众检举，以后俟进程如何再定办法，预期十至十二星期可以结束"（第495页）。发动群众检举揭发他人的罪行，必然会造成一种人人自危的恐怖局面。除此之外，让知识分子使用批评与自我批评的"武器"，也是发动政治运动的一个杀手锏。12月27日，中科院学习委员会召开会议。按照事先安排，由竺可桢"报告两个批评和自我批评的文件"。他讲了三个问题：一、批评与自我批评同古代自省和西方代议制有何不同，二、批评与自我批评是不是剥夺了个人自由，三、毛主席讲思想改造要从知识分子起的原因。由于准备不足，或者说尚未想明白，竺可桢认为自己"讲〔得〕一塌糊涂"（第496页）。这显然与竺可桢从未接触过这类"游戏规则"有关。作为运动领导的竺可桢尚且如此，其他人可想而知。

1952年元旦，竺可桢与陶孟和、吴有训、钱三强应邀出席了毛泽东在中南海设的晚宴，亲耳聆听了毛泽东关于"三反"运动的讲话。第二天上午，中科院院长郭沫若根据形势的要求召开临时会议，决定"即日发动'三反'运动，……希望十天以内能有结果"。郭院长还要求从当天下午起，中科院停止办公，全力以赴投入运动。郭沫若的这些做法显然与中共中央随后发出的《关于立即限期发动群众开展"三反"斗争的指示》有关。

元月3日上午，竺可桢召开"节约检查委员会"会议，"讨论如何响应毛主席号召，发动大众热情来做'三反'运动"。正在这时，中科院党组成员兼该委员会办公室负责人曹日昌的母亲去世，要回老家奔丧，竺可桢劝他不要回去。可见当时的气氛紧张到什么程度。当天晚上十点半，竺可桢收到政务院文教委员会来信，要他在第二天八点半之前汇报运动情况，同时提交书面报告。竺可桢立刻通知曹日昌，让他连夜准备书面报告（第532页）。第二天一早，竺可桢与吴有训、曹日昌前往文委会进行汇报。曹日昌准备的书面报告分五个部分：(1)是否已经自上而下检讨工作，(2)自下而上的发动工作怎样，(3)"三反"运动的重点何在，(4)检查组织状况如何，(5)存在何种基本问题。运动刚刚开始，曹日昌就能写出如此报告，真不容易！

三、竺可桢"无法应付"

1952年1月6日下午，中科院召开大会，副院长陶孟和、竺可桢、吴有训分别作了检查。竺可桢在检查中说，除了官僚主义外，他还有"本位主义和敌我不分两个缺点"。与会者对他提出以下意见：一是有作客思想，二是没有接触实际，三是利用公家运器材的机会搬过家具。此外，大家对他们动用巨额公款修建院长宿舍也有很大意见（第534至535页）。

一个月以后，由于文教委员会要求限期完成思想改造任务，竺可桢去找另一位副院长李四光商量。他说:"余辈均五六十岁以上人,讲思想改造不及年青人之速。而且高高在上,脱离群众、脱离实际,……这实在使人焦急。"另外,他还听钱三强说:现在"近代物理所年青人亦莫知适从,正如一群鸡鸭,但闻四处呼声,遂致彷徨歧途"。为此,他希望当时兼任副院长的陈伯达能够"到院多主持思想改造或至少能一星期来一次"(第555页)。

这时,"三反"运动已经变成人人过关了,因此不要说普通知识分子,就连竺可桢也觉得"莫知适从"。为了表示积极,他请沈自敏对自己进行帮助。沈在抗日战争时期担任过浙江大学学生会会长,当时在中科院近代史研究所工作。面对自己的老校长,沈毫不客气地指出:你属于"买办资产阶级,取改良主义态度,所以最能压制学生"。此外他还批评竺可桢的文章"没有阶级争斗性"(第566页)。

2月28日下午,竺可桢在会上再作检查。检查之后,沈自敏说竺可桢"在浙大培植了强固的反动集团",曹日昌认为他"对教授治校没有批判"。此外,还有人说他是御用学者,与蒋介石见面不用通报(第569页)。对于沈自敏的说法,竺可桢虽然不能接受,但也不敢反驳,只是在日记中流露了一点不满情绪。

3月15日,竺可桢继续在小组会上作检查。这次检查的问题包括"向上爬、宗派主义、崇美思想及国民党时代学生运动",其中重点是学生运动。检查之后,许多人提了意见。小组会结束时,院党组成员、历史学家刘大年要求他进一步检查自己的问题。

无奈之下,竺可桢只好再次请沈自敏来家吃饭,帮助自己分析错误。4月14日,刘大年找他谈话。指出他属于统治阶级思想,有崇美思想,作客思想,在行动上站在人民立场,但思想上敌我不分,还在科学研究上为殖民主义辩护;但"没有政治野心,没有欲望,问心无愧……,生活谨严,没有贪污"(第599页)。4月23日,竺可桢将自己的检讨装订起来,寄给刘大年和沈自敏。随后,他还与沈自敏谈过自传写作和个人检查等问题。从二人的接触情况来看,沈显然是党内负责"帮助"竺可桢的特殊人物。

经过半年的精神折磨,竺可桢已经难以忍受。他在5月12日的日记中用"年衰力薄""真同走尸""动辄得咎""坐领干薪"等词语来表达自己的痛苦心境。

尽管如此,原来"预期十至十二星期可以结束"的运动仍然是遥遥无期。两个月后,刘大年又来拜访竺可桢,说院里的思想改造运动从下星期开始,要他和陶孟和、吴有训再作检查。几天后,中科院再次召开思想改造动员大会,一向很少露面的陈伯达在会上作了动员报告。竺可桢说:"自院成立以来,陈副院长来院作大报告是第一次。"第二天,苏联科学院地理所副所长贾伊且各夫突然来访。正在这时,竺可桢患了感冒,他既要接待外宾,又要准备检查,因此他在日记中说:这种局面"使我无法应付"(第661页),可见他有多么难受。

7月28日,竺可桢写了五千多字的检查稿之后,又一次请沈自敏对他进行帮助。沈认为他在稿子中分析事实太多,分析思想太少。7月30日,竺可桢在大会上作检查。会议由陶孟和主持,华罗庚、罗常培、范文澜、钱雨农等人出席。8月24日,中科院公布了在思想改造运动中没有过关者的名单，其中没有竺可桢的名字。至此，竺可桢总算得以解脱。

四、其他专家学者的遭遇

相比之下，竺可桢周围的专家学者就没有这么幸运。

著名科学家严济慈刚刚被任命为中科院东北分院院长，就遇上了"三反"运动。于是他首先检讨了自己的官僚作风和作客思想，然后才赴沈阳上任。一个多月后，有人揭发他在解放前拿了美军的3000美元、60两黄金和卡车一辆。于是竺可桢写信让他坦白交代。随后，竺向钱三强询问此事。钱三强说，1945年前后，严济慈为美军创造的价值合十万美元，应该获利一万。但实际上他只得到"黄金一百五十两之谱，即合美金七千五百元之数"（第558页）。1946年，严济慈回到北平后，拿这笔钱买了房子，因此被视为贪污。

2月13日，竺可桢与李四光、陶孟和、吴有训等人商量此事，认为既然有人揭发，就该让严济慈早点坦白交代。于是，他们联名致函严济慈表达这个意见。所幸严济慈的坦白还算彻底，并主动将这套房子充公，才免予处分（第592页）。严济慈的命运显然与他的价值有关。这种事换上其他人，恐怕会是另一番景象。

除了中科院的事情外，竺可桢在日记中还记录了学术界朋友们的一些遭遇。4月25日晚，竺可桢与北京大学教授饶毓泰（字树人）见面，谈到周枚荪（字炳琳）在北大三次检讨未能通过。周的儿子也检举揭发他，但还是儿子的口气。相比之下，陆志韦的女儿在会上检举自己的父亲时，开口就是"你陆志韦"如何如何（第607页），则让他们感到难以接受。饶毓泰是中国物理学界的泰斗，也是吴大猷、杨振宁、李政道等人的老师；周枚荪是北京大学法学教授，曾经担任过国民政府教育部副部长；陆志韦是著名心理学家，当时是燕京大学校长。从这些片言只语中，可以看出他们在运动中的处境。

与周、陆二人相比，饶毓泰遭受的内心折磨也许更大。"三反"运动开始后，竺可桢曾多次拜访饶毓泰，2月28日，他听说饶在家中晕倒，便前去看望。3月6日，竺可桢又收到北京大学教授杨振声来信，"知树人神经失常"。他与吴有训匆匆到了饶毓泰家之后，只见饶躺在床上，"眼直视无睹，不能认人，但云'为什么缘故'"。

竺可桢在日记中说：饶毓泰得病，是因为他最得意的学生在会上批判了他。批判的理由是他不仅只会"教人做研究"，还说什么清华应该"赶上世界学术水平"。批判者认为这"全是自私自利"。有人认为饶病情加重或与北大副校长汤用彤（字锡予）"出言中或有刺激"有关。饶毓泰也认为，北大"自马寅初、汤锡予起直至学生，无一寄与同情"，相比之下，"倒是科学院友人还有同情"，因此他想离开北大（第574页）。

随后，竺可桢得知"燕京（大学）'三反'极热烈"，该校的"陆志韦、赵紫宸和张东荪，成为北京各大学'三反'中心人物"（第583页）。浙江大学在运动中"自杀者五人，……许多人自己承认没有根据的贪污事件"（第711页）。这一定程度上说明，中科院的"三反"运动，似乎没有北大、燕大、浙大等高校那么"热烈"。

一场增加生产、厉行节约和反对贪污、反对浪费的经济领域的斗争，居然与思想改造运动结合起来，变成了人人过关的政治运动，从而制造了许多冤假错案。这样的事情在今天看来也许有些不可思议，但它确实是老一代人的亲身经历。更重要的是，经过一场又一场政治运动，知识分子的独立人格就会遭到严重打击，这才是问题的实质。

原载智效民著，《胡适和他的朋友们（增补本）》，世界知识出版社，2010年4月

竺可桢与我国气象台站的建设

王 东　丁玉平

摘要： 气象台站建设是发展气象事业和气象科学的基础。基于我国气象台站分散落后的事实，竺可桢通过回收外人气象台站、直接建设台站所和派人指导地方测候所建设等方式实施了中国气象台站网络建设的规划。尽管因多种原因最终未能完成计划书的布局，但到1937年，中国至少已有139个气象台站，初步形成了我国早期的测候网。这为我国近现代气象事业的繁荣发展奠定了基础。

竺可桢的气象台站建设贡献

我国近代气象科学事业的奠基人之一竺可桢（1890—1974）对气象台站网络建设有着卓越的功勋。

20世纪20年代前，我国因为没有较为合理的统一的气象台站布局建设，影响了气象事业的发展。这是气象工作者所公认的事实。因此，中央观象台于1918年就向北洋政府教育部提出全国气象分区计划，提议"以省为单位，每省设一总站及若干测候所，并普设测雨站"，以便建立起气象台站观测网。因为经费的限制，教育部只采纳了各省普设测雨站的意见。当时，中国自有自管的气象台站除了1912年建立的中央观象台、农林、水利等部门在1914年设立的26处气象测候分所、张謇个人在南通设立的军山气象台等外，大部分都为外国的教会、军政部门和社会团体所设。这给我国的气象台站网络的自主建设和统一规划管理带来了一些障碍。要发展气象事业，必须要有自己的气象观测台站网络。为此，1920年，中央观象台又向政府提出了一个"扩充全国测候所意见书"，拟增加设立40个测候所。由于经费和社会局势等原因，一直未能实现。1921年，竺可桢也撰文《论我国应多设气象站》发表在《东方杂志》第15期，向政府吁请气象台站网络建设的重要性。

随着民族独立进程的深入，收回这些气象台站就成为我国气象台站网络建设的道路之一。竺可桢为此做了不少工作。1922年，在中国政府收回青岛管辖权之际，竺可桢认为此时收回青岛观象台主权已是理所应当之事。于是在济南召开的中华教育改进社年会上，竺可桢提出"拟请教育部或中华教育改进社管理青岛观象台并加以扩充案"，提案建议应该收回青岛观象台的管辖权，并努力使其发展成为能够与徐家汇气象台科技水平相均衡的气象台。[11]竺可桢的提案受到了知识界和政府的高度重视。1922年12月，山东省省长兼督办熊炳崎电邀竺可桢作为气象科技人员去青岛襄助收回气象台。[12]日本起初以中国缺乏气象人才为由拒绝交出气象台主权。竺可桢为摧毁日本人所谓的借口，就将此前亲自调查的在青岛气象台工作的日本人气象素养，连同这次接收情形写成报告《青岛接收之情形》，发表于《史地学报》第2卷第2期；并倡议在青岛成立了中国气象学会（1924年）。1924年，日方再无借口，终于交还了青岛观象台之主权。接收后的青岛观象台面临经费不足等问题，竺可桢先生为此与蔡元培先生"多方筹措，除了从中央研究院的天文、气象两所每月各拨500元予以补助外，还多次动员青岛历任市长，为观象台筹集、增拨经费"①。这样，青岛气象台的正常业务才得以顺利运行下去。

除了收回外人设立的气象台站，还有更重要的自建途径。竺可桢对此也做了很多努力。1920年，竺可桢在南京高等师范学校（东南大学、国立中央大学）建立了气象测候所，成为民国期间20多所院校气象台站中的重要一个。在建设和使用这个测候所过程中，竺可桢不仅自己指导学生参与观测，而且还聘请了专职人员鲁直厚来测候所进行气象观测和指导。从开始观测之日始，该测候所气象观测便"无复间断"。竺可桢还"经常亲自监督恶劣天气及夜间等容易失误情况下的观测记录"；在"取得完整资料的基础上，竺可桢亲自分析数据，撰写报告。翌年即编发《气象月报》，与徐家汇等外人主持的气象机构进行交换"。[12]这些气象台站建设实践为竺可桢后来的气象台站建设规划及其指导实践提供了丰厚经验。

竺可桢对气象台站建设的主要贡献源于其主持气象研究所。1928年春，竺可桢负责筹建中央研究院气象研究所的工作，提出了《全国设立气象测候所计划书》这一规划布局性的计划书，制定的目标是在10年内在全国完成"至少须有气象台十所，头等测候所三十所，二等测候所一百五十所，雨量测候所一千处"的任务，以便为我国农业、水利、航海、航空、国防等服务。同时，这样也为中国气象事业发展能奠定扎实的基础。[13]这个计划书实际上也就成为中国近代气象事业的纲领性文件。竺可桢也是基本按照这个规划书进行我国气象事业工作的。

（一）建设北极阁气象台

北极阁有着悠久的气象观测史和良好的基础。为此，竺可桢将气象研究所的办公室和观测站从南京成贤街大学院内迁至钦天山北极阁，并积极建设北极阁这一综合性气象台。竺可桢筹措资金、做规划设计，在北极阁成立了气象台，于1928年10月1日起正式开始观测。北极阁气象台从此成为中央研究院气象研究所办公、科研、学员培训以及气象观测的场所。在竺可桢任职期间，北极阁气象台的建设在职员配备、气象仪器、观测项目、科学研究和出版及人才培养等方面都有巨大突破和贡献。

---

① 百度百科. 青岛观象台. http://baike.baidu.com/view/980280.htm.

职员方面。1928年是15人,分别为"所长一人、兼任研究员一人、观测员八人、助理员一人、兼任助理员一人、无线电收发一人、图书管理员一人、统计员一人"。职员少,任务重是发展的一个制约条件。很多人都是一身多职,如"观测员除担任观测外,同时兼任制图预报、仪器管理及文牍会计出版等职,研究员及助理员亦同时兼理所务行政焉"。[14] 为此,竺可桢不断争取人员编制,以适应气象科技事业发展的需求。1935年,职员发展到56人,分别为"专任研究员兼所长一人、专任研究员二人、通讯研究员二人、专任编辑员一人、测候员九人、图书管理一人、制图员一人、无线电收发员二人、统计生九人、测候生二十四人、工程技术员一人、会计庶务员一人、预报生二人"。[15] 气象研究所中职员人数的增加,使任务分工更细更专门化。这有利于提高技术质量和气象业务水平。

气象仪器方面。1928年的"测候仪器,大小共计九十余件,总值二万五千余元,多自德英法三国购来"。[14] 发展到1935年,"计历年所置者已有二百数十件,总值约十二万元"。[15] 还有1935年当年度新增的重要仪器就有二百四十余件。

观测项目方面。气象研究所开始观测的项目都是地面观测,包括气温、气压、湿度、降水量、风向风速、云状云量、蒸发量等,后来利用气球、风筝和飞机进行高空探测,增加了太阳辐射观测、物候观测、地震观测、微尘观测、日射观测、空中电子观测等项目。从1930年元旦开始,气象研究所开始发布天气预报和台风预警,从而结束了外人垄断我国天气预报的历史,为实现我国气象事业的独立自主迈进了里程碑性质的一步。

科学研究和出版方面。气象研究所是气象科学的最高学术机构,为鼓励气象科学研究,竺可桢领导制定了《中央研究院气象研究所的论文奖金章程》,从而在制度上促进和保障了气象科研人员在学术、理论和实践上的创新工作,取得了丰硕成果。从1928年气象研究所成立至1949年的22年间,研究所科研人员共发表论文178篇。[4] 为了收集、发掘和整理分析全国各地历史气象资料,对气候物候进行调查研究工作,竺可桢自1928年开始将本所直属台站观溯记录及海关测候所、各省厅、各学校测候记录汇编出版在《气象季刊》(1929年起改为《气象月刊》)、《气象年报》上。1930年后还汇编出版了《高层气流观测记录》《地震季刊》等。1936年,竺可桢会同涂长望、张宝堃、吕炯等著名气象学家编印出版了《中国之雨量》,1940年出版了《中国之温度》。前者所载有350个站的气象记录,后者则达到600个站点,记录所跨的时间最长65年,是当时年代最久、站点最多、最为完整的资料。这一工作影响深远,此后一直保持着中国雨量、气温等气候资料的汇编出版工作。

人才培养方面。为了满足国家和社会的需求,气象研究所在南京前后创办了四期气象学习班,共输送123个测候骨干,造就了一批近现代著名的气象学家和高层气象管理人才,其中有黄厦千、赵九章、吕炯、涂长望、张宝堃、朱文荣、朱炳海、卢鋈、程纯枢、叶笃正、陶诗言、顾震潮等,成为全国气象科技人才的"摇篮"之一。

（二）在全国积极筹建直属测候所

根据计划书，竺可桢便先后在全国筹建了28个直属测候所，详细情况见表1。[16]

表1 竺可桢在全国筹建的28个直属测候所

序号	建设方式	测候所名称	成立时间	归属省份
1	接管	北平测候所	1929年6月	北京
2		南郑测候所	1938年11月	陕西省
3		榆林测候所	1938年11月	陕西省
4	独立创办	上海测候所	1933年元旦	上海
5		峨眉山测候所	1932年8月	四川省
6		泰山测候所	1932年8月	山东省
7		肃州（酒泉）测候所	1934年7月1日	甘肃省
8		拉萨测候所	1935年5月中旬	西藏自治区
9		西宁测候所	1936年11月16日	青海省
10		定海测候所	1937年元旦	浙江省
11		同心测候所	1938年3月中旬	宁夏回族自治区
12		中宁测候所	1939年12月	宁夏回族自治区
13	与航空公司合作创建	郑州测候所	1935年6月	河南省
14		包头测候所	1935年7月	内蒙古自治区
15		宁夏（银川）测候所	1935年11月	宁夏回族自治区
16		贵阳测候所	1935年11月	贵州省
17	与水利处合作创建	武汉头等测候所	1937年元旦	湖北省
18		西安头等测候所	1938年9月	陕西省
19		华山测候所	1939年7月	陕西省
20		商县测候所	1939年7月	陕西省
21		大理测候所	1939年12月	云南省
22		都兰测候所	1940年元旦	青海省
23		灌县测候所	1940年1月	青海省
24		广元测候所	1941年9月5日	四川省
25		安西测候所	1940年3月	甘肃省
26		松潘测候所	1940年4月1日	四川省
27		保山测候所	1941年1月	云南省
28		昌都测候所	1941年1月	西藏自治区

这28个气象台站，有11个建成于1937年之前，17个建成于1937年及以后，其中

一部分测候所（如上海测候所、同心测候所、灌县测候所等）在抗战时期都曾迁址，而后继续恢复气象观测。气象台站建设工作从未曾停止过。竺可桢不但没有放弃气象台站的建设，反而是加大筹建的力度。1941年10月中央气象局在重庆成立，除了部分停顿的气象测候所之外，气象研究所于1942年元旦将剩余的17个直属测候所移交给中央气象局管辖①。在这里，不得不提的是，由于竺可桢的主持和支持，我国才参加了国际气象组织第二次国际极年活动（1932年8月1日—1933年8月31日），取得了很好的国际影响效果。这次气象国际合作涉及亚洲、欧洲、美洲、大洋洲的几十个国家。当接到国际极年委员会主席丹麦气象学家考尔博士的函请时，竺可桢出于国家声誉和气象事业发展的需要决定参加。为此，他不仅在南京和北平增设了风筝、飞机等高空测候项目，也增加了测候的次数，而且还决定在峨眉山和泰山建立高山测候所。在经费因为战争和时局而大幅减少的情况下，竺可桢坚持在峨眉山和泰山建立高山测候所。他一方面求助于中华教育文化基金会等机构解决气象仪器和设备、资金问题，另一方面又函请四川、山东建设厅致函峨眉、泰山县政府为观测所建设预先提供场地和房屋，以便完成极年观测活动任务。极年活动观测的气象信息在1935年以《峨眉山泰山国际极年观测报告》的形式出版。

（三）倡导各省政府建设地区测候所

除了组织筹建这些直属的气象台站外，竺可桢还积极倡导各省政府建设地区测候所，并提供技术、人员和物质等方面的支持。为培养气象台站技术人员，竺可桢写信邀请各省选派一定额的气象学员来气象研究所进行实习培训。同时，为了提高测候水平，竺可桢还组织气象研究所人员编制《全国气象观测实施规程》《测候须知》等工具书，并及时寄送各地。以湖南省为例说明。1930年2月21日，竺可桢写信给曾凤冈，随信函附有湖南省气象测候所计划书一通，希望其向政府提出筹建湖南省气象测候所的计划。这份计划书引起了当局的重视，决定配合气象研究所的计划，筹建湖南省的气象台站。1932年5月20日，竺可桢写信给刘粹中，阐明将于长沙、常德和衡州三处分设三个测候所，并决定派邹祥伦、章克生、邹新助、周朝阳诸同学进行测候所的测候指导工作。[17] 1932年6月，长沙、常德和衡阳测候所成立；1937年南岳测候所成立。这些气象台站的筹建为湖南气象事业的发展奠定了基础。

（四）统一气象台站技术规范

建设等级不同的气象观测台站所网络，仅仅提供建筑、仪器等硬件是远远不够的，还要在技术、规范等方面做出统一的、合乎国际先进趋势的标准。为此，竺可桢领导气

---

① 这17个测候所分别是南郑测候所、榆林测候所、肃州（酒泉）测候所、拉萨测候所、西宁测候所、中宁测候所、武汉头等测候所、西安头等测候所、华山测候所、商县测候所、大理测候所、都兰测候所、广元测候所、安西测候所、松潘测候所、保山测候所、昌都测候所。

象研究所起草了《全国气象观测实施规程》，详细规定了各级测候所的观测细则、记录格式等，并且通过全国气象机关联席会议①在统一气象电码、无线电气象电报传发、天气预报术语及暴风警告方法、统一气象观测和气象报告时间、气象仪器标准及计量单位、增设测候机构等方面统一了意见，并且通过中央研究院提请国民政府行政院以令的形式，颁发到全国各省、市、县级政府施行，使之具有行业规范的行政法律效力。《测候须知》《航空气象概要》《国际云图节略》《气象学名词中外对照表》《气象电码》《气象常用表》等技术手册、规范、工具书，也都是为配合统一规范和格式而进行的相应成果。这些统一观测规程、统一电码格式及传递速度、培养观测人才队伍的工作头绪复杂，牵涉面广。这对于只有二三十人的气象研究所来说，任务十分艰巨。其最终能圆满完成这些全国气象观测台站网络建设的"软件"工作，确实令人钦佩。竺可桢这一主持和领导工作，在短短的几年内便"在仪器设备、图书刊物、人员素质、业务范围、科技水平和国际影响等方面超过当时外国人在我国创办的规模最大的上海徐家汇观象台"，以致气象研究所实际上成了"我国气象研究的中心和实际上的业务指导中心，……气象人才培养的重要基地"，从而"奠定了我国现代气象事业的基础"。[18]

竺可桢领导的中央研究院气象研究所是我国第一个国家级气象科学研究机构，"它对近代中国气象台站建设、气象观测、天气预报、气象科学研究，以及气象专业人才的培养方面，做了大量的工作，为我国现代气象科学的发展打下了良好的基础，作出了卓越的贡献，在中国近代气象科学发展史写下了辉煌的一页"。[4]

1940年，竺可桢等提出了"建设全国测候网，请自西南始"的提案，气象研究所也提供了《建设西南测候网计划》。据此，中央气象局依照统筹全国民用机构气象台站职责之要求，采取了"一面接收、一面增设"的策略来建设全国气象台站网络。[4]竺可桢所制定的《全国设立气象测候所计划书》仍然是中央气象局进行气象台站网络建设的重要文献，并且，中央气象局根据时局形势也开始了西南测候网建设。为此，抗战胜利后，中央气象局还制定了"五年建设计划"，计划五年之后，能够成立头等测候所32所、二等测候所119所、三等测候所355所、四等测候所1500所、雨量站30 000所，"凡三等以上之测候所均备有水银气压表与气压计及电讯设备，期能准时发出气象电报"。[4]

总之，在竺可桢的组织和倡导下，中国气象事业有了很大的进步。第一，气象台站网已初具规模。据统计，到1937年，我国至少有气象台站139个，达到空前的规模。[19]这些气象台站建设的经验、技术和设施等为新中国气象事业的迅猛发展奠定了基础，也为我国现代气象事业的长远发展和气象科学研究实力提升夯实了基础。第二，在国际合作与交流方面取得了重要成就。无论从人才选用和培训、仪器设备、气象观测台站建设标准和规范、气象项目交流与合作等都是与先进国家紧密同步的。

---

① 在气象台站建设和观测工作规范化方面，气象研究所分别在1930年4月、1935年4月、1937年4月在南京主办了第一、二、三届"全国气象机关联席会议"。

当然，由于时局、战乱，以及自己所处的位置（气象研究所只是一种学术性的机构，并不是全国气象事业的行政管理机构，其所长职位也不负有统筹建设气象台站的职责[16]），竺可桢对于气象台站网络的建设目标也就不可能基本实现。这个任务还只能在新中国才得以成为现实。

参考文献

[4] 吴增祥.中国近代气象台站.北京：气象出版社，2007.

[11] 竺可桢.拟请教育部或中华教育改进社管理青岛观象台并加以扩充案//竺可桢全集（第1卷）.上海：上海科技教育出版社，2004.

[12] 李玉海.竺可桢年谱简编.北京：气象出版社，2010.

[13] 竺可桢.全国设立气象测候所计划书.科学，1928，13（7）：998—1000.

[14] 国立中央研究院文书处.气象研究所报告//国立中央研究院十七年度总报告.中国科学印刷公司，1928.

[15] 国立中央研究院文书处.气象研究所报告//国立中央研究院二十四年度总报告.中国科学印刷公司，1935.

[16] 陈学溶.竺可桢先生与我国气象台站的建立//中国近代气象史资料编委会.中国近代气象史资料.北京：气象出版社，1995.

[17] 晨露夕舟.1929—1941年间竺可桢发展地方测候事业相关信函选.民国档案，2012（1）：16—18.

[18] 竺可桢传编辑组.竺可桢传.北京：科学出版社，1990.

[19] 陈德群，陈学溶.气象研究所的天气预报业务和服务史实概述.南京气象学院学报，1996，19（2）：257—262.

本文为节录，原载《气象科技进展》2014年第6期

竺可桢的地学思想与中国现代地理学研究体制①

张九辰 刘 超

摘要：在中国现代地理学的开创者中，竺可桢以学术权威和学术管理者的双重身份作出了突出贡献。竺可桢地学思想的形成过程，正是现代地理学在中国形成、发展的一个缩影；竺可桢在中国现代地理学体制化方面，更是发挥了不可替代的作用。本文基于竺可桢的教育背景和学术思想，着重分析了他在创建现代地理学体制方面的贡献，希望这项研究，能够从一个侧面反映出现代地理学在中国的发展及演变的历程。

2009年，中国地理学会会长、中国科学院院士陆大道在纪念中国地理学会成立100周年的文章中曾经这样评价："竺可桢在地理学学科发展方向、地理学研究机构的设立和学术带头人的培养、若干重大任务决策等方面，在长时期内（从20世纪20年代开始，特别是在50年代）都发挥了主要作用，是中国近代地理学的奠基人，处在中国近现代地理学发展中作出杰出贡献的第一人的位置。"② 竺可桢对中国地理学的贡献是全方位的，他对中国地理学的总体构想与体制建设方面的贡献尤为突出。

竺可桢认为"科学非有适当环境，不能发达"③。为了创造这种环境，他一直在不懈地努力。他对中国地理学体制化建设、对于自然资源综合考察工作的重视、对地理学的发展设想，萌芽于留学美国时期，形成于民族危难之中，并在新中国成立后得以实现。分析竺可桢有关思想的形成过程及其背景，可以更好地了解中国现代地理学体制的特点及形成原因。

一、中国科学院地理学的学科与机构布局

1949年，新中国成立后仅1个月，中国科学院即宣告成立。新的时代为竺可桢实现其理想提供了机遇。中国科学院成立以后，竺可桢被任命为副院长、生物学地学部主任，

---

① 内蒙古社科规划项目"科学教育史视域下的民国时期大学地理教育研究"2023NDB254。
② 陆大道，《向100年来为国家和人类作出贡献的地理学家致敬——纪念"中国地理学会"成立100周年》，《地理学报》，2009，64（10）：1155—1163。
③ 竺可桢，《科学与现代思想》，《科学概论》，中央训练团党政高级训练班编印，1940年。

主要负责地学、生物学领域的学术组织与领导工作；他还先后担任了十多个委员会的主任委员或委员[①]。这为他推动地理学学科和机构的建设，提供了条件。

在中国科学院工作期间，竺可桢在健全地理学科、组建地理学机构方面付出了大量的心血，以至于当时苏联专家也说他"对于地理有偏心"[②]。竺可桢十分关注地理学的发展，是因为地理学与地学领域内的其他学科相比还十分落后。他认为其中的原因，一方面是由于地理学基础薄弱、水准低落；另一方面也是由于地理工作组织不健全。[③] 因此，竺可桢把大量的心血用在地理学研究机构的建设上。

（一）筹建地理研究所

中国科学院成立后，即着手对自然科学各学科的专家进行了调查。结果显示，地理学方面的专家共77人，当时在国内的地理学家有60人，他们大多集中在各高等院校的地理系中[④]，中国地理研究所的学者只有20多人，在1949年之前还隶属于教育系统。中国科学院成立以后，一直有学者对是否有必要在中国科学院内建立地理学研究机构持有异议。1950年，在重组院内研究机构时，部分人员对于地理科学的重要性表示怀疑，并反对在院内设立专门的研究机构；直到1953年，中国科学院在制定发展规划、分析各学科已有的基础时，仍有学者怀疑地理学的学术价值，认为地理方面只能做一般的调查工作。1956年在制定十二年远景规划时，地理学是否属于基础学科的问题仍然引起了争论。

面对来自学术界内部的各种质疑，地理学家不得不一再申述地理学在科学研究中的重要性。地理学野外考察、绘制地图等观测技能，可以对未知地域的信息进行收集和分类，并为地方经济建设服务。这个特点正符合中国科学院"力求科学研究与实际密切配合"的方向。它成为地理学家强调在院中建立研究所的重要依据。1949年底，以周立三为首的20多位地理学家在写给竺可桢的信中强调：

> 地理科学工作为客观条件所需要，以中国面积之大，未经勘察地区之广，无论土地利用之调查，资源分布之研究，交通路线之勘测，荒地屯垦之调查，边疆地带之探发，区域经建之设计，以及地图之编制等，莫不与地理密切相关。
> 而地理为综合性之科学，恒能照顾全面与其他。各科学专精一部门之研究，可

---

① 如：中国科学院自然资源综合考察委员会主任委员、中国科学院自然区划工作委员会主任委员、黑龙江流域综合研究委员会主任委员、地震工作委员会副主任委员、全国水土保持委员会委员、中国科学院自然科学史委员会主任委员、黄河规划委员会委员、长江规划委员会委员、中国地球物理年主任委员、国家科学规划委员会委员等（参见《竺可桢日记》第Ⅳ册，科学出版社，1989年，第85—86页）。

② 竺可桢，《在院"交心"大会上的发言》，《竺可桢全集》第3卷，上海科技教育出版社，2004年，第439页。

③ 竺可桢，《中国地理学术讨论会开幕词》，《竺可桢全集》第3卷，第175页。

④《中国科学院1949—1950年全国科学专家调查综合报告》，《中国科技史料》，2004，25（3）：228—249。

以相辅相成，并无冲突之处，此理甚显，无待详释。①

竺可桢支持在中国科学院内建立地理学研究机构。他认为，中国科学院在"地质方面有个地质所，地质所的重点在找矿，……，是为工业服务的。他说，地理所也是地学方面一个所，这个所不是直接搞农业，但应该为农业做工作。所以一个为工，一个为农，地学部分要有这样两个所"。②为了支持地理所的建设，竺可桢亲自担任了地理研究所筹备处主任，与所中学者共同讨论制定研究方向。在地理研究所筹备委员会会议上，他强调："过去中央研究院未设地理研究所，除国民党反动统治障碍外，主要由于地理工作本身的缺憾，只有地理学者努力做出成绩，才能受到社会的重视。地理所现在还处于筹备阶段，将来能否正式建所还要靠工作人员的努力。"③他认为过去"地理工作者缺少实际工作的表现"，今后的地理学"在经建工作中，调查经济，发展经济……有许多工作要做"。④

经过竺可桢和地理学者的努力，在不到10年的时间里，地理研究所由中国地理研究所时期的自然地理、人文地理、海洋和大地测量4个组，发展成为自然地理、地貌、水文、气候、地图、经济地理、外国地理和历史地理8个组；全所人员也增加了十余倍。

（二）全国地理机构的布局与专业分工

地理学是区域性很强的科学。地理研究机构应该覆盖全国各重要地区，并实行地区和专业化分工，各具特点，相互协作，形成网络。显然，中国科学院内仅有一个地理研究所远远不能满足学科发展的需要。

"大跃进"期间，地理学机构迅速增多。中国科学院及所属分院在南京、广州、兰州、西安、长春、石家庄、开封、上海等地建立了地理学研究机构；高等院校的地理系（科）也增加到了50多个。⑤经过20世纪60年代初期的整顿与调整，到"文革"之前，中国科学院在全国各地的地理学研究机构共有9个：地理所（北京）、南京地理所、广州地理所、东北地理所（长春）、华北地理所（石家庄）、地理所西南地理研究室（成都）、冰川冻土沙漠所（兰州）、广州地理所河南分所（郑州）、新疆地质地理所（乌鲁木齐）。⑥在全国范围内，初步形成了地理学机构的合理布局。

对于这些机构，竺可桢认为其分工的原则应当根据"全国一盘棋"的精神，考虑地区特点和已有的基础，突出重点加以安排。按照他的设想，北京地理所要全面综合发展，

---

① 中国科学院办公厅档案处档案：1950-02-46。
② 韩宁等，《黄秉维访谈录》，《院史资料与研究》，1995年第6期（总第30期），中国科学院院史文物资料征集委员会办公室。
③ 施雅风，《从中国地理研究所到中国科学院地理研究所》，吴传钧、施雅风主编，《中国地理学90年发展回忆录》，学苑出版社，1999年，第238—252页。
④ 竺可桢，《目前中国地理研究工作的任务》，《竺可桢全集》第3卷，第39页。
⑤ 中国科学院编译出版委员会主编，《十年来的中国科学·地理学》，科学出版社，1959年，总论。
⑥ 中国科学院办公厅档案处档案：1977-3-4。

并以区划、图集以及一些基础理论研究为主；南京地理所以农业地理和湖泊研究为主；广州地理所以热带和南方山区研究为主；东北地理所以沼泽、半干旱地区研究为主；华北地理所以华北平原和山地利用与水土保持研究为主；地理所西南地理研究室以西南山地高原的调查利用及喀斯特研究为主；冰川冻土沙漠所以冰川、冻土、沙漠的改造利用，以及西北干旱区水文研究为主；广州地理所河南分所以河南的自然改造和农业资源的利用为主；新疆地质地理所以新疆自然改造和水资源利用为主。①

竺可桢尤其努力推动在中国西部设立地理机构。西部地域辽阔，自然环境复杂多样，值得研究的地理学问题很多。他认为："无论从国民经济提出的任务或从发展地理学基本理论来看都有大量工作需要进一步去探索和研究……应该列为我国当前地理研究力量合理布局的填补空白地区。"②但是由于条件的限制，这个地区一直缺少足够的地理学研究力量。1962年，国家开始精简机构。中国科学院在全院机构调整时，曾经提出由南京大学接办南京地理研究所③，竺可桢反对这个建议。他认为，华东地区和江苏省的地理研究力量本来很强，华东师大和南京大学等地理系足以胜任华东地区和江苏省赋予的任务。如果能够把南京地理所迁移到西南地区，可以加强西南地区的地理学研究力量。在竺可桢的推动下，中国科学院取得了西南局和分院的支持，制定了把南京地理所迁至西南地区的计划。但是由于种种原因，南京地理所最终没有迁往西南，并在"文革"中被下放到地方，由江苏省科委领导。

竺可桢在担任中国科学院副院长期间，一直在努力推动全国地理学机构的合理布局。但是"文革"的冲击使这些努力化为乌有。一些地理学研究机构也在"文革"期间脱离了中国科学院，被下放到地方。

二、新学科生长点与新机构建设

新中国成立以后，地理学领域有许多明确的、国家急需解决的重大科技问题。这些重大任务为地理学的发展，尤其是填补地理研究的空白领域，提供了契机。中国地理学空白领域的创建和学科体系的完善，大多是在各种国家任务的推动下、在国家强有力的经费支持和组织保障下发展起来的。竺可桢根据国家需要，积极推动地理学研究原有基础十分薄弱或空白的领域的学科建设与发展。

（一）自然资源综合考察与综考会的建立

在计划经济体制下，各种综合性的科学研究显现出重大的意义。综合性研究阐明的

---

① 竺可桢，《科学院地理研究工作方向和任务的初步设想》，《竺可桢全集》第4卷，上海科技教育出版社，2004年，第366页。
② 竺可桢，《关于南京地理所机构调整方案的意见》，《竺可桢全集》第4卷，第144页。
③ 中国科学院办公厅档案处档案：1962-3-3。

规律，可以作为解决有关经济建设问题的理论基础，能够在计划经济体制下发挥重要的作用。竺可桢一直倡导综合性研究。他认为这样可以更好地为国家经济建设服务，而且从学理上讲，他认为："一个学科尽可以从本学科的特殊角度来讨论问题，然而最终必须归结到一个目标，即合乎客观世界的运动变化规律。"① 他多次强调各学科在深入研究的基础上，应加强综合性研究，并在各学科之间取长补短、相互借鉴。

综合考察不仅具有经济意义，而且也有重要的学术价值。竺可桢曾经指出："一个国家的科学水准很容易从这个国家对于其国境内的地形、气候、动植物和矿产的普查工作做得怎么样而看出来；要看这个国家的大型、中型的地形图、地质图、土壤图有没有能做出来；要看这国家有没有出全国动物志、全国植物志。这类普查工作不但为建立生物学、地学各科的基本理论研究奠定基础，而且也是做国民经济建设计划时所必需的基本材料。"② 消灭地图上的空白点已成为国际的风尚。中国的辽阔疆域，正是综合考察的薄弱地区。整个世界都在关注这一地区的调查资料。但是由于条件的限制，1949年以前，中国学者没能完成全国范围内的系统考察工作。这就使得地学、生物学等学科，缺乏足够的野外考察资料，无法深入研究。因此，综合考察的科学意义不言而喻。

中国科学院从建院伊始，就组织了多学科参加的综合考察队。到 20 世纪 50 年代中期，中国科学院已经组建了多个大型考察队。此时，院内没有相应的业务依托单位。考察计划直接在院务会议上讨论决定，并由院里组织有关学科建立考察队伍。考察队由竺可桢直接领导。随着考察规模、涉及区域和工作任务的不断扩大，院内大型综合考察队的数量不断增多。由中国科学院直接管理考察队的做法已经无法适应工作的需要。竺可桢也意识到，综合性研究"最基本的问题在于缺乏坚强的组织领导"③ 建立组织机构的问题，逐渐提上日程。

1955 年 6 月，郭沫若院长在学部成立大会的报告中，正式提出了要在院内设置一个综合考察工作委员会，专门负责综合性的考察工作，以适应全院日益繁重的综合考察任务。④ 在竺可桢的推动下，1956 年 1 月 1 日，综合考察工作委员会正式成立⑤，竺可桢亲自担任了委员会主任。自然资源综合考察从此进入了蓬勃发展的时期。

（二）为农业服务与西北农业生物研究所的创建

竺可桢在主持中国科学院工作期间，十分重视科学研究为农业生产服务的方向。⑥ 他

---

① 竺可桢，《中国地理学会第三次全国代表大会及1963年综合性学术年会开幕词》，《竺可桢全集》第 4 卷，第 234 页。
② 竺可桢，《中国生物学地学的发展状况与前途》，《竺可桢全集》第 3 卷，第 280 页。
③ 竺可桢，《中国科学院生物学地学部报告》，《中国科学院年报·1955》，中国科学院学术秘书处编，第 23—32 页。
④ 《郭沫若院长在中国科学院学部成立大会上的报告》，《中国科学院年报·1955》，中国科学院学术秘书处编，第 3—11 页。
⑤ 孙鸿烈主编，《中国自然资源综合科学考察与研究》，商务印书馆，2007 年，第 605 页。
⑥ 陈国达等主编，《中国地学大事典》，山东科学技术出版社，1992 年，第 99 页。

认为:"地理与地质虽同为地学科学,但在其实践方面,二者的服务对象不尽相同。地质学注重于地下资源,其服务对象主要是工矿企业;而地理学则研究地表,注重水利资源、气候资源、土壤资源和其相关的生物资源,其服务对象主要是农业和交通。"[1]1964年,他在参加中国地理学会干旱区地理学术会议时曾说:"今天我们在这里讨论干旱地区的学术问题,检阅工作成绩的时候,衡量的标准只有一个,那就是我们地理工作者为国家农业生产的发展做出了什么贡献。"[2]

在竺可桢的影响下,中国科学院的地理学研究十分重视为农业服务的方向。地理学工作者在农田供水平衡和水盐动态规律研究;高山融冰化雪,增加灌溉水源;沙漠及干旱地区的改造和利用;旱涝变化规律的研究;为农业生产服务的各级自然区划和农业区划;土地资源和自然条件的农业评价与其合理利用,以及农业生产合理布局等方面做了大量工作,并在服务农业的过程中,建立起研究队伍,创建了研究机构。西北农业生物研究所便是其中一例。

黄河中游的水土保持问题,成为中国科学院成立后地理学者首先参与的、服务于农业的重大任务。1953年,苏联专家曾经建议:"黄河水利问题是一个综合性的大问题……中国科学院必须担负一部分这方面的科学研究工作。"[3]同年年底,生物学地学部所长会议决定将黄河中游水土保持工作作为重点工作之一。1955年,正式成立了中国科学院黄河中游水土保持综合考察队。而此时,中国科学院正在筹建西北分院。西北分院筹建时确定的5项任务中,就有"配合西北农、林、水利及畜牧事业的发展,以黄河中上游水土保持问题为中心,进行综合性的调查研究"。为此,西北分院筹建的第一年就着手建立有关机构。竺可桢对此十分重视,"亲临陕西武功,选定所址"[4]。1955年,在黄河中游水土保持工作的推动下,中国科学院在陕西武功建立起西北地区的第一个学术研究机构——中国科学院西北农业生物研究所。研究所配合农业部门的研究力量进行调查及总结群众经验,开展生物、农、林、牧、水等基本性和关键性问题的研究,为解决黄土区水土保持及增加农业生产提供科学依据。[5]

中国科学院地理学研究偏重为农业服务的方向,也曾引起过一些学者的质疑。早在1952年中国科学院召开的第一次院务常务会议上,就有学者指出中国科学院的计划偏重主观,比较注意农林方面的问题,而对工业建设方面的问题注意得少。[6] 1957年,苏联

---

[1] 竺可桢,《地理工作者应该是向地球进军的先锋》,《竺可桢全集》第3卷,第455页。
[2] 竺可桢,《中国地理学会干旱区地理学术会议开幕词》,《竺可桢全集》第4卷,第318页。
[3] 薛攀皋等,《中国科学院史事汇要·1953年》,中国科学院院史文物资料征集委员会办公室,1996年。
[4] 《中国地学大事典》,第713页。
[5] 1959年,西北农业生物研究所改名为中国科学院西北生物土壤研究所;1964年,西北生物土壤研究所的研究方向再次调整,并改名为中国科学院西北水土保持生物土壤研究所;1970年,该所下放到陕西省;1979年又改为中国科学院领导,并更名为西北水土保持研究所;1988年,该所改由中国科学院和水利部双重领导。
[6] 中国科学院办公厅档案处档案:1953-02-02。

顾问拉扎连柯也曾指出,围绕自然资源的"综合调查一般局限于农林牧资源的调查是不够的"。① 在1962年国家科委制定十年规划期间,综合考察组的产业部门代表强烈主张综合考察应加强对工业布局的研究,竺可桢也表示赞同这个努力方向。实际上在20世纪50年代末到60年代初期,中国科学院在组织青甘、蒙宁地区考察和西部南水北调地区的野外考察工作时,通过院内地理和经济研究人员与产业部门的协作,重点进行了对矿产资源开发与工业基地布局的研究。

中国科学院地理学研究偏重为农业服务,也有着客观原因。正如竺可桢的解释:"地质矿藏资源调查……因地质调查人材相对地集中在地质部,本院地质研究所成立未及两年,所以此项调查工作……尚未展开。"② 直到20世纪50年代末期到60年代初期,中国科学院在组织西北地区的野外考察工作时,地质部、煤炭工业部、石油工业部也在这一地区从事地质矿产资源的勘察工作。中国科学院的考察队中缺乏地质人才、避免与其他机构工作上的重复等多种原因,影响了考察队开展与工业相关的工作。

(三)重大任务带动的新学科与新机构

中国科学院从建院开始,就把科学研究与生产实际密切配合作为新的方向。竺可桢也十分重视地理工作者在完成国家重大任务中的作用。他认为,地理学"具有明显的实践作用,与国民经济建设的各个部门有着极其密切的关系"。③ 他还曾经在一首诗中生动地描述道:"学科自古随任务,好比河高船自升。"④ 他在推动地理学家参与黄河中上游水土保持、为解决西北地区干旱问题的冰川融水、冻土及泥石流治理、防沙治沙等工作中,发挥了重要作用。这些工作不但促进了理论与实际的结合,还带动了一些新的学科,建立起了有关的研究机构。

中国西北地区,沙害对农牧业、交通和水利设施造成了严重的威胁。早在20世纪50年代初期,全国人大就曾要求中国科学院协助解决铁路风沙灾害的问题。⑤ 查明沙漠情况,探索治理方法在科学上和生产实践上都具有重要的意义。但那时沙漠学研究在中国尚未开始,世界各国的沙漠研究也刚刚起步。

在国家和各级地方政府的重视和支持下,1959年中国科学院成立了治沙队。竺可桢亲自担任了国家科委治沙组组长。他虽然不能亲自到野外工作,但一直关心治沙工作的进展。一方面参加治沙队的各种计划、总结、汇报会议;另一方面注意收集世界各国治理和改造沙区的情况,向国内学者介绍国外的经验。他还多次撰写科普文章,介绍沙漠

---

① 竺可桢,《中国科学院综合考察工作的现状及亟待解决的问题》,《竺可桢全集》第3卷,第362页。
② 竺可桢,《中国科学院综合考察工作的现状及亟待解决的问题》,《竺可桢全集》第3卷,第360页。
③ 竺可桢,《科学院地理研究工作方向和任务的初步设想》,《竺可桢全集》第4卷,第363页。
④ 竺可桢,《冷门地理显才能》,《竺可桢全集》第4卷,第280页。
⑤ 陈隆亨,《对我国沙漠科学研究事业发展的片断回忆》,吴传钧、施雅风主编,《中国地理学90年发展回忆录》,学苑出版社,1999年,第384—386页。

的情况和中外治沙的经验教训。竺可桢于 1961 年撰写的《向沙漠进军》一文,后来被收入中国九年义务教育初中语文课本。

治沙队的任务是协助各地区进行治沙规划,并负责解决治沙工作中的重大科学技术问题和理论问题。由地学、生物学等多学科学者共同组成的考察队,为学科间的交叉渗透提供了条件,从而为沙漠学研究奠定了学术基础。中国科学院也在考察队的基础上,建立了沙漠研究所。尽管沙漠化问题至今也没得到根本的解决,但正是有关任务带动了沙漠学研究,并使之成为新中国较少的已达到世界先进水平的学科之一。到了 20 世纪 70—80 年代,中国的沙漠学研究已经走到了世界前列。

中国西北地区山岳冰川丰富。1956 年在讨论十二年远景规划时,苏联专家提出应该注意冰川问题,并强调这是科学研究中的一个空白点。① 但是由于条件的限制,冰川研究并没有被作为重点研究领域纳入十二年远景规划当中。② 但是,竺可桢十分重视冰川学研究。1957 年,在中国还没有能力从事极地考察时,他就鼓励留苏的中国学生选择极地专业。他认为:"中国没有极地,但中国是个大国,应该有研究全球的气魄。"③

冰川学是介于地理学、地质学、地球物理学和工程科学之间的交叉学科。20 世纪 50 年代,在科学研究基础十分薄弱的中国,冰川学还是一个空白领域,缺乏研究的基础。尽管如此,竺可桢十分重视冰川研究及其社会经济价值。早在 1943 年,他就指出西北地区增加水源的办法是调查山区积雪面积的厚度,并加以人工融化;20 世纪 50 年代末期,他在视察工作时多次强调,一定要使西部地区的冰雪为人民所用。④

为了掌握西部冰川的基本情况、积累科学资料、解决西北地区的干旱问题,1958 年,在地方政府的要求和竺可桢的支持下,中国科学院决定成立高山冰雪利用研究队。考察队的任务是基本摸清祁连山冰川资源的分布,积累科学资料,并试验人工加强冰川融化,以增加农田灌溉水量的可能性。考察队调查了祁连山各大山脉现代冰川的分布、储水量、形成条件和形态类型,观测了冰川积累与消融现象、冰川与河流的补给关系,探讨了人工促进冰雪消融的可能性。野外工作结束后,完成并出版了 43 万字的考察报告——《祁连山现代冰川考察报告》。这是中国学者撰写的第一本冰川学专著。

考察队在实际工作中,逐步建立起了一支包括地质、地貌、水文、气候和测绘等学科人员组成的冰川研究队伍。1960 年冰川冻土研究所成立,所中人员一度达到 200 人左右,为冰川研究奠定了基础。以此为契机,中国学者在艰苦的条件下,对西部十多个山区的现代冰川进行了广泛的考察,收集编印了冰川资料,建立起了实验室,促进了冰川

---

① 竺可桢,《竺可桢日记》第Ⅲ册,科学出版社,1989 年,第 651 页。
② 高山冰川研究的内容是作为中国西部地区几项综合考察任务,列入远景规划之中。
③ 谢自楚,《中国南极冰川考察的开创》,顾钟炜主编,《冰川冻土科学创业之路》,中国科学院兰州冰川冻土研究所印制,1998 年。
④ 施雅风,《竺可桢的学术思想指引我国的冰川研究》,《竺可桢逝世十周年纪念会论文报告集》,科学出版社,1985 年。

学的发展。

三、开拓新的方向，为地理学体制化奠定基础

竺可桢在主管中国科学院地学部工作期间，不但注重地理研究机构的地域布局、推动新兴研究领域，而且从中国的国情出发，促进学科的合理布局。因此，竺可桢除了支持建立研究机构外，还努力推动地理学研究中的一些重要方向，为其后的体制化建设奠定了基础。

（一）青藏高原科学考察与研究

竺可桢对西藏地区的关注由来已久。早在 20 世纪 20 年代初期，他就提议"组织蒙藏探险团"。他认为，"蒙藏幅员辽阔，为国藩篱。然其风土真相，非能朗印于国民脑海，遂生三种结果：（一）种族界限隔阂，（二）移民实边不行，（三）边地空虚，启外人窥伺。倘缘是而有失，则国运阻丧，莫此为甚"。并进一步指出："英俄日窥我蒙藏，探险之士，前后相望。夫以我国之土，彼却不惮险阻，卒能揭其真相以去。而我以主人翁之资格，反茫然无所知，宁非奇耻。"①竺可桢的倡议在积弱积贫的时代无法成为现实。但是他仍然尽己所能推动有关事业。20 世纪 30 年代初期，他作为中央研究院气象研究所所长，专门派地理学家徐近之（1908—1982）进藏筹建高原气象站。

尽管竺可桢一再呼吁要重视对青藏地区的考察，但是在 1949 年以前，政治动荡、社会治安状况混乱的社会环境，阻碍了进藏考察。科学研究基础薄弱、经济落后、交通不便等条件，也制约了科学考察与研究工作。直到 20 世纪 50 年代末期为止，中国科学院也只是在配合国家任务和登山运动中，曾于 1951 年和 1959 年组织过两次小规模的考察。

1959 年，平定西藏叛乱取得了决定性胜利。1960 年，中国科学院组织了由 100 多名成员构成的考察队，再次进藏。考察队计划对青藏地区进行全面、系统的考察。但是，由于"大跃进"期间造成的全国经济困难，中国科学院已无力继续支持青藏考察，这项工作于 1962 年被迫停止。工作的中途夭折，使"资料收集很不完整，在很大程度上影响了考察报告的质量，有的专业甚至未能提出报告"。②

1962 年制定十年规划时，"西藏高原综合考察研究"再次被列入规划，并且成为综合考察三大中心任务之一。虽然有了十年规划的宏伟设想，但是在艰苦的条件下中国科学院一时无力组织进藏考察。尽管如此，竺可桢一直在努力促成进藏考察。他在 1964 年的日记中曾经写道："使西藏一隅长留为空白总非国家之福。"③在竺可桢的组织领导下，

---

① 竺可桢，《调查蒙藏地理》，《竺可桢全集》第 1 卷，上海科技教育出版社，2004 年，第 417 页。
② 孙鸿烈，《西藏高原的综合科学考察史》，《中国科技史料》，1984，5（2）：10—19。
③ 竺可桢，《竺可桢日记》第Ⅳ册，科学出版社，1989 年，第 845 页。

1964年中国科学院自然资源综合考察委员会与地质所、地理所、地球物理所、冰川冻土所的有关负责人员，共同商讨了进藏考察的问题。会后，竺可桢专门给院党组提交报告，建议中国科学院从1965年开始组织小型考察队进藏工作，并请求科委把这项工作列为重点项目、请国务院指示西藏工委和军区给予支持。①

1966年7月，青藏考察再次暂停，所有人员返回内地参加"文化大革命"。1967年"考察队员们以此项任务系聂荣臻同志批准为由，要求继续进行调查。这样，这支考察队从1967到1968又得以进行了两个夏季的野外调查工作"。②直到20世纪70年代，对青藏高原的综合考察工作才得以全面展开。

1972年，中国科学院在贵阳组织召开了地学工作会议。会议决定继续开展青藏高原科学考察，并把考察范围初步设定在西藏西部、新疆南缘的空白地区。7月，中国科学院为召开"珠穆朗玛峰地区学术讨论会和为制定青藏高原1973—1980年综合科学考察规划"开始做准备，并制定考察规划初稿，发送有关单位征求意见。一直关注青藏考察工作的竺可桢，对于制定的规划十分满意，他强调指出："计划还是很全面的；不过实行起来一定会有修改的地方，因为其范围太广泛了，最重要的是参加的各研究单位必须把青藏高原考察作为重要项目列入本单位计划中，固定参加人员，历年不变，不仅作为训练青年同志的一个考察队而已。"③1972年10月，中国科学院在兰州召开了珠峰考察学术会议。参加会议的人员主要来自地理、地质、气象、生物等研究领域，竺可桢建议天文领域的学者应该参加会议。他认为"在西藏高原观测火星、金星以及宇宙线有特别优点"。他还提出地球物理所应注意解决西藏高原理论问题，如喜马拉雅上升与板块理论及地震的关系。④

几次会议之后，根据规划的要求，中国科学院组建了青藏高原综合考察队。考察队于1973—1980年、1981—1983年和1988—1990年分三个阶段，先后对高原主体地区开展了大规模的综合考察。这些工作为后来的青藏高原科学研究，以及有关机构的建立奠定了坚实的基础。

（二）自然区划研究

竺可桢在早年的研究中，就十分注意中国东部地区的地带性特点。他对地带性的关注并不是从单一的地理要素着眼，而是把自然界作为一个整体，从多种自然地理要素进行综合分析。1949年以前，由于综合性研究缺乏必要的资料和研究基础，竺可桢对于自然区域的研究主要侧重于气候区划方面。但是他在研究中，也尽量利用掌握的资料多方面考虑。1929年，竺可桢为出席泛太平洋学术会议，撰写了《中国气候区域论》，将中国

---

① 竺可桢，《关于开展西藏科学考察的建议》，《竺可桢全集》第4卷，第296页。
② 孙鸿烈，《西藏高原的综合科学考察史》，《中国科技史料》，1984，5（2）：10—19。
③ 孙鸿烈主编，《中国自然资源综合科学考察与研究》，商务印书馆，2007年，第637页。
④ 竺可桢，《竺可桢日记》第Ⅴ册，科学出版社，1990年，第560页。

划分为 8 个区域。此文成为中国气候区划的开创之作。20 世纪 30 年代，张其昀就曾经评价竺可桢的气候区划："分区以气候为主，同时兼顾地形方面。近年新的研究像土壤区域、植物区域、农业区域等与竺先生的气候区域相比观，常有相得益彰之妙。""竺可桢先生的八大区域，提纲挈领，常为地学家所依据。"[①] 20 世纪 60 年代，冯绳武在总结中国自然区划工作时，称竺可桢的 8 个区域划分"不但正确地指出各大区域的气候特征，而且创立了我国现今气候区划和自然区划同分全国为八大地区的基本轮廓。特别是中国东部现有部门区划和综合自然区划的各套方案中，共同采用东北、华北、华中、华南等四个自然地区名称，实从竺可桢先生开始。仅此一点，可称竺先生确是我国现代自然区划的开创者"。[②] 21 世纪初期，郑度等学者在总结中国区划工作时指出："1929 年竺可桢发表的《中国气候区域论》标志着我国现代自然地域划分研究的开始。"[③]

新中国成立后，因自然区划可以为国家规划生产力合理布局提供科学依据，对国家部署农业生产具有重要的作用，因此这项工作被列入十二年远景规划当中，从而具备了在统一计划之下、在中国辽阔的国土上同时进行综合自然、地貌、气候、水文、土壤、植物、动物及昆虫等的区划基础。

十二年远景规划开始实施后，自然区划的工作首先启动。为了组织和协调有关工作，中国科学院成立了自然区划工作委员会，并拟定了《中国自然区划研究工作进行方案（草案）》。1955 年 12 月，院务常务会议讨论了生物学地学部提出的《中国自然区划工作进行方案》，同意组织"中国科学院自然区划工作委员会"。该委员会由竺可桢直接领导，委员会的任务是组织各有关学科人员收集整理资料，进行中国地貌、气候、水文、土壤和动植物区划及综合自然区划。

编制全国自然区划是一项规模宏大的工程。竺可桢虽然很忙，但是每次召开讨论自然区划问题的会议他都参加。他不但主持会议，问题讨论之后，主要也是由他作出最后的决定。经过几个月的开会讨论、听取意见，委员会最后确定的原则和步骤，是将全国先分东部季风区、蒙新高原区与青藏高原区三大部分。主要遵循地带性原则，先按温度，其次按水分条件，再次按地形三级划分区域，根据气候、土壤、植被资料进行区划工作。

原则确定下来了，但是具体的界线如何确定？相应的分界指标如何选择？这方面又因为资料不足，意见分歧，其焦点是亚热带范围问题。当时苏联几种权威性著作都把中国部分的亚热带北界划到了东北的中部，包括内蒙古和新疆大部，南界在福建北部与江西、湖南的南部。在讨论中，不少学者反对这种看法。为此竺可桢专门撰写了《中国的亚热带》一文，发表在 1958 年的《科学通报》上。文中规定了亚热带积温指标为 4500—

---

① 张其昀，《中国自然区域简说》，《方志》，1936，9（2）。转引自《竺可桢传》，科学出版社，1990 年，第 253 页。

② 冯绳武，《中国自然地理区划问题》，《一九六二年自然区划讨论会论文集》，科学出版社，1962 年。转引自《竺可桢传》，科学出版社，1990 年，第 253 页。

③ 郑度等，《中国区划工作的回顾与展望》，《地理研究》，2005，24（3）：330—344。

8000℃，最冷月平均气温为 2—16℃，有多种标志性的亚热带植物，如樟、茶、马尾松、柏、杉、油菜、油桐、柑橘、毛竹等。根据这些标准，亚热带的北界应该划在淮河、秦岭一线，南界穿越台湾中部与雷州半岛南部。经过两年多的努力，1959 年委员会完成并出版了《中国综合自然区划》《中国地貌区划》等 8 种 9 册区划说明书，共计 259 万字。

进入 20 世纪 60 年代之后，区划工作更是成为国家科技发展规划中的重点项目，以满足国民经济建设事业的发展对于全面了解全国自然条件和自然资源的需求。这项工作"投入的力量、延续的时间、波及的范围以及所达到的水平，在世界上是绝无仅有的"。[①]

（三）海洋学研究

竺可桢认为，海洋学与气象学是姊妹学科，两者的关系非常密切。而且，要想正确长期地预测大陆的天气变化，摸清海洋的情况是必要的条件。[②] 在中国科学院工作期间，竺可桢更加重视海洋学研究。他认为，海洋研究在理论建设和国家经济及国防建设中都具有重要的作用。1959 年 1 月，竺可桢主持了首届全国海洋工作会议。他在会上号召加强海洋学研究，壮大海洋学队伍。6 月 24 日，他向中国科学院有关领导建议成立海洋委员会。1963 年 3 月，在讨论海洋科学十年发展规划时，为了开发海洋资源、发展中国海洋事业、统一管理国家的海洋工作，部分学者即提出应建立国家海洋局。5 月 29 名专家联名向中共中央、国务院写信，建议成立国家海洋局。[③] 竺可桢支持这项建议，并积极推动海洋局的设立。[④] 1964 年 2 月，中共中央同意在国务院下成立海洋局。

海洋局建立后，因为是白手起家，要求把中国科学院的青岛海洋所（除海洋生物外）、南海分所、华东海洋研究所、浙江海洋工作站和东北海洋工作站的海洋水文、物理、化学、地质等部分合并到国家海洋局，同时还提出接收地质部的海洋地质所和气象局的海洋气象站。对于科委和中国科学院中部分领导同意把青岛海洋所全部交予海洋局的决定，竺可桢明确表示反对。他指出，青岛海洋所一部分可归海洋局，但不能把海洋物理、海洋化学全部归并过去。竺可桢认为，从世界各国来看，如苏、美、英、法等无不发展海洋科学研究，中国科学院不应放弃这项工作。尤其是若干基础理论研究工作，除了海洋生物以外，例如还有潮汐、海洋光学、海洋声学、海底地貌及地质构造和历史演变等，仍应留在中国科学院。[⑤] 竺可桢进一步提出了中国科学院与海洋局之间的分工，应该以理论与应用来分，由中国科学院的研究所做理论工作。[⑥] 他认为："现在我们将理论工作交给海洋局，将来要吃亏。他们的理论工作搞搞就会放下，因为生产任务压着他们，

---

① 郑度等，《中国区划工作的回顾与展望》，《地理研究》，2005，24（3）：330—344。
② 竺可桢，《让海洋更好地为社会主义建设服务》，《竺可桢全集》第 3 卷，第 502—504 页。
③《中国地学大事典》，第 655 页。
④ 竺可桢，《竺可桢全集》第 16 卷，上海科技教育出版社，2009 年，第 542 页。
⑤ 竺可桢，《对于海洋工作调整的意见》，《竺可桢全集》第 4 卷，第 326 页。
⑥ 竺可桢，《竺可桢全集》第 17 卷，上海科技教育出版社，2009 年，第 395—396 页。

哪儿有时间去搞理论工作！农业部就是如此，现在农业部不大重视理论工作。海洋方面，海洋生物和海洋物理科学院必须要搞。假若我们将海洋物理全部交出去，再过五年也搞不起这样的班子来，开展不了理论研究工作。"① 在竺可桢与有关学者的共同努力下，青岛海洋所得以保留。

即使在"文革"当中，竺可桢也不忘海洋学研究工作。1967年8月11日，他参加了中国科学院生产小组会议，在谈到重大问题时，竺可桢提出海洋研究事关石油资源和渔业，应列为重大问题。9月15日，在接待国家海洋局人员时，他提出应组织海洋局、中科院、地质部、水产部等有关部门一起商谈海洋研究工作，以加强分工与合作。正是由于竺可桢等学者的不懈努力，中国科学院的海洋研究机构才得以保留和不断发展。

竺可桢在中国现代地理学研究体制建设方面的贡献是多方位的。除了上述诸方面外，他还在推动历史地理、边疆地理、地方志、地图制图、人口地理、地震研究等方面的学科建设上作出了重要贡献。

四、余论：在地理学建设中兼顾理论与应用研究

竺可桢认为，"赶超世界地理学先进水平有应用和理论两个方面"②，因此，他在实际工作中，对于理论研究和应用研究都十分重视。竺可桢对于地理学应用性研究工作的重视，以及这方面的成果是显而易见的。从"科学救国"到"科学研究为国家建设服务"，竺可桢一直在努力寻找这门学科贡献于国家的途径，并在实际工作中推动了中国现代地理学的体制建设，填补了多项地理学研究的空白领域。

竺可桢重视应用性工作的同时，也一再地强调理论研究的重要性。他认为发展中国地理学的目标，是"消灭我国地理学上的空白区，在一切薄弱的领域建立起基础，在一些主要的方面做出突出的成绩"。③ 只是在过于强调联系实际的时代里，理论工作受到了很大的限制。为此，竺可桢在执掌中国科学院地学工作期间，一直在呼吁加强理论研究。

1950年，竺可桢在《科学》杂志上发表了《中国科学的新方向》。文中强调："有人以为注重科学的实用性就可把基本理论科学研究完全放弃，使每个科学家统去做直接与生产有关的工作，这是错误的观念。……把基本理论科学抛在一边，则不但科学将永无进步，即为生产着想，把眼光放远一点，亦得不偿失。"④ 1953年，竺可桢在《科学通报》等刊物上发表文章，对于地理学研究中经常被动地按照生产部门的要求从事具体任务的做法提出了批评。⑤ 1955年，在中国科学院学部成立大会上，竺可桢在报告中引用斯大

---

① 中国科学院档案处藏件（引自《竺可桢年谱》，感谢樊洪业先生提供的资料）。
② 竺可桢，《地理学的地位》，《竺可桢全集》第4卷，第360页。
③ 竺可桢，《1960年全国地理学术会议总结》，《竺可桢全集》第4卷，第8页。
④ 竺可桢，《中国科学的新方向》，《竺可桢全集》第3卷，第24—25页。
⑤ 竺可桢，《中国地理学工作者当前的任务》，《竺可桢全集》第3卷，第100页。

林的话:"理论工作不仅必须赶上实际工作,而且必须走在实际工作的前面,武装我们的实际工作者去争取社会主义胜利。"①1957年,竺可桢在学部委员会第二次全体会议上的报告中指出:"由于社会主义建设对于科学研究的要求迫切而繁重,几年来生物学地学进行了不少联系生产实际较为直接的研究工作,进行了较大规模的调查工作,因此对于基本理论方向的研究不能投入较大的力量或给予应有的重视。今后应如何正确地贯彻理论联系实际的方针,适当地有计划地加强基本理论问题的研究,也是目前重要任务之一。"②在"大跃进"的热潮中,在提倡"任务带学科"的同时,竺可桢呼吁地理工作者:"理论科学或称基础科学是未来科学发展的泉源,我们不能放弃。"③1962年,竺可桢在谈到参加广州会议的感想时说:"在目前形势下,我们要于十年内赶上或接近国际先进水平,抓基础科学,尤其是很迫切的事。"④1965年,竺可桢在中国科学院地理工作会议上强调,地理学研究一方面要结合生产实践的需要,另一方面要注意基本理论的建立和提高,并且注意消灭空白学科。在广泛参加生产实践的基础上,不断总结,注意积累,打好理论基础。⑤即使在"文革"中的1968年,竺可桢与吴有训仍联名上书周恩来总理,呼吁中国科学院要重视基础学科建设,并提出:"为了解决重要实际问题,必须有理论之指导。"⑥

在"任务"压倒一切的年代里,竺可桢的设想和努力无法全部实现。但是在他的推动下,中国地理学者在几十年的时间里,在薄弱的基础上做出了重大的成就。其中一些成果,得到了世界学术界的肯定。这些成就的取得应该归功于那个时代的学者,尤其是在学术研究和学术组织管理中发挥过重要作用的竺可桢。

本文为节录,原载秦大河主编,《纪念竺可桢先生诞辰120周年文集》,气象出版社,2010年12月

---

① 竺可桢,《中国科学院生物学地学部报告》,《竺可桢全集》第3卷,第222页。
② 竺可桢,《中国科学院生物学地学部工作报告》,《竺可桢全集》第3卷,第357页。
③ 竺可桢,《在地理专业会议上的讲话》,《竺可桢全集》第3卷,第497页。
④ 竺可桢,《参加广州科学技术十年(1963—1972)规划会议个人感想》,《竺可桢全集》第4卷,第120页。
⑤ 竺可桢,《科学院地理研究工作方向和任务的初步设想》,《竺可桢全集》第4卷,第364、367页。
⑥ 竺可桢,《致周恩来函稿》,《竺可桢全集》第4卷,第392页。

从地学到地理学

——竺可桢与中国近代大学地理学系的构建

牛 力 林 伟

竺可桢（1890—1974）被公认为"我国近代地理学和气象学的奠基者"，是推动我国大学地理学学科建制的关键人物。1921年，他在东南大学①创设了中国第一个地学系，创立了统合地理学和地质学于一系的学科模式，培养了一批中国最早的地理学人才。1929年前后，在他及其弟子的推动下，中央大学地理门独立成系，地理学与地质学分道扬镳。民国时期的中央大学，以其地理学教育的精英模式，成为中国培养地理学者最重要的学术机构。②

现代地理学诞生于19世纪后期的德国，"继而繁衍于英法，最后乃推及于全球"。③20世纪上半叶，西方地理学被引入中国，大学成立以地理学命名的学系，被认为是学科制度化的重要标志。④从东大地学系到中大地理系，竺可桢如何推动中国大学地理学系的构建，也成为理解地理学学科制度化的关键。

既往对竺可桢及民国时期地理学学科建制的研究，多关注他回国之后的作为和功绩，通过设置课程、培养人才、出版著述、建立学会等形式推动地理学的发展。另一些研究则突出民族危机和边疆危机如何影响竺可桢等人对地理学的认识，以及国家制度如何引导和规范地理学的学科形成与发展。⑤但是对于竺可桢是如何将国际上地理学的学

---

① 指1921—1927年的东南大学，是南京大学的前身，也是现在东南大学的前身。
② 据1947年统计，从1931年到1947年中央大学地理系16届毕业生共计137人，除2人病故外，"担任大学教授者凡42人，助教者18人，从事气象工作者29人，中学任教者22人，军界者2人，行政机关者8人，其他研究工作者5人，不详者14人。又135人中，计留学者16人，正在国外研究者亦16人"。见《科系介绍九——地理学系》，《国立中央大学校刊》，复员后第36号，1948年5月1日。
③ 胡焕庸，《改进中国地理教育刍议》，《地理教育》，1936年，第1卷第2期。
④ [美]华勒斯坦等著，刘健芝等编译，《学科·知识·权力》，生活·读书·新知三联书店，1999年，第213—214页。
⑤ 相关研究主要有：杨勤业、张九辰等，《中国地学史》近现代卷，广西教育出版社，2015年，第168页。张九辰对于竺可桢的地学思想以及他在中国近代地理学科建设方面的开拓性贡献有较深入的论述，见张九辰，《竺可桢与东南大学地学系——兼论竺可桢地学思想的形成》，《中国科技史料》，2003年，第24卷第2期。张雷，《民国时期地理留学》，《地理学报》，2013年4月，第68卷第4期。Jun Sun, Youde Wu, Huasong Luo, Yujun Pan & Xiangyang Lei. Development of geography in higher education in China: departments, curricula, and faculty, 1904–1949. Journal of Geography in Higher Education, 2019, 43: 3, pp. 255–279. Zhihong Chen. The frontier crisis and the construction of modern Chinese geography in Republican China（1911–1949）. Asian Geographer, 2016, 33: 2, pp. 141–164.

科体制接引到中国,以及这种体制如何随着中国环境不断调适变化,则缺乏细致的梳理。

有几个问题仍需审视。第一,竺可桢在东大是引入美国大学地理教育制度,但美国大学地理教育存在院校的差异,在20世纪初也处在快速变化和发展中。竺可桢在自述中称:"我回国以后在大学里教书或是办行政,在研究院办研究所,常把哈佛大学做我的标准。哈佛大学便成了我的偶像。"① 影响竺可桢的主要是哈佛的学科制度。哈佛地理学的特征是什么?竺可桢在何种意义上理解并继承哈佛的学科传统?他又是如何将哈佛的学科模式导引、移植到中国大学系科建设的?第二,探讨地理学如何成为一门大学学科,不能离开具体的大学场域。从东大地学系到中大地理系,正是地理学根据环境变化在大学场域不断调整变迁的历程。只有在这一连续展开的场景中,探讨其中观念、制度、人事和活动各种因素的交织互动,才能呈现出地理学学科构建的生动过程。第三,地理学有着显著的交叉特征,其学科建制又与其他学科息息相关。学科间的分合与消长,是推动地理学学科建制的重要力量。其中,如何处理与历史学的传统关联,以及如何摆脱对地质学的附丽,是地理学学科建制中难以回避的重要问题。本文将以竺可桢和中国近代大学地理学系的构建为中心,梳理从东大地学系到中大地理系的历程,探讨中国近代大学地理学学科建制的进程和走向,在具体的大学场域来呈现学科制度的跨国移植与本土生长。

一、哈佛地理学的"双名词系科"

1913年,竺可桢于伊利诺伊大学毕业后,进入哈佛大学文理研究院学习,注册于地质学与地理学系。在哈佛,竺可桢以气象学和气候学为主要研究方向,先后完成了硕士和博士课程,于1918年获得博士学位。竺可桢在哈佛读书期间,正是地理学在美国快速发展并在大学探索制度化的年代。他就读的哈佛大学地质学与地理学系,也是北美地区地理学教育的重要中心。

现代地理学自19世纪后期诞生于德国,随即向欧洲、北美及全球扩展。基于不同的学术传统,各国地理学形成了不同的学科特点和发展路径。德法两国的地理学最发达,差异也最显著。德国地理学特别注重自然地理,与地质学有密切关系,地理与地质有时至难分辨。法国地理学者则大都出身于历史学,注重人文地理,地理学由历史学而发达。② 相较于德法等国,美国地理学起步稍晚,在竺可桢及其弟子胡焕庸、张其昀等人看来,"美国之地理学,比较后进"。③ 19世纪后期和20世纪初,大批美国学生赴德留学,在欧洲与北美之间构筑起跨大西洋的学术与知识网络。哈佛大学作为该网络在北美的重

---

① 竺可桢,《竺可桢全集》第3卷,上海科技教育出版社,2004年,第86页。
② 张其昀,《最近欧洲各国地理学进步之概况》,《史地学报》,1922年,第2卷第1期。
③ 胡焕庸,《改进中国地理教育刍议》,《地理教育》,1936年,第1卷第2期。

要中心，形成了独具特色的地理学教育。

由于德国的影响，哈佛地理学是在地质学基础上发展而来。与此相适应，哈佛形成了地理学与地质学并立的学科建制。在哈佛最早开展地理教育的阿加西斯（L. Agassiz）、谢勒（N. Shaler）、惠特尼（J. D. Whitney）、戴维斯（W. M. Davis）都是地质学者，其中戴维斯对哈佛地理学的开拓起到关键作用，他于1890年被聘为哈佛自然地理学教授，这是美国大学中第一个地理学教授席位。戴维斯在哈佛开设地理学课程，构建起一套地理学与气象学的人才培养体系，在这里培养了一大批美国下一代的地理学家和气象学家，使哈佛在20世纪初成为国际上地理教育的一个重要中心。① 在戴维斯的领导下，哈佛地理学在学科属性上与地质学相近，课程重点在地貌学（geomorphology）和自然地理（physiography），都强调该学科的自然科学属性。这与偏重人文地理、与历史学接近的法国地理学区别显著。竺可桢后来曾精要地指出："美国地学由地质学而发达，法国地学由史学而发达。"②

一战爆发前，美国已有14所大学可以开设6门以上的地理学课程，随着课程的开设和讲座的设置，地理学系在大学中纷纷设立。③ 由地质学孕育成长的哈佛地理学，开始寻求自己的学科身份和学科建制。1886年，哈佛博物学系分化为生物学和地质学两个学系。1896年，哈佛又将地质学系更名为"地质学与地理学系"（Department of Geology and Geography），由此形成了美国地理学史家杰弗里·马丁（G. J. Martin）所称的"双名词系科"（binomial department）结构。④ 哈佛文理学部下设有"地质学部"（Division of Geology），地质学部下再设置地质学与地理学系、矿物学与岩石学系两个系。哈佛将地理学与地质学并立，且合为一系，而不是将二者分设为独立的学系。

"双名词系科"在美国地理学的成长中并不是个例。除哈佛外，耶鲁大学、宾夕法尼亚大学、康奈尔大学等校的地理学也是如此。当时的大学可以开设一门或多门地理学课程，却不足以形成独立的地理系。正如哈佛地理学脱胎于地质学一样，地理学多从其他学科拓展而来，并与母学科一起形成了独特的"双名词系科"。这体现了成长中的地理学对于其他学科的依赖。

与哈佛地理学"双名词系科"结构不同，另一些美国大学倾向建设独立的地理学系。1898年，哥伦比亚大学和加州大学伯克利分校都成立了地理学系。芝加哥大学在1903年建立了独立的地理学系，成为美国第一个可以在地理学领域授予博士学位的大学，该校

---

① Samuel E. Morrison eds. The Development of Harvard University since the Inauguration of President Eliot, 1869–1929. Cambridge: Harvard University Press, 1930, pp. 315–328.

② 竺可桢，《竺可桢全集》第1卷，上海科技教育出版社，2004年，第588页。

③ [美] 杰弗里·马丁著，成一农、王雪梅译，《所有可能的世界——地理学思想史》，上海人民出版社，2008年，第416页。

④ Geoffrey J. Martin. American Geography and Geographers: Toward Geographical Science. New York: Oxford University Press, 2015, p. 135.

也在 20 世纪上半叶发展成为享誉世界的地理学重镇。1920 年，阿德湖（W. W. Atwood）从哈佛辞职后出任克拉克大学校长，于次年在该校成立地理学系，并创造性地建立了地理研究院，倡导地理学往专精和融通的方向发展，倾力将该院打造成为美国地理学研究的中心。就美国大学地理学而言，在 20 世纪初同时存在着以哈佛为代表的"双名词系科"模式，以及以芝加哥大学、克拉克大学为代表的地理学独立成系的另一种模式。① 竺可桢在 1922 年评述美国大学地理学状况时说："美国著名大学，除克落克（Clark）、芝加哥、哈佛而外，不设地理专科。"② 在他看来，三校的地理学可为美国大学之代表。

竺可桢进入哈佛读书时，戴维斯已于一年前荣休。竺可桢在求学期间，主要师从华德（R. D. Ward）、麦开地（A. McAdie）、阿德湖等教授。竺可桢的硕士论文《中国之雨量（1901—1911）》是在麦开地和华德的共同指导下完成的。他的博士论文《远东台风的新分类》是在华德指导下完成的。竺可桢读书期间，地质学与地理学系已经形成了系统的课程体系。在 1910 年代，该系开设的课程共分为 5 个门类：一般地质学、经济地质学、古生物学、地理学、气象学与气候学，地理学和气象学的课程已颇为丰富系统。③ 从竺可桢选修的课程来看，他在哈佛的学术训练有两个特点。其一，竺可桢是以气象学、气候学方面课程为主修，同时兼习自然地理学、地质学、物理学和工程学等课程，覆盖了地球科学的多个学科。其二，除去法文、德文等语言课程外，竺可桢选读的课程全部属于自然科学领域，并且他还跟随麦开地在蓝山气象台进行气象学的实地观测和研究。④ 这种多学科的教育经历和注重观测和实验的科学训练，都深刻影响到他回国后对地理学的学科规设。哈佛求学 5 年，竺可桢得以深入了解哈佛地理学教育的制度和文化，并在归国后将这种学科制度适时地移植到他所任职的中国大学，但他面对的将是迥异的学科体制和学术环境。

二、第一个地学系

在中国传统学术分类中，地理学是依附于历史学存在的。传统地理学关注政治、种族、人口、经济，注重描述和文本研究，对于探索自然环境（生物、地貌、地质、气候）不感兴趣，对域外地理更是极少关注。晚清以降，随着西方地理学知识与学科制度的引

---

① Susan Schulten. The Geographical Imagination in America, 1880–1950. Chicago: University of Chicago Press, 2001, pp. 75–76. Geoffrey J. Martin. American Geography and Geographers: Toward Geographical Science. New York: Oxford University Press, 2015, p. 135.

② 《竺可桢建议派遣地学学生留学致郭秉文函》（1922 年 10 月 11 日），中国第二历史档案馆藏国立中央大学档案，全宗号 648，案卷号 377，以下简称中央大学档案。

③ Harvard University Catalogue, 1913–1914. Cambridge: Harvard University, 1913, pp. 304, 382–387.

④ 具体内容可参考林伟，《知识的跨国流通——竺可桢对哈佛大学地理学传统的继承与发展》，《自然科学史研究》，2023 年，第 3 期。

入,作为课程与学科知识的现代地理学逐渐进入新式学校。1913 年初教育部颁行《大学规程》,大学分"校—科—门"三级。大学文科之下设哲学、文学、历史学和地理学四门,理科之下可设地质学门、矿物学门。① 同年颁布的《高等师范学校规程》规定,高师本科设国文、英文、史地、数理、物化、博物六部,史地合为一部,气象学在数理部,矿物及地质学被置于博物部。史地部科目分为七种:历史、地理、法制、经济、国文、考古学、人类学。从这种学科科目设计看,其目标主要是为了培养中学师资,而不是地理学的专业人才。② 民初学制将地理学归入文科,且史地合为一部,体现着中国传统学科分类的影响,与竺可桢在哈佛所熟知的学科制度颇为不同。

1918 年,竺可桢回国后赴武昌高等师范学校任教。武昌高师设有史地部,但竺可桢却是在博物部教授"地理学通论",在数理部教授"气象学"和"天文学"。③ 他在哈佛接受的学术训练都属于自然科学领域,与高师史地部课程的文科取向并不合拍。武高仿行日本体制甚深,教员多为留日学生,加上学生听不懂他的绍兴口音,这让竺可桢感到"有点格格不入"④。1920 年,他便转投南京高等师范学校。

南京高师成立于 1915 年,在哥伦比亚大学教育学博士郭秉文领导下,南高成为留美归国学者最重要的集聚地。南高本科仅设国文和数理两部,既无史地部,也无博物部,"国文部学程之中,虽间及史地,而不甚注重"。⑤ 1919 年,学校以专治国文者,于史地二科"尤宜深造而渊通",呈请教育部改国文部为国文史地部,新聘童世亨来校教授地理,将地理课程增至 34 学时,包括世界地志、中国地志、地学通论、地质学四种。⑥ 在南京高师,地理是与历史、国文合为一部,文史地并设,主要是出于培养中学教员兼通文史地的需要。洪绂在论述中国地理教育发展时即称,这一时期的地理学"偏重人文地理,而忽视自然地理,乃有文史地一家之称号"。⑦ 但由于教授乏人,南高的地理教育质量欠佳。1920 年初,教育部派员来校查视,发现地理一科"缺陷尚多",中国地理、世界地理、地文学等主要课程未能教授完竣,学生报告"东鳞西爪,抄袭成文,鲜有心得"。⑧

1920 年 9 月,竺可桢以"哈佛大学地理科博士"的头衔来到南京高师,他的到来可谓雪中送炭。该学年,竺可桢在南高开设了地学通论、世界地理和地质学三门核心课

---

① 《教育部令第一号:大学规程》,《政府公报》,1913 年 1 月 17 日,第 251 号。
② 《高等师范学校规程》,《江苏教育行政月报》,1913 年,第 6 期。
③ 《武昌高等师范学校教员及担任学科一览表》,《教育公报》,1918 年,第 5 卷第 13 期;《武昌高等师范学校及附属中小学校七年度周年概况报告》,《教育公报》,1920 年,第 7 卷第 3 期。
④ 竺可桢,《竺可桢全集》第 4 卷,上海科技教育出版社,2004 年,第 90 页。
⑤ 《南高文史地部第一级级会纪念刊》,1923 年,第 22 页。
⑥ 《国文史地部课程标准表》(1919 年),中央大学档案 648-24。
⑦ 洪绂,《修改地理学系课程标准刍议(附表)》,《教育通讯(汉口)》,1947 年,复刊第 3 卷第 10 期。
⑧ 《教育部训令第 500 号》(1920 年 6 月 26 日),中央大学档案 648-64。

程。① 1920年秋南高实行选科制，文史地部内的学科差异进一步凸显，学生"兼修文史地三种科目，势所难能"，部内乃分为文、史、地三系。② 据该部1923届毕业生记载，1920学年文史地部"以性质分为四系：曰文学系，曰历史系，曰地理系，曰哲学系，各系并设系主任"。③ 竺可桢作为地理系主任也是该系唯一的教员。但此处的地理系仅是一系列课程的组合，不具有行政职能，各系仍置于文史地部之下管理。

地理系在文史地部萌芽之际，南京高师改设东南大学的计划亦在加速推进。学科知识的生产和传播，在大学场域需要相应的讲座或系科以附丽。1920年9月，南高制定了《改南高为东南大学计划和预算书》，将全校分为文理科和专门科两大类，文理科下分中国文学、哲学、史学、英国文、心理、物理学、化学和数学8系，④ 地理学没有被纳入大学最初的系科规划。12月，东南大学获批筹办，校内教授对于如何设置系科多有主张。物理教授熊正理提出，文理科应设15系，在地学方面设地质系，但不设地理系。物理教授胡刚复规划的大学组织系统表，既不设地理系，也不设地质系。商科主任杨杏佛拟定的学科系统设地质系和气象系，亦不设地理系。⑤ 校内教授们对于南高并无基础的地质系多有规设，可能受到此时北大已设有地质学系的影响。但教授们对文史地部已设立的地理系却视而不见，初来乍到的竺可桢显然还没能在校园舞台上为地理学科代言。

但在1921年1月讨论东大组织系统时，教务主任陶知行第一次提出在东大设立"地学系"。他在会上说："知行所拟之表，系集众人之长，不能谓系个人之主张。"⑥ 按照陶"集众人之长"的说法，此表应征求过诸多教授的意见。不仅如此，陶知行此前还向北大、北洋、厦大等校"索取最近章程"，以为筹备东大之借鉴，⑦ 可见他有过充分的调研。陶没有照抄北大的地质系，也没有延续南高的地理系，而提出在东大设立地学系。这种另辟蹊径的做法不可能是校方自上而下的主张，更应该是来自校内主要教授的意见。虽无法证实陶事前曾与竺可桢沟通过此事，但竺作为文史地部地理系主任和全校唯一的地理教授，显然是能够提出该项建议的唯一专业人选。1919年进入南高读书的胡焕庸后来回忆说："南京高师扩建为东南大学，先成立地理系，竺先生认为地理系范围过于狭窄，乃改为地学系。"⑧ 这也说明从南高地理系到东大地学系的变化，是出自竺可桢的提议。

---

① 《南京高等师范学校教员一览表》（1920年），中央大学档案648-49。
② 《南京高师文史地部1920年度概况》，中央大学档案648-24。
③ 《南高文史地部第一级级会纪念刊》，1923年，第28页。
④ 《改南高为东南大学计划和预算书》，《南京大学校史资料选编》第二卷（上），南京大学出版社，2019年，第245页。
⑤ 《杨杏佛所拟大学组织系统表》（1921年1月）、《熊正理、胡刚复所拟大学组织系统表》（1921年1月），中央大学档案648-302。
⑥ 《东南大学筹备处职员会议记录》（1921年1月19日），中央大学档案648-302。
⑦ 《陶知行致函东南大学筹备处书记股请索要各校章程》（1921年1月15日），中央大学档案648-301。
⑧ 胡焕庸，《竺可桢先生——我国近代地理学的奠基人》，载《纪念科学家竺可桢论文集》，科学普及出版社，1982年，第1页。

1921年1月22日，各科纷纷成立筹备组，竺可桢同时被任命为文理科和农科的筹备员。1921年秋东大成立，竺可桢顺理成章出任地学系主任。这些也说明，地学系的筹划，从一开始就是围绕竺可桢展开的。

从地理系到地学系，虽只有一字之差，但对于学科的建构却有深意。竺可桢在1923年介绍地学系时称，当时为适应建设东大的需要，对高师原有部科系统进行了"彻底重组"（thoroughly re-organised）。① 为何要彻底重组呢？胡焕庸认为，竺可桢是因地理系"范围过于狭窄"，乃改称地学系。地理系后来在叙述系史时称，竺可桢"自任地学系主任以后，即以地理与气象并重，当时不称地理系而名地学系者以此"。② 张九辰也强调说，竺可桢将系名定为地学系，是为了推动地质学、地理学、气象学等多学科的融合。③ 显然都在强调，地学比起地理有着更大的学科包容性。

但竺可桢所谓的"地学"并不是广义上的地球科学（Geoscience），他通常是将地学与地理学混用，地学实际上就是地理学。④ 竺可桢在学系名称上不采用原有"地理"二字，是要用"地学"来表达一种不同于传统地理学的"科学的地理学"，后来也被竺可桢及其弟子称为"新地学"。⑤ 在竺可桢看来，地理二字在过去"全是政治地理的代名词"。他引用德人李特尔的话批评旧地理学仅停留在烦琐的记述，"则地理学直一种琐碎庞杂之表计耳，安得谓之科学哉"。⑥ 胡焕庸解释新地学的含义时说，旧地理学的缺陷是"只注意'在哪里'，而没有注意'为什么'；只知道'叙述'，没有知道'解释'。因此一部地理书，遂多是些零星琐碎孤立事实的杂凑，而没有因果关系统一连贯的精神"。⑦ 民初学制将地理归入大学文科，高师地理课程也是史地合设，这样的学科设置让竺可桢很难认可。他在武昌高师不在史地部而在数理部和博物部任教，在武高和南高教授的也都是自然科学的课程，与当时学制对于地理学的设定显然不同。竺可桢在东大创设之际，摒弃传统"地理"二字，而以"地学"为学系冠名，一方面是要强调该系的多学科性，可以将气象

---

① 竺可桢，《竺可桢全集》第5卷，上海科技教育出版社，2005年，第91页。
② 国立中央大学出版组，《中央大学理学院概况》，1936年，第189页。
③ 张九辰，《竺可桢与东南大学地学系——兼论竺可桢地学思想的形成》，《中国科技史料》，2003年，第24卷第2期。
④ 在这方面有很多的例证。竺可桢从1920年在南高开设"地学通论"，该课讲义所印书名即为"地理"，全书正文开篇标为"地理学通论"。1926年，竺可桢撰写了《何谓地理学》来界定该学科的意义、概念、方法和范围，他也将地理学表述为地学。
⑤ 张其昀指出，新地学之称谓，"盖欲用以表示晚近数十年来，地理学上之新思想、新眼光、新规律、新趋势和新希望"。见张其昀，《新地学序》，《方志月刊》，1933年，第6卷第7期。胡焕庸也说："近十年来，经少数学者的努力提倡，新地学的研究，方慢慢的在发芽滋长之中，不过进步很慢。直到现在，只有少数大学，设有地理学系。"见胡焕庸，《近代地学的含义》，《科学世界（南京）》，1935年，第4卷第6期。
⑥ 竺可桢，《竺可桢全集》第1卷，第103页。
⑦ 胡焕庸，《近代地学的含义》，《科学世界（南京）》，1935年，第4卷第6期。

学、地质学等与地理学密切相关的学科整合在一个学系；另一方面是要强调地学系的科学属性，以近代科学的方法来廓清传统政治地理、沿革地理的弊端。

民初《大学规程》中无"地学"之名，地学系实属自行设立。但竺可桢的做法并非个案。东大筹设之际，归国学者在筹划系科之际，多移植求学欧美时母校的学科制度，东大校方亦给予他们相当大的自主。曾留学哈佛的梅光迪、吴宓1921年在东大创设的西洋文学系，同样不在国家规定的系科之列，梅、吴二人是援引哈佛设有比较文学系的"美国大学之成例"。①当时哈佛在现代语言学部之下，同时设有英文系和比较文学系。梅、吴在哈佛时均就读于比较文学系，他们将英文系和比较文学系分立的哈佛模式引入东大。

从内在脉络看，竺可桢对东大地学系的规划，与他在哈佛的学术经历密切相关。无论是系科结构还是课程体系，他领导的地学系都是以哈佛为"偶像"的。根据1923年编印的《国立东南大学一览》，地学系下分"地理部"和"地质部"两个学门，与哈佛"双名词系科"结构如出一辙。1923年，竺可桢在英国地理学会主办的《地理教师》（*The Geographical Teacher*）上介绍地学系，即将该系译作 The Department of Geology and Geography，与哈佛地质学与地理学系的名称完全一致。②在一定程度上，竺可桢将哈佛双名词系科结构移植到东大，将学系命名为地学系而不是地理系，也更为合情合理。在课程设置上，哈佛地质学与地理学系课程分为五大门类，是一个统合了地学多门学科的课程体系。对于东大地学系，竺可桢的目标在于"将地质、地文、气象、古生物、政治地理各课，组成一完全独立之地学系"。③东大地学系开设的课程中，由竺可桢开设或参与开设的就有9种之多（见附表1），且都可以在他在哈佛修习的课程中找到源头。竺可桢自称，他在东大教授地理和气象，是"全盘的贩卖我在美国所获得的一点知识"。④竺可桢在哈佛曾长期在蓝山气象台上课，受此影响，他在南高、东大期间都积极推动气象站建设，以与大学的教学和研究工作相互配合。⑤对照哈佛与东大的地理学科，可以明显看到，竺可桢在东大直接参照并移植了哈佛的学科体制。

三、后来居上：地质学与地理学的消长

在哈佛地理学的"双名词系科"结构下，由地质学孕育生长的地理学居于从属地位，但东大地学系从创立之时即以地理学为主导。地学系最初引进的三位学者白眉初（1921年）、曾膺联（1922年）和王毓湘（1922年）都是地理学教员，该学年地学系新开的四

---

①《梅光迪、吴宓：增设西洋文学系意见书》，《南京大学校史资料选编》第二卷（上），第292页。

② Coching Chu. A Note on the Department of Geology and Geography in the National South-Eastern University, Nanking, China. The Geographical Teacher, Vol. 12, No. 2（Summer, 1923）, pp. 142–143.

③ 竺可桢，《竺可桢全集》第22卷，上海科技教育出版社，2012年，第50页。

④ 竺可桢，《竺可桢全集》第3卷，上海科技教育出版社，2004年，第88页。

⑤ 竺可桢，《竺可桢全集》第2卷，上海科技教育出版社，2004年，第378页，第356—357页。

门课程都是地理课程。南高、东大并无地质学基础,也没有专门的地质教员,自称对地质学是"门外汉"的竺可桢,在1920学年不得不亲自教授并不擅长的地质学课程。因"南高地质学教席迄仍虚悬",竺可桢在1922年8月函请丁文江从"夹袋中地质学专家"或新归留学生中为东大介绍地质学教员。① 直到1923年3月,毕业于伊利诺伊大学的徐韦曼来校教授地质测量和历史地质,东大地学系才有了真正的地质学教授。在1920到1922年三个学年,地学系共开设了15门课程,其中仅有3门课程属于地质学类。1923年9月,曾在贵州、湖南等省担任矿师的谌湛溪来校教授成岩矿物和地学考察;1924年,地质学者徐渊摩来校教授世界矿产和地质测量。随着多位地质学者来校,地学系"渐渐增设地质课程,以求完备",② 地质学和矿物学的课程才逐渐丰富。1923学年,地学系分设地理部和地质部。

表1 东南大学地学系历年开设课程情况表(1920—1924学年)

学年	课程数	地理类	地质类
1920学年	3	地学通论(竺) 世界地理(竺)	地质学(竺)
1921学年	7	气象学(竺) 地形测量(曾) 中国地理(白) 美洲地理(竺)	
1922学年	15	中国地理总论(王) 沿革地理(王) 中国地理地方志(王) 地图绘法(竺) 世界各国气候(竺) 欧洲地理(竺)	历史地质(徐韦曼) 地质测量(徐韦曼)
1923学年	20	经济地理(竺、徐韦曼)	古生物学(徐韦曼) 工程地质学(徐韦曼) 成岩矿物(谌) 矿物学(谌)
1924学年	21		世界矿产(徐渊摩)

说明:为显示竺可桢来校后东大地理学新增课程的情况,本表包含了地学系成立前的1920学年,截止于竺可桢离开东大的1924学年(1925年春)。数据来源:《南京高师文史地部第一级会纪念刊》,1923年,第29—31页;《东南大学一览》,1923年,第26—28页;《国立东南大学学业成绩稽核表》(1923—1925年),中央大学档案648-3541、3542、3543。

---

① 竺可桢,《竺可桢全集》第22卷,第23页。此后来校任教的徐韦曼和徐渊摩,都是丁文江所主持地质研究所毕业的首批学员。

② 国立中央大学出版组,《中央大学理学院概况》,1936年,第189页。

从上表可以看出，地学系的地理课程严重依赖于竺可桢。随着白眉初于1922年、王毓湘于1923年相继离校，物色合适的地理学教授变得极为艰难。作为一门新兴学科，地理学在20世纪初年的美国也处在学科建构的进程中，直到1918年一战结束，美国仅有三所大学设有独立的地理学系，仅有芝加哥大学可以授予地理学博士学位。地理学人才的短缺在中国更为突出，在接受现代西方学术训练的留学生中，学习地理者凤毛麟角。据学者初步统计，1920年全国仅有13名地理学者在大学工作，甚至到了1930年，这一数字也仅有31人。① 缺乏专业地理学人才，极大束缚了该学科在大学的成长。鉴于这一局面，竺可桢于1922年10月曾建议校方派遣本校毕业生赴欧美专修地理，他说："我国地理人才缺乏，老成如屠寄、卢彤相继凋谢，张相文、黄郛复连袂入政界，留学生中鲜有专门地理者。……故欲得专门人才，非由本校物色毕业生中成绩卓越者，资遣欧美专攻地理不可。"② 1923年，白眉初等人感于地理人才已陷入"绝源断根"的困境，"今者高等师范或师范大学等校，欲聘一邃于地理之教授而不可得"，在中华教育改进社年会上提出"请促进欧美留学生从事地理学案"，希望变"绝源断根"为"开源存根"。③

由于缺乏地理学教授，地质学者逐渐占据地学系的讲席。1923年后来校的徐韦曼、谌湛溪、徐渊摩等人都出身于地质学。这一状况在竺可桢1925年离开东大后变得更为明显。1925年1月，东大突发易长风潮。3月9日，东大学生殴打教育部派遣的新任校长胡敦复，竺可桢目击种种，"大足为教育前途痛心"，乃于当月辞职离校。④ 随着竺可桢离校，地学系的教员队伍和学科构成都发生显著变化。到1926年，地学系三位教授均为新聘归国的地质学者。系主任张正平系毕业于威斯康辛大学的地质学硕士；教授孙佩章为毕业于理海大学的采矿冶金工程师；教授李之常曾留学于芝加哥大学和哥伦比亚大学，获地质学硕士学位。⑤ 在课程设置上，根据1926年该系"学程详表"，地学系不再分设地质、地理两部，表中所列的22门课程，仅有为预科学生开设的"高等地学通论"在课程名称上属于原地理部，其余课程均属于地质学和矿物学领域。⑥ 竺可桢此前开创的多种地理学和气象学课程全部消失了，此时的地学系实际上已经成为地质学系。

1927年国民政府奠都南京，以东大为基础组建国立第四中山大学，校长张乃燕邀请竺可桢担任筹备委员。四中大成立自然科学学院，下设地学系，仍由竺可桢任主任。重回大学后，竺可桢将该系分为地质和气象两门。但无论从师资力量还是学程设置上，地

---

① Jun Sun, Youde Wu, Huasong Luo, Yujun Pan & Xiangyang Lei. Development of geography in higher education in China: departments, curricula, and faculty, 1904–1949. Journal of Geography in Higher Education, 2019, 43: 3, pp. 255–279.
② 《竺可桢建议派遣地学学生留学致郭秉文函》（1922年10月11日），中央大学档案648-377。
③ 《请本社促进欧美留学生从事地理学案》，《新教育》，1923年，第7卷第2—3期。
④ 竺可桢，《竺可桢全集》第22卷，第127页。
⑤ 《国立东南大学教员一览》（1926年），中央大学档案648-323。
⑥ 《地学系学程详表》，见《东南大学理科一览》，1927年2月刊印，第17—18页。

质门在地学系都占有更大比重。1928年春，四中大更名为中央大学，地学系5名副教授除竺可桢外，孙佩章、李之常、谢家荣和郑厚怀4人均为地质学者，其中郑厚怀刚刚从哈佛毕业回国，是我国在哈佛获地质学博士学位的第一人。① 地学系"学程详表"列举了该系开设的32种学程，其中只有地学通论、气象学、气候学、世界各国气候、高等气候学、地图绘法等7种学程属于气象学和地理学，其他学程都属于地质学、矿物学领域。② 上述7种学程，都是竺可桢在东大时期开设的课程，他几乎是以一人之力支撑着气象门。地学系曾经以地理学为主导的学科模式，在中央大学时期变成了以地质学为主导。地质学的后来居上，显然不利于地理学的学科成长。③

此时的竺可桢也无法全身心投入地学系建设。1927年12月，竺可桢被聘为中央研究院观象台筹备委员，次年2月被任命为气象研究所主任。因所务羁绊，他在中大地学系投入的精力有限。1927年11月，竺可桢因病向大学请假数月，该学期开设的气象学课程，只能"以临时试验分数作成绩"。1928年春季学期，竺可桢原计划在中大开设地图绘法、气象学、高级气象学三门课程，都因故"未开班"。④ 主要是因他投身筹建气象研究所而难以兼顾。1928年1月，竺可桢写信给自然科学院院长胡刚复称"弟因身体尚未复元，下学期或将在大学院专管气象研究事"，已有请辞大学教职之意。⑤ 胡刚复复函称："下学期地理、气象方面尚无办法，仍请执事来校主持。"⑥ 从中也可以看出地学系中地理、气象人才的极度匮乏。

造成地质学主导地学系的另一个原因是，四中大在学科设置上将地理学和气象学分离，气象学留在自然科学院的地学系，而地理学则归入社会科学院的史地系。这样的学科设置与柳诒徵不无关系。柳诒徵曾在南高东大任教达10年，是该校最著名的历史教授。他重视史地二学的相关性，认为宇宙、国家和人生，都是"时与空之和"。时无终始，空无畔岸，相赓相错，而成历史，而形地理。画时而为世，截空而为域，纵则有史，衡则有地。因此欲知宇宙之真相、国家之真谛、人生之真义，"舍治史地，其道无

---

① 根据当时颁布的《大学教员资格条例》，须"副教授完满两年以上教务而有特别成绩者"，始得聘为教授。国立中央大学不设教授，最高职称均为副教授。见《国立中央大学一览》，1928年，第5页。
②《地学系学程详表》，见《国立中央大学一览》，1928年，第21—23页。
③ 在中国近代地学诸学科发展中，地质学发展最早，最为成熟，也最先完成学科体制化进程。由于地理学学科性质和研究范围的模糊性，地理学系在创设之际，地质学者是重要的师资来源。1929年清华大学在地质学家翁文灏领导下成立地理学系。后因学生之需要，逐渐添设矿物学、地史学、地貌学、岩石学及古生物学课程，"地质课程遂由附庸而独立之象，且地质及气象方面之课程既多，地理一名辞不足以概括全部课程"，该系于1932年更名为地学系，也称地质地理学系，下设地理、地质和气象三门。见《清华大学一览》，1932年，第177页。
④《国立第四中山大学学业成绩表》（1927年秋）、《国立东南大学学业成绩稽核表》（1928年春），中央大学档案648-3547、3548。当时的中央大学，仍在沿用原有东南大学学生成绩的统计表格。
⑤《竺可桢致胡刚复函》（1928年1月），中央大学档案648-1832。
⑥《胡刚复复竺可桢函》（1928年1月13日），中央大学档案648-1832。

由"。①1919年进入南京高师读书的张其昀深受柳氏史地之学的影响。1926年,柳诒徵约集张其昀等弟子创立中国史地学会,并刊发《史学与地学》杂志。1927年四中大筹办之际,柳诒徵为张乃燕所倚重。张不仅邀请柳担任筹备委员筹划校务,还以史学系"职务及课程相属"。柳诒徵虽不愿担任大学教职,但对于史地系的教授人选和课程安排,都积极参与谋划。据其日记记载,6月12日,"晚回寓拟历史各组课程"。9月20日,又"至校赴筹备会,与萧(纯锦)、戴(毅夫)、张(乃燕)诸君商定史地系课程"。②史地系主任陈汉章,也是在柳诒徵的多番邀请下来校就职。③在柳诒徵的建议下,四中大于1927年10月备具聘书旅费,由张其昀亲往浙江敦请陈氏来校主讲史地,终得应允。④在这一背景下,柳诒徵推荐张其昀在史地系教授地理。张在回忆中称,自己是"因柳师的'推荐',回到母校'高师'"任教。⑤在1927学年,史地系地理课程几乎是由张其昀一人承担,他开设了中国政治地理、亚洲地理、人生地理学、经济地理、欧美地理等五种学程。⑥

将地理学置于史地系,在学科制度上重回民初《大学规程》将地理归入文科的旧路。史地系开设的地理课程仅属于人文地理,是不完整的地理学。在竺可桢回到地学系后,四中大的自然地理课程是在地学系开设,这使得地理学的两部分在学科体制上被分割在两个不同的学院,削弱了地理学作为一个学科整体的力量。1926年,竺可桢在《何谓地理学》一文中已指出,地理学可分为自然地理和人生地理两大类,"近来欧美地学家,多主张合二者于一科,庶几易于联络贯通,而地学乃能得美满之发达。是以近来美国克拉克(Clark)大学所设之地理研究院中,自然地理与人生地理即熔于一炉,无此疆彼界之分,实开地学界发展之一新纪元矣"。⑦基于这种认识,他对中大地理课程分属两系的状况颇为不满。

1928年7月,《地理杂志》在地学系创刊,竺可桢在创刊号发表了《中央大学地理学之前途》一文,指出将自然地理归入理科、人生地理归入文科的"二元观念",足以限制地学之发展。"社会科学院史地系中,设有人生地理、中国地理、世界地理诸学程;自然科学院地学系中,设有地文学、气候学、地图学诸学程。地理学本为一有机体,因此疆彼界之分,使学生有无所适从之苦,甚非国家培植人才奖励学术之意也。"为此,竺可桢

---

① 柳诒徵,《弁言》,《史学与地学》,1926年,第1期。
② 《柳诒徵日记(16年1月起)》(手稿本),1927年6月12日,9月20日条。此稿本现由南京一位民间收藏家收藏,感谢南京理工大学郭洋博士惠予分享相关资料。
③ 柳诒徵在1927年日记中记载,7月9日,赴东大和张乃燕商讨"致陈伯弢书事"。7月21日,"得晓峰书,云陈伯弢不愿就大学事"。10月5日,再次致函陈伯弢。
④ 《柳诒徵致张乃燕函》(1927年10月5日),中央大学档案648-709。
⑤ 柳曾符、柳佳编,《劬堂学记》,上海书店出版社,2002年,第115页。《竺可桢全集》第22卷收录了一封竺可桢致张其昀的信,劝张其昀回中央大学任教,日期标注为1927年11月1日,有的研究者因此认为张其昀回第四中山大学任教是来自竺可桢的举荐。但这封信标注的日期显然是错误的,从信中提及的内容看,此信应写于1932年秋。
⑥ 《国立第四中山大学学业成绩表》(1927年秋)、《国立东南大学学业成绩稽核表》(1928年春),中央大学档案648-3547、3548。
⑦ 竺可桢,《竺可桢全集》第1卷,第501页。

提出："将史地系之地理课程，归并于地学系，而分地学系为地质与地理二门。"① 竺可桢的建议受到校方重视，该年7月，中大呈请大学院修改各学院名称，提出将社会科学院的史地系归入文学院。秋季学期，中大自然科学院改为理学院，社会科学院改为法学院，设历史系于文学院，史地系的地理课程并入理学院地学系，地学系扩充为地质矿物和地理气象两门。在学科结构上，新合并的地学系和东大时期竺可桢领导的地学系极为相似。

四、地理学的独立运动

按竺可桢的构想，人文地理课程并入地学系只是一种"过渡之办法"，他的目标是要在中大建设一个"完备之地理学系，为中国研究地理之中心机关"。在《中央大学地理学之前途》一文中，竺可桢虽未直接提出地理学独立成系，但他已注意到国际上"近年来有地学系独立之运动"，并认为地理学要有"独立之系统、整齐之组织、集中之精神，以遂其美满之发展"，体现出更为鲜明的学科独立意识。在同期《地理杂志》的《发刊辞》中，杂志主创者胡焕庸等人更明确提出中大地理学独立的主张："吾国一般学者，习于故常，或以地理学附丽于历史学，或以地理学附丽于地质学。苟长此因循，地理学将失去独立之精神。……本志由中央大学地学系创办，急起直追，盖借以表示我国地理学独立之精神。"② 在他们看来，如何处理与地质学、历史学的关系，是地理学寻求独立发展必须要解决的问题。此文刊发后不久，中央大学地理课程脱离史地系重归地学系，可视为地理学摆脱历史学的束缚；下一步需面对的，是如何摆脱对地质学的附丽。

竺可桢在东大移植的哈佛"双名词系科"是历史的产物，既体现出哈佛地理学脱胎于地质学的历史渊源，也反映了地理学在学科内涵上缺乏清晰界定，学科力量尚需其他学科支撑发展。20世纪初年，戴维斯曾撰写了多篇文章，努力界定和探讨地理学的概念、范围、意义、观点和研究方法，推动地理学的学科建构，努力将地理学建设成一门真正的大学学科。③ 但在哈佛"双名词系科"结构中，地理学缺乏独立的学科身份。相较于设有独立地理学系的芝加哥大学和后来的克拉克大学，哈佛地理学在1912年戴维斯退休后开始衰落。④ 值得提及的是，缘于人文地理学者埃克曼（E. Ackerman）的聘任风波，哈佛

---

① 竺可桢，《竺可桢全集》第1卷，第588—589页。该文在《地理杂志》发表时，题目为《中央大学地理学之前途》，杂志目录则改为《中央大学地学系之前途》。笔者认为，竺可桢此文更多是谈论中大地理学的发展，极少涉及地学系中另一部分地质学，因此竺可桢的本意，应是探讨中大地理学学科的发展问题。

②《发刊辞》，《地理杂志》，1928年7月，第1卷第1期。

③ Geoffrey J. Martin. American Geography and Geographers: Toward Geographical Science. New York: Oxford University Press, 2015, p. 137.

④ 截止到1946年，克拉克大学共授予了82个地理学博士和硕士学位，芝加哥大学授予了61个，位居全美大学前两位，而哈佛大学仅有16个。Geoffrey J. Martin. American Geography and Geographers: Toward Geographical Science. New York: Oxford University Press, 2015, p. 177.

在 1948 年取消了地理学，在某种程度上说明"双名词系科"在维护学科利益、推动地理学稳步成长上存在着体制性缺陷。①

一战后，受过地理学专业训练的新一代学者开始进入学术领域。地理学的实际功用在战时和战后更趋凸显，推动着地理学独立运动呈加速之势。竺可桢在 1922 年说："大战以后，欧美人士乃始恍然于地理之重要，一时英美各国之地理研究会会员，人数骤增，各大学地理教室类多人满为患，而地学专家则有供不应求之现象。"② 美国地理学家赵格（W. L. G. Jeorg）调查战后欧洲大学发现，德国 23 所大学每校至少有一完全之地理教授；法国大学 16 所无一不设有甚完备之地学系；英国大学 18 校中设地学系者 16 校，其中 10 校并设研究院。③ 德国的 23 所大学中，1928 年学习地理的学生人数达到 3310 人，其中有 1727 人以地理为主系，仅柏林大学一校，以地理为主系的学生即有 253 人。④ 对比欧洲地理学的突飞猛进，阿德湖认为美国大学极不重视地理学教育，他在 1919 年呼吁"吾美各大学，如得相当教授，亟宜设立地理学系"。⑤ 阿德湖担任克拉克大学校长后，于 1921 年在该校成立了独立的地理系，这距离美国上一个独立的地理系成立（芝加哥大学在 1903 年）已经过去了 18 年。继克拉克大学之后，密歇根大学（1923）、俄亥俄州立大学（1924）、明尼苏达大学（1925）、威斯康辛大学（1928）纷纷成立了独立的地理学系。地理学与地质学的传统纽带开始松弛，一战后美国大学的地理学独立运动，在很大程度上改变了"双名词系科"主导美国大学地理学的局面。⑥

在国际上地理学蓬勃发展的同时，南京国民政府成立后，地理学被认为是一个与民族命运和国家救亡关系密切的学科而受到重视。1929 年公布的《中华民国教育宗旨及其实施方针》提出，"以史地教科，阐明民族之真谛"。⑦ 地理学与爱国、救国紧密联系在一起。在大学校园，学生对地理学的兴趣浓厚，地理学课程在中大"每班选课人数，几无虚席"。⑧ 1928 年秋季，地学系矿物地质门开设有 11 门课程，修习学生仅 58 人；地理气象门开设有 8 门课程，修习学生却达到 301 人。尤其是张其昀开设的建国方略、中国地理、首都地理，胡焕庸开设的地学通论、气象学等课程，很受学生欢迎，修习学生都在 40 人以上。⑨ 在政府力量的鼓励和推动下，国内各大学"亦有纷设地理学系之运动"。

---

① Neil Smith. Academic war over the field of Geography: the elimination of geography at Harvard, 1947-1951. Annals of the Association of American Geographers, Jun. 1987, Volume 77, Issue 2, pp. 155–172.
② 竺可桢，《竺可桢全集》第 1 卷，第 410 页。
③ 张其昀，《最近欧洲各国地理学进步之概况》，《史地学报》，1922 年，第 2 卷第 1 期。
④ 焕，《1928 年上学期德国各大学学习地理人数》，《地理杂志》，1929 年，第 2 卷第 3 期。
⑤ Wallace W. Atwood. Geography in American. The Geographical Review, Jan. 1919, Vol. 7, No. 1, pp. 36–43.
⑥ Geoffrey J. Martin. American Geography and Geographers: Toward Geographical Science. New York: Oxford University Press, 2015, p. 135.
⑦《国民政府令（18 年 4 月 26 日）》，《教育部公报》，1929 年，第 1 卷第 5 期。
⑧《中央大学近讯》，《时事新报》，1929 年 11 月 26 日，第 2 张第 4 版。
⑨《国立东南大学学业成绩稽核表》（1928 年春），中央大学档案 648-3549。

1928年夏，北京师大地理学从史地系独立成系，下分地理历史组和地理博物组，这是我国大学建立的第一个单独以地理学命名的学系。1929年3月，中国国民党第三次全国代表大会在南京召开，戴季陶在会上提议"北平大学和广州中山大学应即设立地理学系，中央大学地学系地理门应即使其独立"。① 在他和朱家骅的推动下，中山大学地理系随即于1929年秋成立，聘请德籍教授克勒脱纳（W. Credner）负责创设。清华学校改组为国立清华大学之际，由著名地质学家翁文灏主持于1929年增设地理系，"冀养成一班具有科学知识之地理人才，以为开发全国之准备"。②

国家教育制度对于大学学科设置的调整也影响到大学地理学系的创设。民初《大学规程》将地理系置于文科的规定，在倡导"科学的地理学"的时代受到越来越多地理学者的质疑。竺可桢在东大创建的地学系，即具有鲜明的自然科学属性。1926年东大文理分科，地学系也是被归入理科。竺可桢认为，地理学以自然科学为出发点和立足点，他在1928年讨论中央大学地理学的前途时指出，地理学在大学整体应属于自然科学院（理科），这样才能基础稳固。③ 南京国民政府成立后对大学规程进行修订，教育部于1929年3月公布"大学规程草案"，规定"文学院分中国文学、外国文学、哲学、史学、语言学、社会学及其他各系；理学院分数学、物理、化学、生物学、生理学、心理学、地质学及其他各系"。④ 在这份草案中，对于如何设置地理学系，文理两院都没有明确。但数月后（8月），在教育部正式颁布的《大学规程》中，却将地理学系作为独立的学系，增置于大学理学院之下，明确为理学院可以设置的8个学系之一。⑤ 地理系何以增列在理学院的细节虽不可知，但从内在的线索看，体现出国家制度对地理学摆脱原有文科属性并独立成系的认可。洪绂认为，大略以此为分界，中国的地理教育从"隶属文学院时代"进入"隶属理学院时代"。竺可桢从东大地学系开始即致力于推动建设科学的地理学，强调地理学的自然科学属性，应是其中重要的推手。

在国内外地理学迅猛发展之际，中大地理学却因系科制度的牵绊发展受到限制。1928年秋，竺可桢因中研院气象所所务繁忙，辞职离校。此后，孙佩章和郑厚怀先后出任地学系主任。从队伍上看，地质矿物门始终有四名副教授。反观地理气象门，1928学年仅有新引进的黄国璋一名副教授。⑥ 竺可桢曾推荐留法归国的胡焕庸来校任教，但胡

---

① 《本校地学系地理门应独立成系建议书》，《地理杂志》，1929年，第2卷第5期。
② 《清华地理系之新计划》，《民国日报》，1929年7月15日，第3张第2版。
③ 竺可桢，《竺可桢全集》第1卷，第589页。
④ 《教育部拟定大学规程草案》，《民国日报》，1929年3月11日，第13版。
⑤ 《大学规程》，《教育部公报》，1929年，第1卷第9期。
⑥ 黄国璋在美国耶鲁大学留学期间曾师从亨廷顿，后于1928年在芝加哥大学获得地理学硕士学位。黄归国之际，曾由葛德石（G. B. Cressey，1896—1963）推荐至沪江大学任教，但沪江无意发展地理学，黄国璋乃接受竺可桢的邀请，来到中央大学任教。参见张雷，《南胡北黄——民国地理学的分野（1936—1952）》，《中央研究院近代史研究所集刊》第106期，2019年12月。竺可桢在1928年6月称："新聘耶鲁大学黄君，担任地理实察、人生地理诸学程。"

1928年回国后因协助竺办理气象所,系由"本校与大学院合请",在中大仅为兼职。而张其昀在1928学年仍为讲师身份。在竺可桢的居间联系下,翁文灏筹建清华地理系之际,曾有意邀请张其昀北上任教,并由清华资送张赴美留学。① 在此背景下,张其昀在1929年7月初向中大请辞。他在写给张乃燕的信中称:"两年以来,承先生之宠召,俾得在大学中散布地理学之种子。一旦告别,固不能恝然于心,然现在之情形,大学教授非留学生不能胜任,教授方为一校之中坚人物,若讲师以下之去留,又何关于轻重哉。"② 张其昀信中对于自己"讲师"身份的强调,多少有些讨价还价的味道。在张乃燕的挽留下,张其昀最终留在了中大,并于秋季学期晋升为副教授。

在地学系,地质矿物门主导系务,地理气象门在教员聘任、经费分配、学程设置上都难有平等待遇。胡焕庸等人抱怨称:"地学系有专任教授六位,地质占四位,兼任教授三位,地质占二位。地理学在理学院之经费中,居于最枯窘之地位。因此地理门开设学程极为困难。若欲开设高深学程,则普通必修学程,有不能不付之阙如者。否则又无以应高年级同学之需要。例如本学期有几种地理与气象课程,为同学所请求开设,但为事实上所不许,致有志而未逮。"③ 竺可桢在东大时期统合多学科于一系的地学教育模式,旨在推动不同学科间的联络沟通。但随着学科独立意识的增强以及学科间围绕办学资源的竞争,反而制约了学科的成长。张其昀公开称:"地理气象与地质矿物并为一系,经费支配甚不平均,故地理气象门要求与地质矿物门分为二系,俾地理气象系得与其他各系平等待遇,以谋正当之发展。此所谓离之则双美,合之则两伤也。"④

1929年夏,胡焕庸因"中大乏人",辞去了气象所兼任研究员兼秘书职,专任中大教职。胡焕庸、黄国璋、张其昀三位少壮派副教授齐聚中大,对于地理学在中大系科体系中的不平等待遇,他们的不满很快公开化。该年9月,胡、黄、张三人于《地理杂志》发表建议书,从"大学制度、本校地位、本系历史和本系现状"四个方面,公开提议将中大地理气象门独立为地理学系。⑤ 中大地理学的独立运动,是国际学术潮流、国家教育制度和大学学科结构共同推动的结果。

五、系科之争与地理系的院系归属

地理学独立的进程并不顺利。校内反对者不乏其人,地学系主任郑厚怀和理学院院长蔡堡可为代表。1929年进入地理门读书的严德一回忆称,当时"理学院长不满地理系的独

---

① 竺可桢1929年7月15日函告张其昀称:"顷接咏霓先生自平来函,欣悉清华资送足下赴美事,已由评议会通过。"见竺可桢,《竺可桢全集》第22卷,第210页。
②《张其昀致张乃燕函》(1929年7月2日),中央大学档案648-1580。
③《本校地学系地理门应独立成系建议书》,《地理杂志》,1929年,第2卷第5期。
④ 张其昀,《地理学与大学教育》,《地理杂志》,1929年,第2卷第6期。
⑤《本校地学系地理门应独立成系建议书》,《地理杂志》,1929年,第2卷第5期。

立"。① 1929年10月，张其昀在《地理杂志》撰文称："吾人主张中央大学应有地理学系，偶与留美学生某君谈及，而某君即举哥伦比亚大学之学制以为口实。盖哥伦比亚大学虽有著名之地理学教授数人，……但各人分隶于各系，尚未集中于一系。某君于是以吾人所主张者，似为多事。"② 此处的某君，正是早年毕业于哥伦比亚大学的生物学家蔡堡。在哥大，地理学者是分散于不同学院，地文学家约翰生（D. W. Johnson）在地质系，经济地理教授斯密斯（J. R. Smith）在商学院，地理教育教授道奇（R. E. Dodge）在师范学院。这种分散的状态不利于地理学作为一门独立学科的成长，也最终导致哥大地理系的解体。③ 张其昀认为，哥大地理系的状况恰恰体现出美国大学地理教育之缺点，不足为吾人所取法。

与蔡堡不同，郑厚怀反对地理学独立，更多是出于系科间资源分配的考虑。地理门学生曾联名致函郑厚怀，指责他"因身为地质门教授，虽兼全系主任，而极力反对。后见潮流所趋，知阻止之不可能，乃提出院属问题以为阻梗。……先生为谋地质门占有地学系全部经费之计，而独倡导地理应属文学院之说"。④ 学系的成立关系着人员、经费、课程等资源的配置，这也是各方争论的利益焦点。早在东大时期，竺可桢就曾向代理校长蒋维乔抱怨历年学校对地学未曾注意，"夷地学为附庸"，"足下如欲发展东大理科，则各系不宜偏重，……如斯方足以见学校对于理科各系平均发展之诚意"。⑤ 地学系在东大学科体系中的弱势可见一斑。在地学系内部，随着地质学的后来居上，地理学也成为弱势一方。胡焕庸等人力陈地理门教授不足、经费枯窘、课程难以安排，认为地理门"非俟独立成系，与其他各系平等待遇，不足以谋正当之发展"。⑥ 为保障地理系的平等待遇，胡、黄、张三教授向教务长叶元龙提出，地理门会计独立，并"根据十八年度地学系预算平均分配，地质矿物与地理气象各得其半"。⑦ 地质、地理平分地学系经费，显然是地质门不愿看到的。张乃燕许诺，地理系独立后，1930年上半年经费"除薪水外，其他设备有五千元，当亦勉可应用"。但理学院仅允许"由地学系预算内拨款1500元，充作该系其他费用"。⑧ 双方对于资源分配的计较，使得"分家"之际因房屋迁让和图书设备分配多有摩擦。1933年毕业于地质系的殷维翰回忆称，在分系问题上，郑厚怀与张其昀"争论甚烈"。⑨ 二人争论的细节虽不可知，但郑厚怀在1930年2月受地理系学生攻讦确是实

---

① 严德一，《竺老培植的地理系根深叶茂》，《竺可桢诞辰百周年纪念文集》，浙江大学出版社，1990年，第94页。
② 张其昀，《地理学与大学教育》，《地理杂志》，1929年，第2卷第6期。
③ Geoffrey J. Martin. American Geography and Geographers: Toward Geographical Science. New York: Oxford University Press, 2015, p. 155.
④《地理系全体同学致郑厚怀函》（1930年2月24日），中央大学档案648-1596。
⑤《竺可桢致蒋维乔函》（1926年6月4日），中央大学档案648-345。
⑥《本校地学系地理门应独立成系建议书》，《地理杂志》，1929年，第2卷第5期。
⑦《胡焕庸等致叶元龙函》（原文件日期不详，应在1930年1月初），中央大学档案648-5562。
⑧《理学院致张校长、戴副校长函》（1930年1月21日），中央大学档案648-2850。
⑨ 殷维翰，《郑厚怀先生传略》，《地球》，1985年，第2期。

情，郑最终愤而辞去系主任职务。

校内分歧使校方难以决策。1929年11月9日，中大校务会议就此案进行讨论，议决组织委员会审查地理门独立成系后之办法。委员会成员包括文学院院长谢寿康、法学院院长戴毅夫、教育学院院长韦悫、叶元龙、蔡堡、郑厚怀、黄国璋和胡焕庸8人。① 在地理门独立成系已成前提的情况下，蔡、郑等人提出，地理系独立后改归文学院管理。

但地理系改隶文学院，只是理学院的一厢情愿。文学院根据新颁《大学规程》，并考虑到本校历史，认为地理系理应隶属理学院。12月2日，文学院召集系主任会议，认为将地理系归属文学院，"本院不能接受"。② 理学院不愿留，文学院不愿要，地理门的独立陷入尴尬境地。当时的北京师大、中山大学和清华大学，新成立的地理系都设置在理学院。地理门师生同样不愿改隶文学院。学生致函学校称，"地理学之基本，乃地文与气象，故地理学之为自然科学，无待晓舌"，"无论在理论上、事实上言之，本门实应整个的隶属于理学院"。③ 胡焕庸等三教授"因格于理想之不能实现，本门之发展无复有望，乃至被人指为附属品"，愤而辞职。④ 地理系的独立以及连带引发的院属问题，因意见分歧长期迁延不决，这是胡焕庸等人始料未及的。

1932年1月4日，校务会议就此案进行了"长时间之讨论"，议决如下："本校地理门现已发达至相当程度，拟自下学期起（即十九年二月）独立成系。惟因现开课程偏于人文方面，故地理系成立后，拟归文学院办理，而所授功课亦应从人文方面发展。至与该系有关系之气候科目，仍由该系开班。该系应用经费，暂就地理门原有经费开支，不得挪用文学院现有经费。以后永久经费，俟编制十九年度预算时再行决定。再，理学院地学系应改为地质学系，其气象学程改由理学院物理系开设。"⑤ 会后，在叶元龙的劝慰下，胡焕庸等三教授表示："学校方面提出此种调和办法，同人等深谅其苦衷，决不坚持原议。"⑥ 1月7日，张乃燕函请三教授"即日返校，照常授课，以资结束，而慰众望"。⑦

地理系归属文学院，既违背教育部对于大学系科的明文规定，也没有重视地理门师生的意见。地理系成立后，徐近之等学生呈文教育部，认为中大此举"违背大学规程，阻碍学生进步"，恳请教育部明令矫止。但对于中大明显的违规行为，教育部认为"该系应否改隶，当视课程内容而定"，饬令中大"将地理学系之组织及课目详细具报，并检同教授书或讲义呈送到部。俟大学课程标准委员会核议后，再行核办"。⑧ 可见，国家制度

---

① 《中央大学秘书处为录案函知组织审查委员会》（1929年11月11日），中央大学档案648-794。
② 《谢寿康致张乃燕函》（1930年12月3日），中央大学档案648-814。
③ 《地理门学生15人致张乃燕等函》（1930年1月4日），中央大学档案648-1825。
④ 《地理门学生15人致张乃燕等函》（1930年1月4日），中央大学档案648-1825。
⑤ 《地理门独立成系案》（1930年1月4日），中央大学档案648-778。
⑥ 《胡焕庸等致叶元龙函》（原文件日期不详，应在1930年1月初），中央大学档案648-5562。
⑦ 《张乃燕致胡焕庸等函》（1930年1月7日），中央大学档案648-1581。
⑧ 《教育部训令》（1930年4月15日），中央大学档案648-794。

在大学和学科层面执行时有较大的伸缩空间，大学的系科设置可根据实际需要调整。中大呈复称，各国学制对于地理系院属并无标准，"职校地理系之院属问题，只能视该系现有所开课目之性质而决定"。因该系课程多关于人文地理，因此将该系"暂属于文学院"。①教育部对此给予了认可。在中国大学学科制度的构建中，西方的学科制度是重要的参照标准。不仅竺、胡、张等学者以欧美大学惯例来讨论地理学的院属，大学也以"各国学制"来与教育行政机关就教育制度如何落实讨价还价。

地理系归入文学院的重要原因是认为该系课程"偏于人文方面"，这一判断并非虚言。从学科方向看，胡、黄、张三人都偏于人文地理。1929年秋季，地理门共开设11门课程，其中张其昀的中国地理、国际地理、建设地理，胡焕庸的气候学、欧陆地理，黄国璋的人生地理学、地图绘法、地理实习等8门课程都属于人文地理。②

地理门的人文地理化，反映了国际地理学发展中人文地理勃兴的趋势。世纪之交，欧美地理学界占据主导的"环境决定论"受到越来越多的批评，越来越多的学者意识到自然环境只是条件，文化才是支配人类活动和创立人文景观的核心力量。地理学的自然科学属性在减弱，更多转向社会科学领域，越来越关注自然环境与人类社会的互动，即所谓的"人地学"。竺可桢敏锐意识到人文地理勃兴的趋势，他说人文地理学"虽为新兴之支派，而实为地理学之中坚"，"自欧战以来，英美各国之地理学家，颇渐趋重于人生地理（或人文地理）"。③竺可桢学术生涯中最重要的关于中国历史上气候变迁的研究，是在东大时期开展的，这一研究受到美国人文地理学家亨廷顿（E. Huntington）的直接启发。④东大时期的竺可桢还组织胡焕庸、张其昀等学生译介美国地理学家鲍曼（Isaiah Bowman）的《战后新世界》、法国地理学家白吕纳（Jean Brunhes）的《人生地理学发达史》等人文地理学前沿成果，对于他们此后偏于人文地理的学术走向都有影响，胡焕庸后来留学于巴黎大学，正是师从人文地理学大师白吕纳。1928年地学系主办《地理杂志》，在《发刊辞》中即宣称，"人生地理发挥人地相应之关系，在地理学中应居首要之地位"，明确提出"本刊内容侧重人生地理学"。⑤

竺可桢及其弟子倡导人文地理，但并不认可地理学的文科属性，也反对将地理系隶属于文学院。竺可桢始终认为，地理学的基础在自然地理，地理学系归入理学院才能基础稳固。张其昀称，人文地理与自然地理"非如双峰之对峙，而为楼台之层叠。人文地

---

① 《中央大学为呈复地理系设在文学院之理由并附呈学程纲要请予鉴核由》（1930年5月12日），中央大学档案648-794。
② 《国立中央大学学业成绩稽核表》（1929年秋季），中央大学档案648-3551。
③ 竺可桢，《竺可桢全集》第1卷，第411—412、500页。
④ 亨廷顿也是戴维斯在哈佛的学生，曾两度赴新疆实地考察。1924年冬，亨廷顿受竺可桢邀请，在东南大学演讲《新疆之地理》。见竺可桢，《竺可桢全集》第1卷，第466页。竺可桢认为，亨廷顿原为研究自然地理学者，"最近著述皆倾向于人生地理方面"。
⑤ 《发刊辞》，《地理杂志》，1928年7月，第1卷第1期。

理以自然地理为其基础，而别具一种新眼光与新精神。否则，人文地理学无异于空中楼阁，虚而不实，伪而非真"。①人文地理不能归入文科，无论是自然地理还是人文地理，皆须应用实验的方法和客观的方法，"先实验而后理论，先分析而后综合，先简单而后复杂，先作图而后发挥"，这是地理学得以巩固发展的科学基础。胡焕庸在抗战时总结说："新地学乃自然科学之一种，有时虽兼及于人文，然要当以自然科学为其重要之基础，地理学系之属于理学院者，其原因在此，吾人提倡新地学之目的亦在此。明乎此，则吾人再无分别'侧重人生地理'与'侧重自然地理'如审查意见所提出之必要。"②在胡焕庸看来，无论侧重人生地理还是侧重自然地理，在主张融会二者于一炉的新地学看来都是伪命题，在此基础上将地理学划入文科并不合理。

中大将地理学归属文学院的做法，让地理系始终耿耿于怀。学校原希望聘竺可桢出任该系主任，张乃燕还请胡焕庸、张其昀二人前往劝驾，"相谈历一小时之久"，但最终为竺可桢拒绝，③系主任一职由胡焕庸代理。在整个1930年，地理系师生都不断呼吁重返理学院，"地理系应依大学规程，归隶理学院一节，此同仁要求年余，而未达目的者"。④直到1931年初，在新任校长朱家骅的推动下，地理系于该年2月改隶理学院。

放眼全国，《大学规程》将地理系置于理学院的规定在大学层面并未能彻底贯彻。在1936年，全国有12所大学和学院设有地理系，其中仅5所设置在理学院。地理学附丽于地质学或历史学的局面也未彻底改变。在12所学校中，有5所学校称为史地系，2所称地质地理系，1所称博物地理系。⑤直到1947年，任美锷在描述中国大学地理系概况时还说："至今，许多大学还是史地合系，隶属于文学院。"⑥

六、结语

从东大地学系到中大地理系的10年，是现代地理学在中国探索成为一门大学学科的重要阶段。作为领袖人物的竺可桢，在推动地理学系在大学的设置和建设中发挥了关键作用。

第一，西方的学术潮流与学科制度成为中国大学设置地理学系的重要指引。竺可桢在哈佛求学5年，熟悉哈佛的地理教育制度。他回国后将哈佛地理学"双名词系科"移植到东南大学，东大地学系在课程内容和系科结构上都是以哈佛为"偶像"。在学科的创设中，学科领导人通常引入他们留学西方母校的学科体制。同时，竺可桢关注欧美地理

---

① 张其昀，《地理学与大学教育》，《地理杂志》，1929年，第2卷第6期。
② 《大学理学院地理系课程审查意见书》（1939年2月），中央大学档案648-2278。
③ 《张乃燕致胡焕庸函》（1930年1月18日），中央大学档案648-1581。
④ 《胡焕庸致朱家骅函》（1931年1月20日），中央大学档案648-1825。
⑤ 孙俊、潘玉君等编著，《中国高校地理学系概览：1912—1949》，科学出版社，2020年，第14页。
⑥ 任美锷，《中国的地理学系》，《学识半月刊》，1947年，第1卷第5、6合期。

学的学术潮流和学科体制，各国地理学系科设置的多样性、一战后人文地理学的勃兴、国际上地理学独立的趋势、融合自然地理和人文地理于一炉的发展思路，都成为他在构建中国大学地理学系时重要的思想资源和制度规范。这使他移植的学科制度有着更强的跨越国界的穿透性，中国大学地理学系的构建作为全球学科制度流动的产物，也成为全球性知识架构的组成部分。

第二，政治因素对于大学地理学系的构建有着双向影响。竺可桢要在中国建设"科学的地理学"，同时也是有助于国家和社会的"有用"的地理学。在政府缺位的北洋时期，竺可桢呼吁依赖社会和国民，由地学家肩负起调查全国之地形、气候、矿产、人种之责任。①但政府的缺位也使得大学在系科设置上更为自主，东大地学系在学系名称和课程设置上都突破了国家制度，宽松的政策为学科制度在民族国家教育框架下的跨国流动提供了空间。南京国民政府加强教育管制，地理学被认为与民族命运和国家救亡密切相关，地理学的学科建构与政治关切联系在一起。《大学规程》将地理学置于理学院之下，推动了"科学的地理学"的发展和大学地理学系的创建。但中大地理系的院属之争，也说明国家制度在大学和学科层面仍有变通余地。无论是学者、学科还是大学，都援引"各国学制"来论说大学应如何设置学科，与教育部讨价还价。大学和学科的话语权，使国家制度需要考虑和尊重学者群体对于学科制度的"模仿"乃至创造。

第三，独立的学科建制是维护地理学在大学场域稳步发展的体制保障。作为一门新兴学科，地理学在大学学科体系中长期处于边缘乃至附庸地位。从东大地学系到中大地理系，系科之争造成学科资源配置不公，都影响到地理学的系科设置与学科发展。地理学的跨学科性使其需要其他学科的支撑，这是"双名词系科"长期存在的重要原因，地理学系的设置因此长期与历史学或地质学纠缠在一起。即使到民国末年，全国仍有许多大学或是史地合系隶属于文学院，或是地理附属于地质，合称地学系。②竺可桢等人倡导"科学的地理学"，旨在改造附属于历史学的传统地理，将地理学建筑在自然科学基础之上。但地理学学科力量的不足，又使得地质学后来居上主导了地学系。中大地理门在经费分配、教员聘任、课程设置等资源配置上不能享有平等待遇，推动着地理学最终独立成系。独立的地理学系为维护地理学的学科利益提供了体制保障（哈佛大学的教训），也成为地理学专业人才培养的核心力量（如芝加哥大学和中央大学）。

第四，无法回避地理学悬而未决的学科归属。地理学在19世纪后期被认为是一门跨学科的学科得以建立，跨学科是地理学的力量，但学科内涵和方法的多样性也破坏了学科的内在统一，人文地理与自然地理的分野愈演愈烈。竺可桢及其弟子在推动中国大学地理学系的构建中，同样面临着这一张力。竺可桢主张将人文地理和自然地理熔为一炉，不仅反对将人文地理课程划入史地系，也反对因偏重人文地理将地理系隶属文学院，

---

① 竺可桢，《竺可桢全集》第1卷，第341页。
② 任美锷，《中国的地理学系》，《学识半月刊》，1947年，第1卷第5、6合期。

而主张将整个的地理学建筑在自然科学基础之上。在竺可桢看来，地理学融汇文理的综合特征，使它在整个教育体系中居于枢纽地位。竺可桢称地理学"实为连络各科之枢纽"，地理教育为"教育上之中心枢轴"。①张其昀认为地理教育"实为贯通文理二科之津梁。……地理学系在大学教育上占有特殊之地位，俨然为全校之一中心"。②这一理想虽未能实现，但对于理解地理学的学科属性及其系科设置，他们的思考仍有重要意义。

原载《南京大学学报（哲学·人文科学·社会科学）》2023年第5期，本书收录时作者略有改动

---

① 竺可桢，《竺可桢全集》第1卷，第411、588页。
② 张其昀，《地理学与大学教育》，《地理杂志》，1929年，第2卷第6期。

竺可桢与中国土壤科学的发展

龚子同　张甘霖

一、我国的一个杰出科学家

竺可桢（1890—1974）是我国杰出的科学家和教育家，是中国科学事业的卓越领导者，是我国现代地理学和气象学的奠基者。2010年是竺可桢诞辰120周年，我国广大科学工作者怀着崇敬的心情深切怀念他。竺可桢1890年3月7日出生于浙江上虞，1910年公费赴美留学，1913年毕业于伊利诺伊大学农学院，同年入哈佛大学地学系研究气象学。1918年获博士学位回国。1918—1927年历任武昌高等师范学校、南京高等师范学校、南开大学教授及商务印书馆编辑。1928年后任中央研究院气象研究所所长、中央研究院评议员、院士。1936年起担任浙江大学校长长达13年之久，时值抗战期间，学校一路西迁，克服重重困难，以"求是"精神办学，造就了大批人才。1949年10月后任中国科学院副院长，兼中国科学院生物学地学部主任、自然资源综合考察委员会主任、中国自然科学史研究委员会主任委员、中国科学技术协会副主席等职。

竺可桢的贡献主要有下列5个方面[1]：①1921年在东南大学筹建了中国第一个地学系，编著中国高等学校第一部《地理学通论》，培养出了中国第一批现代地理学家与气象学家；②开创了中国季风、气候区划、中国历史气候和中国物候研究；③组织领导了一批生物学地学部所属研究所的建立和发展以及十多个大型自然资源综合考察队的工作；④领导了"中国自然区划"研究、《中华人民共和国自然地图集》和《中国自然地理》的编纂工作；⑤开辟和推动了中国自然科学史的研究等。

竺可桢对土壤所的筹建和发展给予悉心指导和亲切关怀，推动了我国土壤科学的发展。笔者作为浙大的毕业生，深受浙大"求是"校风的熏陶，1954年来到土壤所后曾聆听过他的报告，并有幸参加了竺可桢领导的《中国自然地理》的编纂工作，感受到他的人格魅力。这里仅就笔者所了解的资料，缅怀竺可桢对发展我国土壤学的贡献，作一点回顾，以资纪念。

二、推动了我国土壤学的发展

竺可桢认为，地理学是研究地面上各种事物之分配及其对于人类影响之科学。反复强调要把自然资源作为一个整体进行研究，综合考察必须要抓"综合"这个关键，要发挥多学科联合作战的优势。所以，他总是组织有关学科，如地质、地理、土壤、植物、水文和工、农、林、牧、经济等专业协同工作。因此，在生物学地学部中土壤科学研究始终是一个不可缺少的环节。

（一）筹建中国科学院土壤研究所

我国原有少量土壤学者隶属于中央地质调查所土壤室。为在中国科学院建立此类机构，竺可桢在1950年4月间先后参加在北京召开的全国土壤肥料工作会议和全国第四届土壤学家年会，酝酿筹建。1952年7月院科字第2741号文件通知，决定将原中央地质调查所土壤研究室扩充为土壤研究所筹备处。1953年1月23日院人字第0441号文通知，中国科学院土壤研究所正式成立，任命马溶之为所长。1955年3月土壤所新实验大楼在南京九华山大院落成，4月全所约150人迁入新址办公。稍后成立了沈阳林业土壤研究所，并在江西甘家山、辽西章古台及陕西武功等地建了试验站，至此，在竺可桢领导下中国科学院系统的土壤研究机构的框架已初步形成。至今土壤所与俄罗斯道库恰耶夫土壤研究所和英国麦考利土壤研究所一起成为世界三大土壤研究所。

（二）组织全面开展土壤工作

新中国成立之初，百废待兴。在组织机构建立后，各项研究工作接踵而来。

1. 综合考察　为了摸清全国自然资源开展了一系列的综合考察。在竺可桢《〈十年来的中国科学——综合考察（1949—1959）〉总论》[2]一文中列举了黄河中游水土保持综合考察队、黑龙江流域综合考察队、新疆综合考察队、云南热带生物资源综合考察队、华南热带生物资源综合考察队、土壤调查队、盐湖科学调查队、青海甘肃综合考察队、治沙队以及西部地区南水北调综合考察队等10个队。除了专业的盐湖科学调查队外，其余各队均有土壤学者参加，其中黄河中游水土保持综合考察队和青甘综合考察队均由马溶之领导，土壤队队长是熊毅。李庆逵和宋达泉也分别为云南队、华南队和黑龙江队负责人之一。在整个综合考察中，土壤工作者为摸清我国自然资源，特别是边疆地区自然资源作出了贡献。

2. 丰产经验总结　新中国成立后，为了粮食生产安全，中国科学院组织生物学地学部的研究人员，深入农村，在全国不少地区建立了基点，广泛参加了农业丰产经验总结。竺可桢于1958年11月20日在无锡举行的中国科学院土壤工作会议上指出[3]："农业生产飞越的跃进越来越要求人们掌握土壤的系统知识。要掌握这个土壤科学系统知识，土壤工作人员是当仁不让的。……科学工作者首先应向有丰产经验的老农学习，在适当情况下予以总结，提出自己的理论，再施之于实践。"并强调"新技术的应用无疑地将使土壤学开辟一个新纪元，而使农业丰产从一个高峰推向另一个高峰"。竺可桢的全面论述，使中国科学院丰产经验总结从理论到实践方面均取得了丰硕的成果。

3. 低产土壤改良　竺可桢不止一次提到低产土壤改良。其中特别是红壤的利用改良。在他的领导下，李庆逵担任中国科学院华南队和云南生物资源综合考察队副队长，承担起建设橡胶基地的任务。经过6年的调查研究，基本上摸清了我国以橡胶为主的热作宜林地情况。随着橡胶种植面积的扩大，需要大量施用磷肥，而当时国内磷肥供不应求，又无法进口。基于对红壤基本性质的研究，李庆逵提出在此种酸性土壤上为橡胶树直接施用磷矿粉，并在实践上取得了成功。不仅突破了国外对我国的封锁，解决磷肥紧缺的困难，并且为我国磷矿粉的合理利用提供了范例。[4] 当时主持中国橡胶生产的何康说，由于采用了李庆逵的方法，花在橡胶施肥上的钱，从每年1200万元减少至200万元，而且更有效，还省工。竺可桢对此十分赞赏。

（三）强化土壤科学研究的基础

竺可桢重视科学研究的理论基础。他一开始就关心土壤学的科学设置。1954年10月3日，他亲自访问苏联的道库恰耶夫土壤所，不仅了解该所研究室的设置，并一一记下了各研究室主任的姓名，还参观了土壤地理、土壤化学和土壤保持研究室。对于中国科学院土壤所学科划分，后来基本参照了苏联的模式。他在1956年1月《中国生物学地学的发展状况与前途》[5]中指出："土壤调查和制图方面，是我国土壤学中基础较好的，目前主要问题是研究人员数量太少，要训练大批土壤调查干部。"他接着说："土壤学中有几门极重要的薄弱和空白学科：土壤物理学、土壤化学、土壤微生物学。……土壤微生物学……都偏于细菌肥料的研究，没有系统地研究土壤微生物的分类、生态地理分布、土壤微生物学、土壤肥力及耕作方法的关系等重大问题。土壤学中另一重要薄弱学科是土壤改良，我国有广大的盐碱土、沙漠土、红壤、黄土性土壤需要改良，……需要土壤改良学的研究才可以解决土壤改良问题。"在他的关心下，中国科学院土壤研究所已发展成学科齐全的综合性土壤研究所。

三、学习竺可桢优良的学风

（一）求贤若渴

竺可桢历来认为发展科学事业关键是人才问题。他说："在世界许多科学发展的国家里，科学发展速度是和科学研究人才的培养密切相关的。在美国从1900年起，直到现在，它的高级科学人才的增进速度，差不多一直是每十年增长一倍。"[6] 竺可桢在浙大期间求贤若渴，在生物学方面聘请了谈家桢和罗宗洛等一流科学家。在土壤学方面他不仅先后聘请了编著中国第一本《土壤学》的刘和以及在土壤分析化学上创有"彭氏方法"的彭谦，同时还重视年轻教授的培养。朱祖祥以优异的成绩，在而立之年被竺校长破格聘任为土壤学教授，在我国土壤界传为美谈。浙大园艺系教授吴耕民在竺可桢诞辰100周年纪念时称颂他办浙大时"礼贤下士，学者云集，人才济济，盛极一时"。这是对当时浙大人才兴旺的写照。

20世纪50年代中国土壤界人才缺乏，据统计，当时能培养干部的高级人才仅47人，土壤物理、土壤化学高级人才仅5人。为此竺可桢采取了三项措施：第一，开办训练班以应急需。1956年中国科学院招收100名土壤系大学毕业生，成立土壤队进行培训，竺可桢亲临并讲话，勉励他们在工作中锻炼成长；第二，针对我国薄弱学科选派留学生，仅中国科学院土壤所先后有十多人赴苏联学习，以后这些留学生都成了各分支学科的学术带头人；第三，邀请苏联科学院院士格拉西莫夫和通讯院士柯夫达来华考察、合作研究和讲学。通过考察，格拉西莫夫和马溶之合著了《中国土壤发生类型及其地理分布》[7]一文，引进了土壤地理发生学的理论和方法。柯夫达根据考察所见著有《中国之土壤与自然条件概论》[8]一书，同时他所著的《盐渍土发生演变》《苏联漠境地球化学》《如何改良和开发盐土》《含石油矿藏的土壤地球化学指标》及《土壤学原理》[9]等专著均被译成中文，提高了我国土壤学，特别是盐渍土研究的理论水平和土壤改良的实践水平。目前我国土壤学会已拥有上万会员，其中1/3以上为高级研究和技术人员，这和当时竺可桢打下的基础是分不开的。

（二）注重实践

竺可桢作为一个地球科学家十分重视实践。他在70岁以后，以年迈之躯，组织领导十多个综合考察队，足迹遍及除西藏和台湾以外的各省（区），了解考察地区自然条件和社会经济状况。这些考察成果为国家宏观规划和区域开发提供了第一手资料，与此相随，在全国布置了具有战略意义的研究机构和考察站网络，直接促进了冰川、冻土、沙漠、青藏高原综合研究等许多新兴研究领域的开拓，并为中国自然区划、中国自然地理的研究和中国自然地图集的编制打下了基础。竺可桢以其重视实践的观点，不断教育年轻的科技工作者。他在1956年土壤专业大学毕业生奔赴黄河长江考察前指出[10]："在大学中学的只是一套工作的基本方法，而更广泛的知识是要从大自然中去学的。……实践是最好的大学。而且诸位在调查中一定会碰到许多其他的问题，如第四纪沉积方面的问题及植物问题，如果我们把所有问题一一解决，便能掌握自然的规律，在实际工作中得到知识。这样才能逐渐地成长为全心全意为人民服务的知识分子。"此项土壤调查在黄河中下游及长江中游地区广大灌区进行。不仅满足了黄河、长江流域规划的需要，而且帮助了当时一部分人民公社进行了土壤改良规划。同时，阐明了盐渍土类型，提出了防治意见。过去对华北平原土壤简单地称为"冲积土"，这只能反映沉积作用，不能反映农业生产特性和土壤发生演变情况。通过详细的考察，熊毅、席承藩在1957年第四纪地质会议上作了《华北平原第四纪沉积的性质及其演变》的报告，竺可桢认为这是"今日最出色报告"[11]，对他们在广泛实践的基础上研究沉积规律和土壤发生倍加称赞，如此高度的赞扬在竺可桢的日记中很少见到。

中国科学院首席顾问柯夫达指出[8]："竺可桢教授以其进步的革命观点，热情的性格，多年的教育活动和其对中国自然界拥有的广博知识而在科学家和生产者之间享有崇高的声誉。无论是南方的热带或是山区，或新疆的荒漠和长江、黄河两岸，到处可以见到他亲自率领的中国科学院的庞大综合考察队。"柯夫达对竺可桢重视实践并推动中国自然资源的考察以及取得的丰硕成果，给予了极高的评价。

（三）古为今用

"我国古代自然科学史尚是一片荒芜的田园，却满含着宝藏，无论从爱国主义着想或从国际主义着想，我们的历史学和自然科学工作者都有开辟草莱的责任。"[12]

竺可桢特别注意到中国历史文献中有丰富的气象和物候的记载。他不断搜集考古、动植物分布、冰川进退、雪线升降、河流湖泊冻结和气象观察等资料，对古代文献由经史子集以至方志、游记、日记无不广征博采，用科学的方法加以整理，去粗取精，去伪存真，日积月累，逐渐形成完整的体系。1972年完成的《中国近五千年来气候变迁的初步研究》[13]，系统地论述了我国温度的变化，指出在五千年的前两千年黄河流域平均温度比现在高2℃，以及后三千年一系列的冷暖波动。这是我国科学家古为今用的范例，英国《自然》杂志称赞竺可桢的论点特别有说服力。

在总结农业丰产经验会议上他指出[3]："自古以来我国劳动人民对于世界文化贡献是不少的。"他提到威斯康星大学农艺系教授King来我国考察农业后回去所著的一本介绍中国小农经济应用有机肥料以保持土壤肥力的书——Farmers of Forty Centuries (1911)[14]时指出："这部书在英美广为流传，对于资本主义国家的肥料学也起了一定影响，解放前不久还重版……但这还不过是我国农民集体知识的一鳞半爪而已。"他很有说服力地指出："我国广大劳动农民的智慧是世界无匹的，历史上有不少事实就可以证明。我国现在最早讲农的书恐怕要算《吕氏春秋》〔中的〕《上农》、《任地》、《辨土》、《审时》四章。《上农》是讲国家农业政策的，《任地》、《辨土》和《审时》是讲农业技术的。……这可说是先秦时代劳动人民的集体智慧。秦以后到公元六世纪北齐贾思勰著的《齐民要术》、元朝王桢著的《农书》、明末徐光启著的《农政全书》，统是我国历来劳动农民的经验所得来的知识，这是一笔宝贵的遗产。"他以古为今用的观点，号召科研工作者到农村去，总结劳动人民的经验，发展农业生产。

在竺可桢的鼓励下，中国科学院的生物科学工作者深入农村，和农民生活在一起，向农民学习，共同研究和总结丰产经验，使生物科学进一步密切联系我国农业生产实践，开辟了不少新的研究方向，土壤学者在总结农民识土、用土、改土和培肥的经验中，扩展了土壤肥力的概念[15]。出版的"中国科学院农业丰产研究丛书"，其中包括水稻和小麦的丰产经验，把农业实践中农民的经验上升到理论高度，对推动当时的农业生产起到了重要作用。

竺可桢是我国杰出的科学家。他不仅在气象学和地理学方面有很大贡献，而且对我国土壤学的发展起了重要作用。假如说翁文灏是20世纪30年代土壤学建立的积极启动者，那么竺可桢是新中国土壤学发展的卓越领导者。

参考文献

[1]《竺可桢文集》编辑小组. 竺可桢生平与贡献 // 竺可桢文集. 北京：科学出版社，1979：v—xvi.

[2] 竺可桢.《十年来的中国科学——综合考察（1949—1959）》总论 // 竺可桢全集（第3卷）. 上海：上海科技教育出版社，2004：565—573.

[3] 竺可桢. 在中国科学院土壤工作会议上的报告 // 竺可桢全集（第3卷）. 上海：上海科技教育出版社，2004：482—485.

[4] 中国科学院南京土壤研究所. 李庆逵与我国土壤科学. 南京：江苏科学技术出版社，1992：1—5.

[5] 竺可桢. 中国生物学地学的发展状况与前途 // 竺可桢全集（第3卷）. 上海：上海科技教育出版社，2004：280—289.

[6] 竺可桢. 培养人才与开展科学研究 // 竺可桢全集（第3卷）. 上海：上海科技教育出版社，2004：365—367.

[7] 格拉西莫夫 И.П.，马溶之. 中国土壤发生类型及其地理分布. 土壤专报，1958（32）：1—52.

[8] 柯夫达 В.А. 中国之土壤与自然条件概论. 北京：科学出版社，1960：1—450.

[9] Добровольский Г В, Ковда В А. Жизнь и научное наследие. Москва: Наука, 2004: 1—226.

[10] 竺可桢. 实践是最好的大学 // 竺可桢全集（第3卷）. 上海：上海科技教育出版社，2004：291—294.

[11] 竺可桢. 1957年2月12日日记 // 竺可桢全集（第14卷）. 上海：上海科技教育出版社，2008：512.

[12] 竺可桢. 为什么要研究我国古代科学史. 人民日报，1954年8月27日.

[13] 竺可桢. 中国近五千年来气候变迁的初步研究. 考古学报，1972（1）：15—38.

[14] King F H. Farmers of Forty Centuries or Permanent Agriculture in China, Korea and Japan. Madison, Wis.: Mrs. F. H. King, 1911.

[15] 熊毅，李庆逵. 中国土壤. 2版. 北京：科学出版社，1987：306—338.

原载《土壤》2010年第2期

竺可桢人口思想研究

王勇忠

竺可桢，中国卓越的科学家和教育家，当代著名的地理学家和气象学家，中国近代地理学的奠基人。以往对他的研究集中在其科学思想、地理学思想、教育思想等方面。实际上，竺可桢还十分重视人口问题，认为"人口问题为目前全世界极重要之问题"。本文通过梳理他对人口问题的关注与研究，认为贯穿其一生，人口问题是他思想中的重要内容，他形成了比较完整的人口思想。①

一、对人口问题的关注

竺可桢的日记中散落着大量对人口问题的记录，包括历史上中国和世界的人口状况，以及中外人口状况的比较等。如1941年3月5日的日记中，他就留下了这样的记录："据 Carr Sandes《人口论》一书中谓1840年全世界人口约十万万，而当时中国人口为三万四千万〔即三万万四千万〕，即占34%，目今世界人口增至二十万万，而中国人口则为四万四千万，即占22%。这就表示我国人口已渐达饱和点。而西方则由于瘟疫流行，水旱灾频仍的缘故，在欧洲十八世纪末叶的时候，正当鲁易士十四在法国王位，那时法国人口三倍于英，二倍于德及俄，到如今则反在英国之下，不及德国三分之二，只抵俄国四分之一，可见国势盛衰与人口增减大有关系。"[1]32

此外，竺可桢还记录了许多学者对人口问题的论述，以马尔萨斯、洪亮吉和马寅初等人最多。在《论江浙两省人口之密度》一文中，他曾写道："马尔塞斯所著《人口原则论》中谓'人口增加之能力，远过于地球上食物供应之能力'，其言至今而益信。"[2]503 当读到梁启超《饮冰室文集》中有关中国历史上的人口统计时，他又相信了马尔萨斯所谓的"庸调之赋愈增，则人口之数愈减"的道理。[1]535 他还从徐光启的著作中发现了

---

① 学界对这一问题的研究，有龚高法的《竺可桢先生对人口问题的论述》（《人口与经济》，1986年第4期）、高泳源的《竺可桢与人口问题》（《地理研究》，1991年第1期）、孙承晟的《竺可桢与可持续发展》（北京大学硕士论文）三篇文章。此外，樊洪业提出："根据他（竺可桢）对人口、资源和环境问题的持久深切的关注和从历史角度对人类命运表现出来的深层忧虑，我们可以隐约地看到'可持续发展'这一重要思想的先期萌动。"（竺可桢著，樊洪业、段异兵编，《竺可桢文录》，浙江文艺出版社，1999年，第333页）

马尔萨斯所说的人口增长依照几何级数的等比级数增进的例子，并推论人口增长甚至与朝代更替有着直接的关系："徐光启处置宗禄、查核边饷的奏议里边，曾列举数字。……明朝亲郡王男女的数目，在洪武中是五十八人，到永乐时，为一百二十七人，隆庆初（一五六七年）增到二万八千人，万历甲辰（一六〇四年）再增到六万二千人。照徐光启的估计，各时期统是每三十年增加一倍。但按照实际数字计算，平均每二十二年即可增加一倍，比马尔萨斯所假定每二十五年增加一倍还要快。……到后来这笔宗禄，成为国库极大负担，使国防边饷都无着落。明朝的亡国，宗禄是重要原因之一。"[3]17

而他对洪亮吉的认识，来自 1943 年读到饭田茂三郎所著的《支那人口问题》中引用的洪亮吉《意言》卷二十"治平篇"的内容。[1]700 之后又读到的张荫麟《洪亮吉及其人口论》，增进了他对洪亮吉的了解："谓清代整理国故，须推戴震（东原）与洪亮吉（稚存、北江），但任公先生论清代人物，盛推东原，而于洪则一字未提，可谓有幸有不幸矣。Malthus 人口论，在西方已有 Plato、Aristotle、Walter Raleigh、Arthur Young、J. Townsand、B. Franklin 为之先驱，但洪之人口论则异军突起，弥可宝贵也。"[4]442

竺可桢多次对洪亮吉和马尔萨斯进行比较："十八世纪末叶，英国马尔萨斯出版了他的《人口论》，说人口的增加是依照几何级数进的，粮食的增产是依照算术级数的。所以人口增进的速度，若任其自然，便要超出粮食增进的速度，必会酿成人口过剩的现象，而发生水旱灾荒、瘟疫或是战争。……和马尔萨斯同时但比马尔萨斯略早一点，前清朴学家洪亮吉在他的《意言》第六篇里，把马尔萨斯人口论原理已经充分发挥了。……他那时看到天下太平已久，人口繁殖，生产不增，物价昂贵。……才做了《治平》那篇文章。……洪亮吉的《意言》写在乾隆五十八年，……要比马尔萨斯《人口论》的第一版早四年。"[3]16 根据出版时间，他认为马尔萨斯人口论应改称为"洪亮吉人口论"。从具体内容比较："洪亮吉的《意言》是写于一七九〈四〉〔三〕年（乾隆五十八年），正是人口压力膨胀得很高的时候。十九世纪中国人口虽仍有增进，但远不及十八世纪后半叶的迅速了。相反地，欧洲的人口从马尔萨斯人口论出版以后，依然激增，使十九世纪成为历史上欧西人口增加最迅速的一个时期。……但从现在看起来，洪亮吉那〈么〉〔时〕在太平之世，蒿目时艰，好像已经见到道光以后民穷财尽所引起的一连串农民革命，可称为有先见之明。在欧洲方面，十九世纪经济的发达，人口的骤增，却使马尔萨斯的理论，成为无的放矢。"[3]17 他认为这之间的区别是由于 19 世纪欧洲近代科学的勃兴，使农业工业生产大大地增加，使马尔萨斯人口论不能适用于 19 世纪的欧洲。

新中国成立后，竺可桢多次与马寅初、邵力子等人一起建言国家的人口政策。在 1955 年 7 月召开的第一届全国人民代表大会第二次会议上，当马寅初提出浙江省 2000 万人口，一年就增加 60 万，即 3% 时，他依此计算出"五十年后浙江将有八千七百万；如每年加 2%，则五十年后达五千三百万。以全国论，每年 2%，五十年后达十六亿一千万；以 1.5% 计，则达十二亿六千万（以目前作六亿）。但粮食速度反不如人口快。……1952—53 只增粮食 1.3%，53—54 加 2.3%，而五年计划 52—57 要加 17.6，每年要加

3.3%，此数近二年未达到"。[5]126 由此，他认为人口与粮食的矛盾会变得日益严重。而当邵力子在会上提出限制生育减少人口，主张用结婚后小孩多者可以割断男子输精管的办法遭到反对时，竺可桢和马寅初都表示支持他的意见。之后，竺可桢还建议马寅初将他的演讲稿加以修改，把主题从限制人口改为促进科学技术，并允诺对马稿提意见。而当7月19日的会议上，宋云彬、周建人、冯雪峰等人反对马寅初限制人口在6亿及邵力子宣传生育限制的看法，宋甚至对人口的几何级数递进的理论亦不承认时，竺可桢依然坚持自己的看法，并明确提出"国家对于人口应有一个政策，不能任其自由发展"。[5]135

二、对人口问题的研究

在关注学者们对人口问题的论述的同时，竺可桢也很早对这一问题进行了自己的思考。早在1925年2月，他在写给张其昀的信中就表示："欲作中国人口问题之研究，但以各省人口密度尚未测竣，不欲下笔。"竺可桢的关注主要集中在以下几个方面：

（一）人口密度

1922年，他发表了《地理对于人生之影响》一文，第一次关注到人口密度："据最近调查，平均江苏每方哩人口六百二十人，山东六百八十人。但到山岭众多的省份，人口就少了，云南每方哩只有七十八人，甘肃七十二人。西藏更少，每方哩只有十四人。贫瘠地方，要保持现在些少人口，尚十分困难。将来人口增加，自然更难摆布了。"[2]371

1926年，他发表了《论江浙两省人口之密度》，是对人口密度问题的第一次系统论述。文章认为虽然我国面积很大，但是"包罗大漠，囊括世界最高之高原西藏，大部皆为不毛之地"。[2]504 他利用江浙人口统计数据与国内外其他地区比较，计算出此地人口密度远远大于其他地区。但是他深知人口密度问题远不足以表示人口问题的严重性，而应该考察相对密度："即一地现有之人口，与其充量能供给之人口（饱和点）之比也。"他认为这一饱和点应该由四个方面来决定："（一）能供给食物地亩之多寡。……民以食为天，一国之人口问题，实即其粮食问题。……是故人口密度之多寡，不应以概括的总面积为标准，实应以能种植食物之面积为标准。""（二）每亩之生产量。……栽培食物地亩之面积同矣，而每亩五谷之出产亦往往大相径庭。……收获之多寡，于一地所能供给之人口亦大有关系也。""（三）工业化之程度。……但人口之饱和点，与气象学上温度之饱和点相类，随环境而更变。硗瘠之区，苟发现佳良之矿产，则其人口即可陡增。""（四）生活程度之高下。……一方哩内所能供给之人口，又须视乎人民之生活程度而定，如人人需食丰履厚，居广厦而尝膏粱，则人口之饱和点势必为低减。"[2]513-517 他认为虽然前两项受到客观条件的制约，但仍可知"江浙两省以农业之区，而人口密度乃反超出于工业化之英荷比诸国。苟不设法以谋补救之方，则一般人民之生活程度，永无提高之希望。大多数人民均将过一种柯克司所谓'种马铃薯、吃马铃薯和死去'的生活。江浙两省，富

庶甲于我国尚如此,则他省更可知。然则人口问题之研究诚为目前不可缓之举也"。[2] 518

1936年,竺可桢在《中国的地理环境》中再次提到人口密度问题:"有人以为中国的人口分布,不患多而患不均,这是有相当理由的,譬如欧洲的面积和中国差不多,但是他的人口五万一千万,密度每方公里四四人,而中国每方公里只四一人,但是中国和欧洲的地理环境的不能相提并论,我上面已讲过了。……西北方面人口密度均在每方公里一人以下,但是从新近气象研究所所制雨量图,可以晓得西北雨量均在五〇〇 m.m. 以下,不适于耕作,同时高度多在一千公尺以上,极少平原。"[6] 319-320

(二)人口与灾害

在《直隶地理的环境和水灾》一文中,他从中国的气候、地形、地质三方面分析了地理环境与水灾的关系,认为这些都是直隶多水灾的主要原因。同时,他也十分重视人为因素对水灾的影响。通过历史的考察,他认为,"直隶在最近三世纪中之所以多水灾,恐怕与直隶的人口和农业有关。……元时天津人口,还非常稀少,这时大都路仅有四十万人。明末天津附近如武清、沧州等七县(即清之天津府属下)人口,突然增至一百二十万人,相去不过二三百年。以后增加,也没有这样快。……从这点看来,直隶近三世纪的水灾特多,说是因为人口的增多和海河平原上农事的勃兴,恐怕是一个比较的最圆满的解释罢"。[2] 586-587

1936年,在《中国的地理环境》中他再次阐述了这一观点,认为灾荒之所以造成大量人口受灾,"虽半由于水利不兴,交通不便等,但主要的原因,还是人口过剩问题","凡是一年的雨量在五〇〇粍以下的地方,是只可作为游牧的草地,而不适于农耕的。二五〇粍以下的地方,就成为半沙漠和沙漠地"。[6] 317-318

(三)人口调查

竺可桢很早认识到人口调查的重要性:"人口调查而尚鲜如凤毛麟角。犹之治病然,必也知病根之所在,而后方能施术奏效。不然则虽病入膏肓,命在旦夕,而尚瞢然无知。是以人口之调查与研究,实为我国不容缓之事也。"[2] 503 新中国成立后,在和陈达的谈话中,他得知美国调查1950年人口统计于三年以前已经开始准备工作,且要花费一百亿美元费用,即每人平均要摊到七角。他认为这样消耗巨大,"询以飞机测量图及盐之消耗是否有用"。[7] 59

(四)控制人口增长

竺可桢认为中国人口的快速增长同玉蜀黍与番薯的广泛种植有关:"张荫麟……谓中国之有玉蜀黍与番薯,与民生影〔响〕甚大。余以为明代以前中国人口之不能增多,殆以此故。"[1]370 他还从人均的寿命长短,看出了中国人口的饱和:"最近陈长衡先生在《经济年鉴》里,列了一个统计,是极有意义的,这个统计依广东中山县李氏家谱,从元顺帝至前清光绪，分为五个时期，他列举各个时代李家男女平均寿命的长短，其中如女子平均寿命长于男子，以及老年人各时期的变动极少，这统和各国的统计相同，最可怪的，就在这五百年中二三十岁的人，他的平均寿命，各时期除十七世纪有特殊原因外，皆渐渐减少，据陈先生的意见，以为这是因为人口渐多营养渐形缺乏之故。但是陈先生所统计，还是南方的广东人，若是北方人和广东人比较，那北方的普通人民吃的更苦，营养更为缺乏，所以中国普通人民的穷苦和人口的过于饱和，是没有问题的了。"[6]319

因此，他认为限制人口增长刻不容缓："农村人口之生育限制为近世文明之副产品，国人对之应取一定之政策，若任其自然传播，则流弊甚大，在英美各国已成人口上重大问题。因生育限制知识之传播，在知识阶级最为迅速，而农工阶级既乏医生之指导，复少诵读之机缘，故多不知生育限制之方法。由是知识阶级之子女日益减少，而农工阶级之子女则相形之下日益增多。……我国农民占人口之百分之八十以上，而乡间人口早达饱和。据最近中央农业试验〈场〉之统计，自同治末年以迄民国二十二年，六十年间，农民人口增加百分之三十一，而同时耕地只增加百分之一。即使政府对于以后六十年中能尽量开垦荒地，耕地之增加必不能如人口增加之迅速。且可开垦之荒地有限，而乡村人口之增加无穷。目前农民之生活已在贫穷线以下，若再增加人口，则不流为盗贼必变为饿莩耳。至于城邑中工业之发达，虽可吸收乡村所增加一部分之人口，但以中国农民数目过巨，如以人口四万万计，则至少三万万为农民，过去六十年增加九千万，而将来之六十年如依照过去之比例，则所增加之数必达一万一千万〔一亿一千万〕。即使六十年中我国工业能发达与欧美现状相等，则亦只能容纳此数之十分之一或五分之一而已，其余百分之八九十仍须另谋出路。故为今之计，政府应设法教导农民以生育之限制。"[6]229-230

（五）实行计划生育

他很早就注意到婚姻与人口的关系，在1917年《论早婚及姻属嫁娶之害》一文中，他提到："夫为父母之愿，男有家而女有室，人情也。使人类而无男女生养之大欲，则百年以内，行将灭迹于全球矣。特必以延嗣为人生惟一之目的，则误矣。……我国婚娶多在男女发育期及成长期〈之期〉。当此之时，正如花之将放，宜培之，植之，厚养之，以期其焕发。不然则安能望花之畅茂，而果之丰润乎。"[2]50也就是提倡应该晚婚，使青年人有更多的时间学习。

1965年，《在黄淮海封丘工作会议上的讲话》中，他明确提出："目前城乡医疗卫生事业正在迅速发展，人民生活水平正在不断提高，如果不适当进行计划生育，不适当提倡晚婚，那么人口的递增率估计还得增加。我们有计划地发展一切事业，如果在人口问题上不是有计划去对待，那么国民经济有计划的发展还是要受到影响的，粮食增产以后，由于人口的增加，按人口分配粮食的数量还是不能迅速增长的。同时计划生育以后也有利于妇女健康，有利于家庭经济安排，有利于对子女的教育等等。"[8]356而在看到国内很多人"知道节育，用节育环"、国家成立计划生育专题研究委员会开始避孕药具和口服避孕药的研究后，竺可桢深感欣喜。

（六）提高人口素质，增加平均寿命

在限制人口数量的同时，竺可桢提出要通过教育的普及来提高人口素质。1947年9月17日的日记中，他写道："浙全省人口二千〇四十四万，国民学校数一万八千，民众学校八千八百。学龄儿童二百一十五万人，在学儿童一百二十八万，约1/2强。成年文盲2,154,000，在学成年只二十六万四千人。"[9]535 他还引用管子的名言"仓廪实而后知礼节，衣食足而后知荣辱"来说明这个问题，认为"不谋先实仓廪足衣食，而徒谋人口之增加，是率全国之人而群趋于不知礼节、不审辱荣之道也"。[6]230

作为科学家，竺可桢提出要借助科学的力量来提高平均寿命。他曾在江苏医学院的纪念周上做过"医药研究与抗战建国"的演讲："寿命之延长虽不免使人口中老年人逐渐增多，而社会或有暮气，但于个人、于民族之造福实不浅。"[1]31 而要实现寿命的延长，就要讲究卫生与发展医学。"在英国人口四分之三可以活到四十岁，全人口二分之一可以活到六十五岁，全人口四分之一可以活到七十五岁，可见得我国人生寿命的延长，前途正是无量。只要科学昌明，卫生讲究，不但天花、虎疫〔霍乱〕可以消灭，就是伤寒、喉症〔白喉〕、猩红热也可以绝迹。"[6]57

（七）人口的年轻化和老龄化

竺可桢还很早就注意到人口的老龄化以及年轻化的问题，曾在日记中写道："在1900年美国人平均寿命只48岁，1920年增至54岁，1940年又增至65岁了。在1900年人口中13.7%在四十五岁以上。至1940老年人口占20.2%，三十五岁以上的人则自4.1%增至6.3%，至1980年40%将在四十五岁以上矣。"[1]222 而当看到1953年人口普查的数据中青年人口在40%以上时，更是让他觉得担忧。不仅对于人口过快增长，而且对历史上曾经出现过的人口增长缓慢，他也一直留意和思考。如得知月池村全村均姓彭，而月池东北之文溪则姓匡，排田则姓萧，他怀疑："此处村庄多一姓，人口之所以不能繁殖或以是故欤？"[10]496 而"泰和、吉安一带人口不能蕃殖，……但雍正后此间人口即减退。据王子玕之意，以为由于宗族观念太深及女子操作太劳之故"。[10]536

三、结语

在1962年4月15日的日记中，竺可桢写道："提案凡163件，其中我觉得重要的，有关于水土流失（第161关于江西省兴国县淤沙为患案，第48案汪胡桢纠正山区水土流失案）和关于节制生育（邓颖超等提43案，徐志芬等11人提57案，邵力子提97号案和杨之华等提保护妇婴健康第134号案等）。我认为这二事，节制生育和水土保持乃当今之急务。"[11]243

这段话可以说是竺可桢人口思想的总结，结合他之前的思考，可见他始终是把人口问题与水土保持联系起来思考。在他看来，控制人口会减少由其带来的资源、环境压力问题，减少对农田、森林、草地的过度开垦，水土流失的治理才能够实现，自然环境才能得到进一步的改善，才能真正做到"今天与明天之间、社会需要与资源可能之间的调节与平衡"。作为地理学家，竺可桢十分重视人文地理学的发展，这使他自然地关注到人口问题及其重要性。作为科学家，竺可桢很早提出用科学方法来解决人口问题。贯穿他的一生，无论是民国时期作为大学教授或者大学校长，还是在新中国成立后担任中国科学院副院长，都始终坚持着对人口问题的关注和研究，并结合社会的发展，形成了比较完整的人口思想。

参考文献

[1] 竺可桢. 竺可桢全集（第8卷）. 上海：上海科技教育出版社. 2006.
[2] 竺可桢. 竺可桢全集（第1卷）. 上海：上海科技教育出版社. 2004.
[3] 竺可桢. 竺可桢全集（第3卷）. 上海：上海科技教育出版社. 2004.
[4] 竺可桢. 竺可桢全集（第11卷）. 上海：上海科技教育出版社. 2006.
[5] 竺可桢. 竺可桢全集（第14卷）. 上海：上海科技教育出版社. 2008.
[6] 竺可桢. 竺可桢全集（第2卷）. 上海：上海科技教育出版社. 2004.
[7] 竺可桢. 竺可桢全集（第12卷）. 上海：上海科技教育出版社. 2007.
[8] 竺可桢. 竺可桢全集（第4卷）. 上海：上海科技教育出版社. 2004.
[9] 竺可桢. 竺可桢全集（第10卷）. 上海：上海科技教育出版社. 2006.
[10] 竺可桢. 竺可桢全集（第6卷）. 上海：上海科技教育出版社. 2005.
[11] 竺可桢. 竺可桢全集（第16卷）. 上海：上海科技教育出版社. 2009.

原载《自然辩证法研究》2012年第11期

竺可桢对我国海洋事业发展和海洋权益维护所作的贡献

殷昭鲁

作为中国著名的科学家和教育家，竺可桢不仅着力于中国气象学、地理学的开拓与研究，而且也为中国海洋科学事业的发展及海洋权益维护作出过重大贡献。中华人民共和国成立后，他担任中国科学院副院长一职，长期分管中国科学院地理所、地球物理所、水生生物所等所及研究机构的工作，对海洋科学研究机构的设立、海上综合调查以及海洋权益维护等工作倾注了大量心血。目前学术界关于竺可桢的研究多侧重于他的教育思想、其与浙江大学的关系以及他与战时浙江大学内迁等问题。至于竺可桢对中国海洋科学事业发展以及他对中国海洋权益维护的贡献等问题，学术界则少有学者关注，亦缺乏系统性的研究。[①] 本文拟依据竺可桢日记、信函以及其他档案文献资料对此问题做一尝试性探讨，以求教于方家。

一、推动新中国海洋研究机构的建立

中国是一个陆海兼备的国家，海洋事业的发展、海洋权益的维护对国防与经济建设有极其重大的意义。海洋事业的发展、海洋权益的维护离不开海洋研究机构的设立，离不开海洋学的研究。海洋学"不但对于经济建设能起重大作用，即在国防建设上也不可缺"[②]。早在筹备创建新中国的过程中，竺可桢就积极谋划专门海洋研究机构的设立问题。1949年7月，为加强科学界的团结，总结科学工作经验，以更好地为国家建设服务，在中共中央的支持下，由中国科学社、中国自然科学社、中国科学工作者协会和老解放区的东北自然科学研究会联合发起，在北平召开了中华全国自然科学工作者代表会议筹备会。时任山东大学动物系主任的童第周与植物系主任曾呈奎应邀参加筹备会。在会议期间，竺可桢专门找到童、曾二人，"商谈建立海洋研究机构问题"[③]。

[①] 目前相关的研究成果有：曾呈奎、毛汉礼，《记竺可桢与海洋科学》，载尤芳湖，《论海（1949—1999）》，海洋出版社，2000年；褚静涛，《竺可桢为钓鱼岛建言》，《环球时报》，2012年9月27日。
[②] 竺可桢，《竺可桢全集》第3卷，上海科技教育出版社，2004年，第503页。
[③] 曾呈奎、毛汉礼，《记竺可桢与海洋科学》，载尤芳湖，《论海（1949—1999）》，海洋出版社，2000年，第229页。

童第周、曾呈奎回去后经认真研究，于当年 10 月 26 日联名向时任中国科学院副院长的陶孟和与竺可桢致函一封，建议在青岛建立海洋研究所。信中首先指出了海洋研究的重要性："海洋之发展，亦为中国目前要务之一。盖不但渔业、水产之研究，在经济上有莫大之价值，即国防、航海、气象等问题有待于海洋之研究者甚多。"但他们同时强调"中国海岸线长达 1 万 8 千余公里，迄今尚无一较有规模可作研究之所"的现状，因此建议"在青岛设一国立海洋研究所"。至于研究所设在青岛，在他们看来具有天时地利人和之优势，"一则科学院业已成立①，对于海洋科学，谅必有详细之计划；二则青岛地点适合、气候宜人、为太平洋西岸最适于研究海洋之处，且战前山东大学及青岛市政府有在青岛筹建海洋生物研究所的实践；三则山东大学之动物系、植物系、水产系等均可就地帮忙"②。

鉴于新中国成立之初海洋科研人才缺乏、力量薄弱，专家研究领域多为海洋生物方面，海洋研究机构从何处突破需要斟酌思量。1950 年 1 月 4 日，竺可桢征询清华大学生物系教授陈席山的意见，陈建议在"中国科学院设立实验生物所和水生物研究所"。1 月 28 日，竺可桢与童第周、贝时璋讨论此建议，他们也都表示赞同，并计划中国科学院水生物研究所下设三个独立的研究室："一是太湖水生物研究室，一是青岛海洋生物研究室，一是厦门海洋生物研究室。"经过研究及院会讨论，中国科学院一致认为海洋研究机构的设立应循序渐进展开，遂确定两步走的策略，亦即"先成立单学科的海洋生物研究室，然后在条件成熟后，再成立综合性的海洋研究所"③。3 月 9 日，竺可桢向政务院作了拟建立"青岛海洋生物研究室"，并调"童第周、曾呈奎到科学院工作"的汇报，获得政务院批准。④ 8 月 1 日，中国科学院水生物研究所青岛海洋生物研究室在青岛成立，主任童第周，副主任曾呈奎、张玺，研究室共 28 人。研究室根据研究工作及性质的不同，分为 7 组："1. 海洋物理组；2. 海洋化学组；3. 海洋无脊椎动物组；4. 海洋植物组；5. 浮游动物组；6. 鱼类组；7. 生理胚胎组。"⑤ 中国科学院水生物研究所青岛海洋生物研究室的成立，标志着新中国有了自己的海洋科学研究机构，为新中国海洋科学研究的展开和推进打下了良好基础。竺可桢十分关心研究室的工作，对该研究室的人员编制、研究方向、任务等无不悉心过问。此后随着研究室规模的扩大，在他的建议下，经过"院常务会议讨论决

---

① 1949 年 9 月 27 日，中国人民政治协商会议第一届全体会议一致通过《中华人民共和国中央人民政府组织法》。据此在政务院之下设"科学院"，行使管理全国科学研究事业的政府行政职能。10 月 19 日，中央人民政府委员会第三次会议，任命郭沫若为中国科学院院长，陈伯达、李四光、陶孟和、竺可桢为中国科学院副院长。11 月 1 日，中国科学院在北京开始办公，以此日为中国科学院成立日。

② 中国科学院海洋研究所、山东大学编，《方兴未艾的传承——纪念童第周百年诞辰论文集》，海洋出版社，2002 年，第 117 页。

③ 常连霆主编，《中共山东编年史》第九卷，山东人民出版社，2015 年，第 142 页。

④ 张子倩、邢桂方、徐鸿儒，《中国海带之父曾呈奎》，山东人民出版社，2006 年，第 90 页。

⑤ 《青岛海洋生物研究室》，《科学通报》，1951 年，第 1 期，第 86 页。

定，研究室于1954年1月1日扩大为直属中国科学院的海洋生物研究室"[①]。1955年4月22日，"中组部批准童第周任中国科学院海洋生物研究室主任，免去其水生物研究所副所长职务，曾呈奎、张玺任中国科学院海洋生物研究室副主任"。1957年9月1日，海洋生物研究室再次扩建，升格为中国科学院海洋生物研究所。竺可桢十分强调海洋科学要向综合性方面发展，他一向认为，海洋生物研究只是海洋科学研究的一部分，在深化和提高海洋生物研究的同时，要加强其他诸如海洋物理、海洋地质的研究力量，因为"气象及海洋物理的研究，直接关系到海防、空防的安全"[②]。由此，他认为单学科的海洋生物研究所已不能满足海洋科学的综合性研究，有向多学科综合性海洋研究机构转变、扩建的必要。在他的积极关心和推动下，中国科学院海洋生物研究所于1959年1月1日再次扩建为中国科学院海洋研究所。可以说，中国科学院海洋研究所的扩建成立不仅实现了海洋研究上的单学科向多学科的转变，而且整合了研究力量，推动了海洋科学研究的协同、拓展与深化。

在中国科学院海洋研究所扩建之际，竺可桢亲临青岛，主持了首届全国海洋工作会议。在会上，他做了《让海洋更好地为社会主义建设服务》的讲话，对"我国的海陆状况、中国的海洋科技发展史、海洋与国防的关系、海洋学与气象学的关系以及世界海洋学研究概况等"[③]作了报告，极大地调动了我国海洋科学研究工作者的工作热情。

竺可桢推动海洋研究机构的设立以及号召陆地科学家"下海"，从事海洋科学研究，对我国海洋学科的发展、海洋学研究队伍的壮大、海洋科学研究的深入，进而对国家海洋权益维护的支撑作出了极为重要的贡献。

二、促进新中国海洋综合调查研究的开展

新中国成立初期，我国的海洋科学调查研究工作还很薄弱，制约了各项海洋活动的开展。比如海上活动安全保障不够，尤以因缺乏及时有效的海上气象预报致使渔民遭受大风、海浪频繁袭击而损失惨重最为突出；海洋资源因资料及技术上的短板造成开发、利用不够充分；国防建设和海上作战亦因缺乏必要的海洋资料而受到种种限制。新中国成立后，国民经济发展不断迫切需要认识海洋、利用海洋，而我国海洋科学相对落后不能满足这种需要。面对这个矛盾，党中央逐渐意识到推进海洋学科发展、加强海洋科学调查研究的重要性，"海洋中蕴藏着重要的生物资源、化工原料和矿物资源，过去我们研究得很少，利用的很少"，海洋学在我国"还是个空白科门"，应尽速"展开海洋资源的

---

① 崔薇圃、高华德，《华夏科学精英》，福建教育出版社，1993年，第76页。
② 王忠俊，《中国科学院史事汇要（1955年）》，中国科学院院史文物资料征集委员会办公室，1995年，第4、37页。
③ 竺可桢，《让海洋更好地为社会主义建设服务》，《科学通报》，1959年，第4期，第108—109页。

综合调查研究"。①实际上，海洋调查是研究海洋重要的、必要的技术手段，"所获资料和标本是研究海洋、正确认识海洋、合理开发利用海洋和有效地管理与保护海洋的基础资料"②。同时对海洋调查研究的深入和拓展也是取得"国防建设和经济建设最重要的资料的根本措施之一"③。也就是说，加速海洋科学技术的调查研究，"不仅关系到社会主义现代化经济的发展，关系到精神文明与物质文明的建设，而且关系到国防的巩固和国家的安全"④。

竺可桢是中国综合考察事业的倡导者、奠基者、组织者和领导者。他认为国民经济的发展与自然资源的开发和利用是相辅相成的关系，国民经济的高速发展迫切要求对国家自然资源进行全面、综合及合理性的开发利用。因此，这势必要求"对有待开发的地区进行一系列专业的或综合的调查研究工作，以便在充分掌握自然条件的变化规律、自然资源的分布情况以及社会经济的历史演变过程等基本资料的基础上，提出开发和利用的方案、国民经济的发展远景以及工农业合理配置的方案，作为编制国民经济计划的科学依据"⑤。1953 年 8 月，他亲赴青岛指导烟威渔场综合调查工作，该项调查在"黄渤海经济鱼类调查委员会"常委副主任朱树屏的亲自组织下取得了不俗的成绩，这也为中国展开更大规模的全国海洋综合调查打下了坚实的基础。⑥ 1955 年 12 月 27 日，国务院批准在中国科学院内成立综合考察工作委员会，由竺可桢任主任。1956 年 10 月，国务院科学规划委员会主持编订《1956 至 1967 年国家重要科学技术任务规划及基础科学规划》，内含"中国海洋的综合调查及其开发方案"。在此基础上，竺可桢、李四光等一批科学家，编制了十二年（1956—1967 年）海洋科学远景发展规划，其总任务是"中国近海综合调查及其开发"⑦。基于对近海综合调查之于海洋科学研究作用的重视，将海洋科学研究纳入国家科学技术发展轨道，对下一步推动我国海洋科学研究质的飞跃起了重大作用。

当然，海洋综合调查属于综合性的规模较大的调查研究工作。它的任务是获取中国海洋情况的基本资料，绘制各类海洋图集，经过分析研判进而制定中国海洋开发和利用方案。这对海洋自然条件基本资料的测定、指导我国渔业的发展，以及对于进一步发展水产、盐业、潮汐发电、农田水利、航运等方面都将发挥重要的作用。海洋综合调查的开展，需要专门的人才、海洋调查船只、各部门的协同合作。

---

① 中共中央文献研究室，《建国以来重要文献选编》第 9 册，中央文献出版社，1994 年，第 444 页。
② 李乃胜主编，《中国海洋科学技术史研究》，海洋出版社，2010 年，第 55 页。
③ 裴丽生，《为完成 1959 年海洋研究任务而努力——在一月八日中国科学院海洋工作会议上讲话》，《科学通报》，1959 年，第 4 期，第 110 页。
④ 武衡，《科技战线五十年》，科学技术文献出版社，1992 年，第 232 页。
⑤ 樊洪业主编，《中国科学院编年史：1949—1999》，上海科技教育出版社，1999 年，第 63 页。
⑥ 朱瑾、日月，《朱树屏传记——真实历史的回归》，新华出版社，2007 年，第 207—208 页。
⑦ 国土资源部中国地质调查局，《新中国海洋地质工作大事记：1949—1999》，海洋出版社，2000 年，第 7 页。

鉴于我国海洋学的薄弱及人才的缺乏，对于海洋调查人才，除加强国内自主培养外，竺可桢还注重利用一切机会派人到国外学习。比如，为了学习和掌握苏联先进的海洋调查和资料整理方法，推进中国科学院海洋科学研究的拓展和深入，他与苏联科学院副院长巴尔金沟通，希望苏方接收中国科学院两名中级科学工作人员参与苏联科学院海洋调查船"勇士"号的海洋调查工作。①得到苏方的同意后，1957年5月，在中国科学院及竺可桢的安排下，尤芳湖和孙继仁被派遣到苏联"勇士"号在太平洋上的考察。临行前，竺可桢特意嘱咐尤芳湖要认真记录考察情况。考察历时4个月，尤芳湖留下了7万多字的考察日记。他们回来后，"先后参加了渤海的同步观测和全国海洋普查，研究了渤海、黄海潮汐，撰写了一系列的调查研究报告"②。

调查船是海洋调查的重要工具和现场测试实验平台，"如果只是陆上实验室，而没有海洋调查船，就不能对海洋有进一步的了解"③。1956年8月，竺可桢亲自到青岛调研，了解可供改成调查船的船舶情况，并召开座谈会广泛征求意见，随后以中国科学院名义向国务院申请，获得周总理支持。后在周总理指示下，交通部上海海运局无偿调拨给中国科学院海洋生物研究室"生产三号"海轮一艘。该船原由美国1918年建造，中国科学院海洋生物研究室委托上海中华造船厂对其改装，于1957年2月正式改装成海洋调查船，并命名为"金星"号。它是新中国第一艘专业海洋调查船，为开展海洋调查研究提供了基础装备条件。1957年6月，"金星"号正式准备开始在我国沿海参加海洋调查。出航前，竺可桢召开会议部署出海调查的准备情况，并委派毛汉礼作为领队，领导对我国渤海及北黄海西部的综合调查。6月2日，竺可桢还特意把童第周、曾呈奎、毛汉礼等召集到北京，"谈海洋调查事"④。

1957年，为统一领导、有计划地开展海洋科学调查研究工作，国家科学规划委员会成立海洋组，组长由海军副司令员罗舜初兼任。1957年7月，国务院科学规划委员会海洋组组织了对渤海、渤海海峡及黄海西部海域的多船同步观测与调查，中国大规模海洋综合调查工作由此展开。1958年9月起，在国家科学技术委员会（简称国家科委）海洋组的统一领导下，"动员了全国各单位的海洋研究技术人员和仪器设备、船只等，在全国海洋同时开展调查工作"⑤。对此，竺可桢十分支持，"要求海洋所全力以赴参加调查和技术指导工作，并亲自在海洋组举办的训练班讲话"⑥。根据国家科委《关于海洋调查研究工

---

① 竺可桢，《竺可桢全集》第3卷，上海科技教育出版社，2004年，第308页。
② 尤芳湖，《论海（1949—1999）》，海洋出版社，2000年，第1页。
③ 裴丽生，《为完成1959年海洋研究任务而努力——在一月八日中国科学院海洋工作会议上讲话》，《科学通报》，1959年，第4期，第110页。
④ 竺可桢，《竺可桢全集》第14卷，上海科技教育出版社，2008年，第586页。
⑤ 竺可桢，《十年来的综合考察》，《科学通报》，1959年，第14期，第438页。
⑥ 曾呈奎、毛汉礼，《记竺可桢与海洋科学》，尤芳湖，《论海（1949—1999）》，海洋出版社，2000年，第230页。

作及有关分工意见的请示报告》，中国科学院主要负责："①建立海洋资料中心，负责接收和保管综合普查的全部资料，加以分析、整理供各有关部门研究使用；②进行近海调查中海洋物理、生物、地质方面的研究；③组织远洋考察队，进行远洋考察。"① 为有效配合国家的海洋普查工作，在1959年全国海洋工作会议上，竺可桢主持会议并呼吁，"1959年的工作应继续以海洋普查为中心，带动其他方面的工作"②。

1949年以前我国科学工作者对于海洋的调查只进行了极为零碎的工作，1949年以后在竺可桢等科学家的推动下，海洋调查有了大踏步的发展，特别是在1956年制订了十二年海洋科学规划以后，这项工作迅速而有计划地开展起来。经过数年来的海洋综合调查，无论是资料建设、人才培养还是指导生产方面都有一定的进展。在《十年来的综合考察》一文中，竺可桢对新中国成立以来海洋调查工作的成绩进行了总结，"经过数年的海洋综合调查，已初步测定了关于海洋自然条件的基本资料……渔场的调查获得了初步结果，这些结果对于指导渔业有着重要的意义……各地进行的滩涂调查工作，对于进一步发展水产、盐业、潮汐发电、农田水利、航运等方面都将发挥作用"③。

三、力主新中国海洋领导机构与研究机构分工协作

新中国成立后，由于没有一个统一的海洋领导、管理及协调机构，海上渔民灾难救助、渔业技术提升、近海石油勘探、沿海滩涂垦殖等诸问题长期困扰着中国海洋事业的发展及海洋权益的维护。1963年3月，国家科委海洋组聚集青岛，讨论中国海洋科学十年发展规划问题。在讨论中部分海洋专家提议，为加速发展中国海洋事业，统一管理国家的海洋工作，应设置全面海洋管理协调机构。同年5月6日，在国家科委海洋组组长袁也烈牵头下，29名④海洋专家联名向国家科委和有关国家领导人呈报了《关于加强海洋工作的几点建议》。该建议认为，"我国过去海洋工作基础薄弱，解放后虽然做了不少工作，取得一些海况资料，开始有所了解。但是工作越深入，越感到与国际水平差距大，与国内建设要求不适应，特别是国家没有一个专管机构，工作分散，资料不集中，人员、器材、船只各搞一套，有的省市、有的单位工作几上几下，困难无法解决"，为了扭转这种境况，建议"在国务院下成立国家海洋局"⑤。

对于成立海洋局一事，竺可桢亦有同感。他一向认为，海洋事业将是一个大事业，

---

① 武衡，《科技战线五十年》，科学技术文献出版社，1992年，第234页。
②《中国科学院召开海洋工作会议》，《科学通报》，1959年，第3期，第99页。
③ 竺可桢，《十年来的综合考察》，《科学通报》，1959年，第14期，第438—439页。
④ 29名专家是：幺枕生、毛汉礼、文圣常、业治铮、刘恩兰、刘好治、刘瑞玉、刘光鼎、邱捷、朱树屏、任美锷、吕炯、严恺、李法西、何恩典、陈吉余、李树勋、李嘉泳、郑重、郑执中、施成熙、陶诗言、张玺、张孝威、曾呈奎、程纯枢、杨有樊、杨剑初、赫崇本。
⑤ 武衡，《科技战线五十年》，科学技术文献出版社，1992年，第239页。

只靠科学院是解决不了的，"应该与气象局一样成立海洋局"①。在1963年6月24日的日记中，他记录了同曾呈奎、毛汉礼、刘恩兰等海洋专家关于设立海洋局的讨论情况，包括"海上气象预报与海上渔民安全，浅海石油勘探开发，沿海滩涂垦殖，跃温层、温盐度变化对军事影响"等诸问题，基于上面我国海洋问题存在的短板，他明确表示"有设海洋局需要"，应建议中央"设立海洋局"。②国家科委党组及时任国家科委主任聂荣臻非常重视专家学者的建议。经过一段时间的研究酝酿，国家科委于1964年1月4日向党中央、国务院呈送了《建议成立国家海洋局的报告》。该报告在专家建议的基础上，进一步指出了"海洋局设立的必要性及海洋局设立后的职责诸问题"③。在呈送该报告的同时，聂荣臻给时任中共中央总书记的邓小平也致函一封，表达了拟在"国务院下设直属的海洋局，其性质和国务院气象局、民航局相仿，这个局由海军代管"④的想法。同年2月11日，中共中央对此建议批复同意。7月22日，"全国人大常委会第124次会议批准成立国家海洋局，并任命海军少将齐勇为局长"⑤。

在国家海洋局组建过程中，涉及原来散布于各部门海洋研究机构归属问题。原来组建方案中将中国科学院的青岛海洋所、南海海洋所、东海海洋所及东北工作站统统交海洋局领导。对于东海、南海、东北3个所站，中国科学院意见不大，但对青岛海洋所（除海洋生物研究外）合并于海洋局，院内科技人员表示了很大的异议。对此问题，竺可桢在同时任国家科委副主任武衡的谈话中表达了自己的看法："海洋局由海军代管，应以海洋调查、海洋物理为重点，以适应战备的需要。海洋调查不仅是要调查近海，还应调查远洋。物理的应用很广，如水、声、磁、电、物理等都很重要，应大力加强……至于海洋生物仍应留在科学院，海洋地质则应由地质、石油部门搞，如都放在海洋局，范围太大，任务太重，会顾此失彼。"至于青岛海洋所应不应该交给海洋局的问题，他也进一步强调，"在地学领域内，海洋科学是很大的一部分，很重要的一个方面。不了解海洋就不能真正了解地球。作为自然科学研究中心的中国科学院不能不研究海洋。青岛海洋所是比较有基础的，应该留在科学院做基础理论的研究，而海洋局应主要以研究与经济建设、国防建设有关的问题"。⑥武衡对此也表示认同。1965年2月10日，在国家科委下发的对国家海洋局"关于整顿海洋工作的建议"会议通知的批示意见中，竺可桢再次表达了自己的看法："青岛海洋所海洋物理、海洋化学和海洋地质地貌部分的调查工作可以交与海洋局，但若干理论方面工作，如潮汐、海洋光学和声学等，以至于海洋深处地貌地质构造，仍须留在海洋所，不能全部交去。海洋工作是世界科学先进国家中一项重点工作，不可能由海洋局来包办除海

---

① 过兴先，《过兴先文集》（未出版），2002年印，第440页。
② 竺可桢，《竺可桢全集》第16卷，上海科技教育出版社，2009年，第542页。
③ 郭琨、艾万铸主编，《海洋工作者手册：海洋管理》第二卷，海洋出版社，2016年，第641页。
④ 杨文鹤、陈伯镛、王辉，《二十世纪中国海洋要事（1901—2000）》，海洋出版社，2003年，第88页。
⑤ 武衡，《科技战线五十年》，科学技术文献出版社，1992年，第239—240页。
⑥ 武衡，《科技战线五十年》，科学技术文献出版社，1992年，第241页。

洋生物以外的一切海洋研究工作。"3月31日，曾呈奎向竺可桢汇报了科学院内几次关于海洋机构调整问题座谈会情况，大都同意"科学院必须搞理论研究"。竺可桢为此专门给武衡打了约20分钟电话，强调"理论工作科学院还搞，生物不能交，物理和化学留40个人等"。①对于竺可桢的坚持以及科学院内学者的异议，聂荣臻高度重视，认为此项工作暂时不要进行，示意是否"考虑海洋所由双重领导"。经过多方研究和讨论，最终聂荣臻作出"海洋所编制仍属科学院"的批示。6月30日，围绕双重领导问题，竺可桢和尹赞勋、李秉枢、秦力生、王遵伋等进行了讨论。竺可桢认为"院地学部统应重视海洋，不要弃若敝屣，而且要加强青岛所"。②竺可桢对该问题的坚持，他所倡导的海洋工作"各部分工，互相协助"的建议以及基础科学不可忽视的思想，最终为中国科学院保留了一个水平较高的海洋基础科学研究所，这"对我国的海洋科学研究，对社会主义建设是有利的，对海洋局也是一个有力的支持与后备力量"。③历史证明这是正确和有见地的。

四、积极向中央献策维护海洋国土权益

竺可桢不仅关心我国海洋机构创建、海洋普查开展、海洋基础理论研究等工作，在1970年代前后中日钓鱼岛争端爆发时，他还密切关注东海中日钓鱼岛领土争端问题。因此，在此期间的日记中他频繁地有关于中日钓鱼岛争端的记录。当然，他不是简单地记录当时所发生的事件，而是基于维护国家领土和资源的考量来看待这个问题。此外，他还先后致函全国人大常委会副委员长郭沫若、上书国务院总理周恩来要求维护钓鱼岛主权，在维护中国领土主权方面作出了应有的贡献。

众所周知，作为台湾的附属岛屿，钓鱼岛及其附属岛屿向为中国领土不可分割的一部分。1895年，清政府在甲午战争中战败，被迫与日本签署不平等的《马关条约》，割让"台湾全岛及所有附属各岛屿"。钓鱼岛等作为"台湾附属岛屿"一并被割让给日本。二战后，依据《开罗宣言》《波茨坦公告》和《日本投降书》，钓鱼岛作为台湾的附属岛屿应与台湾一并归还中国。新中国成立后，由于冷战、海峡两岸对峙以及大国利益博弈，中国政府对钓鱼岛及其附属岛屿进行实际管辖受到掣肘，但这并不妨碍中国对钓鱼岛及其附属岛屿的主权拥有。

1967年1月1日，地质部、国家科委联合向聂荣臻副总理并国务院报告，"推测我国南黄海及东海具有丰富的浅海石油资源。开展东海、南黄海浅海石油资源调查，不仅具有重要经济意义，而且有着重要的政治意义"④。1968年4月到5月间，亚洲近海矿产资源联合勘

---

① 竺可桢，《竺可桢全集》第24卷，上海科技教育出版社，2013年，第695、699—700页。
② 竺可桢，《竺可桢全集》第17卷，上海科技教育出版社，2009年，第474、491页。
③ 武衡，《科技战线五十年》，科学技术文献出版社，1992年，第241页。
④《对我国石油地质工作总的看法》，李四光同志遗留资料整理组，《李四光同志关于地质工作方面的一些意见》（二），地质科学研究院地质力学研究所，1974年印行，第388页。

测协调委员会（CCOP）①对东海和黄海进行了广泛的地质-地球物理调查，"发现钓鱼岛周围海域蕴藏着丰富的石油资源，是世界上尚未开发的海上大油气沉积盆地之一"②。消息一出，立刻在中国东海掀起了波澜。日本调查船不断出入钓鱼岛附近海域并申索"主权要求"，台湾当局也与美国等国协商联合开发。中国领土资源被觊觎，钓鱼岛领土争端遂爆发。

在此背景下，竺可桢开始关注钓鱼岛问题。在1968年12月26日的日记中，他记录了《参考消息》登载的日本《读卖新闻》关于日本东海大学海洋学部教授新野宏同美国伍兹霍尔海洋研究所埃米莉教授在钓鱼岛附近发现石油，日本公司申请开采的报道。对于这则报道，他专门写了按语，"桢按，琉球与尖阁群岛（即我国钓鱼岛）③之间隔有1200米深海"④。"按"有提示、说明或考证之意，也就是说，他以地理学家的敏锐性意识到，钓鱼岛与琉球群岛在地质上是不同的。此后，在多个场合他与访客、友人包括地质部部长李四光都谈及"日本人新野在东中国海发现大油田之事"⑤。此时，日本方面频频报道在钓鱼岛海域附近进行勘探的消息，这令他很着急，他特意查阅了相关历史图集，以了解钓鱼岛的更多信息。在1969年的日记中，竺可桢记录了他对钓鱼岛的查询情况："从《国家地图集》第97图可以看出它在大陆棚100—200〔米〕海深线内。而与琉球群岛隔有1000—2000〔米〕深的琉球深槽。在英 Oxford Advanced Atlas 上（1942版）第63图名为 Hoa-Pin Su（Pinnacluster）也可以看出〔在〕大陆棚上，但与琉球隔有1000 Fathom 深海。"⑥这使竺可桢更加确信，钓鱼岛及其附属岛屿在中国的大陆架上，是中国大陆的自然延伸，在地理、地质上同琉球群岛是不同的。

1969年11月4日的《参考资料》登载日本共产党《赤旗》10月15日一篇题为《冲绳县的尖阁岛（即我国钓鱼岛）因石油而登上舞台，政府和垄断资本出面联系军事用途》的文章，针对文内把钓鱼岛说成是日本冲绳岛一部分的说法，竺可桢十分气愤，认为把该岛"说成是日本冲绳岛的一部分是荒谬的"。⑦出于维护国家海洋领土权益的关心，他准备致函其上级中国科学院院长、时任全国人大常委会副委员长的郭沫若，希望全国人

---

① 1966年，亚洲近海矿产资源联合勘测协调委员会（CCOP）在泰国曼谷宣告成立，它是联合国亚太经社会资助的一个半官方区域协调机构（1987年成为独立的区域性政府间组织）。成员国有印度尼西亚、日本、柬埔寨、马来西亚、韩国、巴布亚新几内亚、菲律宾、新加坡、泰国、越南和太平洋岛屿托管地（中国席位当时被台湾当局篡据）。此外还有8个协作国：澳大利亚、法国、联邦德国、荷兰、挪威、瑞士、英国和美国。

② 国土资源部中国地质调查局，《新中国海洋地质工作大事记（1949—1999）》，海洋出版社，2000年，第16页。

③ 注：之所以用尖阁群岛，原因在于竺可桢直接对《读卖新闻》报道的引述。

④ 竺可桢，《竺可桢全集》第19卷，上海科技教育出版社，2010年，第296—297页。

⑤《竺可桢日记》第V册，科学出版社，1990年，第245页；《竺可桢全集》第19卷，上海科技教育出版社，2010年，第323页。

⑥ 竺可桢，《竺可桢全集》第19卷，上海科技教育出版社，2010年，第590—591页。

⑦ 竺可桢，《竺可桢全集》第19卷，上海科技教育出版社，2010年，第541页。

大能够发表一个声明，钓鱼岛为我国所有。为慎重起见，竺可桢再次查阅图集，确定钓鱼岛经纬度方位为"东经123°30′，北纬25°40′，离台湾基隆160公里，那霸340公里，离冲绳最西岛久米岛240公里……与冲绳群岛隔有1000—2000米深的海"。再次明确钓鱼岛在中国大陆架上，应为我国所有之后，11月8日，竺可桢致函郭沫若，表达了他对钓鱼岛主权归属、石油开采、海洋权益维护等方面的看法，大体可以概括为以下四点："1.钓鱼岛是我国领土，等于西沙、东沙是我领土；2.钓鱼岛在我国台湾东北东海大陆架上，其附近石油的开采权统应归在我国权力范围；3.为长远计，我们重视开发大陆石油同时，应兼顾海上资源；4.建议由全国人大常委会作一严正声明，以为日后外交部正式抗议做准备，同时亦可警告和震慑台湾当局勾结日美出卖国家权利的企图。"①

接到竺可桢信后，11月10日，郭沫若回信一封，就竺可桢所关心的日本对钓鱼岛有觊觎之心表示有同感之情。但因该问题涉及领土主权问题，郭沫若比较慎重，遂建议竺可桢直接写信给周恩来总理，或者由他转达。同时把原信退还竺可桢以便其修改。按照郭沫若的建议，竺可桢把原信进行了修改，删掉人大常委会和宪法一节，同时对日本觊觎中国钓鱼岛的相关活动进行了补充，于12日送给郭沫若，让其转交周恩来总理。周总理是否给竺可桢回信不得而知，因为据目前公开的资料以及相关文献，并没有提及回信一事。不过，竺可桢的建议应该引起了毛泽东、周恩来等国家领导人的重视，因为在此前后他们指示外交部人员同李四光等多次就钓鱼岛问题商讨对策，②并且竺可桢的建议内容在随后中国政府就钓鱼岛主权问题的多次发声中亦多有体现。③

竺可桢不仅对钓鱼岛地理方面信息进行查询、了解，向中央积极献策，还十分关心钓鱼岛的历史渊源以及国家对此问题的态度。在其1970年12月2日的日记中，特意提及我国台湾地区学者杨仲揆在《中央日报》发表的关于钓鱼岛问题的文章，"中国史册最初见于明清两朝封册琉球诸天使，记载始于明洪武初。保存完整，始于嘉靖13年陈侃的《使琉球录》，其次嘉靖41年郭汝霖《重编使琉球录》也提到钓鱼屿。到明治12年〔日本〕正式吞并琉球，十四年正式有尖阁岛（即我国钓鱼岛）名称"④。12月4日，中国政府就钓鱼岛问题在《人民日报》上向外界发声。12月8日，竺可桢在日记中记载："在报上和《参考消息》统见到了我国反对日本反动派和南朝鲜（即韩国）和台湾勾结开发钓鱼岛附近石油的消息。"12月29日，"《人民日报》发表评论员文章《绝不容许美日反动派掠夺我国海底资源》"⑤，竺可桢将其内容择要记述在当天的日记中。

---

① 竺可桢，《竺可桢全集》第4卷，上海科技教育出版社，2004年，第399页。
② 可参考李四光同志遗留资料整理组，《李四光同志关于地质工作方面的一些意见》（二），地质科学研究院地质力学研究所，1974年印行。
③《美日反动派阴谋掠夺中朝海底资源》，《人民日报》，1970年12月4日；《决不容许美日反动派掠夺我国海底资源》，《人民日报》，1970年12月29日。
④ 竺可桢，《竺可桢全集》第20卷，上海科技教育出版社，2011年，第255页。
⑤ 竺可桢，《竺可桢全集》第20卷，上海科技教育出版社，2011年，第258—259、272页。

竺可桢对国外学术界关于钓鱼岛的研究动态也十分关注。特别是日本历史学家井上清的文章引起了他的注意。在1972年3月21日日记中，他对井上清教授在《历史学研究》1972年第2期上发表的关于"钓鱼列岛的历史和归属问题"的文章进行了摘要记录，对文章"证实钓鱼岛是自古以来中国的领土"表示认同，并对文章引用的史料进行了爬梳和查证。此外，他还将日本"东大讲师石田保昭（历史）、古波津英兴等号召由羽仁五郎、井上清、荒田寒村九十五人文化人士组织'阻止日帝掠夺钓鱼台会'"，以及他们所主张的"1896年编入日本领土，'无主先占'说法无根据"等相关消息记录在其日记上。① 他对日本学者对钓鱼岛的研究尤其是井上清的文章特别看重，3月25日在与黄秉维谈论国内外地理动态时，特意问询黄秉维"有否关于钓鱼岛研究"并把井上清该文介绍给他。② 井上清的文章，更加坚定了竺可桢对钓鱼岛是中国领土的信念，他多方面搜集资料，以供外交部参考。在4月1日的日记中，他记述："今日将昨到的外事处两张英国海军测量局图，关于中国沿海海深图重新复看。作函与外事处，主张把这图与印度洋图一并交与地理所，因地理所正在为外交部作边疆研究工作。而沿海海深图对于中日正在争执的钓鱼岛可以作为参考。事实是日本人想占据我们大陆棚上的油田，其处心积虑是历有年所。"③

由上观之，从钓鱼岛问题凸显到升级，竺可桢都给予了极大的关注。他从历史、地理、地质的角度分析了钓鱼岛属于中国而不属于琉球的依据。并且还积极地向国家进言献策，反映了一个学者对国家领土主权的关怀精神。竺可桢对钓鱼岛的一系列关注，也驳斥了日本外务省所说的中国方面在"1970年代前没有关注过钓鱼岛"④的谬论。

五、结语

综观竺可桢对中国海洋科学事业发展及海洋权益维护所作的贡献，我们能够看到，他坚持海洋科学首先必须为国防建设服务、为国家安全作贡献的定位，推动了海洋学科与国防建设的有效融合，拓展了海洋学科的研究领域及多学科的协同发展；他力倡开展广泛和细致的海洋综合调查，获得系统而完整的海洋资料是认识海洋，进而能更有效开发、利用海洋的前提的思想，使新中国获得了海洋地质、海洋资源及海况的系统资料，替换和更新了过去由外国探险家对我国海洋调查的零星记录，更好地推进了海洋的开发与利用；他力主不同系统的海洋研究单位要分工协作，对海洋基础理论研究不能偏废的坚守，推进了海洋基础理论研究的深入，为其他涉海事务工作作出了理论上的支撑和贡

---

① 竺可桢，《竺可桢全集》第21卷，上海科技教育出版社，2011年，第64—65、85—86页。
② 竺可桢，《竺可桢全集》第21卷，上海科技教育出版社，2011年，第67页。
③ 竺可桢，《竺可桢全集》第21卷，上海科技教育出版社，2011年，第72—73页。
④ 田桓主编，《战后中日关系文献集（1971—1995）》，中国社会科学出版社，1997年，第78—79页。

献；他坚决维护国家海洋国土权益的情怀，显示了一个学者在国家领土主权、海洋资源利益上的敏锐性、洞察力及现实关怀。新中国成立后，论及未来中国科学的发展方向及要求，竺可桢曾提出了三条原则，"第一，我们必得使理论与实际配合，使科学真能为农工大众服务。第二，我们必须群策群力，用集体的力量来解决眼前最迫切而最重大的问题。第三，大量培植科学人才，以预备建设未来的新中国"[①]。竺可桢对我国海洋科学事业的发展及海洋权益的维护所作的贡献正是其对上述原则的遵循与践守，在我们建设海洋强国的新时代不无指导和借鉴意义。

原载《太平洋学报》2021 年第 8 期

---

① 竺可桢，《中国科学的新方向》，《科学》，1950 年，第 4 期，第 97 页。

竺可桢日记中的精神世界

竺 安

竺可桢在日记中，好多东西他都要记。作为气象学家，天气、物候如桃树开花了、柳树长出叶子了、燕子从北方飞来了，他都有记录。这对于一个气象学家来说并不奇怪，但是还有很多记录，如参加一些比较大型的重要的会议，三十几个人的名字全部记下来。大家奇怪，他的记忆怎么这么好？后来才知道，他有个随身笔记本，在会上有哪些报告，谁发言了，谁的发言从 10：00 到 10：45；下一个谁发言，从 10：45 到 11：25，他都有记录。再比如，作为一个气象学家、地理学家，他喜欢旅游，到过什么地方，拍照片时的距离、光圈、速度都有记录。如果乘飞机出差或旅行，飞机几点起飞、飞行速度、飞行高度、看到什么样的云、云下面看到什么地方，他都有记录。可以这样说，只有具有充沛的精力和坚强的毅力才能做到这一点。举例：

1936 年 8 月 11 日，他从南京乘汽车到杭州，在汽车上他盯着车上的里程表，以此来算出从南京到杭州的距离，连见到几辆自行车等等都记下来。

1961 年，他作为中国科学院综合考察委员会主任，到四川阿坝地区考察，每到一个地方，何时到，走了多少公里（这是看公路旁边的里程碑算出来的），海拔多少，都有记录。

要是看原始记录，你就会吃一惊，字写得歪歪扭扭，因为竺可桢去考察是坐在吉普车里，在崎岖的道路上颠簸，从早到晚，一手拿着高度表，看看海拔是多少，又要盯着公路边的里程碑，一手作记录，还要看前方到了什么地方。这一年竺可桢 71 岁。可见，一位老科学家，在艰苦的情况下，从早到晚十多个小时，不是游山玩水，而是坐在颠簸的车上认真工作，往往每十几分钟就要记录一次，而且一路上都必须全神贯注。

竺可桢记日记几十年如一日，没有一天懈怠，他的这种认真精神非常令人钦佩。一般做好一件事并不难，但是天天如此，几十年里，千、万次地坚持下来，特别是他是一个大科学家，这很不简单。列宁讲过一句话："不要轻视小事，因为大事是由小事积累而成的。"正因为他坚持做好每一件小事，所以成就了他在科学和教育上的诸多大事。

识才爱才

现代化的社会主义建设，最需要人才，但是，尊重知识，尊重人才，讲起来容易，做起来却很难。"千里马常有，而伯乐不常有。"识才要有眼光，你没有这个眼光，人才站在你的面前，你未必认识。也不能有私心，有了私心就会产生偏见而不能正确判断。尊重知识，尊重人才，最重要的是在他还没有成名之前，你就能够识别，而且加以培养，给予支持。

竺可桢当浙江大学校长时，在识才、爱才方面做得比较突出。如他爱护、关心、支持苏步青的故事。苏步青当时是浙江大学数学系的主任，只有30多岁。竺可桢1936年接任浙大校长，1937年抗战全面爆发，学校被迫内迁。苏步青在日本留学时娶了教授的女儿，小孩很多。竺可桢为了给苏步青安家，不仅在经济上支持他，而且还找到当时浙江省主席要了手谕，开了特别通行证，因为苏步青的妻子是日本人。最后使他们安全到达了贵州。后来在贵州，他们有了8个孩子，教授的工资不够维持生活。一次，竺可桢见苏步青在晒白薯干。竺可桢想，这样，教授怎能做好工作？于是他便向教育部为苏步青申请部聘教授，使苏步青的工资翻了一番。他还让苏步青两个小孩到浙大附中去住校，住校就能免伙食费，等等。后来，苏步青每次谈到浙大竺校长时，都非常感慨地说："竺校长是把我们教授当宝贝啊！"

另外一个例子是物理系的教授束星北。束星北是个天才的科学家，有很多地方与别人不一样。比如我们要培养一个大科学家，一定要找一个有名的教授或者院士做他的导师，然后在导师下面进行四五年系统的研究，这是比较快的成才之道。但束星北完全不是这样，他在6年里换了9所大学。这一方面有经济方面的原因，他要打工挣钱养活自己，但这里还有更重要的原因，即一般大学是教授挑学生，有特别好的就加以重点培养。而束星北是学生挑教授，他头脑里有大量的问题，如果这个教授讲得不好，不能满意地回答他的问题，他就换另一所大学。他在英国的爱丁堡大学拿到一个硕士学位，然后到了美国的麻省理工学院又拿到一个硕士学位。这时发生了"九一八事变"，为了要报国，他于1932年回国。回国后，他觉得从军是报效祖国的办法，便到军校去担任物理教官，但是他的脾气很急躁，说话耿直，跟蒋介石当面顶撞，批评蒋介石不抗日，就被解聘了。后来，他到浙大当教授，在浙大物理系待了20年。他的课讲得非常出色。

这样一个天才，脾气就比较大，一次吵架时他动手打人。竺可桢一方面批评他打人不对，要他去给人家道歉，承认错误，一方面又做说和工作。当束星北念了道歉书后，竺可桢就把道歉书揣在自己兜里。竺可桢这样处理，没有使束星北的把柄落在对方手中，消除了束星北的心理负担。但在校务会议上，有人提出，大学教授为人师表，打人还有资格做教授吗？提出浙江大学不能留他，在会上争吵不下。竺可桢认为束星北是个人才，不愿放走他，他说："我们用人是用他的学问，又不是用他的脾气，脾气不好还可以督促他改嘛！"就这样力排众议把束星北给留下了。

后来，我国第一次试射的洲际火箭，就是根据束星北计算出的轨迹，在半小时之内，将火箭打捞出来。束星北是立了大功的。

第三个例子是个普通人。浙江大学化学系有个器材保管员叫查长生，是高中毕业的学历，成绩非常好，因家庭困难，无力上大学。做化学系的器材保管员，需要很多化学知识，为此，他去旁听化学系的课程，从一年级到四年级的课全部修完。抗战时，对药特别需要。那时，国外发明了磺胺药，他在文献上看到后，就自己合成磺胺药，但没有办法鉴定。这时，他的小儿子得了痢疾，医务室拿的药吃了几天也治不好，情急之下，他就把自己合成的药给儿子吃了，结果一吃就好了。竺可桢听说这件事后，就跑到他家里去，反复动员他出来当教师，给学生讲课。

竺可桢特别注意年轻的人才，不是看你的学位，最终要看你的学问、你的贡献。1948年，浙大哲学系主任谢幼伟聘了60多岁的熊十力来做教授，竺可桢在2月14日的日记里记道："熊已六十余岁，虽对于国学、哲学造诣甚深，但对于学校能有多少供献大是问题。要发展一个大学，最要的是能物色前途有望的青年。网罗龙钟不堪之过去人物，直是养老院而已。由是可见谢幼伟之无眼光也。"

熊十力当时只60多岁，而现在70多岁、80岁的人，只要是院士，大家都要请他去学校兼职。因为院士多了，学校的地位就高了。有些大学把哈佛大学的教授聘来，说是全职教授，但是人家是哈佛大学的全职教授，是要在校工作9个月。这种光图虚名、不讲实际的作风很不好。现在，包括大学和研究所，首先就讲，我们这个单位有多少个院士，可真正在他那里工作的院士没有几个，大多是兼职的、挂名的。

当年竺可桢是这样用人的，今天我们用人也应当不是看表面，不是看你是哪一个名牌大学的博士。如果真正是年轻有为的，就应该加以扶持。尤其应看到一点，院士也好、诺贝尔奖获得者也好，他们获奖的工作，往往是在20年之前做的工作，他拿到诺贝尔奖的工作，是世界领先水平的工作。那么20年过去了，他的学术思想是否还在科学的前沿，就很难说。获得诺贝尔奖，或者做院士，是一种很高的荣誉，但是并不等于现在他还在科学的前沿。我们现在用人，就是要知道，他的工作是否处在科学的前沿，是否能开辟一个重要的新领域。

什么是对有希望的科学家的扶持呢？当然你给他实验条件、给他实验经费、给他优秀的学生让他指导，这也是很好的，但物质条件并不是最关键的决定因素。在很多情况下，重要的是科学家的思想、他的观念，如果没有条件他可以创造条件。像苏步青、王淦昌、贝时璋、谈家桢都讲过，这一生科研工作的黄金时代，是抗日战争在湄潭时期。而那个时期，却是物质条件最差的时期。科学家本身要有水平，能够看到科学前沿的问题，并加以思考，即使没有实验条件，也可以做些研究。20世纪40年代，王淦昌对当时科学界的热点前沿问题——中微子的验证方法，十分关注。在没有实验条件的情况下，王淦昌想了个主意，可以证明中微子的存在，写出论文发表了。美国科学家根据他的建议，做了实验，证明确有中微子这种基本粒子，后来还得了诺贝尔奖，但是，观念是王淦昌提出来的。高水平的科学家能看到科学的前沿。

其次，非常重要的一点，就是要有学术争论、学术辩论，因为真理是越辩越明的，也就是说金属和石头碰撞的时候，硬碰硬，才能打出火花。王淦昌和束星北这两个人经常辩论得面红耳赤是出了名的，有时候还会拍桌子，各人坚持自己的观点。但是辩论过了以后，彼此仍是极要好的朋友。有这种学术争论，学术研究才能上到更高层次。

李政道在浙江大学只读了一年，为什么这一年里，给他印象那么深刻呢？就是因为这种非常激烈的争论，当然还包括当时的束星北给他提了无数的问题。李政道也是不断提出问题，去问束星北，不断得到回答，产生思想火花。当时的浙大，的确有一种百家争鸣的风气。竺可桢没有以他为中心自成学派的观念，既没有重点支持他自己的专业——气象学研究，也不是说他是留美的，就支持留美的。他是根据谁有学问就支持谁。所以，不管是留美、留日、留德的甚至没出过国的，只要你有学问就支持你，学术争论没有任何禁忌。

科学研究要兴旺发达，创造这样一种民主的气氛是非常重要的。浙大的湄潭时期，物质条件极差，但学术民主气氛很好，教授们心情舒畅，专心教学与研究，不论是谁，只要有了好的成果，竺可桢都极力鼓励，即使教授间有了矛盾，他也是尽力调解，从不打一派拉一派。束星北曾多次顶撞他，说他没能耐（去弄钱），他仍是爱惜这个人才。那时的浙大，确有百家争鸣的局面。

现在比较倾向于一个院士下面带几个教授、副教授，下面再加几十个学生，形成一个学派。基本上，以院士的意见为主导，学术争论很少。不同的教授之间、不同单位之间开展学术批评的机会几乎没有。如果提了意见，就好像要把他打倒似的。这种风气，对科学研究的发展是极其不利的。我们现在是权威说了算，这是我们科学不能很快发展的一个重要原因。

大爱无形

如果我们问一个初中的学生，你认为世界上什么力量最大？他会回答：原子弹、氢弹、地震、海啸，但是随着年龄增大、知识增多后，观念上就会有变化，就会看到精神的力量。

人类的两种感情——一个是恨、一个是爱，都可能产生巨大的力量。爱，其实有更大的力量，这个力量是无形的，是巨大的。

20世纪80年代末90年代初，我在美国待了几年，参加过浙大校友会活动。有部分校友是40年代出国的，离开祖国40多年，离开母校四五十年，但是他们都很怀念母校，很怀念竺校长。他们每年有两次聚会，一次是地区性的聚会，一次是全北美的包括加拿大的聚会。大家谈天说地，出些文艺节目，最后一个压轴戏是由一位会口技的同学，用绍兴口音模仿竺可桢讲话，大家听了乐开了怀。有些是双校校友（既是浙大校友，又是别的大学校友），他们说参加别的校友会，大家穿得整整齐齐，热热闹闹，就像过年一样。而参加浙大校友会，就像回娘家一样，一种非常亲切温馨的感觉。竺可桢的求是学风，他的身体力行，他的人格魅力产生巨大的凝聚力，使校友们相聚后，感到非常亲近。

1985年，我到美国去开会，顺便访问了老同学张镜湖。他是夏威夷大学的教授，我去看他，他说在夏威夷还有一个浙大校友周桐，当时只在外文系念了一年，因得了阑尾炎，竺可桢用校长专车将她送到贵阳，并且给贵阳医学院院长李宗恩写了封亲笔信，请他给予关照。结果到了贵阳，手术做得非常好。这件事很多人不知道，我也是过了40多年才听他说。

还有一个例子。浙江大学附属中学的一个同学，初中二年级时，暑假中得了伤寒症。这种病需要养一到两个月，等养好病后，开学已一个月了。从遵义到湄潭没有长途客车，他就坐了一辆"黄鱼车"。走到半路，车抛锚走不了啦。正在这时，过来一辆卡车，在前面停下来了。竺可桢在这个车上，就问他，你是不是浙大附中的学生。因为他打了一个浙大附中童子军的领巾，一半紫红的一半白的。他说是。竺可桢问，你怎么现在才上学，已开学一个月了。他说，生病了。竺可桢说你走路还有好几十里路，上我的车吧。但他个子很小，爬不上车帮子，竺就叫司机把这个小个子学生抱上去。到了湄潭以后，还问他学习能不能跟得上，叮嘱要加紧补习。

1945年，浙大的教授费巩要从遵义到重庆，竺可桢就请了一个过去的浙大学生邵全声护送他。在重庆摆渡过江时邵全声先把行李放到船上去，再回来接教授，发现教授不见了。他就向学校报告，说教授失踪了。后来国民党就诬称邵全声是谋财害命，把他抓起来了。竺可桢就到处打听，什么宪兵司令部、卫戍司令部等等，都去跑过。从1945年到1947年，在他的日记里提到这个学生有18次之多。竺可桢不断地打听消息和设法营救，并几次给该生的父亲写信汇报情况。一直到1947年9月经多方设法营救，邵全声才被无罪释放。到1958年竺可桢又给周总理写信，请查费巩的下落。终于从对监狱里的国民党特务的审讯中查出，费巩当年是被中美合作所特务绑架，不久就被杀害后用镪水毁尸灭迹。

在做浙大校长之前，自1928年，竺可桢一直是中央研究院气象所所长，该所的一个气象观测员，在重庆过江时被淹死了。竺可桢每次到重庆时，都要去看看他的坟墓。竺可桢对人不是看他的地位，而是一种自然的爱心在里面。他的这种爱心和提倡的"求是"精神，融化到教师身上，形成了优良的学风，并影响到后来的学生。

三省吾身

自我批评说起来容易，真正能做到的却是凤毛麟角。在运动中、在会议上比较容易，因为人人都要检讨一番，过关而已，往往并不是真心的。而在私人日记上记的真心话，就不大见到了。一个科学家要承认自己无知，更是难上加难。竺可桢却经常检讨自己，真有"吾日三省吾身"的精神。例如：

1955年11月7日日记有："十点至历史所，与叶企孙、侯外庐谈开第三次中国科学史委员会，以定明年度计划。……叶企孙告余说岁差不但是赤经、赤纬改变，黄经、黄纬也变。可知余之无知也。"

1936年10月14日日记有:"十一点偕振公、晓峰、仲翔、幼南、驾吾等至博览会间壁招贤寺,贺布雷母亲七十冥寿。〔补注:至今思之可耻之事〕"

补注是他后来翻阅时写上的,可见他记了日记还时时翻阅,反省自己。

又如1962年9月6日,参加科学规划的地学组会议,因9点前参加另一个会议,到了规划会上刚拿到规划的第二稿,未及细看就发言,闹了笑话,因为第二稿里已将支援农业部分扩充了很多。日记原文:"九点参加民族饭店综合组讨论会,讨论提纲二稿。我到民族饭店时才接到二稿,所以没有时间能仔细看,讨论时就提意见关于农业支援提得不够,但实际最后部分已大加扩充。我这如此粗枝大叶,应该加以检讨。入党时马玉书同志给我一纸,说党有'三大纪律八项注意'。'三大纪律'是如实反映情况,正确执行党的政策和实行民主集中。'八项注意'有一项是没有调查没有发言权,我既没有如实反映情况也随便乱发言,可耻之至。"这真是极其严厉的自我批评。

人必先承认自己的无知,而后才能进步,才能奋力学习,竺可桢正是虚心好学、不耻下问,所以能学富五车。又因为他时时刻刻检查自己的缺点错误,所以品德达到很高的境界。

原载《科技视界》2011年第9期

档案证明竺老是公正的

陈学溶

1935年，国立中央研究院第一届"聘任评议员"蒋丙然老前辈的落选，曾引起了蒋氏父子以及某些不明真相人士的愤慨。半个世纪以后，1985年11月25日蒋老的哲嗣蒋君宏先生曾在台湾写了一封7页的长信，内中有一段回忆了此事的经过，现照录于下：

  抗战前中国科学界所熟知的一件事，为中央研究院选举评议员。每一学科应选出评议员二人。气象一科，公认竺先生与先父会当选。讵料开票结果，竟为竺、张二氏。一时群情大哗，咸认为竺氏此举太过份（引天文学家李珩先生语，李珩先生为李璜先生令弟）。当时有一位先生（惜不记其名）在刊物《科学》上为文对中央研究院大肆抨击。后以院长为蔡元培先生，乃道歉（？）了事。事后竺先生向先父解释，谓张氏之当选非干他事，乃张自己活动之结果。先父答以："我当选与否不关重要，惟张并非气象界中人，而竟当选气象评议员，徒贻人笑柄。"因此，先父终其一生未曾任中央研究院评议员。

我有幸在南京拜读了蒋君宏先生信的复印件，当即觉得蒋老父子等人对中央研究院第一届聘任评议员的产生太缺乏了解了。为了纠正错误、消除误会，我查阅了有关文献，访问了某些人士，写了《我国气象学界蒋、竺两位老前辈之间的二三事》一文，后来发表在1994年中国科技大学出版的《竺可桢逝世二十周年纪念文集》上。其主要内容如下：

（一）中研院第一届评议会系由中研院的"当然评议员"（中研院院长、总干事及各直属研究所所长）和"聘任评议员"（由中研院院长及国立大学校长组成的选举会投票选出30名国内专门学者呈请国民政府聘任之）共同组成。

竺可桢所长是中研院的"当然评议员"，根本没有参加选举。选举后，公布的30位姓名中不可能有"竺可桢"字样，怎么可能会出现"开票结果，竟为竺、张二氏"，以致"群情大哗"的事？这完全是无中生有！

（二）观化先生在《科学》"大肆抨击"中研院一举，主要是对该院的组织提了两点意见，对评议会只说了一句，在30位聘任评议员中，有"极少数非科学家"。这个"极少数"很难理解是针对张其昀先生的。

（三）第一届评议会中的聘任评议员当选与否，由中研院院长和所有的国立大学校长组成的选举会共同决定。然后由国民政府聘任。中研院只有院长一票，竺所长不可能对选举结果产生影响。事后，竺老向蒋老解释："张氏之当选非干他事，乃张自己活动之结果。"揆诸情理和竺老的为人，似非饰词，但仍未获得蒋老谅解，因为当时并无实际事实能证明竺先生言行一致也。

根据最近出版的《竺可桢全集》第 23 卷公布的档案，竺先生在中研院第一届聘任评议员选举前夕，曾先后写了两封信函给中研院总干事丁文江先生，先后推荐蒋丙然、马名海和蒋丙然、张其昀为气象组的聘任评议员的候选人。对此，我们不难看出竺先生对这次选举还是出以公正之心的，并无偏护之处。鄙意蒋、马、张三位候选评议员能否被选为气象组评议员（或皆未被选上）主要依据是个人的以往业绩，以及在这次选举中的活动能力。

现将《竺可桢全集》第 23 卷第 82 页和第 93 页中两函照录于下。

民国二十四年（1935 年）6 月 12 日，竺可桢致丁文江函稿（介荐评议会气象组候选人）：

> 在君先生钧鉴：本院评议会选举在即，兹谨介荐蒋丙然、马名海两先生为评议会气象组候选人，履历附呈，谨祈惠赐提示为祷。此颂钧祺。弟竺。
>
> 蒋丙然履历见年报。马名海，字仙峤，河北濮阳人。美国维司康新大学数学系毕业，曾任广西大学理学院院长，现任广西省政府气象台台长。
>
> 编者注：据中国第二历史档案馆藏件［393—2788］入编。原函标题为"函丁在君"，题下署"二十四年六月十二日 总办事处"。

民国二十四年（1935 年）6 月 18 日，竺可桢致丁文江函稿（介荐评议会气象组候选人）：

> 在君先生钧鉴：兹谨介绍蒋丙然、张其昀两先生为本院评议会气象组候选人，附呈履历，祗乞转提为祷。此颂钧祺。弟竺。
>
> 蒋丙然履历见年报，著作有：《理论气象学》等书，及《中国十年来之气候》（中文与德文）、《青岛温度之研究》（中文与法文）、《东亚飓风与低气压分区的研究》（中文与英文）、《远东低气压与飓风》（中文与法文）、《云与天气》等论文。
>
> 张其昀，字晓峰，浙江鄞县人。中央大学地理学系教授，曾编著《人地学论丛》（包括气候学）等书二十余种，约百余万言。
>
> 编者注：据中国第二历史档案馆藏件［393—2788］入编。原函标题为"函丁在君"，题下署"二十四年六月十八日 总办事处"。

原载《大气科学学报》2014 年第 2 期

竺可桢的三大精神遗产
——兼述《竺可桢全集》主编樊洪业的贡献

李玉海

上海科技教育出版社为纪念竺可桢辞世50周年，决定编辑一本《竺可桢与他的时代——纪念竺可桢逝世50周年研究文集》，以表达缅怀之情。向我约稿，我推荐了曾于2023年2月7日在中国科普网发表的《竺可桢的三大精神遗产》。这次对原文有所增补与较多修改，又补充了多幅承载着岁月记忆的照片。——笔者识

竺可桢，字藕舫，卓越的气象学家、地理学家、科学史家、教育家，我国气象事业的奠基者，科学事业的杰出领导者。1890年3月7日出生于浙江绍兴东关镇（今属绍兴市上虞区），1974年2月7日病逝于北京。

竺可桢于1910年考取第二批留美"庚款生"，1918年取得哈佛博士学位后回国。先后任东南大学地学系主任、中央研究院气象研究所所长、浙江大学校长、中国科学社第四任社长、中央研究院首届院士。中华人民共和国成立后，任中国科学院副院长，1955年被聘为中国科学院学部委员，兼任生物学地学部主任。

竺可桢一生在气象学、地理学、科学史等领域，取得了一系列具有奠基性与里程碑意义的学术成果，被尊为气象学与地理学的一代宗师，为推进我国科学事业发展与社会进步作出卓越贡献。

樊洪业对竺可桢卓越的一生曾有过精辟的概括。他说："国人以'立德、立功、立言'为不朽，纵观竺老之一生，'三立'皆备。他以求是精神醒世律己，以敬业精神继往开来，享中国气象学和地理学一代宗师之誉，研究水土风云，成果惠及百代，培育人才桃李满天下。"

竺可桢精彩的一生，为后世留下弥足珍贵的三大精神遗产。

第一，是他的著述，即24卷《竺可桢全集》（以下简称《全集》）。

竺可桢是一位具有领导禀赋的科学家，深明管理要义与章法，在系主任、所长、校长、副院长的领导岗位上，尽展领导才华，均取得令人信服的傲人业绩。加之他突出的人格魅力、巨大的学界声望、良好的人际关系以及胸怀祖国、勤奋治学、忠于职守、实事求是、无私奉献、公私分明、清正廉洁、光明磊落、表里如一、作风严谨、毅力坚

强、办事公正、平易近人、待人真诚、心地善良、宽容大度等高尚品格,谢世以来,后辈们仍念念不忘。科学界、教育界一直以各种方式表达对他的怀念。在他的诞辰和忌日举行集会与追思、出版纪念文集、发行纪念邮票。曾经工作之地辟设"陈列室"和"纪念馆",其塑像见于多地。在众多报刊上发表的纪念、回忆文章及研究论著,持续多年不断,热度不减,数量之多,在科学家群体中无人能出其右。据统计,截至2014年,相关文章和论著就多达900余篇(部)。(张立,《"竺可桢研究"相关文献的统计与分析》,载浙江大学编印的《"竺可桢学"研讨会文集》第36页,2014年5月)

竺可桢一生笔耕不辍,著述等身,其遗作皆属上品力作。改革开放后,许多学界名士呼吁出版。《竺可桢文集》终于在1979年出版,但受当时历史条件的限制,仅收入79篇论文,约70万字。2000年3月,在纪念他诞辰110周年前后,叶笃正、黄秉维、施雅风、陈述彭等十几位院士提出增补《竺可桢文集》的建议,得到中国科学院的支持。在收集整理过程中,获得大量遗作,在施雅风院士建议下,也得到众多院士、科学家等的响应,认为有必要出版全集。2001年3月1日《全集》编辑委员会在北京成立,编纂工作启动。路甬祥院长任《全集》编辑委员会主任,副主任由知名人士施雅风、孙鸿烈、张玉台、潘云鹤、秦大河、马福臣、潘涛、沈文雄(执行)、樊洪业(执行)担任;贝时璋、叶笃正、苏步青、张劲夫、郁文、谈家桢、曾呈奎被聘为顾问。与此同时,组成了以樊洪业为主编的文稿编纂组和以潘涛为组长的出版编辑组,开始了长达十几年的紧张工作。

左起:李玉海、翁经义、竺安、路甬祥、戚叔纬、沈文雄、竺松、樊洪业(2010年3月26日)

2004年7月,《全集》1—4卷出版。在北京召开了出版座谈会,叶笃正、陶诗言、陈述彭、席泽宗诸院士与龚育之、张玉台、郭传杰等领导以及竺安、竺松等二十几位在京编委出席。樊洪业对《全集》1—4卷编纂、出版情况作了汇报。各位院士与领导对编纂、出版工作给予充分肯定与积极评价。

《全集》1—4卷出版座谈会会场（2004年7月22日）

左起：龚育之、张玉台、叶笃正、陶诗言、席泽宗、郭传杰（2004年7月22日）

十三年磨一剑。《全集》的编纂出版历时13年，从当初计划的20卷，最终增加到24卷，截至2013年全部出齐，计约2000万字。

皇皇24卷《竺可桢全集》

《全集》1—4卷收录竺可桢已刊与未刊的中文著述，包括学术论文、科普文章、工作报告、思想自传、往来信函、演说与诗作、自存手稿以及履历表等。第5卷为外文著述。

第 22 至 24 卷属于补编，是前 5 卷出版后收集到的，其中大部分是藏于中国第二历史档案馆，存于气象研究所档案中与各方进行工作联系的函稿，以及任职浙大校长期间尚兼任气象研究所所长，为决定气象研究所有关所务与重大事项致代理所长吕炯等的信函。著述部分前 5 后 3 计 8 卷。第 6 卷至第 21 卷是日记部分，计 16 卷。皇皇 24 卷《全集》，卷帙浩繁，内容丰富，是当时国内篇幅最长的自然科学家个人文集。文字跨越了从新文化运动到"文化大革命"后期长达 58 年的历史风云。

《全集》编纂以"存真""求全"为宗旨，如实展现竺可桢的人生道路和社会文化变迁的历史进程，为后世提供价值独特的珍贵史料。《全集》以一种独特的方式折射出 20 世纪中国政治、社会、文化的发展历程，对 20 世纪中国科学史、教育史、文化史和社会史的研究都具有重要价值，堪称 20 世纪我国科学文化历史宝库。它在大时间尺度上，为中国科学史、中国学术组织（中国科学社、学会）及其活动史、中国气象学史及气象事业发展史、中国教育史、中央研究院史、浙江大学史和中国科学院史研究提供了极为丰富的史料。

《全集》展示的人文精神和家国情怀，同样感人至深。

《全集》的鲜明特征是日记部分占据主体，还有大量书信。日记占《全集》篇幅的三分之二，从 1936 年至 1974 年初长达 38 年，约 1300 万字。他以个人的视角，记录了从民国到新中国的历史嬗变，穿越全民抗战、解放战争、抗美援朝、"三反"、"五反"、知识分子改造、"反右"及"文革"等重大历史波涛，记述细腻入微，内容丰富翔实。竺可桢是从传统社会向近代社会转型时期诞生的第一代科学家中的佼佼者。时势英雄，风云际会，20 世纪中国诸多名人遂以不同的时空分布会聚在他的日记中，许多重大历史波澜鲜活在他的笔下。且不说政府要员、社会名流、同窗友好、门生下属，由于他一生中无论主持何种事业都深入基层，每到一地都体察民情，也会随时随地记下相偕相遇之人的谈话与印象，其中不乏基层普通群众，由此也可透视中国底层社会之种种百态。

竺可桢日记在格式上有鲜明的个性与诸多独特的创造，在内容上涉及的领域极为广泛。对当日发生的重大历史事件与新闻，当日参与、处理、经历的事务、见闻，出席会议时对与会人物及发言要点，都有记载，对某些人物与事件，更有细节描述，为众多重要人物研究提供了真实的史料。其内容，不仅涉及科学和教育领域，也记述了其广泛参与的社会各界活动。除了气象、地理之外，还涉及其他各门类专业、国际政治、中外历史、哲学名著、流行小说、博物杂俎。大到国务活动，所在部门事务与处理情形，小到天气物候、来往客人、路途见闻、收寄信件等，无所不包。还记载着他个人的大量阅读，折射出他的勤奋与兴趣之广泛，以及不断充实自己、坚持终身学习的精神。

竺可桢日记的鲜明个性与独创性，还表现在每年日记后都附有特殊价值的"附录"。"附录"内容异常丰富，包括"本年事要"、"通讯录"、家庭"收支一览表"、"子女成绩"、"家人身高与体重"、"读书笔记"、"杂记"、剪报、书法习作等。由于国家局势、物价水平、子女年龄、工作繁忙程度、著述安排、本人年纪等情况不同，每年附录的内容也有所不同。"读书笔记"多摘自国际一流刊物所载的科学前沿文献、权威人士的科学著述、古今中外名著，摘记中时有大段的，甚至达几页的英文记述。"读书笔记"篇幅一般为数页至十数页，1966年竟长达44页。他在写作重要学术著述前，均记载有大量的"读书笔记"。"杂记"更是包罗万象，摘自广泛阅读的各类书刊与工作中的有关资料，凡认为有保存价值者俱摘录之。上至国内外的政治、经济、科学、文化、环境等要事，经济方面的摘记尤为具体，如五年计划、预算、农业（包括粮、棉、油、糖、烟草等产量）、林业、轻工业、人口、物价、税种、等等；下至本地、本校的各种情况、具体数目，不一而足。有的年份将"读书笔记"与"杂记"合二为一。剪报仅出现在中国科学院时期。书法习作仅限于个别年份。家庭"收支一览表"，只载于任职浙大时期，表明虽为一校之长，也是高工资，但家庭开支仍不得不精打细算。逐年记载的家庭支出与物价等记录，具有透视社会、政治、经济等方面的史料价值。附录所记，皆是有保存价值与使用价值者。这里不再一一赘述。

他的日记，同时兼具记事与帮助记忆的功能。查找资料，联系友人，回顾过往，方便实用。他文章中的引文与相关数据多取自"读书笔记"与"杂记"。所以日记是他的至宝，是他的"百宝箱""百科全书"，可以随时取之所需，也是他的至爱，与之倾吐衷肠，形影相随，秘不示人。

人文学者张荣明教授，近15年来看过不下100部日记，其中晚清时期大概有四五十部，民国时期也有四五十部。他称竺可桢日记是"日记王国中的古今第一巨无霸，现存16卷一千三百多万字数已超越晚清四大日记（《越缦堂日记》《缘督庐日记》《湘绮楼日记》《翁同龢日记》）字数之总量"。（张荣明，《竺可桢与陈寅恪》，漓江出版社，2013年，第14页）"在民国日记中，竺可桢的日记是空前绝后的，没有人能够取代。""只有从头至尾看过一遍，你才能真正感悟到这是一部在民国史上具有里程碑意义的空前绝后的大师日记。"（张荣明，《空前绝后的竺可桢日记》，载2014年7月2日《中华读书报》）在2014年《全集》出版座谈会上，他特别强调："竺可桢的日记空前绝后，将来是不可能有的。"

《全集》的编纂，搜集、辨识难度以及工作量均很大，日记部分尤甚。他的日记页面虽然大多工整、清爽，但记述时往往会在不同时期、不同环境、不同心境下运用楷书、行书、草书等多种不同的字体，还常常出现英文记述，又时以俄文、德文、法文等外文与中文混用，有时还有诸多方言及专业名词夹杂其中，个别的错别字与漏字也在所难免，所以辨读起来困难重重，费时费力。

难度更大的，是在内容上涉及众多学科，涉及科学、教育、文化、社会、政治、历史等广泛领域，涉及众多学界、政界等人物与事件，涉及学界、政界机构及其历史演变；早期的教学讲义没有标点符号，还有学科术语与文章、书籍等在编辑方面均与现今不同，等等。无疑对编纂与编辑出版人员，在科学史、不同门类学科以及文化、政治、历史学与外文等素养方面提出很高要求，否则难以胜任。《全集》得以高质量如期完成，有两位学者发挥了重要作用。

一是我国著名科学史家、《全集》主编樊洪业。他从科学史家的视角与高度，提出并坚定坚持"存真""求全"的编辑原则，才使竺可桢著述与日记得以以原貌保存，并将以原貌流传下去。《全集》出版后,读者看到的是竺可桢著述与日记的真实全貌。上述编辑原则受到科学史界和广大读者的广泛赞赏与充分肯定。

作为《全集》主编,樊洪业承担的工作量极为繁重,他把全部时间与精力全心全意地投入《全集》编纂工作中。他同时兼任湖南教育出版社"20世纪中国科学口述史"丛书主编,工作更异常繁忙。十几年来,在他的日历牌上没有节假日,每天按早晨、上午、下午、晚上4个单元工作,每天工作十几个小时。自我约束不写文章,暂时放弃兴趣,尽可能地推掉各种活动,将全部时间和精力用于《全集》的编纂。由于常年伏案工作,他的身体每况愈下,在最严重的一段时间,受病痛的影响已经很难用笔写字,连走路都一度非常困难。在身体最差的那段时间,他首先想要完成的就是《全集》的出版。他认为自己身上有一份不可推卸的历史责任,也是一次不容错过的历史机遇,"我的身体真要是不行了,自己哪怕就是把这条命拼上也认了"。

樊洪业学识渊博、博闻强识,文字功底深厚,著作宏富;对中国近现代科学史,对科学、教育界的知名人物、重要学术机构和重要事件,都有深入研究;具有精益求精、追求完美的精神;并藏有大量近现代科学史料,是《全集》主编的最佳人选。由他担任主编,是《全集》之幸。《全集》的完美出版,他居首功,当之无愧。

樊洪业在《全集》1—4卷出版座谈会上汇报工作(2004年7月22日)

樊洪业在《全集》出版研讨会上汇报编纂工作(2014年4月28日)

另一位是《全集》副主编、竺可桢的三公子竺安。他熟悉日记中所记载的众多人物与事件，有些是亲身经历，帮助解决了不少难题。他精通英文，英文部分的审定工作全部由他完成。他也参与了全部日记的辨识及工作量很大的人物注释工作。两位与出版社的密切配合，保证了《全集》的编纂质量与进度。

竺安在《全集》1—4卷出版座谈会上发言（2004年7月22日）

此外，还有黄宗甄和陈学溶两位老先生，已届耄耋之年担任特邀校审。审校工作要求逐字逐句地核对原稿，这对于两位老人来说，工作负荷之重不言而喻。陈学溶先生在审校工作期间曾几次病倒住院，黄宗甄先生也多次因为疲劳而难以支撑，但他们在高强度的审校文稿工作中，投入了对竺可桢的爱戴之情和严谨的敬业精神。现今，二老已驾鹤西去，当含笑九泉，他们的功绩和精神将与《全集》千古永存。

黄宗甄在《全集》1—4卷出版座谈会上发言（2004年7月22日）

樊洪业（前左1）、李玉海（前右1）与上海科技教育出版社编辑前往南京看望施雅风院士（前右2）与陈学溶先生（前左2）（2009年2月15日）

《全集》的出版，上海科技教育出版社功不可没，出版社的三任社长翁经义、张英光、张莉琴功不可没。在有些出版社漫天要价的时候，他们分文不取接下了《全集》的出版任务，在人力、财力上给予重点保证，十几年如一日，不改初心，显示了以翁社长为首的领导团队非凡的眼光、勇气与魄力。副总编潘涛任编辑组组长，参与了《全集》

全部文稿与日记的审校，对一些英文记述逐一查找原文核对，一丝不苟，以保证准确无误；在工作调动后全部是占用晚上与节假日完成的，付出的心血，难以描述。副总编王世平、责任编辑殷晓岚都贡献良多。十三载合作中，上海科技教育出版社讲求诚信，践行承诺，珍重友情，值得信赖。

樊洪业先生早在编纂《全集》之时，就考虑在完成后有必要编写《竺可桢年谱长编》，即嘱我在收集竺可桢文稿的同时收集有关年谱资料。他预想，待做完年谱长编后，还要撰写《竺可桢大传》，这也是大家的期望，他是担此重任的不二人选。他前些年还有撰写《20世纪中国科学史》的预想，并逐渐在积累资料。但天有不测风云，从2016年以来，他受严重眼疾与重症所困扰，无法使用电脑做事，使这些美好的计划终成画饼。樊洪业先生的染疾，使他失去从事学术工作的能力，令他十分苦恼。奇迹未能出现，虽然不断就医，终究未能挽救他的生命，不幸于2020年病逝。他的满腹经纶与美好愿望都遗憾地随他远去。作为领军人物，他的离去，是竺可桢研究以及中国近现代科学史与中国科学院史研究无法弥补的重大损失，令人惋惜。

在编纂《全集》过程中，我与他有过十几年的愉快交往。他深厚的文史素养，锐敏的思维、出众的文字表达与创新能力，作为科学史家的严谨治学与责任担当，对朋友与学生的不吝指教与真诚相助，已深深珍藏于我心中。

我本人承担了文稿部分的普查和整理校订工作，还促成了与中国第二历史档案馆对气象研究所档案的电子化合作。后3卷中的中国第二历史档案馆藏件，由该馆杨斌、陈

翁经义在《全集》1—4卷出版座谈会上发言（2004年7月22日）

张莉琴在《全集》出版研讨会上讲话（2014年4月28日）

潘涛在《全集》1—4卷出版座谈会上发言（2004年7月22日）

建宁、陆君、奚霞和周晓负责编订，感谢他们的付出与友好合作。

《全集》编纂、编辑主要人员在上海合影（2012年12月1日）
左起：樊洪业、竺安、潘涛、李玉海

2014年4月在北京国家图书馆举行了《全集》出版研讨会，路甬祥与有关方面领导与会祝贺，许多研究竺可桢的学者从不同角度论述了《全集》出版的重要意义。《全集》出版后反响热烈，被众多学者与广大青年研究者广泛引用，进行多方面的深入研究。翁社长提出的要把《全集》做成精品图书的承诺，已圆满实现，《全集》摘得了第四届中国出版政府奖图书奖，这是上海科技教育出版社应得的荣光。《全集》还被加州大学洛杉矶分校图书馆收藏。

《全集》出版研讨会会场（2014年4月28日）

路甬祥（右3）与上海科技教育出版社翁经义（右2）、卞毓麟（左2）、张莉琴（左3）、王世平（右1）、殷晓岚（左1）合影（2014年4月28日）

加州大学洛杉矶分校图书馆藏有《竺可桢全集》

本文不惜笔墨在此介绍各位的努力与付出，只是为了记录在案，让读者有所了解，让历史永远铭记。再配以重要时刻所摄之照片，以留住具有纪念意义的历史性瞬间，以飨读者。

《全集》将流传千古，供后人分享与研究。

第二，是他所摄所藏的摄影作品。他所藏照片具有以下特点：

（1）收藏存量大。

（2）时间跨度长。

（3）内容广泛。大部涉及本人岗位责任内的日常科教管理，亲身参与的国家政治生活和科学、教育、文化、社会活动，以及中外交流、野外考察、参观旅游、亲友往来等。有他亲自拍摄的，有他人当场为之拍摄的，有因公务活动获赠的，有为亲友和学生所赠，还有特意收藏的。

（4）因平生阅历丰富，交际广泛，与重要历史人物、机构、事件关联度高，所摄所藏照片具有重要史料价值与收藏价值。

（5）大多数照片留有竺可桢的墨宝。或在照片的空白处与上方边缘，或在背面，多用蝇头小楷标注出时间、地点、人物姓名。个别照片还有对建筑古迹、相关事件与历史演变状况的记述。某些照片具有水准较高的艺术性，一些照片画面优美，配以秀丽的墨迹，堪称书画珍品，赏心悦目。

钱塘江上的帆船（1937年，竺可桢摄与题注）

峨眉山南天门（1939年9月16日，竺可桢摄与题注）

太原文庙古柏（1955年9月16日，竺可桢摄与题注）

广州六榕寺塔（1964年4月16日，竺可桢摄与题注）

黄土高原上的羊群（1955年5月，竺可桢摄与题注）　　山西洪洞县广圣寺上寺的飞虹宝塔（1965年4月15日，竺可桢摄与题注）

竺可桢所摄所藏照片，有些是孤本，具有特别珍贵的版本价值；一些反映重要历史事件以及具有科学价值的人文与自然景观照片，具有社会文化史料价值。

重庆曾家岩中央研究院（1938年4月26日，竺可桢摄与题注）　　拉萨布达拉宫测候所（1941年9月，竺可桢藏与题注，曹巽拍摄与赠送）

黄河中游之木船，摄于黄河峡谷万家寨附近（1954年5月，竺可桢摄与题注）　　杂谷脑河上的桥（1961年5月，竺可桢摄与题注）

他所存几十年前所摄的名胜古迹、古建筑与园林风光等照片，多属世所罕见，是研究它们历史演变的宝贵史料。比如，1938年12月途经滇越路所摄系列照片，让我们在瞬间穿越80余年的时空，目睹了滇越路当年的容貌。

滇越路大树塘附近之涵洞（1938年12月17日，竺可桢摄与题注）

滇越路落水洞附近（1938年12月17日，竺可桢摄与题注）

竺可桢是我国综合考察的倡导者、组织者与参与者，认为大规模的综合考察工作是合理开发自然资源、发展国民经济的基础。他多次赴野外考察，足迹遍及全国各地。几次去黄土高原考察水土流失和水土保持措施；南至海南岛和云南西双版纳考察热带生物资源及其培育问题，北至黑龙江考察水能利用和沼泽开发；几度西行至内蒙古、宁夏、甘肃河西走廊和新疆天山南北，考察沙漠治理、盐土改良和干旱区地理等问题。他摄、藏数量可观的野外考察照片，基本都是孤本，对相关研究具有重要价值。

绥德辛店沟等高埂（1954年5月31日，竺可桢摄与题注）

考察陕西水土流失。图为竺可桢在与苏联专家柯夫达（中国科学院院长顾问）等进行讨论（1955年5月12日，竺可桢藏与题注）

居中坐者左起：辛树帜、竺可桢、柯夫达、马溶之

冯景兰（右）与苏方专家马特维也夫正在黑龙江滨勘察地震时的情景（1957年7月，竺可桢摄与题注）

在西双版纳从车里去佛海途中所见山上森林被烧情形（1963年3月31日，竺可桢摄与题注）

竺可桢个人照及与他人的合影照，具有反映其生平重要活动的价值；他所摄所藏留有众多名士身影的照片，多数未曾面世，具有珍贵的史料价值。这些学界、政界知名人士以当年的英姿与风采，云集在他的相册中。

仅笔者所知，这些学界、政界知名人士有：贝时璋、秉志、蔡邦华、蔡元培、曹日昌、常书鸿、陈秉仁、陈衡哲、陈建功、陈剑飞、陈康白、陈叔通、陈述彭、陈省身、陈训慈、陈一得、陈毅、陈寅恪、陈源、陈展云、陈遵妫、程纯枢、程开甲、储安平、戴芳澜、丁玲、丁绪宝、丁巽甫、丁颖、丁瓒、范长江、方俊、费孝通、冯德培、冯玉祥、冯仲云、高由禧、谷超豪、顾功叙、郭沫若、郭洽周、侯仁之、侯学煜、胡刚复、胡焕庸、胡乔木、胡适、胡先骕、胡愈之、黄秉维、黄家驷、姜立夫、蒋梦麟、蒋作宾、金善宝、李德全、李善邦、李四光、李旭旦、李俨、李政道、林伯渠、林镕、刘东生、刘少奇、刘慎谔、刘西尧、刘仙洲、柳大纲、卢嘉锡、卢守耕、陆定一、罗隆基、吕炯、马君武、马相伯、马一浮、马寅初、毛泽东、茅以升、梅光迪、梅贻琦、聂荣臻、欧阳予倩、潘光旦、裴丽生、彭加木、钱昌照、钱崇澍、钱俊瑞、钱三强、钱伟长、钱学森、钱钟韩、饶毓泰、任鸿隽、任美锷、阮毅成、邵力子、邵元冲、沈钧儒、沈雁冰、沈兹九、施汝为、施雅风、束星北、谈家桢、汤佩松、唐钺、陶孟和、田汉、童第周、涂长望、王淦昌、王焕镳、王家楫、王琎、王守武、王应睐、王仲济、王竹溪、翁文灏、吴传钧、吴定良、吴晗、吴学周、吴有训、吴征镒、伍献文、武衡、夏衍、谢家荣、谢觉民、谢义炳、解俊民、辛树帜、熊庆来、熊毅、徐尔灏、徐特立、严济慈、阳翰笙、杨铨、杨孝述、杨振宁、杨钟健、尹赞勋、于立群、俞大维、俞平伯、袁翰青、恽子强、曾涌泉、曾昭抡、张宝堃、张伯苓、张从周、张稼夫、张劲夫、张孟闻、张默君、张其昀、张文佑、张文裕、张孝骞、张钰哲、张准、赵九章、赵元任、赵忠尧、郑万钧、郑宗海、周恩来、周建人、周立三、周培源、周仁、周廷儒、朱炳海、朱德、朱济凡（以上按拼音字母顺序排列）等，以及陈永贵、杜立德将军、李约瑟等国际友人，并多位苏联专家。

中国科学社理事会在南京珞珈路竺宅前合影（1935年10月28日，竺可桢摄与题注）

左起：秉志、丁绪宝、翁文灏、任鸿隽、杨孝述、张侠魂、唐钺、马君武、罗家伦、周仁

在甘肃观日食时现场留影（1941年9月21日，竺可桢藏与题注）

左起：潘澄侯、李国鼎、龚树模（蹲者）、张钰哲、胡玉章、陈遵妫、李珩、高叔哿、陈秉仁、区永祥

赵元任夫妇在耶鲁大学图书馆前合影（1947年5月6日，竺可桢摄与题注）

李俨等在莫斯科农业展览馆前门合影（1956年8月24日，竺可桢摄与题注）

右起：田德望、李俨、刘仙洲、尤芳湖

竺可桢同时保有长期记日记与摄影习惯，在日记中常有对拍照的记载。日记与照片相互辉映，相得益彰。走进他的日记，可以瞬间穿越时空，眼前呈现拍摄现场，一览照片背后的故事。照片又是他日记中所记场景的瞬间再现。

竺可桢所摄所藏的摄影作品，大多尚未面世，是一片有待开发的沃土与宝藏。

第三，是他的书法作品。

竺可桢一生奋笔，留存大量手迹。在各项任职期间，为解决工作中的问题，与各界人士有过大量书信往来；他做学问极为严谨，有些学术问题常常通过书信与友人探讨或求教；他有个习惯，凡是收到来函，基本是每函必复；在长浙江大学之时还兼任气象研究所所长，对气象所的领导及一些重要所务的决策，大量是通过书信进行的。所以，存世信函非常可观。

竺可桢的书法独具一格，潇洒隽永，妙笔生花，洋溢一种儒雅的气质，犹如其人。书法家顾廷龙先生在为复旦大学所刊《名人手札选》所写的出版志感中，就说过"科学家如竺可桢、熊庆来等的草书手札，也均为精湛之作"。"小白谈书法"发表在《小白谈书法》微信公众号上的文章，对其书法的评价颇有见地，特转录于此："用笔是十分讲究的，而且技法上，也表现出一种纯熟的境界，尤其是在起笔上，多为藏锋起，行笔上，有一种很轻盈的感觉，而收笔上，有着一种率意之感，在他的行书中，还表现出一种极强的个性，诸如转折之笔，都是一种圆转的方式，更加有质感，而在章法布局上，通常是一种十分疏朗的格调，无论是行距，还是字距，都是非常大的。""在他的行书中，几乎每一个字，都写得比较浑圆，并且，很有状态感，字形大小上，也是参差错落。""个性十分突出。"（网络文章：小白谈书法，《浙大校长竺可桢的书法不错！》，2023 年 7 月 25 日）

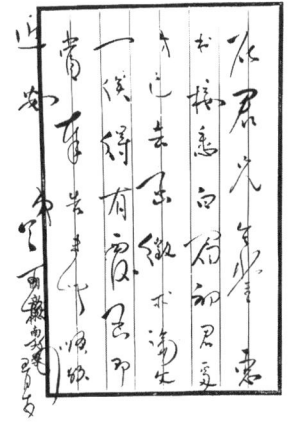

致丁在君函（1924 年 5 月 14 日）　　致刘咸函（1937 年 5 月 14 日）　　致赵九章函（1944 年 11 月 7 日）

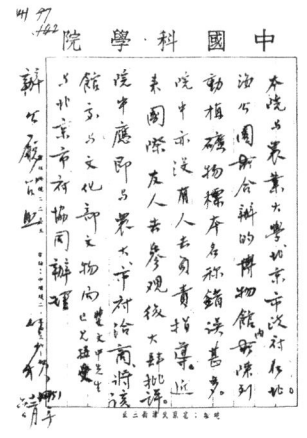

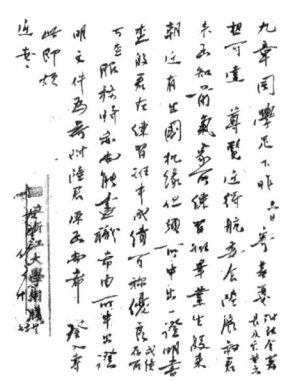

致中国科学院办公厅函（1951 年 12 月 6 日）　　题赠黄国璋（1941 年）　　题写在参观广东新会县万能拖拉机时所摄照片的背面（1958 年 4 月 18 日）

《全集》封面所用的"竺可桢"三字,即出自他题写"求是精神"时的署名。竺可桢的信函在中国第二历史档案馆、浙江省档案馆、浙江大学档案馆、上海市档案馆、中国科学院档案处与档案馆等档案部门,都有可观收藏。他的题签,存世者也非鲜见。他的墨迹,在拍卖市场也偶有出现。

在上述档案部门,也存有诸多名士致竺可桢的信函。仅以笔者所存,致竺可桢手札者就有胡适、翁文灏、朱家骅、王世杰、任鸿隽、张默君、杨铨、陶孟和、丁燮林、叶企孙、卢作孚、俞大维、钱昌照、钱天鹤、朱其清、王显廷、杨钟健、张准、郑宗海、赵九章、黄万里、杨孝述、冯景兰、袁复礼、宋梧生、刘咸、涂长望、方俊、吕炯、厉德寅、宋兆珩、尤佳章、毛邦初、朱允明等。

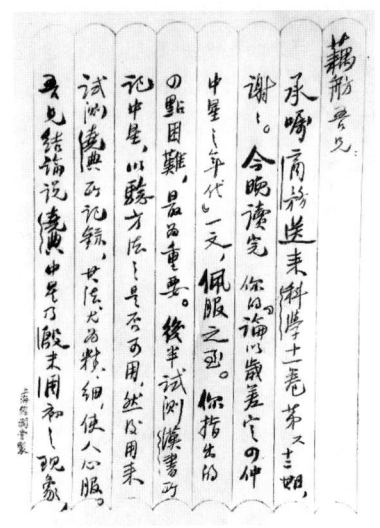

胡适致竺可桢函(1927年7月17日)

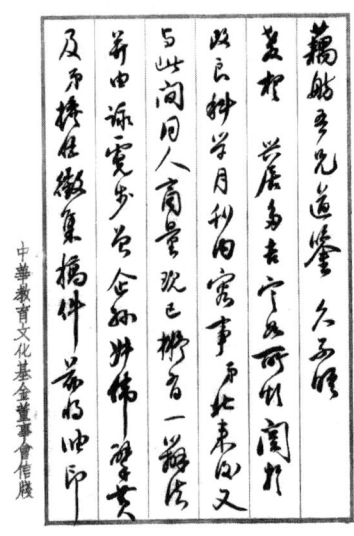

任鸿隽致竺可桢函(1932年3月24日)

赵九章致竺可桢函(1935年10月上旬)

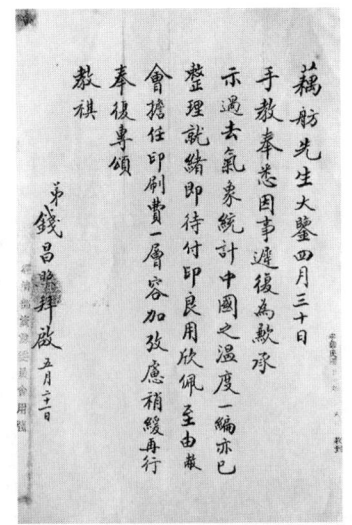

钱昌照致竺可桢函(1938年5月21日)

无论从内容上看还是从书法欣赏角度，竺可桢与众多名家的来往信函都具有重要的史料价值和出版价值。

竺可桢是一位载入中华民族史册的杰出科学家、教育家与品德高尚的民族先贤，留给后世无与伦比、价值连城的三大精神遗产，是浩瀚无垠的汪洋大海，千姿百态，气象万千，令人神往与目不暇接。

岁月匆匆，竺可桢先生辞世已整整 50 周年。谨以此文表示缅怀与纪念。兼而对樊洪业为《全集》作出的突出贡献，表示崇高敬意与深深怀念。

原载 2023 年 2 月 7 日中国科普网，2023 年 11 月修改于北京

凭借本国文化基础　吸收世界文化精华
——试论竺可桢对优秀传统文化教育资源的承继

田正平

在中国近代教育家的研究中，学术界几乎毫无例外地都把西方影响作为一个重要维度，人们在考察中国近代教育家个体或群体的成长过程时，都十分关注西方的影响。这些影响既反映在诸如经济结构变动、生活方式变迁等宏观层面，也体现在个体或群体的阅读史、交游史、师友圈等相对而言比较微观的层面。这种全方位的考察是必要的，甚至是必需的，因为在近代中国千年未有的大变局下，任何具有实质性意义的教育观念上的创新、教育事业上的开拓，都绕不开"西方影响"这四个字。

但是，相对而言，长期以来，人们对传统文化、传统教育在近代教育家成长过程中的正面影响重视不够、挖掘不深，甚至粗暴地把这种影响统统贴上"落后""封建"的标签，纷繁复杂的人的成长被简单化、教条化。事实上，近代以来，一大批卓有贡献的教育家在积极接纳西方先进教育理念的同时，努力承继优秀传统文化教育资源，赋予其现代意义，并使之与从西方接受的观念相融合，探索出一种适合中国国情的办学理念和改革教育的途径，令后人景仰。

7年前，笔者在撰写《一位大学校长的理念与情操——〈竺可桢日记〉阅读札记》（《教育研究》2015年第12期）一文时，阅读过竺可桢的日记和论著，被其中大量的相关记载深深触动，由于思想认识所限而未能进一步展开，留下了难以忘怀的遗憾。7年过去了，这个问题一直萦绕脑际。最近，笔者再次阅读《竺可桢全集》，尝试探讨他在办学过程中对优秀传统文化教育资源的承继和借鉴，希望得到同行指正并借此引起学界对这一重要问题的关注。

一、负笈域外求新知

1910年9月，竺可桢（1890—1974）作为第二批"庚款"留学生赴美，先入伊利诺伊大学农学院，选习农学专业。三年后，进入哈佛大学研究院地学系，攻读气象学。1918年获哈佛大学博士学位。同年秋，竺可桢回国，先后在武昌高等师范学校、南京高等师范学校（1921年改为东南大学）、南开大学等高等院校任教。1936年4月，竺可桢被任命为国立浙江大学校长。可以说，1949年以前的竺可桢主要在高等院校和科研机构服务。"作为一位中国近代著名教育家，竺可桢的业绩、思想和境界主要体现在他主持浙江大学校政的 13 年，而其中最令后人景仰、最能给人以无穷启迪和感召的，是他在抗日战争期间，率领浙江大学全体师生，跨越五省，四度搬迁，往返行程三千余公里，历尽千辛万苦的'文军长征'……在战火纷飞、颠沛流离的空前民族灾难中，浙江大学由一所地方性大学跻身于中国著名大学之列，受到国际学界的关注。"[1]

竺可桢是 20 岁走出国门赴美留学的，这正是一段充满理想、勇于吸纳、血气方刚的年华。与竺可桢同船赴美留学的胡适，在 1915 年 1 月 20 日的日记中留下了这样一段记载："是夜，澄衷同学竺君可桢宴余于红龙楼。同席者七人，张子高后至。畅谈极欢……所谈最重要之问题如下：一、设国立大学以救今日国中学者无求高等学问之地之失……"[2] 27 年后，《竺可桢日记》1942 年 12 月 13 日条回应了上述内容："阅适之《藏晖室札记》卷八，述及适之于民国四年冬过剑桥，一月二十日晚余宴之于红楼，同席七人。适之与郑莱谈话最多，谈及国立大学等事云。"[3] 同样强调，主要讨论的是创办国立大学的事。在波士顿寒冷的冬夜，在哈佛大学的留学生公寓，一群二十几岁的青年，兴奋地讨论着一个在常人看来对他们遥不可及的大问题——未来中国国立大学的"蓝图"，做东者就是在哈佛大学攻读气象专业的竺可桢。46 年之后的 1961 年 12 月 30 日，竺可桢在向中国科学院党组织递交的《思想自传》里，从一个特殊的角度诠释了他们热烈讨论的创办国立大学问题："我认哈佛为我的母校，我回国以后在大学里教书或是办行政，在研究院办研究所，常把哈佛大学做我的标准。哈佛大学便成了我的偶像……我到浙大后，不但把美国哈佛大学所提倡的学术自由和'为学问而学问'这套资本主义国家文化遗毒加以宣扬……同时我还提出了'教授治校'的口号。"[4]89-93 在这份类似检查的《思想自传》中，这位诚实的科学家道出了他主持浙江大学期间心中追求的目标；更告诉世人，他的大学理念、办学思想，与他在哈佛大学的留学经历有着直接的关系。

从以上简略的回顾中可以看出，青年竺可桢在美国留学期间所获得的新知与启示，确实是他以后事业的重要源头。从一定意义上也可以说，他创办国立大学的理想与志向，正是在西方大学的影响下萌发起来的。但是，在近代中国这块苦难与希望交织、屈辱与抗争共存、中西文化冲突风起云涌的古老大地上，理想的实现，仅仅凭借"西方影响"是远远不够的。这种影响只有在深厚的本土资源的滋养下才能发芽，只有得到优秀传统文化、传统教育活水源头的浇灌才会开花结果。

二、传统文化植根脉

1890 年 3 月 7 日，竺可桢出生在浙江绍兴东关镇上一个米粮商人家里。5 岁入私塾读书，第一位老师即是比他大 14 岁，早已获得秀才头衔、补了廪生的长兄竺可材。在长兄精心指导和严格要求下，竺可桢学习勤奋，打下了扎实的基础，当私塾里的同伴们还在背诵《三字经》的时候，竺可桢已经在念《声律启蒙》一类的读物。在长兄的安排下，竺可桢熟读了不少古书，而四书五经等传统典籍则都已能背诵。之后家中聘请章景臣（镜尘）先生坐馆，镜尘先生是大学问家章太炎的本家，是当地有名的饱学之士。在教学中，他经常介绍宋明以后著名理学家立身为学的事迹，激励学生们向先贤学习，这些教诲在少年竺可桢心中留下深深的印记。1899 年，竺可桢进入绍兴东关镇上第一所新式学堂——毓菁学堂学习，1905 年以各门功课全优的成绩毕业。同年，他考入上海著名的澄衷学堂，与胡适同学。1908 年，竺可桢转入复旦公学，与陈寅恪、曾昭权、钱智修等同学。1909 年春，竺可桢再次转学，进入唐山路矿学堂学习。"我在唐山一年半，考了五次统是全班第一，那时我最热烈的希望是要出洋到欧美。"[4] 88 从以上简略的回顾中可以看出，在 1910 年走出国门之前，在新旧教育嬗变的特殊年代，竺可桢享受到了那个时代国内同龄人所能享受到的最好的教育资源，毓菁学堂、澄衷学堂、复旦公学、唐山路矿学堂，等等，这些都是 20 世纪之交国内最好的新式教育机构。虽然竺可桢一直以学好技术为国家、为社会服务自励，数理化等各科成绩更突出，但是，就中国传统文化的研习而言，无论是这些学堂还是竺可桢本人，都从未放松。十几年国内学校生活打下的坚实基础，在此后国内外的学习研究中很快就显现出来。

竺可桢是以唐山路矿学堂在校生的资格参加第二批"庚款"留美学生考试，并于 1910 年 9 月赴美留学的。据现有文献查阅，竺可桢留学期间发表的第一篇学术论文即是《中国之雨量及风暴说》。至 1918 年秋回国，竺可桢留学期间一共发表中、英文各类文章 15 篇，其中，以中国问题为主题的文章就有 12 篇，如《五岳》《钱塘江怒潮》《古谚今日观》《中外茶叶史》《中国人之体格》《论早婚及姻属嫁娶之害》等。1918 年回国后至 1936 年受聘国立浙江大学校长之前的 18 年间，竺可桢在多所大学任教并于后期专任中央研究院气象所所长。在繁忙紧张的教学和管理工作间隙，竺可桢撰写了一批有影响的研究论文，而这些研究成果的主题，亦多是中国问题。如《阴历阳历优劣异同论》《杭州西湖生成的原因》《改良阳历之商榷》《南宋时代我国气候之揣测》《中国历史上气候之变迁》《中国历史上之旱灾》《论江浙两省人口之密度》《北宋沈括对于地学之贡献与纪述》《论祈雨禁屠与旱灾》《论以岁差定〈尚书·尧典〉四仲中星之年代》《直隶地理的环境和水灾》《南京之气候》《论新月令》《天时对于战争之影响》《中国历史时代之气候变迁》，等等。竺可桢之所以选择这些研究课题，一方面是出于对祖国国情的关注，希望用自己所学得的先进知识，为认识、了解和开发利用祖国的丰富资源提供科学的依据；另一方面，也与他深厚的传统文化底蕴，他广博的中国经学、理学、历史、文学知识有关。正是早年打下的坚实基础，使竺可桢能够在传统文化典籍的宝藏中广征博引、游刃有余，为自己的研究结论提供最可靠的证据。在《论祈雨禁屠与旱灾》一文中，竺可桢先后引用的中文文献即有《周礼·司巫》《礼记·月令》《春秋公羊传》《宋史·张士逊传》《通志》《北齐书》《春秋繁露》《左传》《图书集成》《日知录》《西游记》《朱子语类》《天中记》《明诗综》等十数种。而《论以岁差定〈尚书·尧典〉四仲中星之年代》一文，则更是查阅参考了《古经天文考》《历算全书》《尚书释天》《六经天文编》《古赤道图》《古经天象考》《玉芝堂谈荟》《经书算学天文考》等即使是传统学者也较少关注的一些典籍中的自然科学文献。这些典籍为他的科研工作提供的有力证据,更坚定了竺可桢对优秀传统文化的敬重与理解。

三、治校理念:道问学,即是尊德性

1936年4月7日,国民政府行政院任命竺可桢为国立浙江大学校长,4月25日他正式到校视事。在同日下午与浙江大学学生首次见面阐述自己的办学方针时,竺可桢开宗明义提出的第一条即是:"办中国的大学,当然须知道中国的历史,洞明中国的现状,我们应凭藉本国的文化基础,吸收世界文化的精华,才能养成有用的专门人才;同时也必根据本国的现势,审察世界的潮流,所养成人才才能合乎今日的需要。"[5]332 竺可桢的这次讲话先是以《竺校长训词》为题,刊载于《国立浙江大学校刊》,之后被《国风月刊》全文转载。四年之后的1941年9月,又被在贵州遵义复刊后的《浙大学生》再次刊布。可以看出,这次讲话在竺可桢主持浙江大学期间所发挥的重要作用。事实上,竺可桢本人就把这次讲话看作向世人宣告他的治校方略,所以在讲演的当天,他便在日记中留下了"余演讲约四十分钟,述办教育之方针"[6]62 的记载。

如前所述,竺可桢在美国留学时即对母校哈佛大学满怀敬意并对创办高水平的国立大学有过深入的探讨;自述回国后无论在大学里教书或是办行政,母校哈佛大学始终是他的"偶像","常把哈佛大学做我的标准"。那么,为什么竺可桢在被正式任命为国立浙江大学校长后第一次宣布施政方针时就提出,办好大学必须"凭藉本国的文化基础",且把这一条与"吸收世界文化的精华"并列放在第一位呢?这既与竺可桢对当时国内形势、国际形势的感受有关,更与他本人对中国优秀传统文化教育的认知有关。我们知道,竺可桢受命主持浙江大学校政的时候,正是中华民族处于抵御日本帝国主义侵略的非常时期,他深知大学应该站在全民族抗战的前列,以自己特殊的形式作出贡献。而要达成这一目的,必须有明确的办学理念。这一理念既要吸收世界高等教育的先进成果,更要体现中国优秀传统文化教育的深刻内涵。只有这样,才能培养出能够担当民族复兴大任的人才。

在中国传统文化、传统教育中,从来都是把道德陶冶、把"学做圣人"作为各级教育机构第一位的任务。而20世纪30年代的中国教育,则以模仿美国教育为基本的价值取向。1936年5月4日,在主持浙江大学校政后第一次参加学生总理纪念周的讲话中,竺可桢告诉同学们,总理纪念周是由纪念孙中山先生而立,在大学里举行这一活动,更有训育的意义。他说:"在中国书院制度,德育较智育尤为重要,而现行中国大学学制模仿美国,如考试制度、学分制度,但美国学制对于训育全不注意。国际联盟前三年所派几位专家如Becker、Tawney、Langevin均不赞成美国制①,即美国本国教育家如Lowell(罗

---

① 引文中,Becker是指当时的德国前任教育总长裴葛,Langevin是指法国著名物理学家朗之万,Tawney是指英国农村经济学教授陶乃。

威尔——引者注）亦拟更张制度，如哈佛、耶鲁均用导师制，要有指导学生行为之任务。中国不必取法于任何一国，而现行制度有改良之必要乃不可掩之事实。"[6]67 竺可桢肯定了中国书院重视德育的传统，批评美国大学"对于训育全不注意"。他进一步指出，美国学校现在也在改革，哈佛大学和耶鲁大学采用的导师制，就是关注学生的全面成长。在这里，竺可桢的一个基本想法即是，中国的大学不必局限于取法任何一国，只有将中、西方教育理念中最核心、最具传统意义的精华融为一体，形成自己的办学理念，才能适应中国社会的需要，才能对广大师生产生凝聚力、吸引力，才能指引学校为民族、为国家培养需要的人才。

那么，西方大学、西方教育最本质的追求是什么呢？他提出无日或忘的哈佛大学："哈佛大学的校训〔Veritas〕，拉丁字 Veritas 就是真理。我们对于教育应该采取自由主义或干涉主义，对于科学注重纯粹抑注重应用，尚有争论的余地，而我们大家应该一致研究真理，拥护真理，则是无疑义的。"[5]370 很明显，竺可桢把哈佛大学的校训"真理"看作西方大学、西方教育最本质的追求。在主持浙江大学期间，竺可桢努力探索、积极实践把中国教育重视道德陶冶与西方教育强调追求真理的两种不同理念融为一体，贯彻到学校各项工作中。在《我国大学教育之前途》一文中，竺可桢全面阐述了自己的观点："大学的目标，据我国古代传统的观念是在培养道德，《礼记·大学篇》开宗明义就说：'大学之道，在明明德，在亲民，在止于至善。'……到宋明两代的理学家，虽有朱陆之争，朱晦庵一派主张'道学问'，陆子静一派主张'尊德性'。但实际两派教人的目标还是一样，统要学做圣人。所以王阳明就说：'道学问即所以尊德性。'……可见我国自古为学，是以明德为目标，圣人为模范。此与欧洲传统的看法完全不同。希腊哲学家崇拜理知，推崇真理。亚理士多德的《伦理学》书中说：'至善的生活乃是无所为而为的观玩真理的生活。'柏拉图在他《伦理》一书中亦说：'理知者固当君临一切者也。'罗马哲学家西塞禄，以为人生除满足生养之欲望以外，惟以求真为第一要义。……到十九世纪中叶，纽曼主教写《大学教育之性质与范围》一书，尚说大学教育是培养理智，而非培养道德。"[5]639

在这里，通过梳理中西方文化教育的历史，竺可桢"把中国传统大学理念归结为'培养道德'，西方大学理念归结为'培养理智'。他认为，从根本上讲，中西方大学的理念是相通的，'若是一个大学能彻底的培养理知，于道德必大有补益'。因为那些勇于为真理而献身的贤哲，无论古希腊的苏格拉底，意大利的布鲁诺，还是中国的文天祥、史可法，他们之所以能具有如此高尚的道德情操，是因为他们崇拜理知、推崇真理"。[1]他论证说："凡是有真知灼见的人，无论社会如何腐化，政治如何不良，他必能独行其是。惟有求真心切，才能成为大仁大勇，肯为真理而牺牲身家性命……许多人之所以盲从，自私，贪污，卑鄙，只是未能彻底明白事理。中山先生说：'行之匪艰，知之维艰。'王阳明说：'知而不行，只是未知。'大学之最大目标是求真理。这可以说是理知的，但亦可以说是道德的，所以道学问，即是尊德性。"[5]640

就这样，竺可桢凭借自己深厚的传统文化底蕴和对西方一流大学精髓的理解，把"道问学"与"尊德性"融为一体，把研究真理、拥护真理、追求真理与明德亲民、学做圣人融为一体，确立了"求是"二字为浙江大学的校训。竺可桢曾在多种场合对"求是"二字进行过诠释："浙大从求是书院时代起到现在可说已经有了四十三年的历史。到如今'求是'已定为我们的校训。何谓求是？英文是 Faith of Truth。美国最老的大学哈佛大学的校训，意亦是'求是'，可谓不约而同。"[5]461 "所谓求是，不仅限于埋头读书或是实验室做实验。求是的路径，中庸说得最好，就是'博学之，审问之，慎思之，明辨之，笃行之'。单是博学审问还不够，必须审思熟虑，自出心裁，独著只眼，来研辨是非得失。既能把是非得失了然于心，然后尽吾力以行之，诸葛武侯所谓'鞠躬尽瘁，死而后已'，成败利钝，非所逆睹。"[5]461 千百年来中国优秀传统文化、传统教育蕴含的智慧与经验，成为竺可桢治校理念的重要源头。

四、育人目标：公忠坚毅、担当大任

大学以培养人才为目标。在国难深重、政治不清、经济落后、民不聊生的大的社会环境中，如何培养学生的家国情怀，如何使他们成为具有高尚的情操、独立的人格、精深的专业知识，能在抗战救国、民族复兴的大业中担当重任的国之栋梁，竺可桢同样把目光转向他熟悉的传统文化、传统教育，从源头上汲取营养。

众所周知，在中华民族数千年悠久的历史进程中，涌现出无数志士仁人，他们的理想、境界，他们的精神、品格和情操，有如奔腾不息的万里长江，绵延不绝，世代相传。竺可桢自己的成长，就深受其惠。他曾经分析自己人生观中的几个重要观念的形成，明确肯定："人心本善的这种想法是我从孟子和王阳明的书中所得来的一种概念。"[4]102 "作为一位受过完整的西方现代教育的科学家，竺可桢中国传统文化底蕴之深厚，对中国传统典籍之熟悉，特别是他对中国传统文化和教育所采取的了解的同情和去粗取精的态度，在同时代的科学巨匠中，很少有人能出其右。"[7]

阅读竺可桢的各类著述，翻检他上千万字的日记，随处可以看到他阅读传统文化教育典籍的记载，《大学》《论语》《孟子》《诗经》《史记》《后汉书》《论衡》《陶渊明集》《剑南诗篇》《苏东坡集》《朱子全书》《王文成公全书》《颜习斋言行录》《曾文正公家书》《饮冰室文集》，等等，是他在不同时期、针对不同环境而最常阅读的几种典籍。竺可桢重温或者反复阅读这些典籍，在很多情况下是针对大学生的精神面貌、思想状态和各种实际问题，一言以蔽之，是为了育人。1936 年 4 月 25 日，在与浙江大学学生首次见面时，竺可桢就号召同学们学习浙江历史上两位先贤黄梨洲、朱舜水："梨洲、舜水二位先生留给我们的教训，就是一方为学问而努力，一方为民族而奋斗……足为今日民族屈辱中我们所以报国的模范。我们生在文化灿烂的中国，又是生在学术发达先型足式的浙江，应如何承先启后，以精研学术，而且不忘致用实行为国效劳的精神！"[5]333

1938年6月26日，辗转迁徙中的浙江大学在江西泰和举行第11届毕业典礼，竺可桢致辞劝勉毕业生："诸位同学，今天是本校举行第十一届毕业典礼，正值倭寇猖獗万方多难的时候，诸位毕业生初入社会，就遇到国难，因此诸位的责任，就格外的重大。我们晓得范文正公为秀才时，即以天下为己任。现在诸位离校以后，每个人也应该以使中华民族成为一个不能灭亡与不可灭亡之民族为职志。"[5]446 竺可桢从传统文化中推出胸怀"先天下之忧而忧，后天下之乐而乐"大志的范仲淹，号召即将毕业的同学们学习他初为秀才时即以天下为己任的高尚情怀。

1939年7月16日，浙江大学在广西宜山（现宜州区，下同）举行第12届毕业典礼，竺可桢在会上讲话，"勖勉学生以出校后须有正确之人生〔观〕，为名为利均有弊窦，只知为社会服务、不顾名利而自然可得成功。所谓成功亦非名利兼收。古人有不惜牺牲生命而保存其志节、主义，虽身死而志行则亦成功，如诸葛武侯，中山先生亦即其例也。最后以王文成公答陆文静书所云：'君子盖有举世非之而不顾，千百世非之而不顾者，亦求其是而已矣，岂以一时之毁誉而动其心哉'，为我校求是精神之精义"。[8]124。竺可桢引用王阳明的这段传世语录，既是对即将走上社会的毕业学生的临别赠言，也是借先贤的话对自己坚守的"只问是非、不计利害"的做人原则做了一个很好的诠释。

事实上，作为一校之长，竺可桢不仅在学生们的重大集会上多次列举历史上志士仁人的感人事迹和崇高精神，勉励学生修德敬业、报效国家；而且，在更多的日常接触中，他也时时以中华民族的优良传统和先知先觉者们的嘉言懿行与青年们共勉。《竺可桢全集》中留下许多这方面的生动例子：

1938年2月10日："我国称受教育的人为'读书人'，这名称误尽苍生。书本子的教育不过教育的一部，所以袁子才有诗道：'世事洞明皆学问，人情练达即文章。'信哉言乎。书赠哲民同学"[5]444

竺可桢以此告诉同学们，在校读书只是受教育的一个方面，社会实践同样重要，要借鉴古人在这方面的深刻体悟。

1940年8月16日："赴播声电影园参与浙大二十九年级临别联欢大会。七点开会。首唱歌，刘守绩致开会辞，献余纪念品，计手杖一，照片簿一，簿中贴毕业班一百卅余人之照片。余上台接受，作一简单之答辞，以明代人所制杖之对联作为临别赠言，即'危而不持，颠而不扶，是将焉用彼相哉。用之则行，舍之则藏，惟我与尔有是夫。'用行舍藏，如诸葛武侯之最初'苟全性命于乱世，不求闻达于诸侯'，而结果则'鞠躬尽瘁，死而后已'。危持颠扶，乃人人之责也。最后以'同学少年皆不贱'，将来各自发展相期许。"[8]416-417

竺可桢参加毕业班临别联欢会，接受同学们送的手杖，即席发言，大谈诸葛武侯的事迹，告诫同学们"危持颠扶，乃人人之责也"，以"同学少年皆不贱"期许诸位同学。

1941年6月："左文襄公尝谓：少贫嗜学，得好书即欣然忘食。日有粗粝两盂，夜有油灯一盏，即思无负此光阴。今年垂耳顺，一知半解都从此时得来，筋骨体肤都从此时练就，云云。书赠维良同学"[5]545

竺可桢以近人左宗棠的事迹启迪青年无负大好年华。

1941年6月："曾文正公云：'灵明无著，物来顺应，未来不迎，当时不杂，既过不恋，是之谓虚，是之谓诚。'又曰：'人必中虚，不着一物，而后能真实无妄。'书赠尚志同学"[5]546

竺可桢强调"虚""诚"二字是一个人事业成功的前提。

1944年12月："胡儿敢作千年计，天意宁知一日回。右录放翁诗句以赠叔纬同学。"[5]621

竺可桢以放翁诗激励同学们的抗日爱国热忱。

这些从奔流不息的中国历史长河中随手拈来的故事、格言、诗句、典故，饱含着竺可桢的良苦用心，既有深厚的文化底蕴，又具有很强的针对性，与现实情境融为一体，给学生留下终生难忘的印象。

也许是受青少年时期塾师和学堂先生的影响，竺可桢本人对宋明以后著名理学家们立身为学的事迹特别关注，对他们的著述特别用心。在所有这些典籍中，竺可桢翻阅最勤、使用次数最多的是一部《王文成公全书》，既是为了自己的立身行事，也是为了学生的立德成人。

王阳明（1472—1529），名守仁，字伯安，自号阳明子、阳明山人，世称阳明先生，浙江余姚人。王阳明是明代一位杰出的政治家、军事家、思想家。他一生文治武功俱称于世，对传承与发展儒学作出了重要贡献。其学上承孟子、中继陆象山，成为风靡明代中后期的阳明心学，其影响历经明清两代而及于近代。梁启超称之为"百世之师"，严复在《王阳明集要三种序》中慨叹："世安得如斯人者出，以当今日之世变乎！"[9]竺可桢对这位乡贤怀有崇高的敬意，一部《王文成公全书》在战乱中随身携带、反复阅读。他不仅借用王阳明"道问学即所以尊德性"的论断，巧妙地把中、西大学的精髓融为一体，构成了"求是"校训的内涵，而且时时以王阳明的精神、业绩勖勉自己、激励师生。

1938年10月28日日记："《阳明语录》卷二《答顾东樵书》有云，'学校之中，惟以成德为事……迨夫举德而任，则使终身居其职而不易，用之者惟知同心一德，以共安天下之民。苟当其能，则终身处于烦剧而不以为劳，安于卑琐而不以为贱'云云。"[6]603 1938年10月29日日记："晚阅《王文成公全书》。或问知行合一于阳明先生，答曰，今人学问只因知行分作二件，故有一念发动虽是不善，然却未曾行便去不禁止，我今说个知行合一，正要晓得一念发动处便即行了。"[6]603 1938年10月30日日记："晚阅《阳明先生全集》。阳明先〔生〕讲'知行合一'，谓发动处有不善，就将这不善的念克倒，须要澈根澈底，不使那一念不善潜伏在胸中，此是我立言宗旨，何等简易。'蓬生麻中，不扶而直。白沙在泥，不染而黑。'此阳明先生《南赣乡约》格言也。"[6]604 1938年10月31日日记："《王文成公全书》卷三《传习录》下，阳明先生曰，众人只说格物要依晦翁，何曾把他的说去用？我着实用来……及在夷中三年，乃知天下之物本无可格者，格物之功只在身心上做。"[6]604

从日记中可以看出，连续四天，竺可桢每天晚上都在阅读王阳明的著作，并且写下详细的读书笔记。原来这次集中阅读是为了与学生谈话做准备。1938年10月，浙江大学从江西泰和迁至广西宜山不久，11月1日学校在宜山举行开学典礼。江西和广西两省是王阳明当年建功立业，展现自己的思想、才能和坚贞不屈意志的"关系最多之地"。在开学典礼上，竺可桢告诉同学们："今浙大以时局影响三迁而入广西，正是蹑着先生的遗踪而来；这并不是偶然的事，我们正不应随便放过，而宜景慕前型，接受他那艰危中立身报国的伟大精神。"[5]452 竺可桢抓住"地利"的深厚资源，经过认真的准备，在开学典礼上，从"致知力学的精神""内省力行的功夫""艰苦卓绝的精神"和"公忠报国的精神"四个方面详细地讲述了王阳明一生的事业和学问。"阳明先生才高学博，无论在学问、道德、事业，与其负责报国的精神，都有崇高的造就；在此国家蒙难学府播迁之中，他那一段艰苦卓绝穷而益奋的精神，更是我们最好的典范……诸君都受高等教育，是国家优秀的分子，也是国民中幸运的人，当然都要抱定以艰苦的环境'增益其不能'为目标，而准备来担当国家许多'大任'。这就不能苟且因循，而应以阳明先生的精神为精神了。"[5]452 讲话最后，竺可桢告诫同学们："大学教育的目标，决不仅是造就多少专家如工程师医生之类，而尤在乎养成公忠坚毅，能担当大任，主持风尚，转移国运的领导人才……综观阳明先生治学、躬行、艰贞负责和公忠报国的精神，莫不足以见其伟大过人的造诣，而尤足为我们今日国难中大学生的典范。"[5]455 他号召浙江大学学生以王阳明先生为典范，在民族灾难中砥砺磨炼自己，成为担当大任、主持风尚、转移国运的领导人才。

从以上的分析中我们可以看出，在大学育人目标的设定和学校日常规训方面，竺可桢更是着意于从中国传统文化、传统教育中汲取营养、获得启迪；而博大精深、源远流长的传统文化、传统教育，则成为竺可桢实现育人目标取之不尽用之不竭的源泉。

五、余论

竺可桢主持浙江大学校政的13年，可以说是他将西方大学崇拜理知、推崇真理的理念，与中国教育明德亲民、学做圣人的传统，力求在理论上融为一体，在实践中全面贯彻的13年；是他充分借鉴和利用丰富的中国文化、中国教育资源，在中华民族面临外侮的特殊历史时期，力图重塑青年学生精神境界、人格操守而不懈努力的13年。这些基于一所大学的生存、发展所提炼和形成的治校理念和育人目标，折射的是现代大学在中国这块土地上成长、发展所应遵循的基本规律和它的主持者必须具备的基本素质。

作为后见之明，当我们回顾总结竺可桢主持浙江大学的这段历史时，一定会为他的高瞻远瞩、一诺千金的君子之风发出由衷的赞叹。他确实实践了上任之初即提出的"办中国的大学，当然须知道中国的历史，洞明中国的现状，我们应凭藉本国的文化基础，吸收世界文化的精华，才能养成有用的专门人才"的承诺。当然，能够提出并贯彻这样一种治校方针，这一事实本身就说明竺可桢作为一位卓越的科学家、教育家，就是那个时代中西文化、中西教育优秀传统结合的典型。

平心而论，在20世纪30、40年代的中国社会，竺可桢的理想远远未能完全实现；但是，他的办学理念，他的育人主张，他在所有的教育活动中所体现出来的对中国优秀文化教育资源的深刻体悟和承继借鉴，无论在当时还是70多年之后的今天，都是中华民族的一笔宝贵财富。

参考文献

［1］田正平.一位大学校长的理念与情操——《竺可桢日记》阅读札记.教育研究，2015，（12）.
［2］胡适.胡适日记（2）.合肥：安徽教育出版社，2001：14.
［3］竺可桢.竺可桢全集（第8卷）.上海：上海科技教育出版社，2006：443.
［4］竺可桢.竺可桢全集（第4卷）.上海：上海科技教育出版社，2004.
［5］竺可桢.竺可桢全集（第2卷）.上海：上海科技教育出版社，2004.
［6］竺可桢.竺可桢全集（第6卷）.上海：上海科技教育出版社，2005.
［7］田正平.世态与心态——晚清、民国士人日记阅读札记.上海：上海教育出版社，2017：252.
［8］竺可桢.竺可桢全集（第7卷）.上海：上海科技教育出版社，2005.
［9］王阳明.王阳明全集（下）.上海：上海古籍出版社，2011：1807.

原载《教育研究》2022年第6期

竺可桢的"伊利诺伊岁月"
——早期留美教育经历及其回响

曾 点

摘要：1910—1913年，竺可桢作为"庚款留学生"到美国伊利诺伊大学求学，这构成了他人生中独特的"伊利诺伊岁月"。基于竺可桢就读该校期间的成绩单，本文对他留美早期的学习情况进行了具体而全面的重建，主要是展示了他三年中所修读的课程和这些课程的详细信息。作为一个农学专业的本科生，竺可桢的学业十分忙碌，但表现得并不出众，有些课程的成绩还较差；但对这些课程的学习仍构筑了他日后踏足气象学领域的知识基础，对他后来的人生有直接影响。本文展示的新史料，有助于更丰满地刻画出竺可桢这位学术大家的历史形象。

竺可桢是一代学术大家，对于中国近现代历史有着特殊的意义，关于他的研究已有十分丰硕的成果①，但是，这些研究基本聚焦于他在20世纪20年代以后的人生，尤其是他为中国的科学研究和高等教育作出的卓越贡献。相比之下，青年时期的竺可桢留给人们的是一个较为模糊的历史形象。由于资料缺失，特别是竺可桢1935年以前的日记毁于战火②，研究者很难细致地描摹竺可桢的早年人生，其中便包括他留美的学习情况。然而，早年留美学习的经历对于研究竺可桢却又格外重要，因为那段经历直接而深刻地影响乃至决定了他后来的大半人生；而且，这样的影响有时还表现得非常具体，比如，他1913年至1918年在哈佛大学求学，他日后的教育思想和教育实践则或多或少都带有哈佛大学的色彩。[1-3] 又如，更早一些的1910年至1913年，竺可桢在伊利诺伊大学学习，这一段经历是推动他不久后进入哈佛大学深造并涉足气象学领域的直接动因。

既有研究对1910年至1913年竺可桢的留学经历大都只做简要概述，对他这一时期的学习情况也多是轻描淡写。③ 但是，回归具体的历史语境，显然其中还有很多历史内

---

① 关于竺可桢研究的文献综述，可参见江增辉博士学位论文《西学东渐的成功典范——竺可桢对中国科学与教育发展的贡献及其方法论意义》（中国科学技术大学，2013年）第2—11页。

② 竺可桢记日记大致始于1913年夏季，见樊洪业，《关于竺可桢日记》，竺可桢，《竺可桢全集》第6卷（上海科技教育出版社，2005年）第9页。

③ 竺可桢几种主要传记，如毛正棠执笔编写的《竺可桢传》（科学出版社，1990年）、谢世俊所著《竺可桢传》（重庆出版社，1993年）、张清平编著的《竺可桢》（河南文艺出版社，2012年），均只是十分简要地提及了他的"伊利诺伊岁月"。

容有待挖掘。那时的竺可桢虽然是从中国而来，却也只是伊利诺伊大学的一名普通学生，他所面对的主要是大量的课程，他所思考的也主要是怎么学好这些课程。那么，这三年时间里，他究竟学了一些什么课程？又具体学得怎么样？通过考察新近发现的竺可桢本人的"伊利诺伊大学成绩单"[4]，这些问题或许将得到比较充分的回答。

一、竺可桢的"伊利诺伊大学成绩单"

1910 年夏，竺可桢通过考试，成为清政府派出的第二批"庚款留学生"之一，不久后搭载远洋轮船前往了美国。与他同批赴美的"庚款留学生"中，还包括胡适、赵元任等其他 69 人。这 70 人抵美后由全美的十多所高校接收，竺可桢与另外 5 人被送往了伊利诺伊大学。[5]197-199 1913 年，他从伊利诺伊大学毕业，并转入哈佛大学继续求学。1914 年 11 月，他向哈佛大学提出了学位申请。作为一项必要的手续，同时也是对竺可桢的全面审查，哈佛大学要求他提供一份就读于伊利诺伊大学期间的成绩单。[6]这份成绩单丰富而全面地展现了竺可桢在伊利诺伊大学三年的学习情况。

根据这份成绩单，竺可桢是 1910 年 9 月 20 日正式入学的，并于 1913 年 6 月 11 日毕业，取得的是理学学士学位（B.S.）。三年内，他一共参加了 6 个学期（semester）的课程，每个学期是 18 周；此外，他还参加了两个暑期学期（summer session）的课程，每个暑期学期则是 8 周。①

竺可桢来美之前就读于唐山路矿学堂（Tangshan Engineering College），但只读了一年便去参加"庚款留学生"考试了，其知识水平相当于美国的高中毕业生。那时的美国，一个高中生要进入大学，须完成资格认定，即学习的课程达到了进入某大学的标准。这类资格认定后来发展成了 SAT（Scholastic Assessment Test）和 ACT（American College Test），即美国的高考。竺可桢的这份成绩单显示，伊利诺伊大学对竺可桢做了入学资格（entrance credits）的评估，共列出了 12 门课程的学分，分别是代数（1½ 学分）、平面几何（1 学分）、立体几何（½ 学分）、英语（3 学分）、法语（1 学分）、历史②（1 学分）、自然地理（½ 学分）、物理（1 学分）、化学（1 学分）、地质学（½ 学分）、绘图（1 学分）、中文（3 学分）。这具体地表明了竺可桢在进入伊利诺伊大学之前的知识水平，也能大致代表"庚款留学生"来美时的受教育程度。其实，对要接收的"庚款留学生"，一些大学还单独举办过考试。

伊利诺伊大学 1910 年的入学要求是中学阶段获得了 15 个学分，其中必须有 1½ 学分的代数、1 学分的英文写作、2 学分的英语文学、1 学分的平面几何；而不同的学院对

---

① 除去考试周与长假，常规学期实际只有 16 周讲课，而暑期学期相当于半个常规学期——有时长达 9 周。

② 成绩单中作 "Gen. History"，疑为 "General History" 的简写。

这 15 学分也有额外的要求，竺可桢所去的农学院便要求其中必须有 2 学分的科学。[7] 当然，具体怎么认定这些学分另有详细规则。总之，竺可桢达到了进入伊利诺伊大学的条件。

伊利诺伊大学对中美两国的文化交流发挥过特殊的作用，更是"庚款留学生"项目的重要发起力量。[8] 尤其是校长詹姆斯（Edmund J. James），不能不提。他是伊利诺伊州本地人，从德国取得了政治经济学博士学位，返美后曾任宾夕法尼亚大学教授，领导该校的沃顿商学院（Wharton School of Finance and Economy），1904 年成为伊利诺伊大学校长，直至 1920 年退休。伊利诺伊大学能发展成世界知名高校，离不开他作出的巨大贡献。[9] 他对于 20 世纪初的中美关系，有着独特的思考，认为美国可以通过教育与中国建立紧密的联结。1906 年，他致信当时的美国总统罗斯福（Theodore Roosevelt），提议退还中国对美"庚子赔款"的一部分，作为奖学金，支持中国学生赴美留学。他强调，对于美国而言，成功地教育中国年轻人将是一个成本不高但在道德、智力和商业影响力方面回报最大的计划。① 在他的推动下，1911 年至 1920 年，赴美留学的中国学生中，有三分之一都去了伊利诺伊大学。[10] 因此，詹姆斯治校时，伊利诺伊大学的总体氛围对竺可桢等中国学生应该是相当友善的。

在 6 个常规学期外加两个暑期学期中，竺可桢一共修读了 35 门课程，总计 119½ 学时（semester hour），而 1 学时则表示一个学期内每周都学习了 1 课时的某门课程。总体来看，一个"忙"字基本概括了他在伊利诺伊大学的三年，课程数量多、学时大、负担重，致使他闲暇甚少，没有多余的时间去参加课外活动，听讲、写作业和考试成了他生活中的主要内容。

进入伊利诺伊大学时，竺可桢选择了农学作为专业，所以，他修读的课程大部分都与农学相关，涵盖了畜牧学、动物学、昆虫学、兽医学、饲养学、乳品学、植物学、农艺学、园艺学、化学等学科，涉及的其他学科则有修辞学、德语、英语、经济学、政治学、数学、哲学、体育。同时，由于地理条件和产业环境的特点，加之有独特的建校历史，农学一直是伊利诺伊大学建校后的核心学科和优势学科。所以，竺可桢所接受的农学教育，无论是硬件还是软件，都有一定质量保证。他这些课程的平均成绩是 85 分，每个学时的平均成绩则是 84 分；② 如果仅考察他的农学课程，其平均成绩恐怕还要再稍微低一点；要是从人文和理工的划分来看，竺可桢是典型的理工男，其文科课程的成绩普遍不高。由此而知，就读于伊利诺伊大学期间，竺可桢的成绩总体是优秀的，但也并非特别出众。不过，他还是有一些课程的成绩较为亮眼。

---

① 有关美国退还部分"庚子赔款"作为中国赴美留学生奖学金的详细情况，参见 Michael H. Hunt. The American Remission of the Boxer Indemnity: A Reappraisal. The Journal of Asian Studies, 2011, vol. 31, no. 3, pp. 539–559.

② 成绩的记录均是百分制。课程平均成绩为课程成绩之和除以课程数的结果，学时平均成绩则是课程成绩之和除以总学时的结果。

为了更详细地探究竺可桢留美初年的学习情况，下文将分三个年度对他的"伊利诺伊大学成绩单"做一展示。

二、竺可桢1910—1913年的学习情况

（一）1910—1911年度：忙碌而紧张的开端

来美国的第一年，竺可桢共修读了13门课（包括1911年暑期学期的两门课），总计37½学时。这个年度，他课程的平均成绩是85分，每学时的平均成绩则是83.7分。透视这13门课能部分地推知竺可桢这一年的个人生活。

1. 第一学期的课程

竺可桢在伊利诺伊大学的第一个学期十分忙碌，有9门课要学，分别是：

畜牧学三门课，即8号课（A.H. 8）、21号课（A.H. 21）和11号课（A.H. 11）。8号课"基础育种"（Elementary Stock Breeding）的内容是动物育种的普遍原则、变异的范围、选种的影响，由附属研究员（associate）科菲（Walter Castella Coffey）① 讲授；21号课"基础喂养"（Elementary Stock Feeding）的内容是饲料的成分与分类、动物对营养的消化、影响消化率的因素及饲料标准的计算，讲课人是助理教授霍尔（Louis Dixon Hall）。这两门课是要求同时修的。11号课名为"肉牛的市场类别和等级"（Market Classes and Grades of Beef Cattle），内容是判断肉牛及其关联物的等级、通过市场报告来分析各等级肉牛的价值，授课形式除讲座和阅读外，还要做评判肉牛等级的实践。[7]300-301 竺可桢这三门的成绩分别是88分、88分和81分——11号课似乎学得不够好。

植物学一门课，即12号课（Botany 12）——"细菌展示"（Lectures and Demonstrations upon Bacteria）。其内容是细菌及相关有机物的知识，尤其是经济意义、对人类最普遍的益处与危害，由副校长、著名植物学家布瑞尔（Thomas Jonathan Burrill）教授讲授。[7]312 值得一提的是，布瑞尔是第一位发现植物病害有细菌病原的科学家。[11] 竺可桢这门课的成绩也是88分。

化学一门课，即3号课（Chemistry 3）——"性质分析"（Qualitative Analysis），内容是背诵（recitation）和做实验，由一位附属研究员和两位讲师② 负责。[7]318 竺可桢这门课的成绩也并不高，是84分。

昆虫学一门课，即4号课（Entomology 4）——"经济昆虫学导论"（Introduction to

---

① 伊利诺伊大学的正式职员（faculty）包括了教授、副教授（associate professor）和助理教授（assistant professor），但它还有三类非正式职员，即附属研究员、讲师（instructor）和助理（assistant）；科菲是牧羊人出身，此时虽然未取得正式教职，但他对绵羊蓄养已有十分专业的研究，后来他成为了明尼苏达大学的农学院院长（1921—1940）、校长（1941—1945），还做过美国科学院农业委员会主席，参见明尼苏达大学档案馆的介绍，https://archives.lib.umn.edu/repositories/14/resources/1433。

② 这位附属研究员是史密斯（George McPhail Smith），两位讲师则是伊珊（Helen Isham）和麦卡锡（Ellex S. McCarthy）。

Economic Entomology），由助理教授富尔松（Justus Watson Folsom）讲授，内容包括讲座、实验与田野调查。[7]356 竺可桢的这门课拿到了85分。

修辞学一门课，即1号课（Rhetoric 1）——"修辞与主题"（Rhetoric and Themes）①。此课程要延续至第二学期。[7]353 竺可桢这个学期的成绩是74分，后面的学期，他也只拿了72分。这门课是文、理、工、农专业学生的必修课。

兽医学两门课，即4号课（Vet. Sci. 4）与6号课（Vet. Sci. 6）。4号课是"家畜的解剖、生理学与疾病"（Anatomy, Physiology, and Diseases of Domestic Animals），内容为介绍动物的生理结构和器官疾病，由麦金托什（Donald McIntosh）教授来教。彼时，麦金托什是全校唯一的兽医学教员，故而6号课"兽医诊所"（Clinic）同样也是麦金托什讲授的，其内容是免费诊疗动物，让学生有机会接触案例并协助工作。[7]432 竺可桢的这两门课分别拿了87分和90分。

不过，由于这9门课每周的上课时间和地点已难以考察，因此只能概略还原竺可桢的课程表（表1）。

表1　竺可桢1910—1911学年第一学期课程表

课程	每周学时	
	前九周	后九周
基础育种	2	（2）
基础喂养		5
肉牛的市场类别和等级	3	（3）
细菌展示		2
性质分析	3	
经济昆虫学导论	5	
修辞与主题	3	
家畜的解剖、生理学与疾病	5	
兽医诊所	0.5（周六10:00—12:00 am）	
每周合计学时	21.5（16.5）	18.5（23.5）

2. 第二学期的课程

这个学期，竺可桢只修了4门课，包括两门贯穿整个学年的课程（修辞学1号课和兽医学6号课），与另外两门课：农艺学6号课（Agronomy 6），其名为"作物种子：质量、保存、发芽与生长"（Farm Seeds; Quality, Preservation, Germination and Growth），内

① 本课由附属研究员斯科特（Franklin William Scott）领衔讲授。

容是判别种子的生命力、掌握植物的生长知识、杂草的辨识与防治、学习作物的播种方法，由助理教授休谟（Albert Nash Hume）主讲①，授课形式是背诵、实验和田野调查，且未学过植物学和农艺学的学生都要修；[7]295 化学 13a 号课（Chemistry 13a），其名为"农业分析"（Agricultural Analysis），内容为土壤、肥料和食品中成分的测定和分离，由巴托（Edward Bartow）教授讲授，本课是专门为农学专业的学生所设，且修课者要先修过化学 3 号课。[7]320 巴托是一位致力于公共卫生工程的化学家，他师从诺贝尔化学奖获得者瓦拉赫（Otto Wallach），因研究饮用水净化和废水处理而出名；他此时是伊利诺伊州水质调查的主持人，后来还做过美国水学会主席、美国化学工程师研究所主任、美国化学会主席、国际化学联盟副主席等，[12]有很大的学术影响力。巴托的课，竺可桢学得很不错，得了 90 分；另一门课，他的成绩则是 86 分。

3. 1911 年暑期的课程

1911 年暑期学期（6 月 20 日—8 月 19 日），竺可桢修了两门课。

一门是"经济学原理"（Principles of Economics）②，内容是以美国经验来讨论决定经济发展的力量，由助理教授维斯顿（Nathan Austin Weston）③讲授，教材是西格（Henry R. Seager）的《经济学：简明教程》（Economics, Briefer Course）。[7]240 西格是那时著名的政治经济学家，所以竺可桢学的多半也是政治经济学，但学得一般，成绩是 82 分。

另一门是"初级德语"（Beginners' Course）④，会讲授语音、语法、写作等内容并阅读简单文本，教材是沃斯（B. J. Vos）的《德语要领》（Essentials of German），讲师奇尔斯（James Alvin Chiles）授课，[7]243 竺可桢此课的成绩是 83 分。

由此，竺可桢本年度第二学期和暑期学期的课程表（表 2、表 3）亦能概略还原。

表 2 竺可桢 1910—1911 学年第二学期课程表

课程	每周学时	
	前九周	后九周
作物种子：质量、保存、发芽与生长	5	(5)
农业分析	5	

---

① 1910 年休谟休假（on leave），而此时他是否结束了休假亦不清楚，故本课也可能是由助理麦克唐纳（Elmer Massey McDonald）讲授的。

② 本课是经济学 S1 号课，但等同于常规学期的经济学 2 号课，因此竺可桢的成绩单里标记为 2½ 学时的"Economics 2"。

③ 1915 年，伊利诺伊大学成立了商学院，维斯顿任执行院长，参见伊利诺伊大学经济系的介绍，https://economics.illinois.edu/spotlight/historical-faculty/weston-nathan。

④ 本课是德语 S1 号课，根据规定，若考试成绩 ≥ 85 分，并完成老师指定的额外任务则等同于常规学期的德语 1 号课（German 1）。尽管竺可桢本课的成绩未达到 85 分，但其成绩单里仍将本课标记为了 4 学时的"German 1"。

（续表）

课程	每周学时	
	前九周	后九周
修辞与主题	3	
兽医诊所	0.5（周六 10：00—12：00 am）	
每周合计学时	13.5（8.5）	8.5（13.5）

表3　竺可桢1911年暑期学期课程表

课程	每日学时	每日合计学时
经济学原理	1（周一至周五）	3
初级德语	2（周一至周六）	

（二）1911—1912年度：学业负担持续加重

这一年里，竺可桢共修读了9门课，总计35学时。这个年度，他课程的平均成绩是85分，每学时的平均成绩则是84.4分。

（三）1912—1913学年：更为忙碌的毕业学年

在伊利诺伊大学学习的最后一年，竺可桢继续保持特别忙碌的生活节奏。这一年他修了13门课（包括1913年暑期学期的两门课），共47学时；课程平均成绩为85分，每学时的平均成绩则是83.2分。

（四）总体成绩

竺可桢在伊利诺伊大学的三年十分忙碌，有众多课程要学习；相比而言，第三年度最忙，其次是第一学年第一学期。他对具体课程的选择主要是根据农学院为农学学位获得者制定的培养方案，而给他授课的老师基本都是专业人士，其中虽然不少都是名不见经传的年轻学者，但亦不乏当时已十分著名的教授；况且，那些年轻学者中，很多人后来也成长为著名教授。

竺可桢就读于伊利诺伊大学时的成绩并不杰出，只能说总体不错，特别是主干课程较优秀。三年里，他修的农艺学和畜牧学课程最多，均是6门。农艺学的课都在85分以上，其中一门肥料学的课分数最高是91分；畜牧学的课中，动物营养学的课分数最高是93分，还有3门课是88分，另外两门则为80分出头。两门化学课中，"农业分析"学得不错，拿了 90 分，而另一门课表现平平——84 分。植物学学得不好，两门课中有一门才 70 分出头，另一门课虽有 88 分，但仅是演示课——较容易。与植物学关联较近的园艺学也成绩不好，两门课中，一门 70 分出头，一门 80 分出头。其他的一些理科科目都基本只有一门课，其中，除动物学的课仅 80 分外，大都拿了 85 分以上的成绩，而"微分学"更得了 92 分的高分。文科的几门课则普遍成绩较低，均在 85 分以下，且涉及英语的都不满 80 分。不过，不管怎样，这三年的学习直接奠定了他在哈佛大学攻读气象学博士学位的知识基础。

三、竺可桢对其"伊利诺伊岁月"的自我评价

竺可桢晚年曾写过一篇《思想自传》[15]，其中的部分文字能够与本文所展示的内容和论断多有印证。

进入伊利诺伊大学修读农学专业，对于竺可桢来说，也许是个美丽的"误会"。回忆起当初作为第二批"庚款留学生"中的一员于 1910 年踏足美国土地时的状况，晚年竺可桢这样写道：

> 那时我们全是二十岁左右的青年，除少数已到过美国者而外，对于美国大学情形全不知道，又没有人指导，所以选择课目和学校全是盲目的。当时我在唐山读土木工程，满以为中国以农立国，万事农为本，就改习农。[15]

但是，不久后，他便发现，与自己的想象完全不一样，美国大学讲授的农学知识根本不适用于中国。因此，他还提出了换专业的要求，只不过这个要求并未实现。他写道：

> 美国行大农〔业〕制，与中国情形迥不相同，而且那时美国农科的科学水平极为低落。入校半年我们就觉到学农不感兴趣，再想转到理科。向华盛顿使馆留美学生监督黄佑廷请改选理科，没有得到许可，只好硬〔着〕头皮读到毕业。这三年工夫，从现在看来等于虚渡了。[15]

由此，便能大体理解为何竺可桢在伊利诺伊大学学习期间他的课业表现并不亮眼了。

同一时期，胡适也在康奈尔大学修读农学。从他的感受出发，便更能理解竺可桢当时的心态了。早在 1910 年 8 月 16 日，70 名"庚款留学生"乘坐"中国号"（*S. S. China*）轮船从上海启程前往美国时，修读什么专业便萦绕他们的心头。赵元任在船上与带领他们出洋的胡敦复进行了有关文科和理科之区别的交谈，得到指点后，他坚定了选择理科专业的信念，所以，他进入康奈尔大学修读的是数学专业[16]；胡适对此也有印象，赵元任等人在船上"总是同胡敦复在一块谈天"，他偶然听到过，"知道他们谈的是算学问题"。[17] 胡适自己的专业选择则更为复杂，除了官方规定的原因——"庚款留学生"应有 80% 学习农业、矿业、物理、化学、铁路工程、机械工程及银行等专业，其余 20% 学习政治、法律、财经、师范等专业。[18] 临行前，他哥哥嘱托过他，"我们的家早已破坏中落了，你出国要学些有用之学，帮助复兴家业，重振门楣"，"学开矿或造铁路，因为

这是比较容易找到工作的,千万不要学些没用的文学、哲学之类没饭吃的东西",但是,胡适对开矿、造铁路不感兴趣,"于是只好采取调和折衷的办法",觉得"学科学的农业,也许对国家社会有点贡献吧"。但是,真正学习时,却发现"科学的农学无用了"。他入校一星期便被通知要去农场实习部报到,教授问他有什么农场经验,又问他洗过马没有——美国人并不清楚中国人种田是不用马的。后来,"就到农场做选种的实习工作,手起了泡,但仍继续的忍耐下去"。彻底摧毁他对学农学信心的事情是他选了一门果树学的课:"走入实习室,桌上有各色各样的苹果三十个,颜色有红的、有黄的、有青的……形状有圆的、有长的、有椭圆的、有四方的……要照着一本手册上的标准,去定每一苹果的学名,蒂有多长?花是什么颜色?肉是甜是酸?是软是硬?弄了两个小时。弄了半个小时一个都弄不了,满头大汗,真是冬天出大汗。抬头一看,呀!不对头,那些美国同学都做完跑光了,把苹果拿回去吃了。他们不需剖开,因为他们比较熟悉,查查册子后面的普通名词就可以定学名,在他们是很简单。我只弄了一半,一半又是错的。回去就自己问自己学这个有什么用?要是靠当时的活力与记性,用上一个晚上来强记,四百多个名字都可记下来应付考试。但试想有什么用呢?那些苹果在我国烟台也没有,青岛也没有,安徽也没有……"[19]不过,与竺可桢的遭遇不太一样的是,在克服各种困难后,胡适成功地转到了他兴趣浓厚的哲学专业。

在学习之外,竺可桢还深切地感受到了美国社会透入骨髓的种族歧视。1911年暑期,他与同校修读农学专业的中国同学去了美国的南方省份勘察水稻和甘蔗,路途中看见黑人被虐待、与白人相隔离得很开。这或许强烈地唤起了他在唐山路矿学堂学习时的记忆:

> 教数、理、化和土木工程的教员全是英国人。他们不但不识中国字,连学生的英文名字也不肯记。每个学生有一个号数,像监狱里囚犯一样,我记得我的号数是127。上课时不用翻译,全讲英国话,也不管学生能不能听懂,这初次使我尝到半殖民地教育的味道。[15]

这样,脑海中的记忆"基因"与现实中的切身体验实现了无缝对接,促使青年竺可桢强烈反对身边的种族歧视。1912年,他被选为伊利诺伊大学国际俱乐部的会员,并住进了俱乐部宿舍。这个俱乐部由伊利诺伊大学的外国在校生所组织,目的是"一致对于美国人的歧视外国学生、有色人种和犹太人表示不满"。[15]

当然,对于竺可桢来说,住进国际俱乐部宿舍还蕴藏着更深远的意义。国际俱乐部在康奈尔大学也存在,胡适称之为"世界学生会"(Cosmopolitan Club),并活跃于其间。它是校际组织"世界学生联合会"的分会。胡适从大二开始就住进了世界学生会的宿舍,共住了三年(1911年夏—1914年夏),这构成了他留美生活经验的重要内容——能够和来自世界各国的留学生交往。这样的友谊有的维持了几十年而未中断,正如他自己总结的:"这些国际友谊对我来说真受惠不浅;它使我的智慧天地为之扩大,使我能真正了解许多国家的习俗和人民的生活方式。"[20]估计竺可桢也会有类似的体悟。

因为对学业不感兴趣和种族歧视带来的屈辱感,关于在伊利诺伊大学度过的三年,竺可桢的总体评价是特别负面的——"对于同学、老师和所读课程统没有起什么好感"。但总而言之,即使到了晚年,他的思想里仍在不断反射那段"伊利诺伊岁月"。

四、有深远影响的人生"虚渡"

尽管自称在伊利诺伊大学修读农学专业的三年是"虚渡",但竺可桢自己也承认,是这段求学经历直接推动他从伊利诺伊大学毕业后走上气象学研究之路并进入哈佛大学深造的。他曾写道:

> 因为已经化了三年时间在农业课程上,所以我只想选和农业相近的科目,当时我所想到的是森林或是气象,结果我选了气象。那时在美国只有哈佛大学的研究院有气象课程,所以我就转到哈佛大学的地学系。[15]

当然,在伊利诺伊大学求学的三年不单单只影响了竺可桢毕业后的去向,在他的整个职业生涯中也留下了或明或暗的印记。

其一是学术研究方面。1918年回国后,竺可桢在武昌高等师范学校(至1920年)、南京高等师范学校(不久即改组为东南大学)教授地理、气象课程。1922年,他发表了《南京之气候》一文[21],文中以南京的气候为范本,分析了气象因素对农业生产的影响;同年发表的《气象与农业之关系》一文[22],则进一步强调了气象之于农业的基础性地位,推动了农业气象学的发展。此后,他长期推动测候工作,筹备组建了中央研究院气象研究所,并提议全国设立气象测候所,其作用之一便是服务农业生产;[23]其实,早在1921年,他便力倡政府多设气象台,给出的一个理由正是气象台对于农业生产有重大的积极作用。[24]更值得一提的是,竺可桢注意到中国古代有着异常丰富的物候记载,因而特别重视发展物候学。1963年,他发表了《一门丰产的科学——物候学》一文,并出版《物候学》一书,提出"利用物候知识来指导农业生产","物候观测的数据是综合气候条件(气温、湿度等等)的反映,同时也反映了气候条件对生物的影响。把它用于农事活动,就比较简便,易为农民所接受",[25]"物候这门知识,是为农业生产服务而产生的,在今天对于农业生产还有很大作用"[26]。一年后,他又发表了《物候学与农业生产》一文[27]。

竺可桢的这些学术研究多多少少都与早年在伊利诺伊大学上过的课程有关,比如,物候与植物学、动物学等方面的知识密切关联,而植物学和动物学正是他在伊利诺伊大学学习时的基本科目。

其二是担任中国科学院领导方面。竺可桢于1949年担任中国科学院副院长后,主持和组织了不少农业以及生物学方面的科研工作。在中国科学院,他除了负责地理学各研究所的工作,还是生物学各研究所的领导。比如,1951年9月14日,他报告了生物学地理学8个研究所的工作情况[28];1953年2月27日,在全国植物病理会议及中国植物病理学会代表大会联合会上作报告[29];1957年3月11日,为热带亚热带资源开发科学讨论会致开幕词[30];1962 年 11 月 21 日,在全国植物地理学和植物生态会议上讲话[31];1964 年 9 月 21 日,在中国植物学会第一届植物引种驯化学术会议上讲话[32];另外,1957 年适逢生物学家、动植物双名法的创立者林奈诞辰 250 周年,竺可桢在纪念会上致开幕词[33]。

而且,竺可桢还长期参与领导黄土高原的水土保持工作,比如,1954 年参加黄河勘察队考察西北水土保持工作[34]、1955 年视察晋西北地区水土保持工作[35]。并直接参与了新中国的一些农业工作,比如,1957 年,参加中国农业科学院 7 个研究所的成立大会并讲话[36];1961 年,号召"增辟农田水源,节约灌溉用水,为加强农业战线而奋斗"[37];1964 年,出席全国农业区划工作经验交流会议并讲话[38]。他也多年兼任农业科学协调委员会委员等职务。①

竺可桢被委以,且能承担这些工作,不能说与他在伊利诺伊大学修读农学专业的经历毫无关联,其间他学习的土壤、作物育种等知识都奠定了他后来做这些工作的基础。所以,在伊利诺伊大学学习的经历对竺可桢产生了实实在在的积极作用。

五、"伊利诺伊岁月"及其回响的见证

在《思想自传》中回忆伊利诺伊大学的学习经历时,竺可桢多处提到了"我们"。当年,他在唐山路矿学堂的同班同学庄俊、钱崇澍也考取了第二批"庚款留学生"——竺可桢排名第二十八,平均分 63.8;钱崇澍、庄俊则分别位列第十六名和第六十四名,平均分为 66.85 和 55.15。[17] 98-102 三人一同进了伊利诺伊大学,庄俊入建筑工程系,而钱崇澍则也选了农学专业。因此,钱崇澍与竺可桢应该一起经历了入校半年后的改换专业风波及 1911 年暑期的美国南部之行。更有意思的是,钱崇澍后来的人生与竺可桢相交密集。

钱崇澍是著名的植物学家,中国现代植物学奠基人之一。与竺可桢不同,钱崇澍从伊利诺伊大学毕业后将与农学更为相关的植物学作为了自己的学术志业。他 1916 年回国,在多所高校任教,是清华大学生物系的第一任系主任。后来,进入中国科学社生物研究所工作。1933 年,他参与筹备和组织了中国植物学会。1948 年,当选第一届中央研究院院士(生物组)。新中国成立后,担任中国科学院植物研究所所长,并长期当选为中国植物学会理事长。1955 年,当选为中国科学院首批学部委员。晚年,主持编撰《中国植物志》。[39-40]

竺可桢则始终是中国科学社的重要骨干,为推动中国科学社的发展不遗余力,回国后长期当选理事会成员,[41] 而中国科学社生物研究所正是中国科学社的组成部分。[42]

---

① 详见江增辉博士学位论文《西学东渐的成功典范——竺可桢对中国科学与教育发展的贡献及其方法论意义》附录二。

于是20世纪二三十年代,竺可桢与钱崇澍的人生因中国科学社又有了交叉。此外,1948年,竺可桢也当选了第一届中央研究院院士(数理组),更为难得的是,他们还是浙江同乡。[43]

1949年7月,竺可桢和钱崇澍一起在北平参加了"中华全国第一次自然科学工作者代表大会筹备会",并坐在一起留影。[44]新中国成立后,二人又在中国科学院相逢,并继续共事。1955年,竺可桢也成为中国科学院首批学部委员。竺可桢作为中国科学院副院长还是生物学各研究所的领导,与钱崇澍有直接且密切的工作往来。所以,称钱崇澍是竺可桢人生的见证者是十分恰当的。二人彼此从同窗、同乡到同事的身份转变,也契合着他们从伊利诺伊大学到中国科学院的人生轨迹之流变,并熔炼于一个改天换地的时代。只不过,钱崇澍于1965年去世①,比竺可桢早了9年。

钱崇澍去世两个多月后的1966年2月27日,竺可桢回复了钱崇澍之女钱南芬几天前的来信,提到随信"附令尊生前亲笔书函附书一本",他读后有似回望自己的一生:

> 得书后弥增感触,悲思交集。因念桢与令尊五十多年前唐山同学,于1910年同轮赴新大陆。回国后又常在中国科学社、东南大学,和解放后本院同事,一旦诀别,能不黯然。[45]

在怀念钱崇澍这位同乡、同窗、同事和朋友的同时,借他那见证者的一双眼睛,竺可桢也看到了从唐山路矿学堂一路走来的自己。而这条路上,无论如何评价,在伊利诺伊大学学习的三年都是十分重要且不容忽视的一段旅程。

六、结语

竺可桢是中国公众耳熟能详的大科学家,1949年以前,他主持创办了中国高校第一个地学系——国立东南大学地学系(1921—1928),先后领导过中央研究院气象研究所(1928—1946)和浙江大学(1936—1949);1949年以后,他参与领导了中国科学院和全国的科学事业,1954年起当选第一至第三届全国人大常委会委员,1958年任中国科学技术协会副主席。除在自己的专业领域气象学、地理学成就斐然之外,他在科学史、科学教育、科研管理等方面也颇有建树。关于这样一位在现今科学界仍有重大影响的学术泰斗,有太多的历史内容值得挖掘和有待挖掘。

《竺可桢全集》是目前囊括竺可桢个人著述最为广泛的研究资料,其中还收入了学界已知的他的全部日记。但是,所有资料的年份均不早于1916年。[46]前言1914年至1915年,中国留美学生发起成立中国科学社,创办了《科学》杂志。竺可桢是该社第一批社员和《科学》杂志的早期编辑。此后,他积极为《科学》撰文,"在1916年到1927年的11年间,《科学》杂志共收入了他的科学论文和译文三十一篇"。[47]这些正是竺可桢留下

---

① 钱崇澍生于1883年,比竺可桢大7岁。

的最早一批中文文献。同样也是在 1916 年，他在 *Monthly Weather Review* 上发表了他人生最初的三篇英文文章。[46]目录 只不过，此时距离他离开伊利诺伊大学已三年。因此，关于竺可桢在美留学时期的个人史研究是较为薄弱的。

本文展示和考察了竺可桢的"伊利诺伊大学成绩单"，部分弥补了竺可桢 1916 年以前研究资料的缺失，使青年竺可桢的历史形象更清晰了一些。竺可桢 1910 年至 1913 年在伊利诺伊大学的学习生涯是忙碌且任务繁重的，虽然由于国情差异及专业不匹配，他的成绩表现不突出，但他勤奋、刻苦、努力。尽管在伊利诺伊大学的学习体验不佳，竺可桢却由此打牢了随后进入哈佛大学深造的知识基础，这三年的学习也实打实地影响了他后来人生中的科学研究和管理工作。在中国现代史的发展过程中，以竺可桢为代表的"庚款留学生"是一个不容忽视的重要群体，他们接受了当时世界上最先进的高等教育，之后又回到中国，在各个领域，尤其是科学技术方面，作出了杰出贡献。

历史人物，一如竺可桢，似乎是很为人熟悉的。但是，这种"熟悉"究竟是一种真实，还是一种幻象，仍值得作出反思。这也意味着对历史人物的研究仍存在着巨大的推进空间。

参考文献

［1］叶丽芳.哈佛大学对竺可桢教育思想的影响探析.高校教育管理，2007（3）：40—43.

［2］刘正伟，卢美艳.竺可桢对哈佛大学校长艾略特大学理念的接受与改造.高等教育研究，2018（9）：83—92.

［3］刘正伟，卢美艳.竺可桢对哈佛大学导师制的引进及实践.浙江大学学报（人文社会科学版），2019（6）：182—195.

［4］Transcript of the Record of Co-Ching Chu in the University of Illinois, November 11, 1914, Harvard University Archives.

［5］陈学恂，田正平.中国近代教育史资料汇编：留学教育.上海：上海教育出版社，1991：197—199.

［6］Co-Ching Chu's Application for Admission to Candidacy for a degree in Arts or Philosophy（with a letter to Chu on 17 December, 1914）, November 27, 1914, Harvard University Archives.

［7］University of Illinois Annual Register, 1910–1911. Urbana-Champaign, Illinois: University of Illinois, 1910: 83–86.

［8］傅葆石.伊利诺伊大学在中美关系中的角色.文汇报·文汇学人，2018-05-04（11—14）.

［9］Winton U. Solberg. James, Edmund Janes. American National Biography, 1999, 11: 813–814.

［10］Mary Timmins. Enter the Dragon. Illinois Alumni Magazine.（2011-12-15）［2022-04-05］. http://www.uiaa.org/illinois/news/blog/index.asp?id=379.

［11］Trelease W. Thomas Jonathan Burrill: April 25, 1839–April 14, 1916. Transactions of the American Microscopical Society, 1916, 35（4）：269–270.

［12］Kirkpatrick S. D. Edward Bartow. Journal American Chemical Society, 1959, 81（22）：5841–5845.

［13］University of Illinois Annual Register, 1911–1912, Urbana-Champaign, Illinois: University of Illinois, 1912: 292.

［14］University of Illinois Annual Register, 1912–1913, Urbana-Champaign, Illinois: University of Illinois, 1913: 261.

［15］竺可桢.思想自传//竺可桢全集（第4卷）.上海：上海科技教育出版社，2004：87—102.

［16］赵元任.赵元任早年自传.季剑青，译.北京：商务印书馆，2017：136—138.

[17] 胡颂平.胡适之先生年谱长编初稿（增补版）.台北：联经出版公司，2020：104.
[18] 派遣美国留学生章程草案//清华大学校史研究室.清华大学史料选编（第1卷）.北京：清华大学出版社，1991：105—108.
[19] 胡适.胡适自传.北京：人民文学出版社，2013：117—119.
[20] 胡适.胡适口述自传.唐德刚，整理翻译.合肥：安徽教育出版社，2005：60—61.
[21] 竺可桢.南京之气候//竺可桢全集（第1卷）.上海：上海科技教育出版社，2004：358—368.
[22] 竺可桢.气象与农业之关系//竺可桢全集（第1卷）.上海：上海科技教育出版社，2004：398—400.
[23] 竺可桢.全国设立气象测候所计划书//竺可桢.竺可桢全集（第2卷）.上海：上海科技教育出版社，2004：24—26.
[24] 竺可桢.论我国应多设气象台//竺可桢全集（第1卷）.上海：上海科技教育出版社，2004：342—345.
[25] 竺可桢.一门丰产的科学——物候学//竺可桢全集（第4卷）.上海：上海科技教育出版社，2004：147—151.
[26] 竺可桢.物候学//竺可桢全集（第4卷）.上海：上海科技教育出版社，2004：165—220.
[27] 竺可桢.物候学与农业生产//竺可桢全集（第4卷）.上海：上海科技教育出版社，2004：301—311.
[28] 竺可桢.生物学地理学各所的工作情况//竺可桢全集（第3卷）.上海：上海科技教育出版社，2004：61—66.
[29] 竺可桢.在全国植物病理会议及中国植物病理学会代表大会联合会上的报告//竺可桢全集（第3卷）.上海：上海科技教育出版社，2004：103—107.
[30] 竺可桢.热带亚热带资源开发科学讨论会开幕词//竺可桢全集（第3卷）.上海：上海科技教育出版社，2004：333—334.
[31] 竺可桢.在全国植物地理学和植物生态会议上的讲话//竺可桢全集（第4卷）.上海：上海科技教育出版社，2004：142—143.
[32] 竺可桢.在中国植物学会第一届植物引种驯化学术会议上的讲话//竺可桢全集（第4卷）.上海：上海科技教育出版社，2004：312—315.
[33] 竺可桢.纪念卡尔·林内诞生250周年//竺可桢全集（第3卷）.上海：上海科技教育出版社，2004：386—388.
[34] 竺可桢.参加黄河勘察队考察西北水土保持工作纪要//竺可桢全集（第3卷）.上海：上海科技教育出版社，2004：188—193
[35] 竺可桢.晋西北地区水土保持工作视察报告//竺可桢全集（第3卷）.上海：上海科技教育出版社，2004：269—275.
[36] 竺可桢.在中国农业科学院七个研究所成立大会上的讲话//竺可桢全集（第3卷）.上海：上海科技教育出版社，2004：378—380.
[37] 竺可桢.增辟农田水源，节约灌溉用水，为加强农业战线而奋斗//竺可桢全集（第4卷）.上海：上海科技教育出版社，2004：69—75.
[38] 竺可桢.在全国农业区划工作经验交流会议上的讲话//竺可桢全集（第4卷）.上海：上海科技教育出版社，2004：276—279.
[39] 悼念钱崇澍先生.生物学通报，1966（2）：55—56.
[40] 刘昌芝.近代植物学的开拓者——钱崇澍.中国科技史料，1981（3）：35—39.
[41] 范铁权，任晓燕.竺可桢与中国科学社.自然辩证法通讯，2007（2）：82—85，75，112.
[42] 薛攀皋.中国科学社生物研究所——中国最早的生物学研究机构.中国科技史料，1992（2）：47—57.

[43] 张剑. 首届中央研究院浙江籍院士群体分析. 科学文化评论, 2021, 18 (1): 25—40.

[44] 樊洪业. "中华全国第一次自然科学工作者代表大会筹备会"留影. 中国科技史杂志, 2013, 34 (01): 74—77, 143.

[45] 竺可桢. 致钱南芬〔怀念钱崇澍〕// 竺可桢全集 (第4卷). 上海: 上海科技教育出版社, 2004: 379.

[46] 竺可桢. 竺可桢全集 (第5卷). 上海: 上海科技教育出版社, 2004.

[47] 钱永红. 竺可桢: 中国科学史研究事业的奠基人. 中国科学家博物馆, (2016-03-30) [2022-12-16]. http://www.mmcs.org.cn/gz/1224/2622/2016-03/133904.shtml.

本文为节录，原载《自然科学史研究》2023年第2期

知识的跨国流通
——竺可桢对哈佛大学地理学传统的继承与发展

林 伟

摘要：竺可桢曾在哈佛大学地质学与地理学系研修 5 年时间。这段青年时期的求学经历一方面将他带入到独具特色的哈佛大学现代地理学的学术流派之中，另一方面也为他日后成为我国近代地理学和气象学的奠基者打下了坚实的基础。竺可桢对人文地理学的倡导，以及在历史气候学、气候变迁等方面的研究，都深刻地受到其导师华德的影响。在输入西学新知的同时，竺可桢亦在研究中重视挖掘中国古代丰富的气象学知识，并以此贡献于世界学术，实现了地理学知识的跨国交流。本研究在搜集竺可桢留学档案的基础上，采用跨国史的研究方法，力图呈现近代中国科学与世界学术之间相互关联与互动的整体图景。

竺可桢于 1910 年获得庚款奖学金资助，赴美入伊利诺伊大学读农学。他在 1913 年进入哈佛大学文理研究院，注册于地质学与地理学系，以气象学和气候学为主要研究方向，最终于 1918 年以《远东台风的新分类》获得博士学位。竺可桢在哈佛期间主要师从华德（Robert DeCourcy Ward，1867—1931）、麦开地（Alexander G. McAdie，1863—1943）和阿德湖（Wallace W. Atwood，1872—1949），他们分别讲授气候学、气象学和自然地理学方面的课程。竺可桢在思想自传中谈到，跟华德、麦开地"处得相当熟悉，因此也发生了感情"。[1]89 其中，华德跟竺可桢的关系最为密切，他是竺可桢硕士和博士论文的指导教师。在华德于 1931 年底去世之前，竺可桢一直跟他都有通信联系。[2]

竺可桢在近代中国地理学和气象学的学科建构与人才培养方面作出了卓越贡献，是"我国近代地理学和气象学的奠基者""一代宗师"。① 国内学界有关竺可桢学术成就的研究大多关注他回国之后的作为和功绩，仅有张九辰略有论及竺可桢地学思想的海外渊源问题。[3-4] 然而，有关竺可桢在哈佛大学的学习经历，以及华德、麦开地、阿德湖等教授

---

① 有关对竺可桢学术成就的评价，主要参看：文献［33］，第 1—25 页；文献［27］；卢嘉锡，《深切怀念竺可桢同志》，《自然辩证法通讯》1984 年第 2 期，第 1—5 页；许良英，《竺可桢——中国近代科学家和教育家的典范》，《近代史研究》1985 年第 1 期，第 163—173 页；叶笃正，《竺可桢先生——我国近代气象学、地理学的奠基人》，《大气科学》1990 年第 1 期，第 1—5 页；杨勤业、张九辰等，《中国地学史》近现代卷，广西教育出版社，2015 年，第 168 页。

对他的学术影响等问题，仍有值得深入挖掘和探讨之处。诚如美国科学史家约翰·克里格（John Krige）所指出的，跨国科学史所关注的核心问题在于"知识的国际流通"。[5] 就竺可桢来说，他不仅在美国留学 8 年时间，回国后致力于将西方现代地理学和气象学知识系统地引入中国，而且他一生中始终保持高度的世界眼光，重视与国际科学界保持交流。基于此，本研究将采用跨国史的研究方法，以在中美两国搜集的史料为基础，系统梳理竺可桢对哈佛大学地理学传统的继承与发展，同时尝试将竺可桢在近代中国科学史上的成就置于世界学术的总体脉络中理解。

一、学科构划：哈佛大学现代地理学的学术谱系（1847—1913）

地理学在 19 世纪取得了巨大的发展。一方面，从科学知识的发展而言，地理学与地质学、矿物学、古生物学、气象学等学科从古典的博物学（natural history）当中分化出来，成为更加专业和独立的现代学术领域；另一方面，从学科组织和制度来说，以德国大学为代表的现代大学推崇科学研究，通过创设新的教席与系科的方式，极大地推动了现代科学的专业化发展。从 19 世纪到 20 世纪初，无论是在知识生产还是学科建构方面，德国大学都成为欧洲及北美大学模仿与追赶的对象。[6] 一般认为，德国学者威廉·冯·洪堡（Wilhelm von Humboldt，1767—1835）和卡尔·李特尔（Carl Ritter，1779—1859）是科学地理学的奠基者。

从 19 世纪中期开始，哈佛大学逐渐发展为跨大西洋学术网络在北美大陆最重要的中心之一。就地学学科来说，瑞士人路易斯·阿加西斯（Louis Agassiz，1807—1873）是哈佛现代地学的开创者，同时也是将欧洲的科学地学体系引入美国的先驱者之一。1847 年，哈佛邀请阿加西斯出任劳伦斯科学学院（Lawrence Scientific School）的动物学与地质学教授。他在这里培养了一批年轻的美国科学家，其中纳撒尼尔·谢勒（Nathaniel Shaler，1841—1906）于 1868 年出任古生物学教授，此后亦长期担任地质学教授。在阿加西斯暮年，哈佛聘请了在德国大学接受学术训练，并在美国有丰富地质勘查经验的乔赛亚·惠特尼（Josiah D. Whitney，1819—1896）担任第一任的斯特吉斯·胡珀地学教授（The Sturgis Hooper Professor of Geology）。总体而言，从阿加西斯到谢勒、惠特尼的哈佛地学学科更为偏重地质学。在 19 世纪 80 年代之前，科学的地理学还未在哈佛充分地发展起来。

对哈佛大学的地理学和气象学具有开拓之功的是戴维斯（William M. Davis，1850—1934）。① 他于 1869 年获得哈佛科学学士学位，一年后获得工程硕士学位，随后前往阿根

---

① 有关戴维斯的生平及学术成就，参看：William M. Davis, and Reginald A. Daly. Geology and Geography. in Samuel E. Morrison edits. The Development of Harvard University since the Inauguration of President Eliot, 1869–1929. Cambridge: Harvard University Press, 1930: 314–316; Reginald A. Daly. Biographical Memoir of William Morris David (1850–1934). National Academy of Sciences of the United States of America Biographical Memoirs, Vol. XXIII-11; 文献 [7]，第 324—337 页。

廷从事了三年的气象观测和研究工作。1877年，戴维斯回到哈佛担任谢勒的助手，随后被任命为自然地理学讲师，1890年擢升为教授，1898年出任斯特吉斯·胡珀地学教授。戴维斯所从事的研究和讲授的课程主要集中在自然地理学和气象学领域。他提出了著名的"侵蚀循环学说"，奠定了其在世界地理学发展史上的重要地位。值得一提的是，戴维斯在1890年出任的哈佛大学自然地理学教授席位是美国大学开设的第一个地理学教授席位。在同时期的欧洲大学，地理学教授席位和地理学系科也正处于初创时期。例如，德国新地理学的代表人物费迪南·冯·李希霍芬（Ferdinand von Richthofen，1833—1905）于1886年执掌柏林大学的地理学教席，弗里德里希·拉采尔（Friedrich Ratzel，1844—1904）亦于同一年担任莱比锡大学的地理学教授。[7]

在人才培养方面，戴维斯在哈佛大学培养了一大批美国下一代的地理学家和气象学家。他一开始在哈佛讲授"自然地理与气象学"课程[8]，1890年，这门课拆分为"自然地理学"和"气象学"两门独立的课程[9]，后来更进一步扩充为一整套课程体系，既包括主要面向本科生的导论课程，也包括面向研究生的高等研修课程。此外，为了满足教学需要，戴维斯于1894年编写出版了《初级气象学》（*Elementary Meteorology*）一书。该书成为随后几十年间美国大学最广泛使用的经典教材。可以说，正是由于戴维斯的不懈努力，哈佛的地理学科才得以在19世纪末20世纪初不断拓展。戴维斯于1912年荣休，他在哈佛大学开创的地理学-气象学事业由华德、麦开地、阿德湖分别传承并发展。

华德是美国气候学的先驱者，其毕生最大的成就在于"将气候学发展成为一门科学"。[10]华德在哈佛就读期间选修了戴维斯开设的气象学课程，进而对这门新兴的学科产生了强烈兴趣。他于1889年获得学士学位，旋赴欧洲游学一年，随后应戴维斯邀请返回哈佛担任其助教，同时攻读气象学方向的硕士。1895年，华德被任命为哈佛大学气候学讲师，1910年晋升为气候学教授。该教席系全美大学首创，在全世界亦属最早设立的气候学教授席位之一。此外，华德在美国学界亦享有威望，他于1917年担任美国地理学者协会（Association of American Geographers）主席，并于1920—1921年当选美国气象学会（American Meteorological Society）的首任主席。①

在学术研究方面，华德更为关注气象学和地理学当中人的因素，而非对大气进行物理学的研究。1903年，华德翻译了被誉为"现代气象学之父"的奥地利维也纳大学教授尤利乌斯·汉恩（Julius Hann，1839—1921）的《气候学手册》（*Handbook of Climatology*）。这部译作将代表当时欧洲最高水准的气候学成果介绍到美国，为推动气候学在美国的科学化起到了积极作用。华德最重要的代表作是1908年出版的《气候学及其

---

① 有关华德的生平及学术成就，参看：William M. Davis. The College Life of Robert DeCourcy Ward. Annals of the Association of American Geographers, 1923, 22（1）: 28-32; Charles F. Brooks. Robert DeCourcy Ward, Climatologist. Annals of the Association of American Geographers, Vol. 22, No. 1（March 1932）: 33-43; William A. Koelsch. Robert DeCourcy Ward（1867-1931）. in T. W. Freeman edits. Geographers: Biobibliographical Studies. Volume 7, New York: Bloomsbury Academic, 1983: 145-148.

与人生之关系》(*Climate: Considered Especially in Relation to Man*)。① 他在序言中指出，这本书虽然受到了汉恩的《气候学手册》的启发，但却是完全独立于汉恩的巨作。[11]iv 1925 年，华德出版了一部综合性的区域气候学著作《美国的气候》(*The Climates of the United States*)。此后，他受到欧洲学者邀请，参与《气候学通志》(*Handbuch der Klimatologie*)北美卷的撰写，稿成之后不久便溘然去世。

在课程教学方面，华德不断拓展哈佛大学的气象学与气候学课程，在 20 世纪初构建起了一套连贯的课程体系。在 1906 年左右，气象学与气候学成为哈佛大学地质学与地理学系课程体系中一个单独开设的门类，其中包括面向本科生的"初级气象学"，面向本科生和研究生的"气候学通论""美国气候学"，以及面向研究生的"高级气象学"。[12] 总之，在竺可桢于 1913 年入读哈佛研究生院时，华德所教授的气候学课程体系已经比较丰富和系统了。

与华德一道，阿德湖和麦开地亦对 1910 年之后哈佛大学的地理学和气象学学科发展作出重要贡献。阿德湖于 1897 年获得芝加哥大学学士学位。在从事了两年的地质调查与研究工作后，他于 1899 年返回芝大任教，并于 1903 年获得博士学位。1913 年，阿德湖被聘请担任哈佛大学自然地理学教授，顶替戴维斯退休之后的空缺。1920 年，他出任克拉克大学校长，同时兼任新成立的地理学院院长。阿德湖是 20 世纪上半叶美国最杰出和最有影响力的地理学家之一，在自然地理学、美洲及欧洲等区域地理学领域均有建树。在克拉克大学期间，他大力推动地理学的教学和研究，使该校崛起为美国地理学科的重镇之一。②

麦开地是美国当时"为数不多的气象物理学家之一"。[13] 他于 1881 年获得纽约城市学院（College of the City of New York）学士学位，在此期间开始对大气物理学产生兴趣。1882 年，麦开地获得美国陆军信号部队（United States Army Signal Corps）的资助，前往哈佛进修。他跟随哈佛大学现代物理学的开拓者约翰·特罗布里奇（John Trowbridge, 1843—1923）教授学习电和磁的实验测量，同时也选修了戴维斯讲授的气象学课程。1885 年，麦开地获得哈佛大学硕士学位，随后在美国军队从事气象观测与研究工作，发表了大量成果。总之，麦开地的经历实际已将美国现代气象学兴起的两大路径，即大气物理学的理论路径与气象预报的实践路径融合在一起。[14]

1913 年，麦开地被哈佛聘请为阿博特·劳伦斯·罗奇气象学教授（Abbott Lawrence Rotch Professor of Meteorology），同时兼任蓝山气象台（Blue Hill Meteorological Observatory）主任。③ 该气象台系波士顿上层名士罗奇于 1885 年 2 月建成并正式投入使

---

① 华德著作的译名参考文献[56]，第 3 页。

② 有关阿德湖的生平及学术成就，参看：George B. Cressey. Wallace W. Atwood, 1872-1949. Annuals of the Association of American Geographers, Vol. 39, No. 4（December 1949）: 296-306.

③ 有关麦开地的生平及学术成就，参看：S. P. Fergusson, L. C. Graton, and C. F. Brooks. Alexander George McAdie. Harvard University Gazette, February 16, 1946; William A. Koelsch. Ben Franklin's Heir: Alexander McAdie and the Experimental Analysis and Foresting of New England Storms, 1884–1892. The New England Quarterly, Vol. 59, No. 4(December 1986): 523–543; Mary R. B. McAdie edits. Alexander McAdie: Scientist and Writer. Charlottesville: M. R. B. McAdie, 1949.

用。经过数十年的精心营建，蓝山气象台发展成为19世纪末20世纪初美国乃至全世界范围内设备最先进、观测数据最全面的气象台之一。1912年4月，罗奇去世。遵其遗嘱，蓝山气象台被捐赠给哈佛大学，同时还附赠5万美元捐款用于气象学的科研和教学，哈佛遂以其名设立教授席位。[1] 麦开地来到哈佛之后，格外重视利用蓝山气象台提升研究和教学的水平。他所开设的课程都在气象台内进行，学生们得以利用先进的仪器进行实际操作和训练。

综上所述，从19世纪中期至20世纪初，地理学在哈佛大学经历了一个学科打造的过程，此即社会科学史家多萝西·罗斯（Dorothy Ross，1936— ）所谓的"构划"（project）。[15] 在这个过程中，至少有三个方面的力量相互作用并推动学科的发展。第一，美国本土幅员辽阔、地形多变、自然资源极其丰富，政府、商业公司与知识界均重视开展调查与勘测，这为地理学的科学化提供了大量的实证基础，同时也训练了一大批经验丰富、能力突出的美国本土科学家。这种植根于美国自然条件和社会现实需求的学术传统，在根本上塑造了独具特色的哈佛大学地理学，即重视实地勘测、经验归纳，以及科学知识的社会功用。第二，跨大西洋学术交流将欧洲先进的科学知识和现代大学理念带到美国，与美国社会和学术界的开拓进取精神融合，有力地推动了美国大学的地理学转变成为一门现代学科。阿加西斯、惠特尼、台维斯和华德等人在沟通大西洋两岸科学界方面均有杰出贡献。第三，美国大学在这个时期发生现代转型，以哈佛为代表的老牌大学和以芝加哥大学为代表的新兴大学均大力倡导科学研究，重视提升大学教育的质量。美国多所大学在这个时期建立并发展现代地理学系科，课程体系大为扩展，科学人才得以养成，学科发展进入"黄金时代"。总之，哈佛大学从19世纪后期开始不断拓展和深化现代地理学，通过聘请多位卓越的科学家出任新教席，极大地提升了地理学的水准，将这个学科打造为当时美国乃至全世界范围内的学术中心之一。

二、竺可桢的"西学"之路：从唐山路矿学堂到哈佛大学

竺可桢于1890年3月出生于浙江绍兴，正值晚清中国社会大变革的年代。为了参加科举考试，他在幼年时期曾在家乡念过几年私塾。1905年科举废除，竺可桢遂赴上海，

---

[1] 罗奇在气象观测和研究方面成绩斐然，不论在美国还是欧洲均有极高的声望。从1888年至1891年，以及从1902年至1906年，哈佛大学两度聘请罗奇为气象学助理。1906年，哈佛邀请罗奇出任学校历史上第一位气象学教授（Professor of Meteorology），担任一门高级气象学研究课程的教学工作。虽然在哈佛有教职，但罗奇从未在哈佛领取薪水。他对科学研究之笃定，以及对公共服务之热忱，可谓有贵族风范。有关罗奇的生平及蓝山气象台的情况，参看：Robert De C. Ward. Abbot Lawrence Rotch. Proceedings of the American Academy of Arts and Sciences, Vol. 48, No. 21 (September 1913): 807-813; Alexander G. McAdie. The Blue Hill Observatory. in Samuel E. Morrison edits. The Development of Harvard University since the Inauguration of President Eliot, 1869-1929. Cambridge: Harvard University Press, 1930: 549-554.

先后就读于澄衷学堂和复旦公学两所新式中学。1909 年，竺可桢考入唐山路矿学堂，学习土木工程。"教数、理、化和土木工程的教员全是英国人"，上课也都是用英语。[1] 88 哈佛大学档案馆保存了一份由伊利诺伊大学出具的竺可桢本科时期的成绩单，其中记录了他在唐山路矿学堂修读的课程：代数、平面几何、立体几何、物理学、化学、地文学（Physiography）、地质学、绘图、通史、英语、德文、国文。[16] 其中值得注意的是两门地学课程：地文学、地质学。尽管这两门课程都是作为土木工程专业的基础课开设的，但也可以视为竺可桢在大学阶段学习地学课程的起点。①

1910 年 9 月，竺可桢赴美入伊利诺伊大学农学院就读。他很快发现自己对农学不感兴趣，希望转学理科，然而他的申请没有得到留美学生监督的批准，"只好硬着头皮读到毕业"。[1] 88-89 查询伊利诺伊大学当时的系科设置可知，农学院是 4 年制的本科学院，与文学院、理学院、工学院并立，目的在于"为农业培养专业人才"。[17] 竺可桢所学课程大部分都是农学领域的专业课，例如种子学、家畜饲养、家畜繁殖、土壤物理学、绵羊饲养等专门课程。此外，他还在选修制的规定下学习了 3 门德文课程，以及经济学、逻辑学、文学和政治学方面的导论课程。竺可桢修读的 2 门体育课（体操与卫生、体操与游泳）均得到了满分 100 分，可见他当时的身体素质相当不错。总体来看，竺可桢在伊大的成绩良好，有 24 门课程得分在 80—90 分，仅 4 门课程在 70—80 分，另有 7 门课程得分在 90 分以上。[16]

竺可桢在 1913 年秋季入读哈佛大学文理研究院，主修气象学和气候学。如前所述，这一年恰是哈佛大学地理学发展史上一个重要的转折点。戴维斯甫于 1912 年荣休，阿德湖和麦开地均于 1913 年被延揽至哈佛大学，加上已晋升为正教授的华德，此时哈佛大学的地理学、气象学和气候学各拥有了一位一流的学者。就学科的组织制度来看，在竺可桢就读期间，哈佛大学的地学部（Division of Geology）隶属于文理学部（Faculty of Arts and Sciences），其下又分为两个系：地质学与地理学系（Department of Geology and Geography）、矿物学与岩石学系（Department of Mineralogy and Petrography）。在地质学与地理学系当中，开设有 5 个门类的课程：一般地质学、经济地质学、古生物学、地理学、气象学与气候学。[18] 正因为建构起了系统的地学学科，哈佛大学成为当时美国可以在地理学和气象学领域授予博士学位的两三所大学之一。竺可桢亦因此有机会通过 5 年的学习，成为在哈佛大学获得哲学博士学位的第二位中国留学生②，也是美国大学在气象

---

① 相关内容可参见曾点，《竺可桢的"伊利诺伊岁月"》，《自然科学史研究》，2023 年第 2 期，第 206—225 页。曾点在文中提到竺可桢是以高中生身份被伊利诺伊大学录取的。事实上，根据竺可桢在伊大的成绩单，他是以转学（transfer）的方式直接入读伊大农学院二年级。曾点的研究也将竺可桢在唐山路矿学堂所修读的 12 门课程误认为他在高中修读的课程，且误将德语课录为法语课。伊大承认这 12 门课中的大部分课程，并按照内容将它们转换为毕业所要求的课程。因此，竺可桢得以免修部分课程，在伊大学习 3 年后获得科学学士学位。

② 第一位在哈佛大学获得哲学博士学位的中国留学生是 1917 年毕业于数学系的胡明复。在 1918 年获得哈佛大学哲学博士学位的中国人有两位，即竺可桢与赵元任。胡刚复也是在 1918 年完成在哈佛的学业并返回中国，但是他的博士学位是在 1919 年获得的。

学和气候学领域授予博士学位的第三人。[19]

近代中国留学生在海外大学求学的经历可以视为他们与西方现代学术发生跨国相遇的过程。留学生的成绩单可以集中反映他们所接受的西方现代学术训练，也是进一步分析他们接引并向中国输入何种西方学术知识的重要依据。就竺可桢而言，他在哈佛大学的成绩单可视为现代地理学与气象学知识发生跨国流通的重要知识图谱。基于此，本研究对照1913—1918年的《哈佛大学一览》(Harvard University Catalogue)逐一核查，将竺可桢在哈佛大学的成绩单上的所有课程信息用中英文对照的方式整理于此（表1）。

表1 竺可桢在哈佛大学的成绩单信息 ①[20]

课程门类及编号	课程名称	授课教师	得分
1913—1914学年			
Geography A² 地理学A	Physiography (introductory course) 自然地理学导论	Professor Atwood 阿德湖	B
Mathematics 5 数学5	Differential and Integral Calculus 微积分	Associate Professor Bouton 布顿	C
Meteorology 1¹ 气象学1	Meteorology (introductory course) 气象学导论	Professor Ward 华德	B
Meteorology 2¹ 气象学2	Climatology (general course) 气候学通论	Professor Ward 华德	B
Meteorology 3b² 气象学3b	Climatology of South America 南美洲气候学	Professor Ward 华德	B
Meteorology 21 气象学21	Meteorology (research course) 气象学研究	Professor McAdie 麦开地	A
Physics 6a¹ 物理学6a	Elements of Thermodynamics 热力学基础	Assistant Professor H. N. Davis 戴维斯	B

① 哈佛大学学生成绩单上课程编号右上角的数字1、2表示的是该课程安排在第一学期或第二学期，未标注数字的课程为一学年的课程。中国科学院自然科学史研究所张九辰研究员曾查阅过哈佛大学档案馆收藏的竺可桢的成绩单，但是并未完全披露全部课程信息，且部分课程的信息亦不准确。参看文献[3]，第115页。

（续表）

课程门类及编号	课程名称	授课教师	得分
Engineering Sciences 4a 工程学 4a	Surveying[①] 测量学	Associate Professor Hughes 休斯	C+
1914—1915 学年			
Engineering Sciences 9[2] 工程学 9	Elementary Bacteriology 初级细菌学	Dr. J. W. M. Bunker 邦克	B
French A 法文 A	Elementary Course 初级法文	Dr. Whittem 等 惠特姆	B-
German 1C 德文 1C	German Scientific Prose 德文科学文献		免修
Meteorology 3[2] 气象学 3	Climatology of North America 北美洲气候学	Professor Ward 华德	B
Meteorology 5[1] 气象学 5	Climatology of the Eastern Hemisphere 东半球气候学	Professor Ward 华德	B
Meteorology 20a 气象学 20a	Meteorology（research course） 气象学研究	Professor McAdie 麦开地	A
1915—1916 学年			
Geography 2[1] 地理学 2	Glacial Geology 冰川地质学	Professor Atwood 阿德湖	B
Geology 5[2] 地质学 5	Historical Geology 历史地质学	Associate Professor Woodworth and Assistant Professor Raymond 伍德沃斯、雷蒙德	B
Meteorology 20 气象学 20	Climatology（research course） 气候学研究	Professor Ward 华德	B
Meteorology 20a 气象学 20a	Meteorology（research course） 气象学研究	Professor McAdie 麦开地	A
Physics 12a[1] 物理学 12a	Electric Conduction in Gases and Radioactivity 气体与放射性物质的导电现象	Professor Lyman 莱曼	B+

① 该课程是暑期学校开设的课程，内容涉及地形测量和制图等，计半个学分。

（续表）

课程门类及编号	课程名称	授课教师	得分
1916—1917 学年			
Geology 11[1] 地质学 11	Microscopical Investigation of Ores 矿石显微镜分析	Professor Graton 格拉顿	A
Geology 19[2] 地质学 19	Seismology 地震学	Associate Professor Woodworth 伍德沃斯	未登记成绩
Meteorology 20 气象学 20	Climatology（research course） 气候学研究	Professor Ward 华德	B+
Meteorology 20a 气象学 20a	Meteorology（research course） 气象学研究	Professor McAdie 麦开地	A
1917—1918 学年			
Meteorology 20 气象学 20	Climatology（research course） 气候学研究	Professor Ward 华德	A
Meteorology 20a 气象学 20a	Meteorology（research course） 气象学研究	Professor McAdie 麦开地	A
History of Science 2b[2] 科学史 2b	History of Physics in the Eighteenth and Nineteenth Centuries 18 至 19 世纪的物理学史	Dr. Sarton 萨顿	visitor 旁听

由这份成绩单可见，竺可桢在哈佛大学期间修读的课程大致可以归为 4 类：第一类，华德、麦开地讲授的气象学与气候学课程，包括从基础到高级的全部课程。其中，竺可桢在哈佛的 5 年期间每年都选修了 2 门研究性的气象学课程，一是华德主持的"气候学研究"，以讨论会、报告和论文为主；二是麦开地主持的"气象学研究"，在蓝山气象台进行，以实地观测和探究为主。第二类，阿德湖所讲授的 2 门自然地理学课程："自然地理学导论"和"冰川地质学"。第三类，3 门地质学课程，包括伍德沃斯的"历史地质学""地震学"，以及格拉顿的"矿石显微镜分析"。第四类，其他相关领域的一些课程，包括 2 门物理学课程"热力学基础""气体与放射性物质的导电现象"都与大气物理学有关；另外 2 门工程学课程"测量学""初级细菌学"也与地理学有联系。除了这些课程以外，竺可桢还在最后一学期以旁听生的身份选修了乔治·萨顿（George Sarton，1884—1956）的一门科学史课程。

竺可桢之所以修读上述课程，一方面与系科规定、课程设置有关，另一方面也体现了哈佛大学地理学的传统。戴维斯曾指出，"气象学是物理学的一个分支。大气的所有状态和现象都可以用物理学原理来解释"，故任何有志于气象学的学生都"应当具备扎实的物理学基础知识"。[21]2 麦开地的学术专长在于大气物理学，他在哈佛接受的也是物理学与气象学的跨学科教育。他很可能会要求或者建议竺可桢修读一些物理学课程。与戴维斯和麦开地不同，华德借鉴汉恩的主张，对气候学与气象学的关系做了明确的区分。他认为戴维斯所理解的气象学是狭义的和理论性的，其处理的问题在于解释各种大气现象，而气候学是描述性的，其理论基础是物理学和地理学，而且地理学应当居于更加重要的地位，"气候学几乎可以被定义为地理学意义上的气象学（geographical meteorology）"。[11]3 从这个角度来说，竺可桢之所以修读一些自然地理学和地质学的课程，在一定程度上也有助于提升他在气象学和气候学方面的专研。总之，从竺可桢在哈佛大学的成绩单可以看到，他显然继承了哈佛大学地理学和气象学的学术传统，以气象学、气候学方面的课程为主修，同时兼习自然地理学、地质学、物理学等自然科学领域的课程。

三、从人文地理学到气候变迁：华德对竺可桢的学术影响

如竺可桢在自传中所述，他在哈佛就读期间交往最密切、受到影响最深的老师当属华德教授。根据华德所留存的授课记录来看，竺可桢所修读的基础课程"气象学导论"有18名学生，修读高级课程的学生较少，面向研究生开设的课程则如竺可桢回忆的，仅有包括他在内的几个人修读，例如"气候学通论"（4名学生）、"北美洲气候学"（2名学生）、"东半球气候学"（2名学生）。[22] 在如此小班授课的条件下，竺可桢可以得到华德的悉心指点。此外，竺可桢的硕士论文《中国之雨量（1901—1911）》是在麦开地和华德的共同指导下完成的，博士论文《远东台风的新分类》则是由华德担任导师。

华德的学术兴趣在于发展"人类气候学"（anthropo-climatology），即重视探讨气候与人类生活之间的关系。他借鉴人文地理学奠基者拉采尔所提出的"人类地理学"（anthropogeographie）① 概念，将自己所致力于开拓的领域称为"人类气候学"。② 这在一定程度上顺应了从19世纪后期开始人文地理学兴起并走向繁荣的趋势。早在1896年，华

---

① 竺可桢在著述中对于这个词的翻译有"人种地理学""人类地理学""人生地理学""人文地理学"等多种。在民国时期，地理学界多使用"人生地理学"一词，有时也用"人文地理学"；目前学界则基本上都采用"人文地理学"的说法。参看文献［25］，第11页；文献［26］，第411页；竺可桢，《地理对于人生之影响》，《竺可桢全集》第1卷，第309页；竺可桢，《何谓地理学》，《竺可桢全集》第1卷，第500页。

② 在稍晚一些的著述当中，华德用 human climatology 与 anthropo-climatology 并列，二者系同义词。参看 Robert DeCourcy Ward. The Literature of Climatology. Annals of the Association of American Geographers, Vol. 21, No. 1（March 1931）: 34.

德便指出："虽然当前气候学中有关人的一面鲜有人关注，但是随着时间的推移，它肯定会发展成为一个越来越重要的学科。"[23] 华德的代表作《气候学及其与人生之关系》是他在人类气候学方面的纲领之作。他在书中对居住在热带、温带、寒带三个不同气候带的人类生活进行探讨，大到政治体制、经济贸易，小到居民日常的衣食住行，可谓包罗万象。

华德将人文地理学与气候学结合起来，倡导人类气候学，这种学术理路对于竺可桢有着深远的影响。竺可桢在哈佛就读期间曾在中国科学社创办的《科学》杂志上发表多篇文章，其主题和内容几乎都与华德的授课内容和人类气候学主张存在直接的联系。例如，竺可桢开设"卫生谈"专栏，而卫生问题正是华德重视的议题之一。华德不仅在《气候学及其与人生之关系》中专门安排一章谈气候与卫生的关系，而且在1921年发表《气候与健康》长文继续探讨此话题。[24] 竺可桢在1916年发表的《地理与文化之关系》中，直接引用了华德的《气候学及其与人生之关系》一书，文中将 anthropogeography 一词译作"人文地理"。[25] 由于竺可桢在《科学》杂志上发表的文章是他最早用中文发表的学术成果，故此或可将这些文章视为他在青年时期继承其师华德，在人文地理学领域的尝试之作。

一战之后，竺可桢注意到人文地理学在国际地理学界的勃兴趋势，遂在国内大力介绍和推进人文地理学的研究。他指出，人文地理学"虽为新兴之支派，而实为地理学之中坚"，"至此次欧战而后，人文地理之重要，愈益显著"。[26] 竺可桢于南京高师、东南大学任教期间，在教学、演说和著述中都十分重视宣传和倡导人文地理学。他组织学生及时地译介美国地理学家鲍曼（Isaiah Bowman，1878—1950）的《战后新世界》、法国地理学家白吕纳（Jean Brunhes，1869—1930）的《人生地理学发达史》等人文地理学前沿成果。据竺可桢在南高的弟子之一胡焕庸回忆："竺先生的世界地理教材，包括自然与人文两部分；在人文方面，特别联系各国时事与国际关系，有很多的统计材料。"[27]2 他的另一名学生王庸也评价："使真正的人文地理学输入中国，而且能应用它的原则来研究中国历史地理的，竺先生确有相当的功绩。"[28]

华德对竺可桢产生影响的另一个重要领域在于有关气候变迁的研究。华德在《气候学及其与人生之关系》一书的最后一章中专论气候变化问题，其中写道：

> 气候绝非持续不变。钟摆摆向右边，又摆向左边。而且，它摆向左右两边的幅度是一样的……气候的周期性摆动虽然在时间方面是有限的，但是却发生在很大的区域范围内。最后，很明确的一点是，不论是重新造林，还是砍伐森林，不论是浇灌荒漠，还是排干湿地，人类都不可能对自然气候产生重大或者长期的改变。这是由超越人类控制的因素所主宰的。[11]363

显然，华德否认气候是稳定不变或者朝着某个方向渐变的说法，他主张气候变化存在周期性摆动的规律。至于气候变化的周期有多久，华德综述了几种不同的学说，尤其是由著名的德国气象学家弗拉迪米尔·柯本（Wladimir Köppen，1846—1940）基于太阳黑子活动周期提出的 11 年周期，以及另一位德国地理学家、气象学家爱德华·布吕克纳（Eduard Brückner, 1862—1927）所提出的 35 年周期，此外亦提及另外一些更长的周期。华德认为，这些学说虽然都建立在大量观测和科学研究的基础上，但是并不完美，其解释力是有限的。总体来说，华德在历史气候学研究领域更像是一名评论者，他有鲜明的立场，却没有提出什么原创性的观点。这大概也是他在气候变迁学术史上很少被人提及的根本原因。

从上面一段引文还可以看出，就造成气候变化的原因而言，华德明确主张自然因素远比人类活动对气候变化的影响更具决定性作用。华德在其整个学术生涯中始终坚持这个观点。他在 1930 年发表的论文《人类可以在多大程度上控制气候？》中总结说，人类"不能改变自然的秩序"，"可以确定的是，在控制局地气候的手段方面，未来会有很大的发展。然而，永远不要指望我们能够在局地改变之外还能有任何的作为"。[29] 华德的上述观点被一些学者认为是"气候决定论"（climatic determinism）[30]，进而归为 19 世纪后期到 20 世纪初期在欧美地理学界占据主导地位的"环境决定论"（environmental determinism）的表现形式之一。[31] 不过，也有一些学者认为尽管华德的学说总体上属于环境决定论，但是他的著述中也存在着"环境或然论"（environmental possibilism）思想的萌芽。[32] 555 总之，在影响气候变化的原因问题上，华德认为自然的力量远超人类的作用，但同时他并没有走向极端的环境决定论，因此或可以视为温和的环境决定论者。

1913 年秋季，竺可桢在入读哈佛的第一个学期，便在华德的"气候学通论"课上学习了气候变化问题。汉恩的《气候学手册》和华德的《气候学及其与人生之关系》都是课程指定的教材。另外，华德的档案中保留了竺可桢参加的"气候学通论"期末考试的试题，7 道题目中有 2 个跟气候变化问题有关。一个问题是："你认为人类已经在多大程度上掌控他所身处的气候环境？请以具体的例证来说明你的观点。"另一个问题是："你对于地质时代和历史时代气候'变化'的观点是什么？以及，你如何看待已有的解释前者的相关理论？"[22] 由此可见，正是通过华德的教学，竺可桢得以系统地了解到当时欧美学界有关气候变化的各种学说，并对这个问题产生了长久的兴趣。①

竺可桢曾自述："我虽然写了不少文章，但一生专门研究一个课题。这个课题就是中国历史上气候的变迁。"[27] 10 后人在评述竺可桢的学术贡献时，也多认为他有关气候变迁的研究是"花费时间最长，功夫最深，成就最大的一个领域"。[33] 纵览竺可桢有关气候变迁的研究可以发现，他始终坚持气候变迁存在周期性波动的理论。竺可桢早期有关中国古代气候变迁的研究，尤其是《南宋时代我国气候之揣测》《中国历史上气候之变

---

① 孙萌萌的研究试图从国际上有关气候变迁研究的语境出发，梳理竺可桢气候变迁思想的来源问题。然而，该研究完全未注意到华德对竺可桢的系统影响，还误认为亨廷顿系森普尔的学生，并由此继承了拉采尔的环境决定论思想，此外亦将亨廷顿供职的大学误认为是哈佛。实际上，亨廷顿在哈佛攻读研究生，是戴维斯的学生，并未师从森普尔，他的职业生涯几乎都是在耶鲁大学执教。参看：孙萌萌，江晓原，《竺可桢气候变迁思想的来源》，《自然科学史研究》2018 年第 1 期，第 111—112 页。

迁》《中国历史上之旱灾》，几乎都直接受到埃尔斯沃斯·亨廷顿（Ellsworth Huntington，1876—1947）学说的启发，一定程度上是在利用中国古代典籍中有关旱涝灾荒、酷暑寒冬、太阳黑子活动等气候状况的记录，来验证亨廷顿的学说。对于亨廷顿通过在中亚的实地考察，得出气候存在周期性波动的结论，竺可桢是确信不疑的，"事迹昭然，证据确凿，断非臆想揣度之可比拟"。[34]466

竺可桢在晚年时期注意到20世纪气候变暖的事实，不过他认为这只是气候波动的一个小周期而已。他仍坚持认为气候变迁存在钟摆式周期波动的规律，对气候持续变冷或变暖的学说持否定态度。他指出，国际上出现的气候持续变暖的说法不过是"杞人忧天的想法"，"因为气候变化的规律，一直是做波浪式的前进，螺旋式的盘旋"。[35]至于造成气候变暖的原因，竺可桢指出这是一个科学家们有"重大兴趣和剧烈辩论"的问题。他列举了多种可能的原因，其中也包括因人类工业生产排放大量二氧化碳，进而引起气候变暖的说法。但是，他自己坚持认为太阳辐射强弱的周期性变化才是造成地球气候波动的根本原因。在《中国近五千年来气候变迁的初步研究》（以下简称《气候变迁》）中，竺可桢推测自公元前3000年以来中国的气候"有一系列的上下摆动"，"在每一个四百至八百年的期间里，可以分出五十至一百年为周期的小循环"。[36]470总之，从19世纪末至20世纪中期，国际气候学界的主流观点认为气候变迁存在周期波动。竺可桢在其学术生涯中也一直坚持这种观点。虽然已有学者提出温室气体效应会造成全球气候变暖，但是当时的国际和国内学界都未普遍地接受这种观点。[37-39]

竺可桢在气候变化呈现周期性波动的问题上长期保持连贯的立场，然而他对人类与气候变化的关系问题的看法在1949年前后却存在较为明显的差异。在20世纪20年代，竺可桢在引介亨廷顿的学说时，在一定程度上接受了亨氏的气候决定论思想，认为中国古代文明的进程受到了气候变化的影响。不过，与华德一样，竺可桢对亨廷顿的极端环境决定论观点有所保留。他在多篇文章中指出，亨氏的学说"未得地学家公共之承认"[34]466、"不无过甚之处"[40]457、"不能信此说为尽善"[41]。在中华人民共和国成立之后，竺可桢晚年有关气候变化的研究再也没有引用过亨廷顿的任何著述。究其原因，在1949年以后，中国地理学界一边倒地学习苏联地理学，很快便掀起对"资产阶级地理环境决定论"的批判，亨廷顿被视为是这种学说的代表人物之一。例如，1952年4月13日，竺可桢参加了苏联地理学顾问巴达邵夫批判资产阶级地理学的报告。巴达邵夫梳理了从拉采尔到辛普森，再到亨廷顿的学术脉络，将环境决定论与种族主义、地缘政治、马尔萨斯人口论相提并论，并将其与希特勒的法西斯主义相联系。[42]598-599竺可桢在这个时期的日记和工作报告中亦开始反思并公开批判环境决定论。例如，1952年3月5日，竺可桢翻阅旧作，检讨自己曾相信亨廷顿的学说，并对之前"陷于环境决定性论"做自我批评。[42]572-573

此外值得注意的是，通过竺可桢的引介，华德的著述对民国时期处于初创阶段的中国近代地理学和气象学也产生了直接的影响。例如，竺可桢在南京任教期间，每年都讲授"气候学"课程，推荐的参考书正是华德所著《气候学及其与人生之关系》。从课程大纲来看，该课程的内容基本上跟华德的著作一致。[43] 竺可桢离开中央大学之后，这门课程由其弟子胡焕庸接手。在胡焕庸编辑的课程讲义中，华德的著作仍是推荐参考书之一。[44-45] 竺可桢的另一位高足张其昀在1925年编辑出版的初级中学用《人生地理》教科书中也将华德的《气候学及其与人生之关系》列为参考书目之一，且在书中专门设有"气候与人生之关系"一章。[46] 由此可见，正是通过竺可桢的引介，南京高师-东南大学-中央大学在20世纪二三十年代所培养的近代中国地理学和气象学人才大多读过华德的著作并了解其学说。另外，竺可桢长期致力于组织人员翻译介绍国外最新的地理学和气象学成果，华德的著作亦在其列。比如，华德于1931年3月发表的《论气候学文献》，即由当时供职于中央研究院气象研究所的杨昌业翻译成中文发表。[47]

1929年4月1—2日，华德在环球旅行途中经停上海。竺可桢前往迎接。这是他自1918年离开美国以后唯一一次重见华德。竺可桢曾筹划邀请华德至南京访问气象研究所，但终因日程紧凑未能实现。[48],[2] 竺可桢与中国科学社总干事杨孝述共同负责接待华德，邀请他参观了中央研究院上海事务所，访问了圣约翰大学、商务印书馆和交通大学等处，并专程赴徐家汇观象台参观。[49-52] 华德于1931年11月12日在家中突然去世，时年64岁。由于竺可桢1936年以前的日记在战乱中丢失，因此已不可能通过日记重构他当时如何缅怀其导师华德。华德去世之后，他所培养的第一位气象学的博士查尔斯·布鲁克斯（Charles F. Brooks, 1891—1958）曾发表纪念文章，详述华德的成就。[53] 这篇文章甫于1932年3月在美国发表，随即便由竺可桢的学生郑子政翻译并刊于《科学》和《方志月刊》。[54-55] 胡焕庸亦在1932年春撰文简述华德的学术贡献，并评价："饮水思源，先生对于我国科学界，盖有重大之影响焉。"[56] 1947年2月，竺可桢在访美期间曾探访华德教授的姐姐及子女，以表达对于导师的敬意和怀念。[57] 华德在美国地理学史和气象学史上是一个长期被忽视的人物，近年来始有一些学者重新评价他的学术贡献。[32]547-564,[58] 国内学界对华德的了解大概只是通过竺可桢的自传和日记知晓其名而已，对于其学说以及他对近代中国气象学、气候学的具体影响仍值得进一步的探究。

四、结论

竺可桢在自述中曾说："我认哈佛为我的母校，我回国以后在大学里教书或是办行政，在研究院办研究所，常把哈佛大学做我的标准。哈佛大学便成了我的偶像。"[1]89 诚如斯言，哈佛大学对于竺可桢的影响是全面且深刻的。作为最早一批在西方大学系统学习现代科学且获得博士学位的中国知识人之一，竺可桢在哈佛的5年学习不仅让他嵌入到了哈佛大学地理学知识谱系之中，而且也让他进一步登堂入室，成为在20世纪世界科学共同体舞台上能够有所创造和贡献的中国科学家。由戴维斯开创，华德、麦开地、阿德湖继承和拓展的哈佛大学地理学，具有独特的学科传统和鲜明的特征。竺可桢对此有十分深入的认知，他曾精要地指出："美国地学由地质学而发达，法国地学由史学而发达。"[71] 通过学术史的梳理可以看到，哈佛的地理学脱胎于地质学，在性质上更偏向于自然科学，后因华德对人类生活的重视，融入了人文地理学的因素。这些知识传统相互作用，共同塑造了 20 世纪初独特的哈佛大学地理学，使其区别于欧洲尤其是与历史学联系紧密的法国地理学，又跟芝加哥大学等美国其他大学的地理学有所不同。竺可桢在很大程度上继承了这种独特的学术传统，在他所从事的气象学、人文地理学和历史气候学等方面的研究中，都可以明显看到他青年时期在哈佛求学 5 年所产生的深远影响。然而，竺可桢并没有在哈佛地理学的范式中因循不前。一方面，他是一位具有世界主义精神与视野的学者，不仅对美国，也对欧洲的学术前沿有及时的了解和跟踪，重视推动近代中国科学跟国际学术前沿交流；另一方面，在历史气候学等领域，竺可桢还系统整理了中国古代典籍中丰富的气候材料，做到了以中国科学家之立场贡献于世界学术。

对于竺可桢在近代中国科学史上输入西学新知，为中国地理学与气象学学科奠定基础的卓越贡献，国内学界早有公论。本研究致力于采用跨国史的方法，在挖掘中英文档案材料的基础上，尽可能地还原竺可桢在美求学的人生经历，并且与他返国后的学术成就联系起来，以期达到在世界学术的语境中更深入和准确地认识竺可桢的目的。究其实质而言，跨国史的方法意在打破民族国家史学的框架，转而用一种更加完整和相互勾连的视角来看待人类的历史。就本研究所关注的竺可桢与地理学知识的跨国流通而言，跨国史的方法促使我们去追问知识是如何在世界学术的总体环境中发生借用、移植、交流、融合与创造等问题。知识的跨国流通是复杂的，其过程往往不是单向或线性的，而是多方向、多层次地纠缠在一起。此外，在研究知识跨国流通问题时，也需要着力探究背后的源与流、显与微、力与势等问题。对于像竺可桢这样有海外经历与世界主义精神的学者来说，如果仅仅采用民族国家史学的视角，就容易造成脱离世界学术语境，片面地看待他们，抑或将他们与一种笼统、抽象的西方学术机械地联系起来，进而造成认识的窄化和偏差。总之，跨国史所提供给当下研究者的是更宽广的语境和相互关联的视角，采用此方法来探究近代中国科学史与学术史，很可能会呈现出更加多面的事实和丰富的意义。

参考文献

[1] 竺可桢. 思想自传 // 竺可桢全集（第 4 卷）. 上海：上海科技教育出版社，2004.

[2] 竺可桢. 科学院研究人员思想改造学习期中的自我检讨 // 竺可桢全集（第 3 卷）. 上海：上海科技教育出版社，2004：89.

[3] 张九辰. 竺可桢与东南大学地学系——兼论竺可桢地学思想的形成. 中国科技史料，2003，24（2）.

[4] 张九辰. 竺可桢的地学思想与中国现代地理学研究体制 // 秦大河. 纪念竺可桢先生诞辰 120 周年文集. 北京：气象出版社，2010：110—126.

[5] Krige J. Introduction: Writing the Transnational History of Science and Technology// Krige J.（eds）. How Knowledge Moves: Writing the Transnational History of Science and Technology. Chicago: The University of Chicago Press, 2019: 2.

[6] Bowler P. J., Pickstone J. V. Introduction// Bowler P. J., Pickstone J. V.（eds）. The Cambridge History of Science.

Volume 6, The Modern Biological and Earth Sciences, New York: Cambridge University Press, 2009: 6–9.

［7］普雷斯顿·詹姆斯.地理学思想史.李旭旦,译.北京：商务印书馆,1982：200—211.

［8］The Harvard University Catalogue, 1879–80. Cambridge: Harvard University, 1880: 89.

［9］The Harvard University Catalogue, 1890–91. Cambridge: Harvard University, 1891: 92–93.

［10］Brooks C. F. Robert DeCourcy Ward. Annals of the Association of American Geographers, 1932, 22（1）: 33.

［11］Ward R. D. Climate: Considered Especially in Relation to Man. New York: G. P. Putnam's Sons, 1908.

［12］The Harvard University Catalogue, 1906-1907. Cambridge: Harvard University, 1907: 512–515.

［13］Fergusson S. P., Graton L. C., and Brooks C. F. Alexander George McAdie. Harvard University Gazette, February 16, 1946.

［14］Nebeker F. Calculating the Weather: Meteorology in the 20th Century. San Diego: Academic Press, 1995: 27–44.

［15］多萝西·罗斯.社会科学诸学科的变化轮廓//西奥多·波特,多萝西·罗斯.剑桥科学史,第七卷,现代社会科学.郑州：大象出版社,2008：206.

［16］Transcript of the Record of Co-Ching Chu in the University of Illinois//1914–11–11, Harvard University Archives, UAV 161.201.10, Box 19: Student Folder（C. C. Chu）.

［17］Annual Register of the University of Illinois, 1910–1911. Urbana-Champaign: The University, 1910: 192.

［18］Harvard University Catalogue, 1913–1914. Cambridge: Harvard University, 1913: 304, 382–387.

［19］Koelsch W. A. From Geo- to Physical Science: Meteorology and the American University, 1919–1945// Fleming J. R.（eds）. Historical Essays on Meteorology, 1919–1995: The Diamond Anniversary History Volume of the American Meteorological Society. Boston: American Meteorological Society, 1996: 514.

［20］Transcript of Co-Ching Chu//Harvard University Archives, UAV 161.272.5, File I, Box 3.

［21］Davis W. M. Elementary Meteorology. Boston: Ginn & Company, 1894.

［22］Courses in Meteorology: Grades, Examination Papers, Class Lists, 1891–1931//Papers of Robert DeCourcy Ward, Harvard University Archives, HU 1870.65.

［23］Ward R. D. Current Notes on Meteorology. Science, 1896, 4（99）.

［24］Ward R. D. Climate and Health, with Special Reference to the United States. The Scientific Monthly, 1921, 12（4）: 355–378.

［25］竺可桢.地理与文化之关系//竺可桢全集（第1卷）.上海：上海科技教育出版社,2004：11.

［26］竺可桢.地理教学法商榷//竺可桢全集（第1卷）.上海：上海科技教育出版社,2004：411—412.

［27］胡焕庸.竺可桢先生——我国近代地理学的奠基人//纪念科学家竺可桢论文集.北京：科学普及出版社,1982.

［28］王以中.人文地理学和张其昀的地理著述.图书评论,1933,1（5）: 557.

［29］Ward R. D. How Far Can Man Control His Climate?. The Scientific Monthly, 1930, 30（1）: 18.

［30］Meyer W. B., Guss D. M. Neo-environmental Determinism: Geographical Critiques. Cham: Palgrave Macmillan, 2017: 26.

［31］Martin G. J. American Geography and Geographers: Toward Geographical Science. New York: Oxford University Press, 2015: 383.

［32］Rohli R. V., Bierly G. D. The Lost Legacy of Robert DeCourcy Ward in American Geological Climatology. Progress in Physical Geology, 2011, 35（4）.

［33］施雅风,许良英.竺可桢传略.中国科技史料,1980,1（2）: 17.

［34］竺可桢.中国历史上气候之变迁//竺可桢全集（第1卷）.上海：上海科技教育出版社,2004.

［35］竺可桢.历史时代世界气候的波动//竺可桢全集（第4卷）.上海：上海科技教育出版社，2004：104.

［36］竺可桢.中国近五千年来气候变迁的初步研究//竺可桢全集（第4卷）.上海：上海科技教育出版社，2004.

［37］Fleming J. R. Historical Perspectives on Climate Change. New York: Oxford University Press, 1998: 107.

［38］斯潘塞·沃特.全球变暖的发现.宫熙丽，译.北京：外语教学与研究出版社，2008：36.

［39］涂长望.关于二十世纪气候变暖的问题.人民日报，1961-1-26（7）.

［40］竺可桢.南宋时代我国气候之揣测//竺可桢全集（第1卷）.上海：上海科技教育出版社，2004.

［41］竺可桢.中国历史上之旱灾//竺可桢全集（第1卷）.上海：上海科技教育出版社，2004：494.

［42］竺可桢.竺可桢全集（第12卷）.上海：上海科技教育出版社，2007.

［43］国立中央大学一览.1928：71—72.

［44］胡焕庸.气候学.上海：国立编译馆，1938：12.

［45］国立中央大学理学院概况.1936：203.

［46］张其昀.人生地理（上册）.上海：商务印书馆，1925：5.

［47］华德.论气候学文献.杨昌业，译.方志月刊，1934.7（1）：19—33.

［48］竺可桢.致中央研究院会计处函（1929年3月7日）//竺可桢全集（第22卷）.上海：上海科技教育出版社，2013：202.

［49］Ward R. D. A Climatologist's Round-The-World Voyage. Monthly Weather Review, 1929, 57（7）: 283-284.

［50］Headings for Talk on Round-The-World Trip// Notes and Manuscripts for Pubic Lectures and Writings, Papers of Robert DeCourcy Ward, Harvard University Archives, HUG 1870.45, Box 1.

［51］招待美国著名气象学家华德记事.科学，1929，13（10）：1439.

［52］美国著名地理学家来沪.申报，1929-3-31（14）.

［53］Brooks C. F. Robert DeCourcy Ward. Annals of the Association of American Geographers, 1932, 22（1）: 33-43.

［54］白鲁克.华德先生传.郑子政，译.科学，1932，16（11）：1657—1663.

［55］白鲁克.华德先生传.郑子政，译.方志月刊，1933，6（2）：59—62.

［56］胡焕庸.美国哈佛大学气候学教授华德先生讣音.地理杂志，1932，5（2）：3.

［57］竺可桢日记（1947年2月22日、2月23日、3月17日）//竺可桢全集（第10卷）.上海：上海科技教育出版社，2006：380—382，398.

［58］Lavery C. Situating Eugenics: Robert DeCourcy Ward and the Immigration Restriction League of Boston. Journal of Historical Geography, 2016: 54-62.

［71］竺可桢.中央大学地学系之前途//竺可桢全集（第1卷）.上海：上海科技教育出版社，2004：588.

本文为节录，原载《自然科学史研究》2023年第3期

>>> 附录

《竺可桢全集》的编辑与出版

《竺可桢全集》编辑委员会名单

| 顾　　问 | 贝时璋　叶笃正　苏步青　张劲夫　郁　文　谈家桢　曾呈奎 |

主　　任　路甬祥
副 主 任　施雅风　孙鸿烈　张玉台　潘云鹤　杨　卫　秦大河　马福臣
　　　　　潘　涛　沈文雄（执行）　樊洪业（执行）
委　　员　（以姓氏笔画为序）
　　　　　马国钧　马福臣　尤芳湖　卞毓麟　刘奎斗　汤永谦　孙鸿烈　李玉海
　　　　　束家鑫　吴伟文　吴传钧　吴关琦　沈文雄　宋长青　张九辰　张玉台
　　　　　张丕远　张镜湖　陆大道　陈述彭　陈学溶　竺　安　周秀骥　侯仁之
　　　　　施雅风　姚檀栋　秦大河　夏训诚　钱文藻　高　庄　郭传杰　席泽宗
　　　　　陶诗言　黄宗甄　戚叔纬　韩桢祥　曾庆存　路甬祥　解　源　樊洪业
　　　　　潘云鹤　潘　涛

主　　编　樊洪业
副 主 编　李玉海　竺　安　沈文雄　戚叔纬　竺　松
特邀校审　陈学溶　黄宗甄

文稿编纂组成员（以姓氏笔画为序）
　　　　　丁辽生　方昌烈　方昌焰　艾素珍　刘元明　杨小林　李志黎　吴玉芬
　　　　　应幼梅　张九辰　陈向文　林世统　竺　平　竺　宁　竺志奇　竺志勇
　　　　　竺伯铭　竺　碚　郑竺英　胡宗刚　郦伯瑾　姚竺绍　袁子恭　涂多彬
　　　　　黄章恺　曾闻问　樊　谦

出版编辑组成员（以姓氏笔画为序）
　　　　　孙佳鸣　沈芝莉　陈　浩　郑华秀　赵小卫　侯慧菊　贾立群　殷晓岚
　　　　　高鸿飞　黄彰栋　章　静　傅　勇　潘　涛（组长）

《竺可桢全集》序

路甬祥序

竺可桢是中国现代气象学、地理学的一代宗师,是中国科学界、教育界的一面旗帜。2000年3月在纪念竺可桢诞辰110周年前后,由叶笃正、黄秉维、施雅风、陈述彭等十余位院士发出倡议:为全面反映竺可桢的科学思想和教育思想,如实记录我国现代科学和教育事业发展的历程,应组织力量增订出版《竺可桢文集》。在此基础上,又进一步组织编纂《竺可桢全集》,得到了国家自然科学基金委员会的立项支持。2001年3月1日,在京召开了《竺可桢全集》编委会全体会议,编纂工作正式启动。

三年来,《竺可桢全集》主编组的同志们组织多学科人员,对竺老遗存文稿做了全面收集、系统整理和认真考订,克服了重重困难,在上海科技教育出版社的大力支持下,终于付梓。这是我国学术文化建设上一桩可感可贺的大事。

竺可桢1921年在东南大学创建地学系,1928年任中央研究院气象研究所所长,在此期间培养了大批地学研究人才,奠定了中国现代气象学和地理学的基础。1936年4月出任浙江大学校长,他注重凝聚优秀教授队伍,提倡求是精神,推动教学与科研的紧密结合,使浙大迅速跃居于全国少数著名大学之列。新中国成立后,他出任中国科学院副院长,1955年兼任生物学地学部主任,1956年兼任综合考察委员会主任。在执行"十二年科学技术发展远景规划"的过程中,组织领导全国范围内的自然资源考察工作,进行合理学科布局,并推动了许多新兴领域的研究。他从国情出发,一贯关注我国人口、资源、环境问题与经济社会发展的关系,是可持续发展思想与实践的先觉先行者。他在科学史研究和科学普及事业方面也有卓越贡献。

我于1959年入浙江大学,1993年底到中国科学院就职。由于年龄和学科方面的原因,我未得竺老当面聆教的机缘。但四十多年来,从学校传统"求是"校风的熏陶中,从前辈师长的言传身教中,从竺老文章、日记的论述中,从历年由学术界自发组织的纪念活动中,我都深切感受到了他的远见卓识、高风亮节和人格魅力。这些也是激励我自己努力工作、不断前进的重要力量源泉之一。

我深信,《竺可桢全集》的出版,不仅将为研究20世纪中国科学史、教育史、文化史和社会史提供永久性的基础资料,而且通过挖掘竺老的学术遗产,我们将会从传统文化资源中汲取丰富的营养,竺老终生坚持的爱国、求是和敬业精神将得到进一步弘扬,对我们实施"科教兴国""人才强国"的战略,牢固树立以人为本、全面协调可持续的科学发展观，定会提供极大的助力。

当前我国正处在历史上最好的发展时期，我们要紧密地团结在以胡锦涛同志为总书记的党中央周围，认真学习邓小平理论和"三个代表"重要思想，在建设有中国特色的社会主义事业的道路上，与时俱进，继往开来，把几代人实现中华民族伟大复兴的梦想变为现实。

2004 年 3 月 10 日

张 劲 夫 序

在我的心目中，竺可桢同志是位十分令人崇敬的科学家，他对中国近代和现代科学事业，对于中国科学院的兴建和发展，都作出了重要的贡献。在他故去 30 年的今天，我仍然十分怀念他。

我和竺老共事，实际上只有 10 年，即 1956 年到 1966 年，我们两人都担任中国科学院的副院长。到科学院工作，对我来说是一个崭新的领域。要想做好这方面的工作，重要的是要善于学习，在工作实践中学习，向科学家学习。被郭沫若院长戏称为"竺老夫子"的竺老，是一位具有真才实学，知识面十分宽广而又善于团结广大知识分子的科学家。他的专业虽然是地学，但是对于生物学，对于数理化，对于技术科学也是博闻多知，有的还相当熟悉。他不但对古代自然科学的发展过程比较清楚，而且密切注视着当前科学发展的趋势。郭老曾经不止一次地向我介绍说，竺老对中国历史上各种文献，包括地方志、诗词、日记、游记等的研究很有造诣，可以从这些浩瀚的史料中，经过去粗取精，去伪存真，从中提炼出规律性的东西。例如，竺老对中国历史上气候的变化有着长期的研究，他研究的根据，相当多的就是依靠这些古代文献。记得我到科学院不久，就看到竺老在《人民日报》上发表的《百家争鸣和发掘我国古代科学遗产》一文。这篇重要论文既是他的经验总结，又以实际事例宣传了当时中央提出的关于百家争鸣方针的重要性。这篇论文给了我很大启发，让我进一步了解我国古代科学宝库十分丰富，古为今用，可以为我们的社会主义建设服务。

竺老十分强调科学研究要密切结合国民经济发展的需要。他曾经多次表示，中国科学院的重要任务是推动我国基础研究的发展，但是也应该努力解决生产实践中提出的具体问题。我记得很清楚，1962 年，党中央提出"以农业为基础"的发展国民经济总方针，当时全党把发展农业生产放在突出的地位。竺老对中央这项工作方针是十分拥护的。在一次党组扩大会议上，他曾经作了长篇发言，具体论述了中国科学院的科学研究支援农业生产的必要性和可能性。当时他刚刚加入中国共产党，对自己各方面要求更加严格。

他把自己比喻为一颗螺丝钉，要努力发挥共产党员应有的作用。除了分工抓好支援农业方面的科研项目外，他在参加自然资源综合考察的基础上，又借鉴国外的经验教训，利用暑期在青岛休假的机会，撰写了《论我国气候的几个特点及其与粮食作物生产的关系》这篇著名的论文。文章发表后，毛泽东同志约他谈了一次，共同讨论"光"和"气"的问题；农业部又把这篇文章下发到基层，要求基层干部认真学习。这对有关科学知识的普及，起到了很好的作用。

建国初期，我曾经在浙江省短期工作过，了解到浙江大学是一所名声很高的学校。这所大学有一个特点，就是学术水平高的教授很多，大多数是竺可桢同志当校长时千方百计请来的。竺老到中国科学院工作后，仍然坚持了这一主张，利用他的学术威望，在国内外广泛吸引人才，特别是原来在浙江大学执教过的一些名教授，例如贝时璋、王淦昌、蔡邦华、黄秉维等先后到科学院做研究工作，成为科学院的领导骨干，对于发展相应学科的科学事业，起到了重要的作用。竺老善于识别人才和爱惜人才。他到国外去访问，总要去看望我国派出去的留学生。发现有成绩突出的人才，回国后在院务会议上，就如数家珍地向各位院领导介绍，建议人事部门设法争取来科学院做研究工作。

竺可桢同志对工作非常认真负责，每次开会都要做记录。他分管的工作，一定身体力行，具体过问，抓紧办好。科学院的科研事业发展后，中关村有的研究所需要向外迁移，地理研究所就是其中一个，当时这项工作是比较难做的。我记得竺老高瞻远瞩，顾全大局，亲自说服地理所领导和全所同志愉快地搬迁到生活条件比较差的北郊。竺老的社会地位高，大家都很尊敬他。可是他待人接物非常谦和，一派君子风度，从不以长者自居。例如，过兴先同志是他的学生，竺老经常称之为"过先生"。这当然是小细节，但也不是很多人所能做到的。

1966年"文化大革命"开始后，我失去了自由，对竺老知道的就很少了。只知道他虽然得到中央的保护，但也受到一定的冲击。在这种困难的情况下，他仍然潜心于古代气候变化的研究，终于完成了《中国近五千年来气候变迁的初步研究》这篇经典著作的写作。

他非常关心中国的科学事业，也关心我个人的安危。我从《竺可桢日记》中看到，1966年12月7日，在我处境最艰难的时候，竺老和吴有训同志一起去找了当时的军代表，说我最近两个月来一直被揪来揪去批斗，已经发烧三个星期了，应该给我休息的机会，不要把我身体搞垮了；也知道他在造反派召集的座谈会上，不顾当时的政治压力，理直气壮地认为，科学院执行的是党的正确路线，公然批驳当时流行的所谓执行了资产阶级黑线的污蔑和攻击。这就是竺老处事的态度，就是他一贯坚持"求是"精神的真实写照。他对我是如此，对他的学生也是如此。竺老尊重事实，坚持真理的精神确实令人敬佩。

由中国科学院和其他方面大力协作，在国家自然科学基金委员会和上海科技教育出版社的支持下，编辑出版《竺可桢全集》是件很有意义的工作。从这部历史文献中，不仅可以看到竺可桢同志是怎样治学，怎样做人，也可以看到我国近代科学和教育事业发展的过程。这对于当前社会和年轻人是非常有教育意义的。

前人教育后人，后人超过前人。这是社会发展的规律。愿《竺可桢全集》的出版，能给后人以更多的启示。

路甬祥

2004 年 3 月 16 日

叶笃正序

竺可桢先生在浙江大学担任校长时确定以"求是"为校训，为国家建设和社会发展培养了一批又一批的栋梁之材。我于 1940 年考入浙江大学为研究生，有幸成为竺先生的一名学生。除了 1945—1950 年在国外留学外，归国后一直在中国科学院工作。可以说，我毕生是在"求是"精神的熏陶和竺先生的直接领导下逐步成长起来的。什么是"求是"精神？竺先生经常以"博学之，审问之，慎思之，明辨之，笃行之"和"只问是非，不计利害"来加以概括和阐述，要求我们追求真理，必须锲而不舍，才能到达科学的高峰。竺先生倡导"求是"精神，并不是靠他口头说教，而是以他的实际行动教育了许多人。新中国成立初期，竺先生是中国气象学会理事长，我经常协助他处理一些学会工作的具体问题。有一次，我为一件具体工作对他提醒，竺先生不仅采纳了我的意见，而且诚恳地做了自我批评。这件小事给我留下深刻的印象，让我终生受益，使我懂得只有严格要求自己，坚持"求是"精神，才能做好各项工作。

中国古代文化虽然流传和记载了大量的气象知识，但是近代气象学的发展，成为一门独立的学科，则是在 1928 年成立气象研究所以后。竺先生是气象研究所的第一任所长，为我国近代气象学的建立和气象事业的发展，呕心沥血，竭尽全力，作出了不可磨灭的贡献。竺先生做事，一贯以有利于国家、服务于社会为第一原则。凡是国家需要的事，他必然勇往直前。我们可以从竺老对中国气象事业发展的重大贡献，看到竺老做事的精神。

首先，经过他的努力，在当时的中央研究院成立了气象研究所，使之成为为数不多的研究所之一。研究所建立后，他克服了许多困难，经过几年苦心经营，在全国建立起完全由中国人掌握的比较均衡的四十多个气象台站和一百多个雨量站，并且在南京上空开始测风气球高空探测，形成了中国气象观测网的雏形，开始由中国人独立发布天气预报，打破了以往的气象预报依赖外国人的局面。

其次，针对中国当时严重缺乏气象工作人员的实际情况，竺老除了在大学里兴办地学系，培养出我国第一代气象研究人员外，又应各地气象部门开展业务的要求，先后举办了四期气象学习班，有近百人参加学习，接受比较系统和正规的业务训练。他们回原单位后，成为各地气象台站的业务骨干。

第三，当时的气象研究所，虽然人数不多，研究人员更少，但是在竺老的主持下，学术气氛十分活跃，研究成果累累。研究所内藏有国内外多种气象科学期刊和全国各地气象观察资料，为全国开展气象研究提供了方便。气象研究所不仅是气象预报中心，也是当时全国当之无愧的气象研究中心。竺老从国家需要出发，认为中国应有专门从事天气预测的气象局。经竺先生提议，当时政府于1941年成立了中国气象局，把气象预报业务从气象研究所划拨出去。

第四，中华人民共和国成立以后，作为中国科学院副院长的竺先生，面对全国科技事业的发展大计，仍然十分关注全国气象事业和气象学的发展。在他的关心和协调下，依靠涂长望和赵九章两位先生的共同努力，中国气象局和中国科学院之间，开展了卓有成效的合作，充分发挥科学院的人才优势，使新中国的气象事业得到蓬勃的发展。

凡此种种，都说明竺老在推动中国气象学的发展过程中功不可没，他的业绩已经载入中国气象学成长和发展的史册。

在不同历史时期，竺先生在繁忙的行政工作之余，都坚持在第一线进行气候学研究，在气候变迁、东亚季风、气候区划、农业气候以及物候学等方面，取得了一系列在国内外都有深远影响的研究成果，为后人树立了光辉的榜样，对推动我国气象学的发展具有历史意义。

竺先生治学严谨，一丝不苟，谦虚谨慎，持之以恒。他研究中国历史时期的气候变迁，从1922年开始，一直坚持到1973年，前后达五十年之久。随着研究的深入，时间和空间尺度不断扩大，终于到1972年发表了《中国近五千年来气候变迁的初步研究》这篇经典著作。这是竺先生的收笔之作，他却认为是"初步研究"，可见他治学严谨的科学态度。竺先生几十年如一日，每天晨起都要亲自观察并记录各种气象要素；外出旅行，一路要观察不同地方的物候变化；参加学术会议或工作汇报，必定要作详细记录，当晚择要录入日记本。这些看来都是零碎的资料，却是竺先生研究构思重大研究课题的重要依据。他晚年发表的《论我国气候的几个特点及其与粮食作物生产的关系》以及集他毕生研究的《物候学》，都是具体应用这些资料的重大研究成果。竺先生这些做法看似平淡无奇，但要一丝不苟地坚持一辈子，却不是一件容易事。竺老又善于从古代文化中发掘出古为今用的科学内容。他以科学家独有的敏锐眼光，把自己观察到的自然现象和古代诗文、游记以及地方志中的描述相比较，从中得到历史气候变化的资料。这种研究方法看来也并不深奥，但只有具备广博的科学素养，又通晓中外古今文化的学者，才能自由地驰骋在所要研究的科学内容中。竺可桢先生就是这方面的杰出代表。

竺可桢先生离开我们已经三十年了。三十年对于人生来说是一段不短的时间，但是我对竺先生总是有抹不去的记忆。他对我国科学事业的巨大贡献，他的音容笑貌，始终萦绕在我的脑际。即将付梓出版的《竺可桢全集》是一部不可多得的科学资料，特别是竺先生 1936—1974 年近 900 万字的日记，更是在科技界不多见的。不仅可以成为研究中国近代科学发展史的宝贵史料，而且为后人了解竺可桢的科学思想和教育思想，了解竺可桢倡导的"求是"精神，了解当时的社会面貌，都可提供具体的资料。这对于进一步贯彻中央关于"科教兴国"的战略方针具有积极意义。

编辑出版如此浩繁的《竺可桢全集》是一项带有一定研究性质的艰巨任务。感谢编辑组在国家自然科学基金的支持下，与上海科技教育出版社通力合作完成了任务。这部全集的问世，也是对竺可桢先生逝世三十周年的很好纪念，更是鼓励和鞭策年青一代不断攀登科学高峰的动力和工具。《竺可桢全集》定会给我们以更多的启示。

我怀着对竺先生这位科学大师崇敬和眷念的心情写出这些文字，是以为序。

2004 年 3 月 30 日

施 雅 风 序

竺可桢教授是 20 世纪中国科学家、教育家的楷模，贡献卓著，品德也极为感人。他一生工作涉及许多学术领域，而对气象学与地理学用力最多。1910—1918 年，他在美国先学习农业，后到哈佛大学研究院地学系，以学习气象学为主，并受到完整的地学教育，取得硕士和博士学位。他的青少年时代，中国饱受帝国主义列强侵略，积弱不振，激起他强烈的爱国感情，立志要发展科学、振兴中华。回国后，他在东南大学建立地学系（对外称地质—地理系），目标是培养大批地学家，他们须以天下兴亡为己任，要摆脱外强控制，靠自己的力量调查清楚全国自然资源和环境，为振兴中国服务。竺可桢亲自教授地学通论、气象学、世界地理与世界气候等课程，带领野外考察。在地理教学中，他完全摒弃旧传统地理教材中的烦琐记述，引进天文、气候、地形、生物等多方面对地理环境的科学说明，明确地理学的三原则——因果原则、综合原则与范围原则，着力于科学的地理学观念的树立。他认为："自然地理可以专论地而不及人，人文地理必须论人地关系，如果专论人而不及地，不能称为地理学。"他一面教学一面研究，在发表的专门论文中，以台风和天气方面为主，兼有地文、人口地理、水灾与环境、地理学史和中学地理教学法等多方面的内容。他指导学生增强自学、研究与实际工作能力，注意平时积累基础知识，提高研究素养，由此造就了一批近代地理学家与气象学家。

1934 年，时已担任中央研究院气象研究所所长的竺可桢，与翁文灏、张其昀等共同发起成立中国地理学会，同年《地理学报》创刊号出版，竺可桢在其上发表《东南季风与中国之雨量》。这篇重要论文具有里程碑意义，有力地促进了中国近代地理学的发展与水平的提高。

1936年，竺可桢出任浙江大学校长，在校内增建史地系，以张其昀为主任。他们在地质、气象、地形、自然地理、历史地理、中国史等方面广泛延请名教授。在艰难困苦的抗日战争中，竺可桢率领全校师生辗转西迁至贵州遵义，立"求是"为校训，在简陋的条件下，努力提高教学质量，实行导师制，创办研究生院，全校师生科研工作得到蓬勃发展。在地理学方面，1941年他发起举办"地理与探险家徐霞客逝世三百周年纪念会"，通过学术讨论，大力倡导学术研究风气，同时又组织史地系师生对遵义附近地区进行多种调查考察，大大提高了师生的研究能力。当时地理学科的师生为数不多，后来当选为中国科学院与中国工程院院士的竟有10人之多。笔者有幸在那时就学浙大，竺可桢校长那坚持真理、自我牺牲、爱护师生、抗拒邪恶的伟大人格与培养勤奋、朴实、自由、民主、努力向上的好学风，使我终生受益。由于当时浙江大学学术研究蔚然成风，硕果累累，时任英国驻华领事馆参赞的著名科学史家李约瑟来校参观后，曾对浙江大学有很高的赞誉。

中华人民共和国成立后，竺可桢出任中国科学院副院长，随后任生物学地学部主任、综合考察委员会主任，又当选为中国地理学会理事长。在新的历史条件下，竺可桢有可能实现他早年既有的培养和组织地学家、开展全国自然资源和自然条件调查以振兴中国的理想。建院之初，他发起筹建中国科学院地理研究所，亲任筹备处主任，从确定研究工作重点，到充实人才设备，无不亲自过问，予以具体指导。在1956年制定"十二年科学发展远景规划"的过程中，他主持组织编写从华南热带到黑龙江，从西部边陲到东南海洋的考察任务书。随后他亲自主持第一项远景规划——中国自然区划任务的实施。这项任务包括综合自然、地貌、气候、潜水、土壤、植物、动物及昆虫等9种区划。对比较复杂、意见分歧的区划问题，例如亚热带区划问题，他亲自参加研究，并撰写论文《中国的亚热带》（1958），解决发生观点与实用观点的矛盾与兼顾问题，判定中国亚热带北界在淮河—秦岭—白龙江线，南界在台湾中部与雷州半岛南部。50年代后期到60年代，他主持编纂国家大地图集，特别是自然地图集的编制工作。60年代中期，他尽力促进农业区划工作的开展，认为制定农业区划须因地制宜，综合考虑自然、技术和社会经济因素，这是贯彻全国农业发展纲要和实现农业现代化的重要前提条件。70年代，竺可桢以垂暮之年，发起并担任《中国自然地理》系列专著的编委会主任，卧病中提出了不少建议，最后集30多单位、200多人之力，分工合作，在总结中创新，形成总论、地貌、气候、地表水、地下水、土壤地理、植物地理、动物地理、古地理、历史自然地理、自然条件与农业生产和海洋地理共12册专著，展现了50到70年代中国地理学的巨大进步。

在领导并参加上述全国性地理学研究工作的同时，竺可桢以更大的精力开拓国家急需的自然资源与生态环境考察研究。50年代早期开展了为治理黄河所必需的水土保持考察，为开发橡胶的热带生物资源考察。随后，中国科学院综合考察委员会成立，先后组建了十多个规模较大的考察队，他动员地理所与各大学地理系派遣师生参加考察队，成为考察队的骨干力量，培养了大批青年地理学家。他自己亲自参加了黄河中下游、海南岛与雷州半岛、黑龙江、新疆、甘肃、西部南水北调和沙漠等考察研究。他为沙漠考察，写了多篇文章，深受读者喜爱，有的被收入中学教科书中。此外，他支持建立冰川考察队，开展祁连山、天山冰川考察。他认为干旱地区的利用和改造，冰川和沙漠都是亟待开展研究的科学问题。他非常关注青藏地区科学考察，多次派出考察队，组织与登山活动相结合的高山多学科综合考察。在"文革"中，他对科学考察工作的停顿极为忧心，一再呼吁恢复青藏高原的科学考察工作，终于在1972年得以重新实施。在上述各项考察工作基础上，中国科学院陆续建立了一批地区性与专业性相结合、各具特色的地理科学领域的研究所，现在南京的地理与湖泊研究所、长春的地理与农业生态研究所、兰州的寒区旱区环境与工程研究所、成都的山地灾害与环境研究所、乌鲁木齐的新疆生态与地理研究所，以及转到院外由广东省领导的广州地理研究所、陕西杨陵的水土保持研究所等，都发端于竺老当年的周密布局。

在地理学各分支学科都得到蓬勃发展的机遇中，竺可桢关注整体地理学发展的方向，通过中国科学院地学部和中国地理学会多次召集地理工作会议，交流经验、加强合作、探讨未来。1958年他提出《地理工作者应该是向地球进军的先锋》，认为地理工作者的任务是研究地球外壳的结构及其组成部分的发生、发展、分布和各组成部分之间的互相制约与相互转化的过程，要结合生产实践来认识和改造自然，努力为经济建设服务。地理学是一门综合性的科学，要成为一个现代的地理学家，必须具有地貌、水文、气候、土壤、地植物、经济地理等一般知识和其中一门比较专门的知识，要善于应用其他自然科学的研究成果来武装自己。1960年，举行了有12个地理研究机构、445个高等院校、61个有关单位参加的全国地理学术会议，竺可桢在会上全面总结了地理学的新近发展，号召地理学家要立大志、下决心，以比较短的时间逐步缩小以至最后取消我国地理学上的空白区；要摆脱单纯描述阶段，加强定性和定量相结合的分析方法，用最新的科学成就和仪器设备把地理科学武装起来；在继续结合生产实践开展研究工作的同时，要加强理论研究，考虑高层突破；要办好地理学会，使地理科学在广大群众中生根；要帮助中学教师提高水平，开展乡土地理研究，使地理工作在全国范围内遍地开花。1972年他和地理研究所左大康等4人谈话，再一次强调地理研究必须注意理论研究的提高，把重点放在影响全局的战略问题上。

在"文革"动乱岁月中，竺可桢的生活条件与工作条件大受影响，实际处于"靠边站"的状态。他在肺心病进一步加剧的情况下，仍坚持研究工作不懈，以惊人的毅力和智慧，专心致志于气候变迁与物候学研究，总结几十年的积累和思考，比较格陵兰冰芯所取得成果，撰写成《中国近五千年来气候变迁的初步研究》论文，又修改和充实了既是研究也具普及性的《物候学》著作出版。前者受到各国科学家的赞赏，是这个研究领域在70年代我国在国际上最有影响的代表作，开辟了现代气候变化研究的新方向；后者以引述千百万年生物变化发育规律，阐明一年中各类物候循环变化的内在机制。他在82岁高龄贡献出如此高水平的科学著作，结合他一生的道德文章，堪为我们后来者的楷模。

竺可桢先生离开我们已经30年了。他给后人留下的科学财富是多方面的，影响至为深远。以竺可桢的论文和日记为主体编辑而成的《竺可桢全集》，其文字数量之多，涉及内容之广，在自然科学家中是不多见的。我们可以从中进一步发掘竺可桢的学术遗产，研究他的奋斗、创新、前进的人生轨迹，同时也可以了解到在他生活的那个时代中国科教事业和社会发展的历程。了解过去，是为了未来更好地发展。我深信《竺可桢全集》的出版，对于国家建设和社会发展的积极影响，必将会愈久弥深。

施雅风

2004年4月21日

孙鸿烈序

竺可桢先生是我国自然资源综合科学考察研究事业的开拓者，是以可持续发展思想指导实践的先行者。

1949年中华人民共和国成立后，百废待兴，特别是一些边远地区及其重要的自然资源的开发提到了人民政府的议事日程。根据这一需求，在竺可桢的倡导和组织下，1956年国家制定"十二年科学发展远景规划"时便列出了黑龙江、西藏、新疆、青海、甘肃、内蒙古及云南等地区，作为以提出开发方案为目标的综合考察项目。在其后的十年（1963—1972）科技发展规划中又提出了西南、西北和青藏高原等地区的综合考察任务。规划要求全面系统地考察研究这些地区的自然条件、自然资源和开发利用方向。同时在自然资源合理利用的基础上，对生产力的合理布局提出建议。

为了完成上述规划任务，竺老于1956年建议在中国科学院成立名为"综合考察委员会"的专门研究和组织机构。他对这个机构的方向、任务作了明确的指示，指出综合考察"必须是自然科学、社会科学和技术科学的全面合作"，必须动员和组织中国科学院、高等院校和生产部门的科技人员通力协作来进行。竺老当时作为中国科学院副院长，院内外的工作已很繁忙，他仍亲自兼任这个委员会的主任，投入很多精力组织各项综合考察工作，并多次亲自到考察地区调查研究、指导工作。竺老十分强调"要开发自然必须了解自然"，为了科学合理地促进考察地区自然资源开发和经济社会发展，必须对当地自然、经济条件进行系统的了解，对地区发展的优势和劣势作出全面的、科学的评价，对发展方向、布局提出综合性的建议，以便为考察地区的开发决策提出科学依据。竺老一再强调，大自然中各种因素是互相制约、互相为用，彼此之间是有一定规律性的。针对各地农民有"靠山吃山"的习惯，他认为各级政府必须在统一规划下，做好"养山"的工作。否则，就会"坐吃山空"。他的这种思想，到了20世纪80年代，和国际上提出"可持续发展"的概念是完全一致的。

综合考察研究事业是一项崭新的事业。竺老对新生的综合考察委员会的建设倾注了大量心血。他首先从人才抓起，非常重视培养一支从事资源综合研究和区域发展研究的"综合型"研究队伍，尤其是对年轻人才的培养更加关注。他认为参加综合考察任务的科技人员，除了应该具有广博的知识外，还要有丰富的野外工作经验，同时应该掌握外文，以便能及时了解国外的研究动向，以先进的理论指导和提高自己的研究水平。这些都应当成为"综合型"研究队伍的基本要求。因此，当综合考察委员会对一些年轻人提升副研究员进行考评时，他曾经亲自参加并给予指导。这些都使科技人员受到极大鼓舞。综合考察委员会在不长的时间里能够涌现出一批综合型的科研人员，是与竺老确定的指导思想和亲切关怀分不开的。

我最早认识竺老是在1957年，我跟随我的导师、林业土壤研究所副所长宋达泉先生参加了那年由竺老领导的黑龙江流域考察。我们和竺老在同一条船上，从中游的黑河驶往下游的伯力。沿途每当船一靠岸，他都跑东跑西，冒着炎暑和蚊虫叮咬，与我们一起做野外考察。考察中对专业问题问得十分详细，尽管许多都不是他本专业的内容。

我到科学院"综考会"工作以后，记得是在1961年我第一次从西藏考察回来，他专门把我和搞水利的袁子恭同志一起叫到他办公室，我们汇报了两个多小时。他问得很仔细，怎样进藏，有什么困难，当地的气候、土壤、水利等等，他对什么都感兴趣，还作笔记，记得也很详细。当时觉得，他是我师祖辈的大科学家，又是在副院长兼综考会主任位置上的大领导，如此认真细致的工作作风，给我留下了深刻的印象。事后得知，他对组织后来的青藏考察作了重要指示，认为当时考察队的科研水平，还不足以能很快抓出问题，必须要有一批高水平的科学家去青藏工作。他一再说明，在西藏考察与新疆、内蒙古等地有所不同，在注意青藏经济发展的同时，还有许多学科前沿理论问题有待研究，这些问题具有全球意义。我们当时脑子里还没有什么岩石圈地球动力学、全球变化等概念，没有那种眼光，只局限在解决近期经济生产中的问题。所以回过头来看，那次考察并没有抓住重要问题。这也就是为什么1973年我们重新组队时能比较自觉地把基础性研究工作放在重要位置去做的原因。

竺老开创的我国区域综合考察和自然资源的综合研究事业，近半个世纪以来已经取得了丰硕的科研成果，为国家经济社会发展决策提供了大量的科学依据，特别是为当前着力进行的我国西部地区建设起到了重要的作用。我们可以告慰竺老的是，这一事业正随着时代的发展而不断前进着，它不仅在区域尺度上，而且在国家尺度和典型地域层次上，为探讨资源的合理开发利用与经济社会的可持续发展努力作出自身的贡献，在我国经济社会发展和科技进步中发挥着越来越重要的作用。

2004年3月17日

《竺可桢全集》前言

一

竺可桢，字藕舫，卓越的科学家和教育家。1890年3月7日出生于浙江绍兴东关镇（今属上虞），1974年2月7日病逝于北京。

进入20世纪之前的中国，科举制是国家教育制度的主体。1898年维新派主张改革教育制度，新风所被之处，绍兴东关镇也办起了新式学堂。竺可桢由此得以在家乡读完小学，到上海读中学，之后又进了唐山路矿学堂，打下了较为扎实的新学基础。1910年，竺可桢考取第二批留美"庚款生"，先入伊利诺伊大学农学院，后入哈佛大学研究院地学系，攻读新兴的气象学，1918年以论文《远东台风的新分类》获得哈佛大学博士学位。

西方科学在中国的传播，自传教士利玛窦入华算起，历经三百余年，断断续续，波波折折，直到20世纪初，才通过新学制把现代科学知识体系全面引进中国的课堂。随后的留学大潮又把现代知识分子群推上了新世纪的舞台。幸逢如此历史机缘，加上自身勤奋有恒，竺可桢终能跻身于中国第一代科学家的行列。

1915年中国留美学生创办"以传播世界最新科学知识为帜志"的《科学》杂志，发起成立了"以联络同志共图中国科学之发达为宗旨"的中国科学社。竺可桢汇入这股科学救国的洪流中，成为该社的第一批社员和《科学》杂志的早期编辑。以此为起点，他一生中始终坚持向民众传播科学知识，弘扬科学精神，宣传科学对社会进步的推动作用，利用各种机会呼唤全社会注重科学事业的发展，倡言"只问是非，不计利害"，勇于担起天下兴亡的社会责任。

回国后的竺可桢，先后在武昌和南京任教，在东南大学创建了中国大学中的第一个地学系，为日后中国现代地理学和气象学的发展培养了一批早期专门人才。在推动科学教育升级转型的同时，他长期参与中国科学社的领导工作，被推选为继任鸿隽、丁文江、翁文灏之后的第四任社长。在1915年至1927年期间，中国的科学体制处于团体化组织自流发展的状态，而吸纳科学家最多、学科覆盖面最广、社会影响最大的中国科学社，成为居于中国科学界首位的代表性组织。

中国科学社按英美模式勾画了未来中国科学事业的蓝图，但囿于国情条件，此梦难圆。1928年以后，蔡元培等力主引进法国模式，中国科学体制由此进入了中央研究院时代。鉴于竺可桢的学术地位，从蔡元培着手筹备中央研究院之日起，他就被邀请来负责筹建气象学方面的研究机构。1928年至1946年间，他一直担任气象研究所所长，自

1935年起担任中央研究院评议会的评议员，1948年被选为中央研究院院士。

竺可桢是中国现代气象学和气象事业的奠基人。他亲自主持在南京北极阁营建气象学研究基地，培养出一支精干的队伍。与此同时，他为国家争权益，经过苦心经营，中国终于从1930年元旦起能够独立自主地开展对我国领土领海的气象预报，结束了由外国人垄断中国气象预报的历史。继地质学与生物学之后，在竺可桢的领导下，气象科学实现了在中国的本土化和体制化。他本人在台风分类、季风、中国气候区划、气候变迁以及物候学等方面的研究，都处在科学的前沿。《竺可桢文集》（科学出版社，1979年）的编者在卷前撰有"竺可桢的生平与贡献"，对此已有较系统的评述。

1936年4月，竺可桢受命出任浙江大学校长。浙大前任校长推行法西斯主义教育，招致广大师生的激烈反抗，使学校处于瘫痪状态。竺可桢长校之后，尽力按哈佛办学模式塑造新浙大，着力革除弊政，聘选优秀教授，确立"求是"校训，注重通才教育，尊崇思想自由，推动科学研究。抗日战争的爆发，致使中国的大学进入颠沛流离的状态，而浙大是搬迁各校中组织得最好的一所。每到一地，即能迅速开课，图书馆、实验室也都随即开放，保证了教学与科研的进行。在竺可桢的领导下，浙大每到一地，都为当地的文化、教育、科学事业作出贡献，其影响在六七十年后的今天也清晰可见，因而浙大的西迁被称为"文军长征"。经历了遵义湄潭时期的相对稳定之后，浙江大学竟在艰难困厄中崛起，这所原为普通的地方性大学一跃而居于全国少数著名大学之列。

中华人民共和国成立之初，竺可桢即出任中国科学院副院长。从中国科学社到中央研究院，再到中国科学院，他在20世纪中国科学体制演化的历程中，始终发挥着重要作用。建院之初的首要任务，是在前中央研究院和北平研究院等原有基础上重新组建新的科研机构。由于竺可桢在科学界和教育界中具有很高的声望，在实现平稳过渡中发挥了无可替代的作用。他历来认为发展科学事业的关键是人才问题。在尊重人才、使用人才、吸引人才和保护人才方面，都给后世留下了许多令人感动的故事。

1955年，竺可桢当选为中国科学院学部委员，兼任生物学地学部主任。随着后来领导体制的变化，他开始把主要精力放在执行"十二年科学发展远景规划"的有关任务上，主要是全国范围内的自然区划和自然资源考察工作。他亲自筹划建立了中国科学院自然资源综合考察委员会，与各方面协调，组织了一系列的重要考察队。他在70岁的前后，以年迈之躯奔波在大河流域、西部高原和北漠南疆，足迹遍及除西藏和台湾以外的全国各个省区。这些考察成果为国家宏观规划和区域发展提供了最宝贵的第一手资料，与此相随，在全国布置了略具规模的研究机构和观测台站的网络，并直接促进了在冰川、冻土、沙漠、青藏高原综合研究等许多新兴研究领域的拓荒与耕耘。

人口、环境与资源，与竺可桢所从事的地学研究有关，更与50年代以后他分工领导的工作有关。在对自然资源的调查、研究、保护、开发和改造等方面，他都有过艰苦的考察实践和深入的理论思考，著述亦多。通过物候学的研究和资源考察工作，他较早地注意到了环境问题，晚年则对此给予了更大的关注。他从20年代起即关注我国的人口问题，50年代以后，面对人口陡增的形势和政府对策失误的现实，这一关注就更为持久和益显沉重。他在著作和日记中殷殷述说中国古人盲目开发资源而给后世遗下无穷祸患的惨痛历史教训，呼唤今人负起历史责任，不要再因我们的失误而殃及子孙后代。竺可桢立足于中国的国情，最为关注的是人口增长和水土流失两大问题。与源于西方的工业忧患不同，他表达的乃是源于本土的农业忧患，今人由此可以隐约看到"可持续发展"这一思想在中国的早期萌动。

自20世纪30年代起，竺可桢在中国气象学会和中国地理学会中长期担任领导职务。1950年任中华全国科学技术普及协会副主席，1954年起当选第一至第三届全国人大常委会委员，1958年任中国科学技术协会副主席。他的一生，除在气象学与气象事业、地理学与自然资源考察事业上作出了杰出贡献外，在科学史、科学普及、科学教育、科研管理和诸多科学文化领域皆有突出成就。

59岁以前的竺可桢，先后领导过一个系、一个研究所和一个大学；59岁以后，他参与领导中国科学院和全国的科学事业；66岁以后侧重于对地学和生物学科研的领导；晚年遭遇"文革"，开始"赋闲"，在特殊的政治保护中幸得"平安"。不过，早年的思想棱角已被连续淘磨多年，他尝以"落伍者"自责，对时代政治大局欲解而难解，对国家科学事业欲为而难为。他只有"躲进小楼成一统"，充分利用原来难得的时间，继续研究并潜心撰写《中国近五千年来气候变迁的初步研究》，又与合作者共同完成了《物候学》一书的修订。此外，他坚持逐期阅读国际上两种最权威的科学期刊《自然》(Nature)和《科学》(Science)，关注国际科学进展，思考中国科学和教育事业的前途；他认真检索几十年的日记，为澄清对有关人士历史问题的审查而认真书写证明材料；也曾为基础科学研究的命运和保卫钓鱼岛主权问题上书周恩来总理。当然，还有许多时光消耗在与病魔的周旋中。因"文革"时期宅内冬季供暖不足而周期性引发的肺气肿，严重损害了他的健康。

二

竺老离去的30年来，科学界、教育界一直以各种方式表达着对他的怀念。

中国科学院、中国科协、浙江大学，在他的诞辰和忌日，于1984年、1990年、1994年、2000年举办过不同规模的纪念活动。

竺老的纪念文集和传记著作，已出版近20种。在中国人民邮政发行的当代中国科学家纪念邮票中，竺可桢名列第一组之中。

浙江上虞县东关镇辟设"竺可桢故居陈列室"，为该地文物保护单位。

在竺可桢的故乡命名"竺可桢中学"，为浙江省级农村示范初级中学。

由中国气象局投资，在浙江省绍兴市气象局辟设"竺可桢纪念馆"，作为中国气象系统开展传统教育基地之一。

江苏省气象局将中央研究院气象研究所旧址的会议厅命名为"藕舫厅"。

浙江大学设有"竺可桢教育基金会""竺可桢学院""竺可桢杰出学者年度讲座",在竺可桢学院大楼内辟设"浙江大学竺可桢纪念馆"。

在浙大西迁所在地遵义,建有"竺可桢碑亭",并将附近一座新建桥梁命名为"可桢桥"。

中国科学院及其直属机构设有"竺可桢野外科学工作奖""竺可桢科学史讲席""竺可桢科学史奖"和"竺可桢南森国际研究中心"。

竺可桢塑像见于各地:南京大学东南大楼、浙江大学校园、江苏省气象局内中研院气象所旧址、中国科学院917大楼、中国科学院大气物理研究所科研楼和上海青浦"东方绿舟"的知识大道等。

多年以来,在众多报刊上发表的纪念和回忆文章,就举不胜举了。

上述种种,尽管出面主持者的名义不同,但都发乎于人们内心那份历久弥深的真情。

国人以"立德、立功、立言"为不朽,纵观竺老之一生,"三立"皆备。他以求是精神醒世律己,以敬业精神继往开来,享中国气象学和地理学一代宗师之誉,研究水土风云,成果惠及百代,培育人才桃李满天下。竺老以地学为专攻,重实地考察而躬行各地,又终生奋笔不辍,著述虽多有佚失,而现尚可得各类遗存文稿约300万字,日记约1000万字。

出版界早就有人打算为竺可桢出集子,也作过收集文章的准备。1962年,主管科技界的聂荣臻副总理曾提出:"象竺可桢这样的科学家应该给他出个文集。"

1977年4月,中国科学院决定编辑《竺可桢文集》,此书于1979年3月由科学出版社出版,选收论文79篇,约70万字。受当时历史条件的限制,许多文章未能入选。后来还有科学普及出版社的《竺可桢科普创作选集》(1981),百花文艺出版社的《看风云舒卷》(1998)和浙江文艺出版社的《竺可桢文录》(1999)等,都是根据不同的需要编选的本子,文字量不大。日记方面,80年代由人民出版社和科学出版社先后出版了总共五卷本的《竺可桢日记》,约300万字,占原本字数的三分之一。

当历史走进21世纪的时候,人们自然而然把过去的世纪当作一个整体加以回顾、梳理和研究,于是悄然出现一波文化名人全集热。如蔡元培、胡适、顾毓琇、吕叔湘、赵元任等人的全集,基本上是学术界与出版界自发合作的结果。《竺可桢全集》的编辑出版,虽然也是时逢竺老逝世30周年的一种纪念,但从更深层说,和其他全集一样,已走出了宣传和纪念的局限,而更多的是为了透过文化名人的著述,去了解和研究20世纪的中国。

《竺可桢全集》拟出版20卷。第1—4卷,收录作者已刊和未刊的中文著述,既含讲演稿、工作报告、自存手稿以及新闻报道中引述、摘录的讲话,亦含书信、题词、诗作、自传、学习体会、思想汇报、履历表等。第5卷为外文著述。第6—19卷收录竺可桢1936—1974年的日记。最后一卷拟含补编、年表和人名索引等。

《竺可桢全集》的前4卷和第5卷，无论何种学科、体裁的文稿，一律按时间先后排序。这不仅是因为存在着无法严格区分学科领域和体裁类别的困难，更多的考虑还是想给读者提供一种历史考察的方便，无论是什么学科或体裁的哪一篇，都是竺可桢在20世纪中国历史中留下连续足迹的一个印记。

全书编辑加工以"存真"为基本要求，如实展现竺可桢的人生道路和社会文化变迁的历史进程，为后世提供具有独特价值的珍贵史料。

《竺可桢全集》所收文献纵亘1916—1974年，计59年，历经中国现代史之各个重要发展阶段，不仅所记述史实弥足珍贵，其文章写作样式、编辑出版规范、社会流行语言、术语译名演变，等等，也都真实地反映着不同时代的文化样态和流变趋势，具有特殊的史料价值。为此，我们坚持力求如实保存文本原貌，未完全按现有通行的编辑出版规范作加工处理。出于同样的原因，对作者文章中表述的学术观点和论据，有后世学者提出较大争议和较系统考订者，本书亦未予逐一注释和论列。编者的主要工作是广泛收集遗存文稿，考订其发表的时间和背景，选择适合入选文本，辨读文本内容，酌情予以必要的点校、考证和注释，对不同文本作参校订正。

三

《竺可桢全集》编纂工作启动之初，当务之急是搜集竺可桢的遗存著述，途径有四：（1）以《竺可桢文集》后附"竺可桢著作目录"所列篇目、竺可桢纪念文集和传记所引文献以及现存竺可桢全部日记有关记述为基础，按图索骥；（2）原"竺可桢研究会"在80年代收集的各类文稿；（3）对《科学》杂志、气象学和地理学领域的学术刊物、浙江大学校刊、中国科学院档案等作了系统查阅，并对近年相关出版物，如《蔡元培全集》《南大百年实录》作了查索选录；（4）通过竺老亲属、浙大校友会北京分会等渠道，向与竺老有过各种联系的人员发函征集。

在检索文献的过程中，国家图书馆、中央档案馆、中国气象局图书馆、农业部办公厅档案处、中国科协秘书处、中国科学院文献情报中心、北京大学图书馆、清华大学图书馆、上海图书馆、复旦大学档案馆、浙江省档案馆、浙江大学档案馆、湖北省档案馆、重庆市档案馆、中国科学院办公厅档案处、中国科学院地理科学与资源研究所图书馆、中国科学院大气物理研究所图书馆、中国科学院自然科学史研究所图书馆、科学时报社档案室等单位，为本书提供了查阅和复制文献资料的方便。

王玉春、王昭雯、王涌泉、王鹏飞、尤芳湖、申图、冯雪骥、任葆蕙、刘文漪、李玉海、宋琦、沈文雄、张九辰、张直中、陆家桔、陈立、陈邡、陈学溶、金宗达、竺宁、竺安、竺松、竺碚、赵新那、赵德煌、胡宗刚、胡思梅、姚鸿瑞、洪星、陶为霖、陶渴平、钱燕、钱永红、席泽宗、戚叔纬、舒昌荣、解莉华等同志，向编委会提供了信函、照片和重要的背景资料。

李岩峰、佟亦军、陈京辉、张蕴洁、周东军、赵小敏、沈颐等同志提供了录入、摄影和扫描等方面的帮助。

89岁高龄的黄宗甄先生和87岁高龄的陈学溶先生，在高强度的审校文稿工作中，投入了他们对竺老的爱戴之情。他们的严谨、执著和敬业精神，对全体参与者是极大的激励。

过兴先、任知恕等先生也承担了部分审稿工作。

中国科学院科技政策与管理科学研究所在全程工作中提供了人员、物质方面的保障。

国家自然科学基金和中国科学院院长基金，为本书的编纂工作提供了必要的经费资助。

国家新闻出版总署将本书的出版纳入"十五"国家重点图书出版规划。

上海科技教育出版社自编纂工作启动之初即决定承担本书的出版，参与编辑出版各环节的全体人员为保证整体工作的进度与质量作出了可贵的贡献。

上述各种支持，保证了本书得以顺利出版，在此一并表示衷心的感谢。

因时间跨度大，涉及领域多，在文稿搜集方面还会有遗漏。编辑出版者水平有限，虽尽可能勤勉从事，但在对入编文稿的甄别整理、辨读点校、考订注释、排版校对诸环节上，也一定会有讹误与疏漏。为对上述两方面有所弥补，拟在全书的最后一卷中，加设"补编"和"勘误"两项，盼识者予以指教。

《竺可桢全集》编辑委员会
2004年4月

《竺可桢全集》第1—24卷说明

第1卷说明

本卷收录竺可桢 1916—1928 年的文章、讲演词、工作报告、会议提案、书信等 68 篇,另有专著 3 种。这些文稿比较集中地发表在《科学》《东方杂志》《史地学报》等刊物上。

1910 年,竺可桢考取第二批留美"庚款生",1913 年入哈佛大学研究院攻读气象学。1918 年以题为《远东台风的新分类》的论文获得博士学位。在留美期间,竺可桢成为中国科学社的首批社员,并开始参与《科学》杂志的编辑工作,撰写过大量通俗科学文章。在中国科学社后来每年一次的年会上,也多有演讲和论文发表。

回国后的竺可桢,先在武昌高等师范学校任教,1920 年秋应聘南京高等师范学校,恰逢该校转制。自 1921 年起,他在东南大学创建了中国大学中的第一个地学系,在这里为教学需要而编写的《地理学通论》和《气象学》两种讲义,成为中国现代地理学和气象学教育的奠基性教材。

1925 年 1 月,东南大学发生"易长风潮",竺可桢于本年夏离校,到上海任商务印书馆编译所史地部部长,潜心著述,接连发表了《论江浙两省人口之密度》《北宋沈括对于地学之贡献与纪述》《论以岁差定〈尚书·尧典〉四仲中星之年代》等重要文章。1926 年到南开大学任地理学教授,于此就地取材,成文《直隶地理的环境和水灾》。同年作为中国科学社的代表入组中国代表团,赴日本东京参加了第三届泛太平洋学术会议。

1927 年夏,竺可桢回到南京,就任第四中山大学(易名于东南大学,后又改称中央大学)地学系主任。同年秋,在中国科学社第十二次年会上被选为理事长。

自 1927 年 11 月起,竺可桢参与中央研究院筹备工作,1928 年 2 月成立气象研究所,任所长。而真正反映他履新赴任的文字则始于 1929 年。

入编于本卷的《地理学通论》和《气象学》两书具有特殊历史价值,其中的旧译名于今多已弃用,编者对有关译名作了今译对照,以利读者查考。

1979 年出版的《竺可桢文集》和原竺可桢研究会收集的文献为本卷工作打下了重要基础。本卷文稿的普查和整理校订工作主要由李玉海承担,大部分文章请陈学溶先生校审。交出版社之前的校审定稿工作由樊洪业负责。

本书循"存真"宗旨,力求保存竺可桢文稿历史原貌,有关编订规则之大要,详见《编例》。

第 2 卷说明

本卷收录竺可桢 1929 年至 1949 年 6 月的文章、讲演词、工作报告、会议提案、咨询答问、书信、序跋、公告、启事等,凡 287 篇。

1928 年至 1946 年,竺可桢出任中央研究院气象研究所所长,亲自主持在南京北极阁营建气象学研究基地,培养和凝聚了一支精干的研究队伍,办刊物,开年会,积极参与国际学术交流,着力推进国家气象事业建设。继地质学和生物学之后,气象学成为迅速实现本土化和体制化的代表性学科。竺可桢以其高水平的研究成果和出色的组织才能,赢得了学术界和社会的承认,他自 1935 年起担任中央研究院评议会的评议员,1948 年当选为中央研究院院士。

1933 年 4 月,竺可桢与翁文灏、张其昀共同发出成立中国地理学会的倡议,学会于翌年成立。由于他在地理学教育与研究方面的突出成就,与同在气象学领域一样,被尊为中国现代地理学的一代宗师。

1936 年 4 月,竺可桢受命出任浙江大学校长,大力革除弊政,组织优秀教师队伍,实施教授治校,确立"求是"校训,注重通才教育,推动科学研究。抗战西迁中经历了遵义湄潭时期的相对稳定之后,浙江大学竟在困厄中崛起,一跃而居于全国少数著名大学之列。

竺可桢在浙江大学和气象研究所两兼的岗位上,主要精力投于组织管理。另外,作为当世名流学者,经常应邀参加各种会议和纪念活动,形诸文字而留下的演讲词,凸显了作为自由知识分子所尊崇的思想自由和人格独立,时时处处表现出对民生疾苦、国民素质、民族命运、人类和平与发展的深切人文关怀。

入编本卷的文稿,有许多是从新闻报道中摘录成篇的,由编者据其内容拟设了标题,只是为了读者检阅的方便,其篇幅远不能与专题论述的文章或演讲相比。与此相类,编者为所有信函附置一内容提要的副题。有名重篇轻、大题小作之嫌者,完全是编者的责任。

本卷文稿的普查和整理校订工作主要由李玉海承担,大部分文章请陈学溶先生校审。交出版社之前的校审定稿工作由樊洪业负责。

本书循"存真"宗旨,力求保存竺可桢文稿历史原貌,有关编订规则之大要,详见《编例》。

第 3 卷说明

本卷收录竺可桢 1949 年 8 月至 1959 年的文章、会议致辞、工作报告、序跋、信函、批示、题词、诗词等,凡 172 篇。

中华人民共和国建国前夕，竺可桢奉召北上参加"科代会"筹备会议，会后率团赴东北解放区参观，旋即参加第一届全国政协，出任中国科学院副院长兼计划局局长。他奔波在政府部门、科研机构和著名大学之间，为重组研究机构，吸引和凝聚人才，探索国家管理科学事业的道路尽职尽责。这一时期，他先后担任中华全国科学技术普及协会和中国科学技术协会副主席，参与对全国科普工作的领导。他作为全国人民代表大会常务委员会委员参加例行会议和视察活动。作为中国气象学会、中国地理学会等学术组织的领导者，他仍然活跃在许多学术领域中。

1955年，竺可桢当选为中国科学院学部委员，兼任中国科学院生物学地学部主任。随着领导体制的变化，他开始把自己的主要精力放在"十二年科学技术发展远景规划"的有关任务上，领导全国范围内的自然区划和自然资源考察工作，奔波在大河流域、西部高原和北漠南疆。与此相随，在全国范围内布局了略具规模的有关研究机构和考察台站网络，并为冰川、冻土、沙漠、青藏高原综合研究等诸多新兴领域填补了学科研究的空白。

在20世纪50—60年代，竺可桢为新中国的成就欢欣鼓舞，对中国共产党的领导心悦诚服，以饱满的热情去完成自己承担的每一项工作。另一方面，在自"思想改造"起始的历次政治运动中，他常常以"落伍者"自责。他自己保留的若干篇有关"自我检讨""学习体会""交心汇报"等文字，在一定程度上反映了他这一时期的心路历程和那个时代的政治面貌。

本卷文稿的普查和整理校订工作，主要由李玉海承担。交付出版社之前的校审定稿工作由樊洪业承担。

本书依"存真"宗旨，力求保存竺可桢文稿历史原貌，有关编订规则之大要，详见《编例》。

第4卷说明

本卷收录竺可桢1960—1973年的文章、会议致辞、工作报告、序跋、提案、审稿意见、信函、题词、诗作，专著《物候学》的初版本和修订本，以及个人收藏的思想自传、入党申请书、履历表、证明材料等，凡171篇。

1960年，时处三年困难时期，竺可桢已达70岁高龄，却依然四处奔波，躬行于穷乡僻岭之间。资源考察、沙漠治理、南水北调、自然保护、科学"支农"等，是他1960—1965年所思所行的主题。1962年他72岁时，实现了加入中国共产党的夙愿。

"文革"时期，竺可桢虽然得以列入特殊保护名单而幸免遭受严重冲击，而事实上也是突然离开了领导岗位。在被迫"赋闲"中，他充分利用原来难得的时间，把心血投入自己早有兴趣且有多年雄厚积累的两项工作上，一是潜心撰写《中国近五千年来气候变迁的初步研究》，二是与合作者共同完成对《物候学》的修订。

本卷所及年代，政治动荡频仍，在持久的困惑中，竺可桢心中最大的牵挂依然是国家的命运、人民的疾苦、科学事业的前途。他的思想自传、入党申请书和许多信函，反映了那个时代特定一类老知识分子认真"改造"、否定"旧我"的思想进路。

入编本卷的文稿，除公开发表者外，一部分藏于中国科学院档案处，一部分藏于原竺可桢研究会，还有一部分系《竺可桢全集》编纂工作启动之后征集而得。鉴于本书最后一卷会将捐赠细目列榜致谢，故本卷中未在各文逐一告白。

本卷文稿的普查和整理校订工作，主要由李玉海承担，交付出版社之前的校审定稿工作由樊洪业负责。

本书循"存真"宗旨，力求保存竺可桢文稿历史原貌，有关编订规则之大要，详见《编例》。

第 5 卷说明

本卷收录竺可桢的外文论著 59 篇，其发表时间跨越 58 年（1916—1973）。大部分为学术著作，包括部分中文论文的英文摘要。其中，英文 56 篇，俄文 3 篇，英文论文大多为作者自撰，少数乃译自中文论文；俄文论文则由他人据作者撰写的中文稿翻译而成。英文论文中，作者 1918 年在哈佛大学的博士论文 A NEW CLASSIFICATION OF THE TYPHOONS OF THE FAR EAST 为首次全文发表。除个别早期的英文论文未有中译文外，其余大多皆已译成中文正式发表，入编于本书 1—4 卷。应当指出，凡从中文著述译成外文者，作者都针对出版刊物的特点和读者对象及原文发表以后的研究进展，对文章作了较大的补充和修改，因此不宜简单地看作是对原论文的翻译。有些文章，如关于二十八宿起源的论述，因应某些出版社或学术会议的要求，中、英文本都曾多次发表，而每次发表的内容往往有所变动。

在编辑、校对方面，只对出版文字中明显的拼写、标点或语法错误予以订正，凡不影响对文义了解者则不予校正和注释。为尊重历史，地名、人名皆原文照录。引用文献与注释的格式，亦仍其旧，编者不予统一处理。地名有历史变迁，今昔地名、人名的外文名亦有差异，希读者在阅读和引用时注意查核。

外文稿的收集、整理工作，主要由李玉海承担。有些早年发表和其他难以在国内查找的论文，委托陶为霖先生在国外搜寻而得。作者的博士论文打印稿，由施雅风先生在访美期间请美国友人帮助查到，其复印件由中国驻美大使馆转至中国科学院。英文稿的审校由竺安承担，俄文稿的审校由袁子恭承担。

本书循"存真"宗旨，力求保存竺可桢文稿历史原貌，有关本卷编订规则之大要，详见《第 5 卷编例》。

第 6 卷说明

本卷收录 1936—1938 年的竺可桢日记。

1936 年 4 月出任浙江大学校长，仍兼中央研究院气象研究所所长，奔波于杭州、南京两地。家庭成员有妻子张侠魂、长子竺津（希文）、长女竺梅、次子竺衡（希平）、三子竺安（彬彬）、次女竺宁。

1937 年 1 月，竺可桢赴香港参加远东气象会议，中国代表在会中受到歧视，为维护民族尊严而愤然退出会议。"七七"事变后，竺可桢应召参加庐山谈话会。上海"八一三"战事发生后，竺家自南京珞珈路迁至杭州。上海于 11 月失守，浙江大学举校迁往浙江建德（一部分在西天目山），12 月下旬再迁江西吉安。同年中央研究院气象研究所由南京迁至汉口，年底再向重庆迁移。

1938 年 1 月，浙大在吉安白鹭洲复课。2 月再迁江西泰和的上田村和大原书院等处。竺可桢积极推动浙大参与地方经济文化建设，兴水利、建学校，并筹建沙村垦殖场，协助地方发展和解决难民安置问题。他始终关注杭州文澜阁《四库全书》的保护转移，指派浙大人员协助全程护送安置。同年 9 月，浙大再迁广西宜山，11 月 1 日开学，11 月 19 日决定以"求是"为校训。年内，竺可桢先后赴香港和昆明参加中央研究院评议会。家庭成员中，竺津入中央军校；张侠魂、竺衡于泰和染疾去世。

1936 年日记册，32 开本，为商务印书馆印制的"中华民国二十五年国民日记"，保存完整。1937 年日记册，32 开本，为商务印书馆印制的"中华民国二十六年国民日记"，保存完整。1938 年元旦至 2 月 7 日记于 1937 年日记册，2 月 8 日至 7 月 15 日，7 月 16 日至 12 月 24 日，12 月 25 日至 31 日，分别记在三本"备忘录"充作的日记本上。"备忘录"为小 32 开本。

1936 年日记的编订工作由竺安负责，初稿校审为过兴先。1937 年日记的编订工作由曾闻问负责，初稿校审为竺安。1938 年日记的编订工作由张九辰负责，初稿校审为樊洪业。

本卷人名简释表由樊谦编制初稿，家系人物表由竺安编制。全卷内容由陈学溶校审，竺安参与校审，由樊洪业通校定稿。

本书依"存真"宗旨，力求保存竺可桢文稿历史原貌，有关编订规则之大要，详见《日记编例》。

第 7 卷说明

本卷收录 1939—1940 年的竺可桢日记。

1939 年 2 月 4 日，面对敌机侵袭的险恶形势，竺可桢对一年级新生发表题为"求是精神与牺牲精神"的演讲，阐述校训"求是"（Faith of Truth），须"排万难冒百死以求真知"。翌日，宜山浙大校舍、学生宿舍等建筑即遭到轰炸而毁坏。竺可桢迅速向国内外通报有关情况，谴责日寇"灭绝人道，破坏文化"的罪恶行径。4月，成立迁校委员会，迁校问题成为本年工作的主题。11月，南宁失守后，浙大开始向贵州迁移。本年3月和9月，竺可桢两次赴重庆，参加第三届全国教育会议和处理气象研究所事务。3月间，至昆明参加中央研究院评议会及院务会议。

1940年春，浙大迁校于遵义和湄潭，一年级先在青岩而后转永兴，浙东分校在龙泉（前此于1939年10月开学）。此后，战争年代的浙江大学进入了相对稳定的发展时期。10月，在校中成立史地研究部。本年3月，蔡元培去世，竺可桢赴重庆参加吊唁活动，其间出席中研院评议会，参与选举新院长。本年5月，竺可桢被聘为教育部学术审议会委员。

竺家基本情况。1939年9月，竺可桢与陈汲订婚于嘉定，1940年3月15日在重庆举行结婚仪式。长子希文随军转战于湖南、广西前线，长女竺梅先后在宜山、重庆读中学，三子竺安先后在宜山和遵义读小学、在湄潭读中学，次女竺宁读小学。1940年12月，幼女竺松出生于遵义。

1939年日记册，32开本，为商务印书馆印制的"中华民国二十八年国民日记"，保存完整。元旦至1月18日的日记，原附于《竺可桢全集》"第6卷说明"所述第三本"备忘录"1938年日记之末，后誊抄于此册。1940年日记册，32开本，为香港出售的"中华民国二十九年新生活日记"，保存完整。

1939年日记的编订工作由艾素珍负责，初稿校审为郑竺英。1940年日记的编订工作由应幼梅、丁辽生负责。

卷中有数处文字涉及有关人物阴私之事，在文本转换中须隐其名（代以×号），但涉事文字全部保留以存史。

本卷人名简释表由樊谦编制初稿，家系人物表由竺安编制。全卷内容由陈学溶校审，竺安参与校审，由樊洪业通校定稿。

本书依"存真"宗旨，力求保存竺可桢文稿历史原貌，有关编订规则之大要，详见《日记编例》。

第 8 卷说明

本卷收录 1941—1943 年的竺可桢日记。

在 1943 年 7 月 8 日举行的浙江大学毕业典礼上，竺可桢论及"抗战及战后的大学"时指出，与 1938 年相比，浙大毕业生已增加五倍，而按国家需求，尚须再增加五六倍。因此，他提出必须大量派遣留学生与扩充研究院。本卷所记，不仅具体入微地反映了浙江大学自 1940 年春迁遵义、湄潭之后步入相对安定、平稳时期的发展进程，并且已显现出卓然崛起的势头。

在此期间，竺可桢多数时间是在遵义，但每年都要到贵阳主持地域性的多所大学联合招生考试；更重要的外出是到重庆，参加的主要活动有：中央研究院的院务会议和评议会，教育部的学术审议委员会，国防科学技术策进会理事会，中央训练团党政高级训练班，兼及中国科学社、中国气象学会等科学团体的理事会会议。更为实务性的工作，是到北碚处理气象研究所重要所务。他长期挑着浙江大学和中央研究院气象研究所两副重担，主要精力在经营浙大，而气象研究所则处于工作停顿的状况。他一再请辞浙大校长，但未能获准。还应当指出，中央气象局成立于1941年，在其奠基时期的组织建设中，竺可桢作出了无可替代的贡献。

1941年日记册，32开本，为商务印书馆印制的"民国三十年国民日记"。按作者自述，当年丢失了一本已记下1月1日至15日的半个月日记。此年日记册切口侧有濡湿痕迹，致使少数字迹模糊不清，无法辨认。1942年日记册，32开本，页数较少，封面文字为"大众实用备忘录"，保存完整。1943年日记册，32开本，为商务印书馆印制的"自由日记"，保存完整。

1941年和1942年日记的编订工作由樊谦、陈向文负责，1943年日记的编订工作由戚叔纬负责。

本卷人名简释表由樊谦编制初稿，家系人物表由竺安编制。全卷内容由陈学溶校审，竺安审定英文内容，并参与通审。全卷由樊洪业通审定稿。

本书依"存真"宗旨，力求保存竺可桢文稿历史原貌，有关编订规则之大要，详见《日记编例》。

第9卷说明

本卷收录1944—1945年的竺可桢日记。

1944年，同盟国军队在世界战场上处于反攻阶段，中国人民已经看到了抗战胜利的曙光。浙江大学，除了在这一年年末因日军自湘入桂迫黔遭遇了一场突发事变造成的危局之外，总体上说是在战争困境中保持着继续崛起的势头。当时主持中英科学合作馆的李约瑟，曾于4月和10月两次访问浙大，他给出了这样的评语："浙江大学是与在昆明的著名国立西南联合大学齐名的学术机构，可能在中国的大学中排名最高。"

1944年5月，竺可桢推荐由赵九章出任中央研究院气象研究所代所长。从此，他得以放心倾力于浙大校务，中国现代气象科学事业由此进入了以动力气象学为主导的新阶段。他在日记中写道："物理为气象之基本训练，日后进步非从物理着手不行，故赵代所长主持，将来希望自无限量。"同月，竺可桢在《思想与时代》杂志上发表了天文学史方面的力作——《二十八宿起源之时代与地点》，论证二十八宿最早起源于中国，此文大致平息了百余年来国际学术界有关这一问题的争论。

1945年8月11日凌晨，传来抗战胜利消息，欣喜若狂的浙大学生曾把竺校长高高抬起以示庆祝。竺可桢开始部署在杭州接收校产事宜。在重庆参加全国教育善后会议之后，他飞赴南京、上海和杭州，为气象研究所和浙江大学的复员重建做准备，并在杭州主持了浙江大学的开学典礼，报告"八年来之经过情形"。

1944年日记册，32开本，一册，为上海信笺公司于1940年印行的"新生日记"，保存完整。日记扉页上记有"民国卅三年日记　北碚水井湾象庄　重庆聚兴村廿二号　遵义碓窝井九号　竺可桢识　卅三、一、一"。1945年日记册，32开本，一册，为上海新亚书店有限公司印行的"我的日记"，保存完整。日记扉页原有署名"何清隐"，似由何转赠于作者。

1944年日记的编订工作由郦伯瑾负责，1945年日记的编订工作由樊谦、陈向文负责。

本卷人名简释表由樊谦编制初稿，家系人物表由竺安编制。全卷内容由陈学溶校审；宁晓玉审阅了与二十八宿起源研究有关的内容；竺安审定英文内容，并参与通审。全卷由樊洪业通审定稿。

本书依"存真"宗旨，力求保存竺可桢文稿历史原貌，有关编订规则之大要，详见《日记编例》。

第10卷说明

本卷收录1946—1947年的竺可桢日记。

1946年2月发生在重庆的"校场口事件"和昆明等地的"反苏"大游行，给抗战后的短暂和平蒙上了阴霾，但在10月以前，竺可桢仍然忙于学校从遵义、湄潭向杭州的复员、扩建和开学。同时，亦在多方打听1945年3月在重庆突然失踪、生死未卜的浙大训导长费巩教授的下落。2月份国际气象学会在伦敦选他为气候学委员。4月他在浙江大学建校19周年的校庆日典礼上，发表了题为"将来大学之展望"的讲演，认为新的国际环境有利于中国学术事业的发展，中国的大学应该承担起新的历史责任："因原子弹之发明，而使大学研究科学更增一种刺戟。研究不仅限于自然科学与应用科学，即人文科学亦应提倡，凡所以有利于苍生，无一不在大学范围之内也。"

他在具体领导复员工作的同时，更从长远着眼，规划着浙江大学的未来。1946年，校中增设了医学院和法学院，至1947年年底，全校已有7个学院、25个学系和7个研究所，在校学生逾2000人。

1946年11月至1947年6月，竺可桢到欧美游访考察。11月间，中国派出代表团出席联合国教科文组织在巴黎召开的成立大会，竺可桢作为6名代表之一躬逢其盛。会后他在欧美诸国做学术考察，会见友人和学生，尤注意广泛招揽人才，为学校的更大发展做必要的准备。在这次游访中，他在美国科教文化中心的波士顿地区停留时间最长。他的英文文章《天文学中二十八宿之起源》刊载于美国《大众天文学》杂志，他在哈佛大学继续查考有关文献。4月间曾应中国留学生之邀，发表题为"中国大学中之自由主义状况"的演讲。5月间在纽约广播讲演"中国大学教育"，在旧金山讲"中国大学情形"。

1947年6月竺可桢归国，国内不久即爆发全面内战。面对校园内风起云涌的罢课学潮和营救被捕学生的学运的严峻局面，他一方面告诫学生"上课不妨营救，上课可得教员同情，上课对外易于交涉"，另一方面主张"学校处置学潮，不能用武，始终认大部学生系优良子弟。学校须以德服人"。8月间，竺可桢在中国科学社等七学术团体年会上发表演讲"科学与世界和平"。10月25日，浙大学生自治会主席、农学院学生于子三被捕，引发持续达4个半月的"于子三事件"。竺可桢奔走呼号，愤然告诉媒体记者"此事将成千古奇冤"。

1946年日记册，32开本，一册，为上海新亚书店有限公司印行的"我的日记"，保存完整。日记扉页上记有"竺可桢 贵州遵义硾窝井九号 民国卅五年一月一日起"。1947年日记册，大32开本，一册，为KELIHER'S of KINGSWAY印行的"Diary 1947"，保存完整。作者在正文起始处记有"中华民国卅六年日记 竺可桢"。

1946年日记的编订工作由林世统、方昌烈负责，1947年日记的编订工作由曾闻问负责。

本卷人名简释表由樊谦编制初稿，家系人物表由竺安编制。全卷内容由陈学溶校审；竺安审定英文内容，并参与通审。全卷由樊洪业通审定稿。

本书依"存真"宗旨，力求保存竺可桢文稿历史原貌，有关编订规则之大要，详见《日记编例》。

第11卷说明

本卷收录1948—1949年的竺可桢日记。

1948年1月底，"在校十二载，已属忧患余生"的58岁的竺可桢，"拟于四月间辞职"——"抗战时期，日在流离颠沛之中，抗战胜利以后物质条件更坏，同事所得不敷衣食住，再加学生政治兴趣浓厚，如此环境，实非书傻子如余者所可胜任，故拟早避贤路"。内战加剧，物价飞涨，为了维持正常的教学活动和师生员工的基本生活，校长不得不围绕"款"字转。对外向教育部催拨款，向银行乞贷款，"向省府要米"，对内压缩开支，甚至"拟以现有校中存款购米、柴、油等各项，以备不虞"。他更为苦恼的还是如何应对发生在"外人以浙大为共产党之集中地"中的政治冲突。在杭州，面对学潮，他认为学生可以发表政治见解，但不能在校园中从事政治活动，同时又坚持"校中并不知谁是蓄意捣乱的共产党……吾人总须爱惜青年，不能以其喜批评政府而开除之"。在矛盾激化的情况下，他宁肯受学生的包围而反对军警入校捕人。他勉力维持被起伏不断的学潮所冲击的教学秩序，不肯屈从于国民党政府镇压学潮的指令。

在与国共两种政治势力周旋的过程中，竺可桢坚守岗位，爱生护校，顾全大局，不乱方寸，对腐败专制的国民党政权感到绝望，对继续主政浙大和实现自己的教育理想丧失了信心。1949年4月底，长校整整13年的他不得不离开浙大。

1949年5—6月，竺可桢潜居于上海避险，不去台湾。在政权更迭的隆隆炮声和相继而至的朗朗歌声中，经过短暂的观望之后，欣然走进了参与建立人民共和国政权和筹划新中国科学事业的行列。在上海，他竟能在炮火连天的日子里潜心研究中国历史上的人口问题。当上海人民庆祝解放之时，他以历史见证者的口吻评述："民十六年国民党北伐，人民欢腾一如今日。但国民〔党〕不自振作，包庇贪污，赏罚不明，卒致有今日之颠覆。解放军之来，人民如大旱之望云霓。希望能苦干到底，不要如国民党之腐化。科学对于建设极为重要，希望共产党能重视之。"

自7月起，竺可桢记述参加的主要活动有：在北平召开的中华全国自然科学工作者代表大会筹备会议，中苏友好协会发动大会，"科代会"发起的东北参观团，中华人民共和国开国大典，第一届全国政协会议。10月16日，竺可桢被任命为中国科学院副院长。

中国科学院是在前中央研究院和北平研究院已有机构以及静生生物调查所、地理研究所等基础上建立起来的，竺可桢以自己在科教界的崇高德望、渊博学识和广泛联系，在整合机构、凝聚队伍的过程中发挥了重要作用。

1949年年底，竺可桢定居于北京地安门附近的中国科学院第一宿舍内（直至去世）。在家庭成员中，其于1949年6月惊悉久已失去联系的长女竺梅于此前的1948年9月在解放区大连病逝。

1948年日记册，32开本，一册，为利达文具制造厂印制的"大众日记"，保存完整。封面印有"台湾肥料有限公司周年纪念　民国三十六年五月一日"，内封上书有"藕舫校长赐存　汤元吉敬赠　卅六年八月"。1949年日记册，32开本，一册，为上海艺华文具制造厂出品的"生活日记"，保存完整。作者在扉页用钢笔书写"民国卅八年藕舫日记"，又用毛笔书写"一九四九年日记 竺可桢"。

1948年日记的编订工作由姚竺绍等负责，1949年日记的编订工作由樊谦、陈向文负责。

1949年3月8日所记祝寿诗由王鹏飞辨读和校订。本卷人名简释表由樊谦编制初稿，家系人物表由竺安编制。全卷内容由陈学溶校审；竺安审定英文内容，并参与通审。全卷由樊洪业通审定稿。

本书依"存真"宗旨，力求保存竺可桢文稿历史原貌，有关编订规则之大要，详见《日记编例》。

第12卷说明

本卷收录1950—1952年的竺可桢日记。

中国科学院建立之初，百端待举，而当务之急是调整和重组科研机构，重点又在自然科学诸研究所。竺可桢是当时唯一在岗负责自然科学方面的副院长，又身兼院计划局局长，因此成为院领导层中承担院务最重者。他与钱三强（副局长）紧密配合，主持召开一系列座谈会，广泛听取院内外各学科专家的意见，经数月筹划，终于比较顺利地实现了目标，为中科院后来的稳步发展奠定了坚实的组织基础。

竺可桢是开国时的全国政协委员，后又当选全国科普协会副主席。当初的中国科学院，是政务院之下主管全国科学行政的部门。因此，出于经济建设和社会文化事业发展需要而成立的各种工作机构中，经常会出现他的名字，且多半是必须投入实际工作的职务。

1952年，在知识界相继开展了包括"思想改造"在内的一系列政治运动。日记中记录了一批科学家反复检查和接受集体"检讨"的过程。与此相随，竺可桢在日记中时而表露出对自己落后于政治形势的自责与无奈，但他仍以饱满的热情投身于新中国的建设事业。

时代的交替给日记内容带来的变化，也使日记编订工作遇到一些新问题，编者有必要做几点说明：

（1）自本卷起，日记中出现记述政治运动的内容，不可避免涉及一些人物的政治、经济和生活方面的种种"问题"。在有形无形的政治压力下，无论是组织审查、群众揭发还是个人交代，捕风捉影、无限上纲者所在多有，乃至形成一些冤假错案。这是在特定的历史条件下出现的社会性问题，编者只能坚持对日记内容的文字存真，无法对所记内容的事实做出逐一核查和澄清。

（2）时代变迁对词语流变影响极大，由于年龄关系，竺老接受新词语的速度较慢。在本卷各年日记中，有依然按旧时习惯将南京简称为"京"，将"党委"记为"党部"之类。另如将"阶级斗争"记为"阶级争斗"，将"辩证法"记为"辨证法"等。编者认为，保留此类旧词或"错字病词"，貌似不合一般的出版规范，但从历史研究的特殊角度，另有一番价值。因此，不致发生歧义者，或是适当予以保留，或是将订正词语与之并置。

（3）从目前遗藏所见，尚存作者生前日常随身携带的一些小笔记本。竺可桢本人有时称此为"袖珍日记本"，其遗著的早期整理者称之为"日记草稿本"。因所记多为听取汇报、会议发言、领导讲话、传达记录，杂有机构人员名单、出行沿线时间地点、通讯联系地址和电话等，编者认为称之"记事本"为妥。竺老在正式写日记时，会或多或少地选用这些文字，但取舍幅度较大。现存的记事本，最早的自1950年起，最后一本为1974年1月，中间缺失较多。从本卷起，编者将选择其中较有史料价值者，根据时序编入各卷。

（4）在号召向苏联学习的过程中，知识界曾掀起突击学习俄文的高潮。竺可桢时已年过花甲，但仍求学若渴，并迅速反映在日记之中。或是与苏方人员接触，或是阅读俄文书刊，日记中多记有俄文词句或段落，有时是英文与俄文混用，有时所书俄词出现拼写错误，甚或同一词中有英文字母与俄文字母相混。编者对此做了适当订正，但在无法认定时则保存原貌。对个别词语则正误并置。

这三年日记皆为32开本，每年各一册，保存完整。1950年日记册封面和书脊印有"大众日记"字样，1951年日记册为三联书店版"1951年学习日记"，1952年日记册封面和书脊印字为"学习日记"。各册前面均有竺可桢亲笔署名。

本卷三年日记的编订工作由樊谦、陈向文负责，俄文部分由袁子恭专译。人名简释表由樊洪业编制，略语表和家系人物表由竺安编制。全卷内容由陈学溶校审，竺安侧重审定外文内容，并参与通审。全卷由樊洪业通审定稿。

本卷插页中1951年竺可桢致李约瑟函，由剑桥大学 The Needham Research Institute 的 East Asian History of Science Library 馆长 John P. C. Moffett 先生提供复印件，特此致谢。

本书依"存真"宗旨，力求保存竺可桢文稿历史原貌，有关编订规则之大要，详见《日记编例》。

第13卷说明

本卷收录1953—1954年的竺可桢日记。

经过三年的经济恢复，新中国开始实施第一个五年计划，迎来了经济建设的高潮。中国科学院也面临着许多新的需求、困难和压力。1953年初，中共中央决定由张稼夫出任院党组书记兼副院长，加强院领导班子；派出代表团访问苏联，了解苏联科学院的组织管理经验；随后检查各研究所的工作情况，召开所长会议，筹划未来的发展。1954年3月，中央批准科学院党组的报告并作出批示，由此启动了体制和政策上的重大调整。作为国家最高学术机构的中国科学院，不再列为政府部门。

在此两年中，竺可桢作为分管生物学和地学方面的院领导成员，承担了繁巨的任务。其间重要经历有：赴呼和浩特等地考察黄河流域水利；陪同陈毅副总理访问东德和波兰，并出席莫斯科国际天体演化论学术研讨会；接收黄海化工研究社微生物发酵室、南京中山陵园植物园、中山大学植物所，分管筹建中科院西北分院和生物学地学部，组织成立中国自然科学史研究委员会；主持农业气象座谈会、《中华地理志》自然区划讨论会、北京地震烈度讨论会、华南橡胶工作座谈会，等等。1954年9月，竺可桢当选为首届全国人民代表大会常务委员会委员。

记有1953年1—11月内容的日记册已在20世纪80年代丢失，本卷收录者系据竺老的记事本整理而成。记事本内容多为传达报告、听取汇报、工作讨论、政治学习、批判检讨等各种会议的实况记录和资料，虽然与正规日记体例不合，但因各有其史料价值，故尽量录存，以补缺憾。1953年记事本共分5册，皆为64开本，按时序记录，分别为1—3月，4—6月，6—9月，9—11月，12月。但因1953年12月的正式日记存于1954年日记册中，故依此录入。1954年日记册为32开本，系上海七一纸品工业社出品的"新记录"，保存完整。

本卷两年日记由樊谦和陈向文负责编订，由袁子恭专译俄文部分。人名简释表由樊洪业编制，略语表和家系人物表由竺安编制。1954年日记经陈学溶校审。竺安侧重审定外文部分，并参与通审。全卷由樊洪业通审定稿。

本书依"存真"宗旨,力求保存竺可桢文稿历史原貌,有关编订规则之大要,详见《日记编例》。

第 14 卷说明

本卷收录 1955—1957 年的竺可桢日记。

1955 年发生在中国科学界的一件大事,是召开中国科学院学部成立大会。1956 年则堪称新中国历史上的"科学年",年初中共中央召开"知识分子问题会议",发出"向现代科学进军"的号召,随后组织制定"十二年科学技术发展远景规划",同年提出促进科学和艺术发展的"双百方针"。中国科学院作为国家科学事业的"火车头",由此进入了十年大发展的"黄金时期"。

按院领导中的分工,竺可桢一直主管生物学和地学领域,自 1954 年起,负责筹建生物学地学部,并担任首届学部主任。他同时还担任许多"全国性"的工作职务,或亲自主持,或实质性参与,任务繁巨,不堪重负。有关他这一情况的专题报告曾被列为中共中央召开"知识分子问题会议"的典型材料。

1956 年,竺可桢全程参加了 1956—1967 年科学技术发展远景规划的制定工作。其中有关自然和经济区划、地图测绘、气象预报,对边疆地区、重要河流、海洋资源和热带资源的综合考察及开发方案研究等重要任务目标的部分,都是在他主持下完成的。此后,竺可桢把主要精力投入到实施规划的行动中,1956 年成立了以他为主任的综合考察委员会。

在 1956 年展现中国调整开放态度的举措中,竺可桢率团参加了在意大利佛罗伦萨举行的第 8 次国际科学史大会,会后顺访意大利的多个城市。在此前后,他与叶企孙等一起招揽人才,策划开展中国科学史的研究,并于 1957 年成立自然科学史研究室,为中国的科学史研究事业奠定了坚实的基础。

1956 年的竺可桢虽然十分忙碌,但心情也十分愉快。到怀仁堂给最高领导层做科学报告,在制定科学规划的过程中与分别多年的老友们晤面,参加贯彻"双百方针"的青岛遗传学座谈会,频繁接触外国科学家,联络和动员海外学者归国……让他最高兴的,可能应该是家庭的春节大团圆。这时,他的子女中,在南京任中学教师的竺津已完婚一年,在杭州工作的竺安即将调入北京的中科院化学所,女儿竺宁继续在南京农学院就读,小女儿竺松则刚刚保送入华北航空学校。

1957 年,竺可桢与担任综合考察委员会副主任的顾准,工作中紧密配合,2 月至 3 月间南下雷琼地区考察热带植物资源,继而于 7 月前后北上黑龙江,执行与苏联合作综合考察的双边计划。他们仅仅合作了一年,顾准即因"反右"而跌离。竺可桢的长子竺津和他的多位门生故旧,也同样遭受了这一灭顶之灾。

1955 年日记册,32 开本,一册,为上海三纶制簿社出品的"光明日记",排序 198 页(和合页);1956 年日记册,32 开本,一册,为上海三纶制簿社出品,封面题为"伟大的友谊",排序200页;1957年日记册,大32开本,一册,为人民美术出版社印行的"1957年美术日记",排序218页。三册皆保存完整。

本卷三年日记的编订工作由樊谦、陈向文负责,俄文部分由袁子恭专译。人名简释表由樊洪业编制,略语表和家系人物表由竺安编制。全卷内容由陈学溶校审,竺安侧重审订外文内容,并参与通审。王扬宗审订1956年附录中的中国古代天文学史部分。全卷由樊洪业通审定稿。

本书依"存真"宗旨,力求保存竺可桢文稿历史原貌,有关编订规则之大要,详见《日记编例》。

第15卷说明

本卷收录1958—1960年的竺可桢日记。

在这三年中,竺可桢的新头衔有:中国科协副主席、国家大地图集编纂委员会主任、欧美同学会主任委员。新获得的学术荣誉有国际科学史学会会员和苏联地理学会外国会员。 两次代表中国科学院走出国门,一次是赴莫斯科出席黑龙江资源开发会议并签署中苏合作总决议,一次是赴平壤签订中朝两国科学院合作协定。还有一次是以全国科协副主席身份率团赴华沙参加第6次世界科协全会。

事有凑巧而并非出于刻意安排,本卷的这三年,在共和国历史上是用"大跃进"来概括的。在跃进声浪初现时,竺可桢也曾热情地向地理学工作者做过"向地球进军"的动员,而在实际工作中依然本其一贯之"求是"精神,真真正正在"脚踏实地"工作着。从日记中可以看出,这位老人的绵绵足迹留在了中国的边远荒僻地区,到天山南北做综合考察,到内蒙古、宁夏、甘肃的沙漠地带考察治沙工作,到川滇山区考察南水北调……奔波之余,还撰写出他在这一时期最重要的论文《中国的亚热带》,判定了中国亚热带的北界和南界。

本卷日记中客观地记下了他在"大跃进"年代的亲见亲闻:诸如农业高产田、大炼钢铁、大搞超声波群众运动,以及科学院各研究所争相竞提科研高指标和节日献礼等场面,甚至在日记册中连连粘贴有关于农业放"高产卫星"的剪报资料。 然而,时入1960年秋冬之时,其日记文字中则透露出来举国狂热之后的种种悲哀:这位身任副部级高干的大科学家,在为国家大事奔忙外出时,竟然为"粮票"的入不抵出而犯愁;年底为记新一年的日记"买日记簿一本,纸作黄色,丑恶不堪";老家东关镇"至今无电灯,市上萧条,米市街无米市,油车桥乏油车,鱼市桥不卖鱼……所以反不如前"。

1958年日记册,32开,为上海三纶制簿社出品,封题为"伟大的友谊",保存完整。1959年日记册,32开,封题为"和平",保存完整。1960年日记,共3册,一册为32开,为上海市老闸区革命烈军工属印制工艺社出品,封题为"大建设",记本年前9个月的日记,保存完整。后两册,实为记事本,内容未经作者整理和誊录。一册为64开,封题为

"北京"，记本年9、10两个月的日记，有缺页；另一册为50开，公私合营祥记兴文教纸品制造厂出品，封题为"体育"，其中记有本年11、12两个月的内容，保存完整。

作者在日记册中贴有许多剪报资料，编者将其扫描后，除与当日所记文字直接相关者外，皆按日记册中的粘贴顺序统一置于各年正文之后的"剪报"项中。这些剪报资料大多由作者标示了出处与日期，编者不另作说明。

1958年日记由杨小林编订，曾闻问校审；1959年日记由竺平编订，曾闻问校审；1960年日记由黄章恺编订，竺安校审。人名简释表由樊洪业编制，略语表和家系人物表由竺安编制。竺安侧重审订外文内容，并参与通审。全卷由樊洪业通审定稿。

本书依"存真"宗旨，力求保存竺可桢文稿历史原貌，有关编订规则之大要，详见《日记编例》。

第16卷说明

本卷收录1961—1963年的竺可桢日记。

这三年，就大势而言，在共和国历史上属于较好发展的时期。为了解决"大跃进"带来的问题，毛泽东在1961年初说要让本年成为一个"调查年""实事求是年"，中共中央决定实施"调整、巩固、充实、提高"的八字方针。随之，科学界有"十四条"和"七十二条"之制定，有广州会议之召开，明确了科研机构的基本任务是"出成果、出人才"。这种历史大背景，为年逾七十的竺可桢提供了较为宽阔的施展舞台。

"为了响应党所提出大兴调查研究之风的号召"，竺可桢自发地写了一篇《历史时代世界气候的波动》，其指向虽不属党号召之主旨，但却由此强化了他晚年研究工作的一大主题，也与当今世界研究全球气候变化之主流有高度的吻合。

党号召全党全民大办农业、大办粮食，各行各业支援农业。竺可桢身体力行，先是主持全院的支农会议，经过充分调查研究，在院党组扩大会上做了长篇的支农报告；又查阅大量文献，利用在青岛避暑的假期，写就《论我国气候的几个特点及其与粮食作物生产的关系》，正是此文让毛泽东读过之后承认了他那"农业八字宪法"的严重不足。

这三年中，竺可桢南下考察热带植物资源，赴西北研商抗旱、治沙大计，赴西南考察南水北调路线。参与讨论冀鲁豫防治盐碱化的对策，建议国家设立海洋局，领衔向党中央提出"关于自然资源破坏情况及今后加强合理利用与保护的意见"，并在全国人大会议上首倡建立"自然保护区"。

1962年6月4日，竺可桢被吸纳为中国共产党党员，此前还曾率团出访英国，涉足一次走进"帝国主义国家"的科学外交。

1961年日记原本不慎于1980年代丢失，有关情况见于黄宗甄先生为《竺可桢日记》第Ⅲ、Ⅳ、Ⅴ册所写的"编后记"（第Ⅴ册，科学出版社，1990年，第642页）。本卷对1961年内容依然采自四小册记事本。此四册皆为小32开，保存完整，依次所记为1960

年11月至1961年2月，1961年2月至5月，1961年5月至10月，1961年11月至1962年2月。第1、2、4册封题"体育"，为公私合营祥记兴文教纸品制造厂出品；第3册封题"金心日记"，为重庆金心印刷厂出品。1962年日记册，32开，少年儿童出版社出品，保存完整。1963年日记册，32开，少部分纸页边缘有浸渍，致字迹模糊难辨。

有关1961年日记内容，特别说明两点。一、因作者有时记于飞行或乘车的颠簸途中，若干字迹无法辨认，编者只得以扫描方式录入；二、1961年记事本中对访英期间内容只以英文记述一部分，有多日失记。上述《竺可桢日记》第Ⅳ册（科学出版社，1989年）中10月19日至11月4日的内容实为根据中国科学院档案文献编写。《全集》编者为保存历史原貌，则坚持按原本录入。

本卷三年日记由竺伯铭负责编订（参与者有赵萍、竺志勇、竺志奇、竺志强、张才雄和韩大兰），陈学溶、竺安和李玉海参与校审。人名简释表由樊洪业编制，家系人物表和略语表由竺安编制。竺安侧重审订外文内容。全卷由樊洪业通审定稿。

本书依"存真"宗旨，力求保存竺可桢文稿历史原貌，有关编订规则之大要，详见《日记编例》。

第17卷说明

本卷收录1964—1965年的竺可桢日记。

1964年2月6日，毛泽东在中南海寓所召见李四光、竺可桢和钱学森，咨询科技，论天说地。半年之后，召开了以亚非拉朋友为主体的"北京科学讨论会"。不久，周恩来在全国人大三届一次会议上提出了实现四个现代化的宏伟目标，突出了科学技术现代化的重要地位。正是在这两年中，原子弹首爆的蘑菇云在罗布泊升天，人工合成牛胰岛素的结晶在上海落地。共和国历史上的这两个大事件，见证了中国科技工作者赶超世界先进水平的决心和能力，也成为泱泱中华屹立于世界民族之林的重要标志。

然而，与此同步的政治形势却愈来愈严峻。国际上四面应对"帝修反"，国内开展社会主义教育运动，批《林家铺子》，批《早春二月》，批杨献珍，批翦伯赞，批吴晗，一步步走近了引爆"文革"的燃火点。

在把"突出政治"喊得震天响的年月，竺可桢不断地应付着各种突如其来的难题。忽而有人动议成立与现存国际地理学会分庭抗礼的国际组织，忽而传达陈伯达要科学院大精简的指示，他无法从政治上提出异议，就只能从学术角度予以化解。他在自己负责的范围内兢兢业业，对领导交办的工作认认真真。从这两年的日记中可以看到，他东奔西走在各种学术会议上，每次赴会做报告，都要做上跟中央、下合实际的精心准备。也是在这一时期，他在院主管黄淮海平原低产田综合治理，赴河南封丘做实地考察，积极组织部署，为后来的"战役"打下了坚实的基础。还有值得后人关注的是，他一再呼吁国家有关部门和院内各所重视西藏的工作，力促安排讨论1966—1967年进藏的综合科考计划。

在科研时间太少、政治批判太多的紧张氛围中,竺可桢坚守学术阵地,在从事组织管理工作的缝隙时间中,紧张地修订了《物候学》,并继续广泛挖掘文献,研究历史上的气候变迁问题。其间还曾奉命组织筹划《近代科学发展史》和《科学名人传记》的编写与出版,动笔撰写了《维格纳小传》。

1965年年底,有感于老友钱崇澍的去世,他在日记中录下了苏子由的诗句"遍阅后生真有道,欲谈前事恐无人",颇显老来内心的凄凉。

两年日记册,分别为32开和大32开,系苏联出品,日记文字保存完整。

本卷两年日记由黄章恺编订,陈学溶、李玉海参与校审。人名简释表由樊洪业编制,家系人物表和略语表由竺安编制。竺安侧重审订外文内容。全卷由樊洪业通审定稿。

本书依"存真"宗旨,力求保存竺可桢文稿历史原貌,有关编订规则之大要,详见《日记编例》。

第18卷说明

本卷收录1966—1967年的竺可桢日记。

自1966年起,中国陷入十年"文革"内乱,竺可桢的最后八年是在这乱世中度过和结束的。

"文革"中的竺可桢,幸被最高领导层圈入"保护"对象,成为表示知识分子政策尚存开明的标识性人物,因此没有遭遇到同时代大多数老科学家所无法躲避的屈辱和苦难。但即使如此,在政治乱局中他依然是时时有惊,步步有险。他也始终把自己置于"斗批改"对象的位置,有随时受冲击的心理准备。在汹涛恶浪环绕之中,理性的光辉依然照耀着竺可桢的学术研究。这位80岁上下的老人,数年如一日地"个人奋斗",继续耕耘在物候学和气候变迁研究的"自留地"中。

在以"革命"的名义公开"抄家"成为社会时尚的日子里,不知道有多少人因日记获罪而遭遇灭顶之灾,也不知道有多少人为避祸而将日记付之一炬。如何保存日记和如何写日记,必然是竺可桢当时面对的一大难题。在现存的早年日记簿中,可以看到个别图页被撕毁的残迹,对旧时日记中"今是而昨非"之处多有竺可桢的批注手迹,以表达自己的反省。值得庆幸和钦佩的是,他没有毁掉旧时的日记,为后人留下了大量的珍贵史料。

同样令人钦佩的是,他能把日记进行到底!此后的日记在文字风格上已无法与1930年代—1940年代相比,即使与"文革"以前的日记相比,也有相当的差异。日记中不时写下他内心深处的疑惑、不满和愤慨,以及对国家前途的忧虑,这些表述被淹没在记述时事、抄录文献的大量文字中,被淹没在拥护"文革"和颂扬领袖的文字中。他大量引述"最高指示",引述"正确路线"代表人物的言论和党报党刊的声音,不断地表述自己从不理解到理解的转变过程。他努力适应社会变化，认真学习，自以为非，表示要过好社会主义这一"关"。就实而论，这既有其诚心诚意的一面，也有其诚惶诚恐的一面。日记中特意用红笔摘抄大段大段的"最高指示"，各年中一再以醒目的方式提及1964年2月6日毛泽东对他的召见，都应视作他为应对日记万一涉险而求自保的举措。

了解上述时代背景和个人处境，有助于《全集》读者正确解读竺可桢日记的内容。

1966年，是"文革"的发动阶段，在中科院副院长的岗位上，竺可桢留下了平生"最后一次"到京外出差和出国访问的记录。在1967年重组权力机构之后，他虽然挂着院革命委员会委员的头衔，但基本上处于赋闲状态。

本来年事已高，懵然进入"文革"，持续的精神压力，不断恶化的生活环境和医疗条件，加速了他老化和病侵的进程。

"文革"中的日记，多有来自当时公开报刊、内部参考、大字报、批判会和民间印刷品传播的人事内容，广涉各界各级人物。编者对于那人妖颠倒、是非莫辨的年代中流传的很多"信息"无法进行核实，请求读者格外给予谅解。

这两年的日记原本各有两册，半年为一册，皆为36开。1966年上册日记簿为北京公私合营龙门印刷厂1959年出品，下册封面印有"工作日记"，未署年份与印刷厂。1967年上册日记簿封面印有"高歌猛进"，为上海公私合营文化纸品厂出品，下册为北京印本厂出品。各册日记文字保存完整。

1966年日记由杨小林负责编订，1967年日记由刘元明负责编订，竺安、曾闻问、樊谦参与校审。人名简释表由樊洪业编制，家系人物表和略语表由竺安编制。竺安侧重审订外文内容。全卷由樊洪业通审定稿。

本书依"存真"宗旨，力求保存竺可桢文稿历史原貌，有关编订规则之大要，详见《日记编例》。

第19卷说明

本卷收录1968—1969年的竺可桢日记。

关于"文革"时期竺可桢日记的总体情况，请参见《第18卷说明》。

在1968、1969年发生的重大事件中，与竺可桢晚年生活关联度最高的，是自1967年底开始且持续了两年多的清理阶级队伍（简称"清队"）。1968年4月10日的《人民日报》社论中引述了毛泽东的最新指示，称无产阶级文化大革命是"中国共产党及其领导下的广大革命人民群众和国民党长期斗争的继续"，这也是当时"清队"工作的基本指导方针。

就竺可桢本人而言，他在历史上曾被诱迫加入国民党，后又被列名为中央委员。1949年以前，长期与之保持密切关系的社会各界名流中，也不乏国民党高层人士。因此，他在"清队"运动的高潮中承受了很大的压力，日怀惶恐而夜有惊梦。当中科院革命委员会发布清理阶级队伍《通告》，勒令参加反动党团骨干分子等类人员限期登记时，他曾疑惑过自己是否属于其中。经反复查阅日记和有关资料，直到认为自己在7年前写的《自传》中已经完全交代清楚而无任何遗漏时才稍略放下心来。不过，由此而带来的压力始终存在着，甚至影响到了小女儿的婚姻。

就社会而言，"清队"的开展，造成了中国历史上绝无仅有的大规模的"内查外调"。由于竺可桢平生的活动舞台大、交往人脉广，又身在北京，因此也就成了外调工作人员的优选目标。在两年多的时间中，应对各地各单位的"外调"，成了竺可桢的主要工作内容。他耗费大量时间，在多年保留下来的日记中纵寻横索，根据当年所记文字，认真而辛苦地写出大量证明材料，有些为人提供了洗污辨冤的可靠依据，有些则提出可供进一步调查的线索。据1969年6月对院办公室收文的统计，竺可桢提供的证明材料约占院部有关此类材料总件数的十分之一，可以想见其工作量之大。

当时的竺可桢，无法按简单的逻辑判断自己的社会角色。原院领导班子已被夺权，但他曾奉召以副院长的身份参加外事活动；被列名于新成立的院革命委员会委员的名单中，却又不被通知参加革委会会议；他是党员，却不知道如何与党组织联系。然而，他始终没有放弃自己的社会责任。最值得注意的是，1968年底，他从《参考资料》上发现关于钓鱼岛附近采集有孔虫和双壳贝化石的报道之后，一直密切关注日本方面的动向。在查阅多种文献之后，于1969年11月致函周恩来总理，以其地理学家的眼光和学识，明确指出有关岛屿是中国的领土。

1969年春，竺可桢因病住院53天，此后始终为肺气肿所困扰。

这两年的日记原本各有两册，半年为一册，皆为北京市文化用品公司出品，36开本。1968年两册日记簿印有"塑料白求恩日记"；1969年上册为"塑料雷锋日记"，下册为"精装白求恩日记"。各册日记文字保存完整。

1968年日记由刘元明负责编订，1969年日记由竺松和李志黎负责编订，竺安、曾闻间、樊谦参与校审。人名简释表由樊洪业编制，家系人物表和略语表由竺安编制。竺安侧重审订外文内容。全卷由樊洪业通审定稿。

本书依"存真"宗旨，力求保存竺可桢文稿历史原貌，有关编订规则之大要，详见《日记编例》。

第20卷说明

本卷收录1970—1971年的竺可桢日记。

关于"文革"时期竺可桢日记的总体情况，请参见《竺可桢全集》第18卷的"第18卷说明"。

毛泽东试图通过中共"九大"部署"斗批改"而尽快从"大乱"走向"大治"。1970和1971两年中，竺可桢在政治安全方面，除了一度因小女儿在清查"五一六"运动中涉险而劳神不安之外，总的说来是比较平静的。

在"斗批改"的进程中，科学界中有"三科"（国家科委、中国科协和中科院）合并之举措，成立了中科院党的核心小组和新的院革委会。由大批判开路，一"破"再"破"，却始终是"立"得迷惘。远离了权力核心的竺可桢，仍以"副院长"名义被频繁地"顾问"于院、所两级科研方向任务的调查讨论之中。他此时最为关注的是中科院如何抓住基础理论研究和保存基础学科的研究机构，曾为此多次向有关负责人员和机构提出急切呼吁和具体建议。

"九大"之后，最高领导层有恢复全国人大机构的筹划，第三届全国人大常委会的委员如竺可桢、吴有训、贝时璋、童第周等统战对象，是经过多轮整肃之后的幸存者，此时被挖掘出剩余价值，或奉令政治学习，或应召外事迎宾，于国家是显示开明政策的政治装潢，于个人则是一种表明平安无事的政治待遇。

在此期间，先有"批陈整风"，后有林彪折戟沉沙的"九一三"事件，屡经理解和不理解的循环之后，竺可桢在日记中时而流露出对于时政的怀疑，如置百姓穷苦生活于不顾的巨额外援，小学语文课本中抛弃古文精华的"一刀切"，新影片中否定知识分子的极左表演，等等，述及此类亲闻亲历之事，或有曲笔暗讽，或有愤然批评。

这两年日记的内容有许多独具价值的史料：大事如盲目集中全国地学研究力量于地震预报的实施过程，官方主导批判爱因斯坦相对论的某些具体细节；小事如欧美同学会的结束，葛庭燧对礼遇杨振宁之不满和批评，蒋春暄声言创立"新的狭义相对论"，等等。

竺可桢喜欢摄影，平生各个历史阶段中积累照片极多。《全集》各卷插页所收照片多是从各个角度经过选择入编的，但至第19卷已骤减，至本卷则只寻到一幅有竺可桢形象的照片，也不失为研究斯世斯人的话题。

两年日记原本，各有两册，半年为一册，皆为北京日历厂印装之"南京大桥日记"，36开本。各册日记文字保存完整。

本卷两年日记由竺松、李志黎、张惠敏负责编订，竺安、沈文雄、樊谦参与校审。卷前插页和人名简释表由樊洪业编选，家系人物表和略语表由竺安编制。竺安侧重审订外文内容。全卷由樊洪业通审定稿。

本书依"存真"宗旨，力求保存竺可桢文稿历史原貌，有关编订规则之大要，详见《日记编例》。

第21卷说明

本卷收录1972—1974年的竺可桢日记。1974年日记止于2月6日。

中国这段时间的政治日志，大致是以"批林整风"为开场，中间开过中共"十大"，而以"批林批孔"之发动为末页。其间周恩来主导的纠左治乱见到成效，批判极左思潮，局部落实干部政策和知识分子政策，关注科学教育界的基础理论工作，恢复学术刊物的出版，启动开放对外科学交流，等等，竺可桢终于获得了略显宽松的活动空间。

1972年，竺可桢倾力修改学术论文《中国近五千年来气候变迁的初步研究》。年底，该文在新复刊的《考古学报》发表后，反响强烈，好评如潮，迅速被《人民日报》《中国科学》等多家报刊以不同形式转载，国际学术界也竞相介绍。83岁高龄的竺可桢通过有生之年的最后冲刺，为世界科学史写下了浓墨重彩的一笔。在当时的政治环境下，面对突如其来的赞扬，他一方面感到意外，另一方面也有发自内心的感叹："自己估价也是尽了毕生之力，积累了三四十年的深思而写出来的。"继此论文之后的另一项重要工作，是较大幅度地修订《物候学》一书。此书于1973年8月出版，成为当时国内的畅销书和稀罕的出口品。作者描述他本人拿到此书时的心情是"亲切如见自己的小孩"。

随着在联合国席位的恢复，以及与美、日等国复交等重大变化的发生，中国在重启国门的初期，最多迎来送往的外事活动是选择在"阶级性"色彩最淡的自然科学领域。因此，担着中国科学院副院长名义的竺可桢也就显得格外忙碌。在重病缠身的情况下，他是"拼命"上阵的。在同样的名义下，他对科学院的组织体制问题和中国科学事业长期遭受重创的基础研究问题也继续不断发出声音。

这两年多，竺可桢始终在与肺气肿病魔苦斗着，除了连续不断地跑医院就诊取药之外，4次住院治疗的总时间超过了6个月。缺乏人性化管理的供暖制度，繁重持久的科研写作，在寒暑中频繁突袭式奔波的接待礼仪，已成历史惯性的物候观测和对自身病情的测记，以及雷打不动的日记记录和整理，种种的劳心与劳力，无疑都在迅速加重着他的病情。

病情的发展也在一定程度上影响了日记的记述状况，有关病情的琐细记述占了相当的篇幅；可能是出于体力不支和记忆力的减退，对一次性事件会以相近而不相同的文字做多次重复记述；住院期间的日记大多是后来追记的，有时会出现时间的错位。为保持日记原貌，编者对日记中内容重复而文字不同者，一般不予改动；对时间的错乱，可以辨读确认者，一般加注说明，只对极个别处做了时序调整。

在1974年2月6日的日记中，竺可桢只记下了中央气象局发布天气预报的内容。透过字迹，仿佛可以感到老人手的抖动和呼吸的迫促。这一页是他日记的终点，紧接着，翌日凌晨，他的生命也走到了终点。

此前70年，竺可桢在哈佛大学选择了气象学作为自己攻读的专业；此前47年，他率领一个团队打破外国人的垄断和控制，开创了由中国人独立自主地发布本国气象预报的历史纪元。他的临终绝笔，也在倾诉着一位气象学家对自己所献身事业的无尽责任与眷恋。

本卷日记所据原本共有四册，皆为36开本。1972年有两册，半年为一册，上册未署印制厂家，塑封上印有"学习"二字和南京长江大桥图样；下册署为北京日历厂1971年印制的笔记本。1973年日记本为一册，署为北京日历厂1971年印制的笔记本，塑封上印字为"向雷锋同志学习"。1974年日记为一册，红缎面外封，封面印有烫金字英文

"Diary"，未署印厂。各册日记文字保存完整。

本卷各年日记由竺松、李志黎、涂多彬、张惠敏负责编订，竺安、樊谦参与校审。卷前插页和人名简释表由樊洪业编选，家系人物表和略语表由竺安编选。竺安侧重审订外文内容。全卷由樊洪业通审定稿。

本书依"存真"宗旨，力求保存竺可桢文稿历史原貌，有关编订规则之大要，详见《日记编例》。

第 22 卷说明

《竺可桢全集》第1—4卷收录作者已刊和未刊的中文著述，包括学术论文、大学讲义、科普文章、演讲词、工作报告、信函、题词、序跋、诗作、批示、提案、公告、启事等，第5卷为外文著述。前已入编出版者，皆为编者在2004年之前所掌握的文献。其后再经穷搜苦索，并得到各方专家学者的大力协助，续有新获（含译文、译著），数量可观，遂有新成三卷，作为前五卷文集的"补编"。因此，也随之突破了《全集》原出版计划的预估卷数。

本卷补录竺可桢1917—1934年的文稿凡640篇。

竺可桢在此时间段内任职历所多变，为便于理解本卷收录文字内容，特将其1927年前之经历择要梳理如下：

1917—1918年，在哈佛大学攻读博士学位，任中国科学社董事，《科学》杂志编辑员。

1918—1920年，任武昌高等师范学校教授。

自1919年起，为中国科学社永久社员；自1922年起任该社理事会理事；自1927年起担任多年社长和其他重要职务。

1920—1925年，相继任南京高等师范学校教授和东南大学地学系主任。

自1922年起，多次在中华教育改进社年会会程中任职。

自1924年起，相继任中国气象学会理事、理事会副会长；自1929年起担任会长。

1925—1926年，任商务印书馆编辑所史地部部长。

1926—1927年，任南开大学教授。

1927年，任第四中山大学（后易名为中央大学）地学系主任。

1927年，任中国天文学会副会长，后多年担任评议员。

自1928年起，竺可桢的活动虽然在国家和社会科教事业中渐次扩展，但至1936年出任浙江大学校长之前，始终以在中央研究院主持气象研究所和全国气象事业为主，本卷文稿亦以气象研究所档案藏件为大宗。

本卷文稿的普查和整理校订工作主要由李玉海承担，中国第二历史档案馆的藏件由杨斌、陈建宁、陆君、奚霞和周晓负责编订。本卷部分文稿由陈学溶、王扬宗参与校审，外文部分由竺安审订。全卷由樊洪业通审定稿。

本书循"存真"宗旨,力求保存竺可桢文稿历史原貌,有关编订规则之大要,详见《编例》。

第 23 卷说明

《竺可桢全集》第 1—4 卷收录作者已刊和未刊的中文著述,包括学术论文、大学讲义、科普文章、演讲词、工作报告、信函、题词、序跋、诗作、批示、提案、公告、启事等,第 5 卷为外文著述。前已入编出版者,皆为编者在 2004 年之前所掌握的文献。其后再经穷搜苦索,并得到各方专家学者的大力协助,续有新获,数量可观,遂有新成三卷,作为前五卷文集的"补编"。

本卷补录竺可桢 1935—1939 年的文稿凡 718 篇。

竺可桢在此时间段内主要任职情况如下:

1935—1939 年,任中央研究院气象研究所所长,中央研究院评议会当然评议员、天文气象合组主席。

1936—1939 年,任浙江大学校长。

1935—1939 年,任中国科学社理事、常务理事。

1935—1939 年,任中国气象学会会长。

1935—1939 年,任中国地理学会理事。

1937 年,任中国天文学会第十五届评议员。

1939 年,任民国二十八年度国立院校统一招生桂林区招生委员会主席。

竺可桢人生经历中的一个大转折发生在 1936 年,在继续肩负中央研究院气象研究所所长一职的同时,又挑起了浙江大学校长的重担。从此一身二任,长期奔波在校所两地之间。本卷文稿记录了他在抗战前期颠沛流离、呕心沥血、艰苦备尝的历史细节。与这一时期作者日记相对照,可以发现,在日记中对在校活动有较详记述的时期,则由大量信函填补了他指导气象研究所工作方面内容上的空白。

本卷文稿以中国第二历史档案馆藏《气象所文稿》为大宗,也有很多是录自浙江省档案馆和浙江大学档案馆。《气象所文稿丙》为"代所长拟稿",因此,无论以何种方式署名或有无署名,皆视为以竺可桢署名发出函件的备案函稿(或电稿)。

作为归档案卷中的函件,一般是按时序排列的,有些函件的时间可根据前后函的时间作出明确判定或约略推测。入编本卷的《气象所文稿丙》各案卷编号为[393—2788]、[393—2789]、[393—2790]和[393—2791]。本书编者在这些案卷编号首次出现时,皆在题注中说明其所含藏件的起止时间。

浙江大学西迁行程的约略时间是:1937 年 11 月中旬从杭州迁往建德;1938 年初迁往吉安,2 月至泰和,10 月中旬抵宜山;1939 年 11 月底议决准备迁往遵义。在此期间形成的函件有未署年份者，可根据驻地情况作出推断。气象研究所于 1937 年 9 月有第一批人员自南京撤至汉口，12 月全部集中于汉口；1938 年 1 月底全部迁往重庆；1939 年 5 月再迁北碚。其间某些函件可根据驻地情况推定年份。

有些函件署有日期而无年份，但据与前后近期函件内容关联情况很容易作出推定。

凡在正文中有时间缺项而属于上列三类情形者，编者不在题注中逐一作出判定说明。

此外，对电报文稿中以"韵目代日"的发函时间，由编者直接转换列出日期，不在题注中说明。

本卷文稿的普查和整理校订工作主要由李玉海承担，中国第二历史档案馆的藏件由杨斌、陈建宁、陆君、奚霞和周晓负责编订。本卷部分文稿由陈学溶参与校审，外文部分由竺安审订。全卷由樊洪业通审定稿。

本书循"存真"宗旨，力求保存竺可桢文稿历史原貌，有关编订规则之大要，详见《编例》。

第 24 卷说明

《竺可桢全集》第 1—4 卷收录作者已刊和未刊的中文著述，包括学术论文、大学讲义、科普文章、演讲词、工作报告、信函、题词、序跋、诗作、批示、提案、公告、启事等，第 5 卷为外文著述。前已入编出版者，皆为编者在 2004 年之前所掌握的文献。其后再经穷搜苦索，并得到各方专家学者的大力协助，续有新获，数量可观，遂有新成三卷，作为前五卷文集的"补编"。

本卷补录竺可桢 1940—1973 年的文稿凡 606 篇。

竺可桢在 1940—1949 年期间主要任职情况如下：

1940—1946 年，任中央研究院气象研究所所长，中央研究院评议会当然评议员、天文气象合组主席。1948 年当选中央研究院院士和第三届评议会聘任评议员。1940—1949 年，任浙江大学校长。1940 年以后继续当选中国气象学会理事长，中国科学社理事或常务理事。1940 年起出任教育部学术审议委员会委员。1944 年起出任中国地理学会、中国天文学会监事。1947 年当选联合国教科文组织中国委员会自然科学专门委员会委员。

1940—1945 年期间，浙江大学相对稳定于遵义、湄潭，竺可桢继续一身二任，奔波在浙大与气象所之间。与这一时期作者日记相对照，可以发现，在日记中对在校活动有较详记述的时期，则由大量信函填补了他指导气象研究所工作方面内容上的空白。

1946 年，浙江大学和气象研究所分别复员回到杭州和南京。1946 年 11 月至 1947 年 5 月，竺可桢相继出席联合国教科文组织会议和赴英美参观访问。

本卷文稿仍以中国第二历史档案馆藏《气象所文稿》为大宗，《气象所文稿丙》为"代所长拟稿"，因此，无论以何种方式署名或有无署名，皆视为以竺可桢署名发出函件的备案函稿（或电稿）。

作为归档案卷中的函件，一般是按时序排列的，有些函件的时间可根据前后函的时间作出明确判定或约略推测。入编本卷的《气象所文稿丙》各案卷编号为［393—2791］（已见于第23卷）、［393—2792］和［393—2793］。本书编者在这些案卷编号首次出现时，皆在题注中说明其所含藏件的起止时间。

本卷文稿有许多采自浙江省档案馆和浙江大学档案馆，原件有些未署年份，对可根据时序排列及与前后文稿内容关联情况而易于明确年份者，编者未一一做推定说明。

对电报文稿中以"韵目代日"的发函时间，由编者直接转换列出日期，不在题注中说明。

1949年以后，竺可桢的主要任职为中国科学院副院长，在中国科学院的重要兼职先后有计划局局长，中国自然科学史研究委员会主任，生物学地学部主任，自然资源综合考察委员会主任。1950年起当选中华全国科学技术普及协会副主席，1954年起当选全国人大常委会委员，1958年起当选中国科学技术协会副主席。1951年起当选中国气象学会理事长，1953年起当选中国地理学会理事长。

1949年后的很多文稿采自中国科学院档案处，在编纂《全集》的十余年进程中，该档案处的案卷编号有多次变化，入编第3卷、第4卷和本卷的有关文稿，因来不及统一核对，一律未予注明档案号。

本卷文稿的普查和整理校订工作主要由李玉海承担，中国第二历史档案馆的藏件由杨斌、陈建宁、陆君、奚霞和周晓负责编订。陈学溶参与1946年前部分文稿校审。外文部分由竺安审订。全卷由樊洪业通审定稿。

本书循"存真"宗旨，力求保存竺可桢文稿历史原貌，有关编订规则之大要，详见《编例》。

关于竺可桢日记

一、藏本简况

据竺可桢早年的弟子胡焕庸说,"竺老可能早在哈佛大学读书时已记日记"(人民出版社 1984 年版《竺可桢日记》第 I 册"编者前言"之脚注)。按此,竺可桢记日记应始于他入哈佛大学的 1913 年夏季。由此起算,至 1974 年 2 月去世,历年足一甲子且有余。

不幸的是,这 60 年日记没能完全保存下来。它遭遇了两次大的劫难。一次是竺可桢在东南大学执教时,他所在的教学楼(口字楼)于 1923 年闹了一场大火,楼毁了。胡焕庸说,竺老的早年日记亦毁其中。屈指一算,那是 10 年的日记。另一次劫难是日寇侵华。抗战前,竺可桢筹款在南京珞珈路盖了一座小楼,1936 年 4 月赴杭州就任浙江大学校长时,并未作长久计,"家"还是在南京。全面抗战爆发后,他率校西迁,近年日记留在了南京寓所。据其 1938 年 10 月 5 日所记:"接宋楚白函,知珞珈路廿二号屋又为日本军官所特务机关长官所占,室内书籍送金陵女大"。这就是说,竺宅被日寇军官据占,藏书转移到了金陵女子大学,后来不知所终。据竺可桢 1962 年 7 月 3 日所记:"晚阅过去日记,我现留存日记惟余 1936 年以后,1936 年以前大约尚存 10 年,则在抗日战争中失去。"

1936 年以后的日记,由竺可桢本人精心保存下来,其中只有 1941 年 1 月前半月的内容失存。其后所记,一直持续到他去世前一天,即 1974 年 2 月 6 日。

至 20 世纪 80 年代,"竺可桢研究会"着手组织整理编订《竺可桢日记》和编写《竺可桢传》,为了工作上的便利,日记本从竺家移出。但因参与者甚众而又缺乏严格的保管制度,竟然先后丢失了 1953 年和 1961 年(含记于其中的 1960 年 10—12 月内容)的两册日记本。

竺可桢生前往往随身携带袖珍型的小笔记本,随时记录备忘。1980 年代出版的《竺可桢日记》中 1953 年、1961 年和 1960 年 10—12 月的文字,即利用这些记录本(又称"日记草稿本")选录补入。

为加强对竺可桢日记的长期保管,并为中国科学院院史研究提供便利,竺可桢亲属和"竺可桢研究会"决定将珍藏的上述日记,交由中国科学院院史资料室保管,并于 1992 年 10 月 31 日举行了三方签字移交仪式。[①]

[①] 据"浙大档案馆"微信公众号 2023 年 1 月 13 日消息,浙江大学档案馆藏《竺可桢日记》手稿入选第五批中国档案文献遗产名录。手稿于 2017 年 5 月 21 日(时值浙江大学 120 周年校庆)由竺可桢之子竺安代表亲属捐赠,共有 56 本,合计字数约达 1000 万字。——编者

中国科学院院史资料室至今保存的竺可桢日记藏本，计有：1936—1952 年，1954—1960 年 1—9 月，1962—1974 年的日记本。保存的记录本有：1953 年，1960 年 10—12 月，1961 年。

二、日记内容与文本结构

竺可桢对日记本的选择是比较在意的，早年大多采用市上出售的 32 开专用日记本。有些年份没有买到这种本子，代用品也要选用 32 开本。多数是每年用一本，每天记一页。

关于日记所记述的内容，根据记述顺序和在页面上的排布情况，可分为 5 类：（1）时间驻址，（2）天气物候，（3）记事提要，（4）日记正文，（5）收寄函电。其中，（1）记于每页的首行；（2）（3）记于首行之下；（4）记于版心；（5）记于切口和订口两侧的空白处。一般是如此，作者在旅途中或是特别忙碌的情况下，除（4）之外，其余各项有时缺记。也有时会因内容太多而打乱上述的文字排布，占满页面的所有空白处，甚至延伸至相邻页面。

日记正文所记，涉及作者当日起居、亲友来往、当日见闻，核心部分是每日的工作事务和社会活动，还常有读书笔记。记事的同时，常伴有作者的评述与心得。

除每日所记内容之外，每年之后还附有读书笔记、作者个人当年大事记要、通讯录、子女成绩表、收支一览表等。各年附录的选项不同，各表所取舍的内容也详略不一。总体上说，前期日记附录内容较为丰富，后期则显得简单。

三、竺可桢日记的史学价值

竺可桢生前从未以日记示人。1978 年，在组织编纂《竺可桢文集》的过程中，人们方从竺家得知有此遗存。在 1980 年代，先是出版了 1936—1949 年摘编本 Ⅰ—Ⅱ 册（人民出版社），后又出版了 1950—1974 年摘编本 Ⅲ—Ⅴ 册（科学出版社）。20 年来，这五册摘编本日记，已得到学术界的广泛关注，从事 20 世纪中国史研究和知识分子研究的学者从中发现了许多有价值的史料，为他们的学术著作所引用。另一方面，《竺可桢日记》摘编本总计约 300 万字，尚不及日记原本总字数的三分之一。尤其是，囿于时代氛围等因素，对竺可桢日记史学价值的认识和利用不够充分，致使大量有价值的史料未得入选，已版日记中出现的太多"……"，给读者留下了太多的遗憾。

近些年来，中国近现代史的研究，几乎可以说是日新月异。通过学术界与出版界携手合作，记录 20 世纪中国历史的大量珍贵文献，有如笋生泉涌，令人目不暇接。其中很重要的一个选项，就是名人的全集，当然包括对日记的求"全"。

留存下来的竺可桢日记的文字总量，约有 1000 万字。与其他名人的日记相比，其特点有三。

（一）历史跨度长。现存日记是从1936年元旦起，至其去世的1974年2月止，历38年，纵贯从抗日战争到"文革"后期的各个历史阶段。在后来的日记中，也常常出现提及从清末到三十年代前期的回忆。透过这些经历，展示了20世纪中国社会变迁的宏伟画卷，也描出了一位高级知识分子的人生轨迹和心路历程。从组织机构史的角度说，1949年之前的日记，可同时视为浙江大学的校史；而1949年以后的日记，则可视为中国科学院的院史。由此旁涉，可在大时间尺度上为中国科学社、中央研究院、中国气象学会、中国地理学会、自然历史博物馆、北京天文馆等诸多科教文化事业提供极为丰富而具体入微的史料。

（二）涉及范围广。竺可桢不仅是科学界、教育界的巨擘，也是广泛参与各界活动的社会名流。平生踪迹，国外留学及游访，及于欧美苏东；国内供职和考察，走遍了除台湾、西藏以外的各个省区。其个人兴趣广泛，除以气象学和地理学为专攻而外，数理天文，地质生物，国际政治，中外历史，哲学名著，流行小说，诗词歌赋，博物杂俎，无不涉猎。个人生活情趣亦广，爱旅游，爱看体育比赛和电影戏剧，爱聚会访友，爱游泳、滑冰、养花、摄影。最重要的，与我们今日所为相关，是他爱记日记。所记者，大到世界风潮和国务活动，小到天气物候、来往客人、收寄信件、飞机火车行程、物价开支、子女成绩及身高体重等等。

（三）笔下人物多。竺可桢是从传统社会向近代社会转型时期诞生的第一代科学家中的佼佼者，时势英雄，风云际会，20世纪中国诸多名人遂以不同的时空分布会聚在他的日记中。且不说政府要员、社会名流、同窗友好、门生下属，由于他一生中无论主持何种事业都深入基层，每到一地都体察民情，也会随时随地记下相偕相遇之人的谈话与印象，其中不乏贩夫走卒、引车卖浆者流，当然也由此而可透视中国底层社会之种种。

日记为个人私藏，记述时虽然不可能像发表文章那样反复修改核校，但竺可桢对日记亦本其一贯行事的作风，极为认真、严谨而持恒，甚至在数十年之后还进行补记或补注。在正常情况下，作者是每日一记，时间在当日晚上或翌日清晨。只有极少数的情况是数日后补记，凡属这种情况，他都会在日记中作出说明。对于已经写过的文字，偶尔校正个别的人名和错字时，都是以划线表示改动，原字清晰可辨。发现已记述内容有误时，一般是在后来日记中予以说明，有时是在原记处加注，还会写明补注的时间。全部日记中没有撕毁和覆盖。竺可桢日记是为供自己备忘而记，不是准备日后当著作发表的。于竺生前，亲友皆不知他有如此"私藏"。其之所记，为亲见、亲闻、亲历，是他自己的自由思想和真实感受，没有一般公开出版物、官方文件、社交会谈等所常见的束缚和忌讳。

具备上述的即时性、"原生"性和隐秘性，竺可桢日记在总体上也就无可置疑地保证了它作为史料的真实性。

应当指出，这里针对史料作伪之风而言的"史料的真实性"，并不直接等于史料所述事件的真实性。任何史料都有其局限。研究者引用史料时须有鉴别、考证，所谓"去伪存真"是也。日记所记，一己之见，未见得全面，未见得反映事物的本质。亲闻之事，属取之于他人的传言，未见得皆有真凭实据。正因为如此，竺日记中，尝有一事记述于先而更正于后，也有先是错责于人而后责己之误的情况。

日记中记述人物交往，随处可见褒贬是非短长之论。如今刊行于世，实难于为之避讳。如果编者把凡属涉及人短之处全都隐去，《全集》将会千疮百孔，也就全集不全、存真不真了。人在历史途中，历史已成往事。人非圣贤，何况也不存在无"过"之圣贤。乞望识者能以开放的眼光、宽容的精神和豁达的心态给我们以支持和谅解。

日记，可以填补史料之空白，佐辅史证之不足，纠正史述之讹误，展示时代之风尚，暴露社会之隐秘，发掘人物之心理，也因此向为史家所重视。现存的竺可桢日记，将全部入编《竺可桢全集》，从文字量来说，它也将成为《全集》的主体。竺可桢日记，对竺可桢研究，对浙江大学校史和中国科学院院史的研究，其重要性自不待言。以竺可桢的社会地位、人脉关系和丰富阅历而论，以其日记的连续性和"系统性"而论，目今可见国人之日记，恐难有与其相比肩者。可以预期，对20世纪中国的科技史、教育史、文化史、社会史、地方志、重要机构沿革、名人传记和诸多重要历史阶段、重大历史事件的专题研究，它一定会有所裨益的。竺可桢日记的全部刊行，只是敞开了一座宝库之门，而宝石之闪光，尚待探宝者的开掘与琢磨。

樊洪业

2005年12月

一个希望
——在《竺可桢全集》（一至四卷）出版座谈会上的发言

我其实没有资格在这里发言，在座还有好多跟竺老很接近的、在科学事业上很有成就的同志，都比我更有资格来发言。不过既然主席点名，我就讲我的两点感想吧。

一点是，竺老是一位真正的大科学家。大科学家嘛，首先是在科学上有很大的成就，这个不用说了，竺老一生的许多著作就体现了他的成就。但是我想，大科学家不只是在科学上有很大的成就，还有很宽的眼界，很高的社会责任感，很强烈的对人类、对社会、对自然关注的一种感情和一种努力。竺老作为科学家，不仅关心具体的科学成果，还关心整个科学、科学与教育、科学与社会、科学与人类、科学与整个自然。在这些方面，他有一些很深刻的观察和许多很有远见的想法，指引着我们在这些方面都能跟得上时代、跟得上科学的发展，他做了很多的工作。我想这部《竺可桢全集》就充分反映了他科学工作的许多方面，包括具体的科学成就，包括科学与各方面的关系，包括科普。

还有一点，我特别关心竺老的日记。这个日记过去出版了一部分，我也没有都读，但是很感兴趣。这个日记提供的史料，对研究竺老的一生，对研究竺老所接触的他那个生活圈子、学术界、教育界，以及他所接触到的政治活动的历史，提供了原始的、准确的、细致的史料。研究现代史、当代史，除了许多别的方面的文献资料之外，像他这样一位著名的人物，所写的日记提供了非常重要的史料。我看这个文字介绍讲，竺老全集有20卷，现在出版了4卷，还有16卷待出；16卷里，有14卷是他的日记，从1936年到1974年。不到40年，有14卷，这个篇幅是很大的。这么大的篇幅记录了几十年的历史，对竺老个人，对竺老所在的浙江大学，对竺老所在的中国科学院，对竺老所接触的科技界、教育界的很多人物，对我们中国的近代、现代历史，一定会有很详细的、很具体的记载，不光是反映他的一生，也从一个侧面反映了这个时代。这个史料非常宝贵。原来出过5卷，现在有14卷。我想，一个是选择的时间，一个是选择的内容，我希望——我看这也是编选日记的宗旨——完整、真实、如其本来面貌地来进行编选。我很赞成这个编选的方针。

我们也读到过别的一些日记，比如说吧，早几年出版的宋云彬的日记，编选的人加了个名字叫《冷眼红尘》。这个编者大概是从市场角度考虑，这个名字编得像电视剧，好像比较会有销路。但是我想，有人会批评这个名字取得并不是那么的好，因为宋云彬并不见得是那么冷眼地看这个世界，他还是很热心地参与这个世界的许多事情。这暂且不管它。我发现，这本宋云彬的日记《冷眼红尘》里面缺了一些东西。是当时就没写上去，还是编者由于种种考虑把它删掉了呢？我脑子里就产生了疑问。后来我读到了一篇文章，说宋云彬的日记里有一条，开新政协会议的时候，就是1949年6月开会以前，宋云彬是救国会参加新政协的代表；当时说新政协会议开完以后，可以考虑民主党派就保留三个。当时民主党派有十几个，考虑就保留三个，一个是民革，过去跟国民党有历史渊源，但是拥护新民主主义革命；再一个呢，是民建，跟工商业有关联的，算是一个；还有一个呢，就是当时以知识分子为背景的民主党派，有好多个，大概可以合并成一个。他的日记里面记了，说是周恩来和李维汉去北京饭店，同救国会的人谈话，提了这么一个设想：现在是这么多党派，将来开完政协会之后，可能合并、整合成"三界"：跟国民党有联系的政界；跟共产党有联系的商界；跟知识分子有联系的学界，这么三个大党派。他的日记曾经在《新文学史料》里面发表过一段，那一段里面就包括了这么一条。现在他的日记出了一本书，而这一条没有了。把他以前分别发表过的一些段落，和后来集成了书之后的内容这么一比较，就缺了这么一条。而我想，这还是很重要的一条。当时对统一战线啊、民主党派啊，曾经有过这么一种考虑，后来救国会还真就解散了。宋的日记对这样一些历史渊源，提供了一些很重要的史料。也不知道为了什么缘故，在整理出版的时候把这条给删掉了。我想，那个编者一定是有什么顾虑，不知道是不是觉得跟后来的做法不一样，所以就不提这个事情了。但是，从研究历史的角度来讲，宋云彬所提到的那条史料是很重要的一条史料；后来出的《冷眼红尘》把它给删掉了，这是很可惜的。这是一个例子。

　　再讲一个例子，就是《朱自清全集》，里面也有一部分是朱自清的日记。朱自清是一位文学家，是大文学家，"一身重病，宁可饿死，不领美国的'救济粮'"，这是朱自清的爱国主义精神。他的日记写得很细致，出版之后，我也看到了一篇批评的文章，说这个《朱自清全集》里面的日记，有一部分在出版之前在一个什么刊物上发表过，而后来经过整理的《全集》的日记里头有一个段落整个都没有了。这个段落牵涉到他的家庭生活、夫妻关系，他有过一些思考，写在自己的日记里头了。编者大概觉得这是隐私或者有什么影响，就把它删掉了。但是写批评文章的人说，这段日记很客观地记载了朱自清夫妇之间产生的一些问题，朱自清怎么很冷静地看待这个问题、分析这个问题，其实表现了处理好夫妻关系的一种态度，而后来他们的夫妻关系确实一直很好，这并不损害朱自清的形象，也不损害朱自清夫人的形象，把它删掉似乎可惜，保留下来，对了解朱自清、了解他们的家庭还是很有好处的。这件事当然不涉及政治，但是涉及这么一个人物的一个侧面。所以我就想到，宋云彬的书《冷眼红尘》里面处理日记，《朱自清全集》处理日记，都做了删节；而这些删节或者是亲属有什么考虑，要做一些删节，或者是编者有什么考虑，做一些删节。我想，这些涉及隐私的问题或者一些还有影响的问题，从家属、从编者这个角度多考虑考虑，考虑得周到一点，也有他的道理。但是，我觉得家属和编者在考虑这些问题的时候，是不是思想要再开放一点，对历史资料更尊重一点，不要完全按照现在的想法，这个事情是不是有损形象啊，这个事情是不是会涉及什么政治啊。从编者的角度去处理，删掉很多，编者也许是好心，但是考虑未必很周到，未必能考虑到许多方面。由于他这么一处理，删掉了一部分，读者未必能够接触到日记原稿；而被编者删掉的这些史料，有可能对了解这个人、了解某一段历史还有重要性。所以，编者在这些地方，我觉得，根据我前面讲的朱自清的日记、宋云彬的日记处理的经验和教训，最好更慎重一点，更尊重一点原貌，更少一些不必要的顾虑。因为后面的书还没出，我这些话也是表示一个希望。

龚育之

2004 年 7 月 22 日

原载 2007 年 8 月 3 日《文汇读书周报》。文末注："本文由樊洪业、潘涛根据录音整理，未经作者审阅，也未曾发表。现征得作者夫人孙小礼教授同意，由本报公开发表，以表达对他的怀念。标题为编者所拟。"本文收入龚育之著《党史札记末编》（中共党史出版社，2008 年）、《科学与人文的交融》下册（科学出版社，2013 年）。

《竺可桢全集》编辑出版情况汇报
——在纪念竺可桢先生诞辰120周年座谈会上的发言

我代表上海科技教育出版社的张英光社长,就《竺可桢全集》的编辑出版情况作一个简要的汇报。

9年前的(2001年)3月1日,路院长主持了出版《竺可桢全集》的启动会议。我在会上代表上海科技教育出版社汇报了编辑出版《竺可桢全集》的思路、方案,以及一定要把它出齐、出好的决心。到会的专家、领导用热烈的掌声表达了对我们社的支持和鼓励。这掌声令我毕生难忘。这些年来,我在大小会议等各种场合多次谈到那一阵掌声,因为那是对我们科教社认清自己的职责,追求社会效益的非常珍贵的赞许和鞭策。9年后的今天,我以比较欣慰的心情向路院长和各位专家汇报:《竺可桢全集》的出版已经完成了十之八九,胜利在望了。

在路院长的指导下,在樊洪业主编,竺安、李玉海等副主编的艰苦劳动下,我们出版社全力配合,《全集》的1—4卷于2004年7月问世,之后每年出两到三卷,至今已出版到第17卷。按近几年逐渐明朗的计划,《全集》将出到第22卷。这里面,1—4卷是文集,第5卷是外文著述,6—21卷是1936—1974年日记,第22卷是补编。平均每卷80余万字,总共约1800万字。到2012年,这项工程一定能完成,22卷一定能出齐。

竺可桢先生对科学事业和教育事业殚精竭虑、卓有建树。他的为人处世,他的道德文章,是中华民族的楷模,是高山仰止,令人钦佩之至。他的这1800万字,是中华民族宝贵的精神财富,是优秀的文化遗产。我们上海科技教育出版社能参与整理出版《竺可桢全集》这一浩大工程,是莫大荣幸,是无上光荣。

借此机会,要表示对樊洪业主编的衷心感谢,您对《全集》投注的巨大精力,纷繁复杂的脑力,乃至体力的消耗,是《全集》的出版得以顺利推进的关键。还要衷心感谢竺安、李玉海等副主编和其他专家的辛勤劳动。特别要提一下竺安先生,您在这一出版工程中不辞辛劳,不计报酬,谦和而睿智的形象令人依稀感受到竺可桢先生的风范。我还要感谢卞毓麟先生和潘涛先生,在他们的倡议和直接努力之下,我们科教社有幸接受这一光荣的任务,参与这一浩大的工程。

2012年《全集》出齐22卷之后,我们还将筹划和推进一系列有关《全集》的工作,包括对《全集》的宣传和推广,必要的修订,以及深度开发工作,如日记部分是否可出一选集,等等。

最后，请允许我向路院长，向樊洪业先生、竺安先生等全体参与人员，向今天到会的专家、领导，再一次表达我们上海科技教育出版社和张英光社长的诚挚的谢意。

翁经义

2010 年 3 月 26 日

在《竺可桢全集》出版研讨会上的讲话

中国科学院　路甬祥

2014 年 4 月 28 日

尊敬的各位来宾、各位专家，朋友们、同志们：

大家上午好！

今天我们聚集在国家图书馆，祝贺《竺可桢全集》出版工程的竣工。首先请允许我代表《竺可桢全集》编委会向到会的各界朋友表示热烈的欢迎！

今天的会议，是《竺可桢全集》出版的庆功会、新闻发布会和学术研讨会，也可以说是竺可桢先生逝世 40 周年的纪念会（注：竺可桢先生于 1974 年 2 月 7 日去世）。《竺可桢全集》收录的著述凝聚了竺老一生的心血，此书的出版是对他最隆重的祭奠。我们借此表达对竺可桢先生历久弥深的缅怀之情。

13 年前，在施雅风、叶笃正、陈述彭、孙鸿烈等十余位院士和老科学家集体倡议的鼓舞之下，中国科学院于 2001 年初成立了《竺可桢全集》编辑委员会，编纂工作得到了国家自然科学基金和中国科学院院长基金的支持。当年 3 月 1 日在京召开了《竺可桢全集》编委会全体会议，编纂工作正式启动。这些年来，编委会的同仁们在社会动员、学术支撑、联络协调等方面做了大量工作，尤其是以樊洪业同志为主编的主编组的诸位同志，包括副主编李玉海、竺安、沈文雄、戚叔纬、竺松同志，特邀校审陈学溶、黄宗甄同志，他们是编委会的中坚力量，一直代表编委会承担着繁重的实际工作。同志们遵循"求全""存真"的宗旨，坚持十余年如一日，兢兢业业、锲而不舍，终于不负众望，把一部 24 卷、2000 万字的巨著呈现在世人面前。没有同志们的辛勤努力、无私奉献，这项工作难以如此高质量地完成。

这项浩大持久的文化工程，涉及面很广，工作环节很多。今天的成功，是与各方面人士和机构给予的大力支持分不开的。请允许我代表编委会向在文献征集、文稿编订和出版编辑过程中付出了艰辛劳动的诸位同志，向给予《全集》编纂工作关心和鼓励的所有专家学者、有关单位的领导以及竺老家属后人，表示衷心的感谢！

在这里，我们还要特别感谢上海科技教育出版社。我还清楚地记得，翁经义社长当年在编委会上慷慨陈词而得到全场持久热烈掌声的场面，他代表上海科技教育出版社主动承接了这样一个在他任期内不可能完成并取得绩效的大项目。翁社长卸任之后，接力棒相继传到了张英光、张莉琴社长手上，他们都义无反顾，坚持不懈，终成正果。翁经义同志当年表态要保证把《全集》做成精品图书的时候，也正是社会上和出版界功利与浮躁之风滋长弥漫的时候，当时在场的老先生中有人不放心，曾以半是怀疑、半是激将的口吻说："君子一言，驷马难追啊！"但事实证明，他们出色地兑现了自己庄严的承诺，用实际行动展现了他们有眼光、有魄力、有担当、有坚持的真正的中国出版家的风范。我提议，让我们用比当年更热烈的掌声，表达对他们的感谢！

今天，我很高兴在会上看到了我们编委会的很多成员。十三年磨一剑，在这个不太短的历程中，我们的特邀顾问贝时璋、叶笃正、苏步青、郁文、谈家桢、曾呈奎先生都已谢世，编委会第一副主任施雅风先生，编委陈述彭、席泽宗、黄宗甄、戚叔纬、竺松等先生也相继离开了我们，参与编纂工作的一些老同志，如浙大校友郦伯瑾先生等也已去世。此时此刻，我们也应该在这里表达对他们的感谢和怀念，并以《全集》出版竣工的喜讯，告慰他们的在天之灵。

朋友们、同志们，我们当年在岗位上工作时，出于对竺老的崇敬，在我们力所能及的范围内，支持了《全集》的编纂和出版工作。对我自己来说，这是我一生中特别有意义的一个选择。在我心中，会永远珍藏这份与竺老关联而作为老浙大人、老科学院人的骄傲。我也会把学习和发扬竺老的爱国、求是、敬业、博爱的精神，作为自己终生的追求。

竺可桢先生是卓越的科学家和教育家，是中国现代气象学、地理学的一代宗师，是20世纪中国知识精英群体中一位杰出的代表人物。他在科学、教育等领域作出了突出的贡献，为后人留下了丰富而深刻的精神财富。《竺可桢全集》作为竺可桢先生珍贵的精神遗产，作为中华民族文明宝库中独特的科学文化遗产，将在改革开放、创新发展、实现中华民族伟大复兴中国梦的征程中发挥其鉴往开来的重要作用。

为了开好今天的会议，上海科技教育出版社还特意编印了《〈竺可桢全集〉出版纪念册》，到会的各位人手一册。从2004年出版《全集》的前四卷算起，《全集》大致以每年两卷的速度陆续出版，到今年全部出齐，历时将近10年时间。从这份介绍中可以看出，《全集》的出版引起了学术界的广泛关注，其中包含的深刻思想、珍贵资料，已经催生了一批学术文章和著作，令人振奋。

《竺可桢全集》的编纂和出版，本身就是社会主义先进文化建设工程的一个组成部分。今后，我们还要用竺老倡导的"求是"精神，充分地挖掘和利用《竺可桢全集》这个宝藏，通过学术界、出版界和媒体更多更有效的合作，更加全面体现《竺可桢全集》的历史文化价值，在推动社会主义先进文化建设中发挥更大的作用。这也是我的衷心期待。

谢谢大家！

在《竺可桢全集》出版研讨会上的讲话

中国科学院　方新

2014年4月28日

尊敬的各位来宾，各位专家：

上午好！

首先我代表中国科学院对《竺可桢全集》的出版表示热烈的祝贺！

我简要地谈两点体会。第一是学习——向竺可桢学习。

竺老是中国现代气象学、地理学的一代宗师，一位卓越的科学家。新中国成立后，他出任中国科学院副院长，1955年兼任生物学地学部主任，1956年兼任综合考察委员会主任。在执行"十二年科学技术发展远景规划"的过程中，组织领导全国范围内的自然资源考察工作，进行合理学科布局，并推动了许多新兴领域的研究。他从国情出发，一贯关注我国人口、资源、环境问题与经济社会发展的关系，是可持续发展思想与实践的先觉先行者。在气象学与气象事业、地理学与自然资源考察、科学史、科学普及、科研管理和诸多科学文化领域皆有杰出贡献。

竺老一生弘扬"求是"精神。他具有宽广的眼界，高度的社会责任感和强烈的对人类、对社会、对自然关注的感情和努力。他的爱国情怀和"求是"精神，对人口、资源、环境问题的高瞻远瞩，对西部开发问题的殷切关注，他对科学精神的不懈倡导和深刻的人文关怀，都值得我们认真学习。

第二是感谢——感谢所有为出版《竺可桢全集》作出贡献的人们。

竺老给我们留下了丰富的精神财富。他的著述和各类文字近2000万字。为了全面反映竺可桢的学术成就和人文精神，2000年3月，为纪念竺可桢诞辰110周年，十多位两院院士倡议组织编纂《竺可桢全集》(以下简称《全集》)。2001年3月1日，《全集》编辑委员会在北京成立，经过十余年的不懈努力，至2013年底，24卷全部完成。

《全集》以"求全""存真"为原则，全面收录竺老学术著作和其他著述，不但具有极高的学术价值，而且具有极其珍贵的史料价值。它不仅可以让人们看到一个真实而丰满的竺老，可以让我们重新思考他留下的宝贵思想遗产，同时，它还用一种独特的方式折射出20世纪中国政治、社会、文化的发展历程，也为研究中国科学院院史提供了宝贵的资料。

显然，要完成《全集》这样一套浩繁巨著极为不易。我代表中国科学院对所有为本书的出版作出贡献的单位和个人表示衷心的感谢。

感谢路院长和编委会的各位师长，是你们发起并指点了本书的出版。

感谢上海科技教育出版社的领导和本书编辑人员，虽历经十三载，三易社领导，却始终秉承"求全""存真"的宗旨，克服重重困难，终致完成这项国内迄今为止最大的科学家著作出版工程。

特别要感谢樊洪业先生、竺安先生和本书的全体编者，感谢你们在浮躁环境中13年的坚守，感谢你们践行竺老所提倡的"求是"精神，孜孜以求，锲而不舍，终于将这份历久弥珍的宝贵财富呈现于世。

感谢所有为这部书的出版予以支持、作出贡献的同志们。

谢谢大家！

在《竺可桢全集》出版研讨会上的致辞

中国科学技术协会 王春法

2014 年 4 月 28 日

尊敬的各位领导、各位来宾：

很高兴参加《竺可桢全集》出版研讨会。在这里，我谨代表中国科协对竺老全集的出版表示热烈祝贺，对上海科技教育出版社、对以路甬祥院士为主任的编委会、对以樊洪业先生和竺安先生为代表的专家学者们表示衷心感谢。正是你们坚持十几年的辛勤劳动和无私奉献，使我们得以有机会一睹这一旷世文化工程的芳容。

《竺可桢全集》计 24 卷、2000 万字，可谓卷帙浩繁，内容丰富。面对这样一部真正的鸿篇巨制，相信不同的读者会从不同的角度读出不同的竺可桢。地理学者、气象学者们看到的是一位大科学家、大学者，大学师生看到的是一位可亲可敬的老校长、教育家，普通社会公众看到的可能是一位也要做许多普通事、交普通友的普通老人，家属们看到的是一位认真做事、严于自律的亲人，而对于我来说，从中看到的则是在 20 世纪中国历史上极为活跃的一位杰出科技活动家。这主要体现在三个方面：

第一，竺可桢先生是一位学贯中西的有影响的杰出科学家。竺老接受过良好的现代自然科学训练，同时又具有扎实的国学传统功底。作为中国第一代科学家，他自觉把所学用于中国现实问题的研究和拓展，在气象学、地理学、土壤学、人口学、物候学等领域都取得了非凡的科学成就。"竺老对中国历史上各种文献，包括地方志、诗词、日记、游记等的研究很有造诣，可以从这些浩瀚的史料中，经过去粗取精，去伪存真，从中提炼出规律性的东西。"比如，竺老对中国历史上气候变化的研究就是如此。尤其令我们景仰的是，他坚持"只问是非、不计利害"的科学精神，坚持"求是"精神，影响和教育了一大批学者，其意义更是历久弥新。正因为竺老卓越的科学地位，所以他在推动科技活动和科学事业中就有着非同一般的影响力和感召力！

第二，竺可桢先生是一位积极参与科技社团活动并且长期担任重要领导职务的杰出科学家，在推动中国科学建制化进程中发挥了独特的作用。早在 1910 年代，竺老就是中国科学社的发起人之一和《科学》月刊的活跃编委；20 世纪 30 年代起在中国气象学会和中国地理学会长期担任主要领导职务；新中国成立后担任中华全国科学技术普及协会副主席；中国科学技术协会成立后又长期担任中国科协副主席，对于这一科技工作者群众组织的健康发展发挥了重要作用。对于科技社团的活动，竺老历来持积极态度，为通过科技社团联络同行、促进中外科技交流和国内学术交流研讨作出了重要贡献。对科技界内部的联络交往，对科技界与其他界别的沟通联系，竺老著作中都有丰富而具体的记载，为我们提供了详细的研究史料。他在"文革"期间为那么多学界同行所写的证明材料，就足以证明他在科技界的交游之广、所知之深。

第三，竺可桢先生是一位在科技界与社会上极为活跃的科学家。竺老一向重视面向社会公众开展科学技术普及工作，对公众生活保持关切关注，早在1916—1917年间就在《科学》月刊上创作发表了大量科普作品，传播科学知识，弘扬科学精神，科学普及出版社1981年出版的《竺可桢科普创作选集》收录竺老科普作品28篇之多。与此同时，他也高度关注社会发展问题，面向经济社会发展的积极建言献策，关于综合考察委员会设立和自然资源综合考察以及区域考察的战略部署，对可持续发展理念的倡导，都体现了竺老独特的战略眼光。没有丰富的人文情怀，不足以对社会大众有这样的亲爱友善；没有深厚的家国情怀，不足以对民族国家倾注如此深切的深情和关怀。

如果说，民族国家和社会的发展是大历史，个人的成长是小历史的话，那么，《竺可桢全集》实际上是大历史与小历史结合的集中体现，是用小历史折射大历史、丰富充实大历史的经典范例，其中展示的人文情怀和家国情怀尤其令人感佩。相信大家都能从《全集》中读出不同的竺可桢，并以此丰富和深化我们对竺可桢科学思想的认识，推进对中国现代科学传统的探索，促进中国特色科学文化的培育和养成。

《竺可桢全集》编纂工作汇报

樊洪业

2014 年 4 月 28 日

老话讲,一部二十四史不知从何说起,现在要我汇报,《竺可桢全集》24 卷也不知从何说起。我想还是围绕"求全""存真"这两大宗旨,回顾走过的路,述说感动的事,表达感恩的心。列了这么十小条。

一、竺老的绝笔

做《竺可桢全集》的工作,首先要感谢的还是竺老。因为竺老的一生留下了这么宝贵的东西,让我们能够把它整理出来提供给后人,首先是竺老自己本身的工作。除了物化的这些存在的东西之外,我觉得在整个编纂过程当中,受到竺老精神的鼓励,给我们巨大的精神力量。我现在给大家展示的是竺老的绝笔,1974 年 2 月 6 日(的日记)。

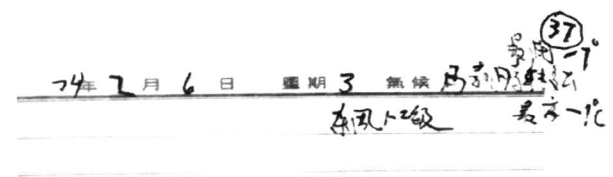

竺老在大年初二以后就回到了医院,然后就一直没有离开医院,到 2 月 4 号写日记的时候,还在评述连续这些天的气候情况,还记录了自己看病、抓药、吃药等等的情况,2 月 5 号就基本上是空白,到 2 月 6 号大致上是这样一种状况。当时陪床的是竺老的女婿黄峰先生。竺老让他的女婿听半导体收音机,收听国家广播电台发布的天气预报,这里说竺老的绝笔文字,最后一天的日记,2 月 6 号的具体内容:局报晴转多云,东风 1—2 级,最低 -7°,最高 -1°。

竺老在第二天凌晨 4 时 35 分去世,到现在 40 周年。我为什么要把竺老的绝笔首先展示出来?因为我从中看到的是一位老科学家这种"春蚕到死丝方尽"的学术坚守。竺老的一生,首先是以气象学作为他的职业选择,一生当中,建立地学系,最早开设现代气象学课程,做气象研究所的所长,1930 年实现国人掌握我们国家天气预报的主动权,一直到生命的终点，他写的日记还是在写天气预报。

我想竺老在这个时候，他不会想到40年以后会有人把他这条日记挂到板上，让大家看。甚至于我想他可能都不知道我写这个东西是为了什么，因为他作为一个科学家的职业坚守，专业上的这种追求已经内化于心了。我想到了我小时候念的课文，一位动物学家研究毒蛇，他被毒蛇咬伤了以后，明知自己已经不行了，还在坚持写记录，什么时候他眼睛看到什么程度了，心跳如何，脉搏如何，他要把这个先写下来。我想就是这种"春蚕到死丝方尽"的学术坚守，使得竺老能够把日记进行到底，写到生命终点的前几天，把气象、把天气预报写到他的终点。

所以我首先要感谢竺老，除了留下那么多的论文、著作、日记，精神的力量也鼓舞着我们一定要把《竺可桢全集》的工作进行到底。

二、大义竺家

竺老夫人陈汲去世前留下话，说竺老的日记不是我们竺家的财产，要把它献给社会去应用。有了这样一个前提，我们现在的24卷有三分之二的体量是日记，使得《全集》能达到这样一个规模。

在老夫人去世之后，当我们开始做《全集》工作的时候，竺家也是全力支持。我们知道，自己家里的日记很多时候都是家里自己的私事，家庭再和谐也难免有矛盾，也会有不宜向社会公开的事情，恋爱啊、结婚啊、生病啊，日记还会牵扯很多方面的私人交往，说长道短的事。现在要拿出来，首先就是有竺安先生为首的竺家的支持。

当早年的日记我看到牵涉有竺家子女一些隐私的情况，我后来就有点担心，征求竺安先生的意见。竺先生说你放心大胆去做，竺老是这样记下来的，你就这样去整理出版。竺安先生这样的表态，使得我就没有后顾之忧了，放下心来去做。

再说竺松，她已经去年1月5号去世了。竺松也是参加我们整个工作的重要成员，她在组织队伍的时候，刚好有一个发小一起来参加编纂工作，但是这位先生看到他所承担的竺可桢日记，有内容影响到竺老的光辉形象，他不同意这样做。我们要求每个参与者都要写出一个月的样稿，先行审查是不是符合我们的标准，如果不符合标准就要改，要实在不行那你就退出。对于这件事竺松的态度非常明确，尽管咱们是很好的朋友，但是如果他不接受咱们编委会的"存真""求全"的这种方针，那么就请他退出。所以我说大义竺家，在这样的问题上有这样的大度，有这样的一个战略性精神。

还有一位是竺碚，他在杭州。《竺可桢全集》编纂工作开头有一些合作性的部署，但是合作性的部署后来没有及时得到落实，就请竺碚去浙江省档案馆、浙大的档案馆查阅，量非常之大，而他本身腰椎有毛病。上阵子弟兵，有很多竺家的后代参与这个工作，竺碚做的就是以损害自己的身体为代价的这样一个工作，所以我请竺平先生能够向你哥哥转达我们对他的歉意，表达内心的感谢。

三、站在前辈的肩膀上

第三个要感谢的是竺可桢研究会的一大批前辈科学家，他们做了大量的工作。1984年竺老去世 10 周年，他们成立了竺可桢研究会，选编了《竺可桢日记》，有 5 册，后来又有了《竺可桢传》。这使得我们是在前人已经做了很多的工作基础上来继续前行。

除了已经出版的以外，还有竺可桢研究会留下的一些珍贵的资料，后来由竺可桢研究会沈文雄秘书长把这些资料也转到了我们手里。

我通过院史工作认识了黄宗甄先生，黄宗甄先生可能是想把我介绍给研究会，后来我能够比较早地阅读竺老的日记，做了一些带点准备性的工作，那是在 90 年代。所以我们算是把接力棒从竺可桢研究会接了过来。

叶笃正先生和施雅风先生两位都是浙大史地系的研究生，是中国地学的两大巨头。由他们跟黄秉维先生、陈述彭先生、陶诗言先生等，在 2000 年竺老 110 周年诞辰时，也可能是 1999 年，向路（甬祥）院长写了一封信说，为了纪念竺老的 110 周年诞辰，希望继续增补《竺可桢文集》，路院长很快作了批示。我想现在当场说几句点赞的话，我认为路院长是开明睿智的这样一位领导。《竺可桢全集》的工作如果没有路院长的大力支持，我们不可能很快地开入快车道。有了路院长，我们这盘棋就是一盘活棋，所以我应该在这里感谢路院长。

在增补文集阶段，得到了中科院学部办公室和科技政策所所长基金的经费支持。当时在基金委的钱到达之前，我们先把工作做起来。有了启动资金，我们很多工作就能及时上了。后来有国家自然科学基金，有科学院院长基金，在后来接近收尾阶段的时候，又得到了浙大竺可桢教育基金的支持，这些基金对我们及时地解决某些问题都起到了非常大的作用。

原本以为四五年内可以解决，当时没有估计到这么难，持续这么久，一下子延续了 13 年，到今年是 14 年，所以不好再向路院长去要钱。因为院长基金是要研究工作立项，你不做研究工作，单独给你编书，这就名不正言不顺，所以后来有人讲还是找路院长吧，我说这个话不能再讲了。正好院史工作也是院里的钱嘛，我就拆东墙补西墙，反正竺可桢研究跟院史研究也是不可分的。

这个是体制内支撑，然后就是办公条件。因为我本人在中科院参加这项工作，长期以来政策所都提供了非常好的办公条件，还有就是中科资源公司给李（玉海）先生提供办公室，都应该表示感谢。

学术界的支撑。首先要讲的就是席泽宗先生。我记得他最早拿出保存的原件，竺老的信，后来还经常有一些问题向他请教。中科院自然科学史研究所是我们的学术靠山，很多同志都提供了帮助，尤其是王扬宗先生，到李约瑟研究所去抄录有关竺可桢的东西，到台湾"中央研究院"的有关机构去查询，其他人就不一一说了，希望张柏春先生能代我向科学史所的同志表示我们的感谢。

另外就是海内外的图书馆、档案馆、博物馆，以及在征集过程中有很多人提供了资料，我们在第 23 卷里表达了对一些个人的感谢，在第 24 卷里表达了对这些机构的感谢。

四、一条好汉，两份机缘

下面我想说点轻松的，题目叫"一条好汉，两份机缘"。

因为做这个工作，我知道有很多很好的机会如果抓住了，那么就顺风顺水，一路快车。卞毓麟先生在科学院的天文台的时候我跟他就是好朋友，后来他和潘涛两个人被翁社长"抓"到了他们上海科教社。90 年代潘涛在北大读研究生的时候我就认识。一个是大朋友一个是小朋友，或者说一个是老朋友一个是小朋友，这两位我都认识。《竺可桢全集》的工作已经肯定要做，但是在寻找出版社的过程当中，实际上遇到了很多的问题。在当时那种情况下，它就有个比较，很多出版社打算要钱。卞毓麟跟潘涛到北京出差的时候，知道了我们还没有找到出版社，他们立即向翁社长报告。所以这叫什么？好汉翁经义。他既然得到了这个消息，很快就拍板了。当然一个是他有这个眼光，另外一个就是他对卞先生和潘涛是充分信任的。这是第一。第二就是开编委会的时候，他在编委会上的表态，刚才路院长在讲话中也提到了，要以最好的纸张、最好的装帧、最精干的力量参与这项工作，大家都深受感动。

友缘与业缘交集。再就是我跟潘涛（的合作），潘涛做出版社出版编辑组的组长，我做主编，我们两个应该讲是，高度共识，精诚合作。这是我们工作能够顺利进行的最有力的保证。我们一直保持很好的合作，没有一次稍微弄得不愉快。有一次（稿中）牵扯到个人的隐私，到底怎么处理？潘涛向翁社长汇报之后，马上召开一个会，我对当时开会的工作方式还有点心存不满，但是翁社长当时的表态使我非常感动，触动极深。他说在这个问题上，如果将来发生任何什么问题，由我翁经义担当。这不容易啊！后来的两任社长，应该讲恐怕也是接了翁社长的衣钵。我这不是贬低什么，没有这个意思，大家能够继续前行。

五、编纂工作的组织结构

有编委会，由路院长担任主任，确定方针，审定计划，做社会动员。我们有主编组、文稿编纂组，然后跟出版社的出版编辑组接头，是这样一个结构。

左起：李玉海、翁经义、竺安、戚叔纬、沈文雄、竺松、樊洪业

这个是我们在竺老诞辰120周年的时候，主编组跟翁社长的合影。竺安先生是竺家的NO.1，竺家有什么事情都是请竺安先生出面，做了大量的工作。另外竺安先生的外语很好，在《竺可桢全集》的审订过程中负责对英文、德文、法文进行审订，还有俄文是另外请了一位先生审订。竺安先生曾经跌伤头部，但是一直都坚持这项工作。

戚叔纬先生在主编组里面负责浙大老校友方面的联动，遇到问题，你打一个电话，他马上就迅速给你回话。他除了自己做编订工作，还找了好几位浙大的老校友承担40年代竺老日记的编订工作。

沈文雄先生做过竺老的秘书，另外在院领导方面人脉比较熟，涉及一些组织方面的事情的时候，都请他来承担工作。

竺松。竺老的晚年是跟竺松他们在一起的，竺老晚年的日记也是由竺松负责组织人来做初稿的编订。

我们主编组有两位是竺老的秘书，有两位是竺老的子女，戚先生是老浙大人，这样就从结构上来保证。

六、"求全"第一功

我要特别说一下的就是副主编李玉海先生，我们之所以能"求全"求到现在的程度，应该讲"求全"第一功是李玉海先生。

他原来做过几年竺老的秘书，后来做行政管理工作，后来到院里面做了条件局的局长，他退休之后，就开始做这个工作。从那以后他是板凳宁坐10^+年冷，我是按照竺老书写的习惯，在10的右上方加了个加号，意思是不止10年。李先生全天候心无旁骛，就做《全集》的工作。关于"求全"的细则我就不讲了，方方面面很多。所以我佩服他，已经做了那么多年行政工作，然后投入到这么一个具体、枯燥的工作当中来，这么大年纪了，也是病过好多次，真不容易。

七、文本结构和规范（略）

这个问题就不讲了。

八、99 岁的"老义工"

下面讲这位 99 岁的"老义工"陈学溶先生。1916 年 3 月 2 日是他的生日，虚岁今年是 99 岁。1934 年竺老在南京办气象训练班的时候，他是第三届学员。对竺老那是"一往情深"。长期以来，从竺可桢研究会时期，他就不断地做很细致的工作，但是他不是研究会的主要成员，他是在南京，但是他做了大量的工作，后来我们请他做《全集》的校审工作。这么多年来，他跟李先生差不多，就是做这件事。可以讲《竺可桢全集》就是他的命，几次病危，他都转危为安。与人无争，性格特别好，那么大年纪，住一个很简陋的房间，就是这样一直在做着这样的工作。

我们通信恐怕也不下 300 封，都是很具体的问题。他让儿子给我带信，说你告诉樊先生，他年纪也不小了，要注意身体；第二，我不一定什么时候离开，但是我在离开之前，我就是把这件事情要做好。有的时候我给他回信晚了，他就跟我讲，他说樊先生，我不一定什么时候就跟你永别了，我这有个事情我着急，赶紧回答我吧。

我生命当中能做这一件事是我的幸运，我能遇到这样的一些使我感动、给我巨大帮助的人，这也是我（的幸运）。

九、这张书桌的分量

我们每年到上海科教出版社去一次，每次去给我们安排一个工作室，然后我们每次都要到他们具体承担这项工作的科普编辑室去（跟编辑们）打交道。打开 401 房间的门，第一眼看到的就是这张书桌，这张书桌是殷晓岚的书桌。《全集》的头 4 卷她没赶上，从第 5 卷开始，她一直参与《全集》的编辑工作，当然还有其他人。

这张桌子不大，但是《竺可桢全集》的书稿运转多数都是在这张书桌上进行的，所以我就想这张书桌的分量有多重。殷晓岚是学农业史的研究生，南京农业大学（毕业），社领导安排她来做这件事情。在这个过程当中，我们明显看到她在工作质量、在工作水平上的进步，为了"存真"，她做了大量的努力，遇到问题提得很仔细。当然不止她一个人。出版社编辑组年轻的同志们，在这里我要表达对你们的感谢。

十、一滴泪，千斤重

竺老不专属于浙大，也不专属于中国科学院，他是属于中国的，属于中华民族历史上的一位精英。但是我想这个问题，为什么竺老去世这么长时间，大家对他的怀念，围绕他开展的活动和工作,为什么历久弥新,大科学家并不只有竺可桢,但是为什么竺老能够受到如此的尊重和怀念?提出这个问题,我是想作为一种科学界的文化现象,值得研究。我本人既不是浙大的,也不是中国科学院地学部的,我做院史工作,通过院史工作我来考虑这个问题。我想最后我就讲这个问题,就是什么呢,竺老给我们留下了巨大的精神遗产,我们为什么这么爱戴他?

我比较早的时候看到竺老的一篇日记当中提到他给学生的报告,他说我们的人生,有的人从爱出发,有的人从恨出发,竺老是赞成从爱出发。当时我看到这里的时候,我想无非就是中国传统的性本善、性本恶,或者是强调人生哲学当中,你是奉行哪一种人生哲学。但是当我看到1943年5月29日竺老的一篇日记,这篇日记里讲到,他到重庆去办事,去看望浙大的学生王蕙和何友谅,没看到何友谅,但是看到了王蕙,为了争取让他们能够得到安全,做出的努力,然后他在车站上,我把原文录到这里:"一点半再坐车至青木关。在站见一穿制服者押一学生模样人加手铐者来,余为之泪下。"

应该讲我当初看到爱和恨那样一说的时候,我没有太大的触动,但是当我看到这篇日记的时候,对我触动极大。因为他在车站上看到一个学生被一个穿着警察制服的人戴着手铐把他铐着,他就为之泪下。为什么?他并不认识这个学生。他是校长,他是爱生如子的校长,对于一个不认识的青年学生,看到戴上手铐,他就掉眼泪了。我觉得一滴泪,千斤重。

我觉得竺老从爱出发,那种精神在这里得到了充分的体现,他爱生如子,是爱国、爱家、爱民、爱校、爱院、爱党的人。我读竺老的日记,读竺老的著作,我无时无刻不体察到竺老的爱心。我开头讲了竺老"春蚕到死丝方尽"的那种学术坚守,那是一个方面,那么在这里我看到竺老的这一滴泪体现了它是大爱无疆的人性光辉。

所以这种爱如果我们能够把它作为我们民族的,作为学术界的,作为教育学生的一个最基本的东西。我就希望我们在读竺老著作的时候,要理解这份爱,我们在引用竺老的这些资料写东西的时候,要传递这份爱。

好,我回到咱们开头的三句话,回顾走过的路,述说感动的事,表达感恩的心,我的汇报就到这里。

本文由殷晓岚根据录音整理

为编纂《竺可桢全集》征集文献和文物的函

_____：

　　竺可桢是20世纪中国地理学和气象学的一代宗师,自然资源综合考察事业的倡导者和奠基人,是"可持续发展"思想与实践的先觉先行者,对现代科学、教育事业在中国的奠基与发展作出了杰出的贡献。竺老的爱国情怀和求是精神,为科教事业奋斗终身的崇高理想和敬业精神,对人口、资源、环境问题的高瞻远瞩,对西部大开发问题的殷切关注,都使我们至今深受教益,也更感到有必要从"科教兴国"和"可持续发展"两大战略的高度,进一步全面发掘竺老的精神遗产。

　　据粗略估计,竺老遗存的著述约有200余万字,日记约900万字。80年代已出版的《竺可桢文集》只收70万字,已出版的《竺可桢日记》只为原文的三分之一。受篇幅和当时认识的局限,反映竺老思想精华、学术贡献和社会贡献的许多文章未能录选出版。因此,按竺可桢著述的价值和社会发展的实际需求,有必要组织编纂和出版《竺可桢全集》。

　　今年春天,北京、杭州、南京、兰州等地举行了不同规模和形式的竺可桢诞辰110周年纪念活动。科教界一些人士认为有必要出版《竺可桢全集》,并提出了具体设想。现在已经以"《竺可桢全集》的编纂及竺可桢科学创新轨迹研究"为题,在国家自然科学基金资助下立项,由中国科学院院史研究室负责组织课题组,编纂工作现已启动。课题组将组织多学科研究人员,在对竺老遗存文稿进行全面收集、系统整理、严密考订和综合研究的基础上,编纂《竺可桢全集》。

　　《全集》将兼顾档案性和学术性,为研究20世纪中国地学发展史,乃至中国现代科学史、教育史、文化史和社会史,提供永久性的基础资料;为中国历史提供20世纪杰出科学家竺可桢个案的全真文本。《全集》预计约1000万字,拟分20卷,每卷约50万字。全书将由上海科技教育出版社出版。

　　《全集》贵"全",文献征集是全部工作中极为重要的环节。为此,需要得到您的宝贵支持。望在收到此函后能拨冗赐复。

献上一片真情,实现一个夙愿,为完成竺老未竟的事业,我们将与您同行。在此,谨表衷心的谢意。顺致

新世纪的美好祝福!

《竺可桢全集》编辑委员会

主任 （签名）

2000 年 12 月 27 日

本文系《竺可桢全集》编纂启动大会的文件资料之一

为编纂《竺可桢全集》征集文献文物的首轮调查

征集内容包括：竺老的专著、文章、讲义、演说、诗词、序跋、译文、公文、批文、函电和工作报告，以及信简、日记、笔记、照片和其他文物等。为编研工作的需要，也征集与竺可桢有关的研究、忆述、报道等各种题材的文字和声像资料。

为避免重复征集造成不必要的浪费，第一轮通信主要是进行摸底，下面列出调查要点，请用另纸写出您收藏的有关文献或相关信息。

一、有关文献、文物的类型和要目
　　专著和文章
　　照片（含刊载照片的印刷品）
　　书信或函电
　　批示、便笺、题词、题签等手迹
　　报告或谈话记录
　　与竺老有关的报道或记述
　　研究或回忆竺老的文章
　　与竺老生平活动有关的文物
　　其他

二、提供的方式
　　捐赠
　　提供原件，要求收藏复印件或复制件
　　提供复印件或复制件
　　借用，用后奉还
　　有偿提供使用
　　其他方式和要求

三、提供您所知道的征集线索
　　有关文献的收藏人
　　记载有关内容的书、报、刊等出版物

特藏某种文献的机构

可能了解某重要文献的知情人

其他线索

四、对您熟悉的各种原始文献做出说明和订正,对已出版的《竺可桢文集》《竺可桢日记》和《竺可桢传》等书中的错讹之处提出订正意见。

五、对编纂工作的建议

本文系《竺可桢全集》编纂启动大会的文件资料之一

图书在版编目（CIP）数据

竺可桢与他的时代：纪念竺可桢逝世50周年研究文集 / 潘涛主编. -- 上海：上海科技教育出版社，2024. 10. -- ISBN 978-7-5428-8145-8

Ⅰ. K826.14-53

中国国家版本馆CIP数据核字第2024EX4321号

责任编辑　殷晓岚
装帧设计　杨　静

ZHU KEZHEN YU TA DE SHIDAI
竺可桢与他的时代——纪念竺可桢逝世50周年研究文集
潘　涛　主编

出版发行	上海科技教育出版社有限公司
	（上海市闵行区号景路159弄A座8楼　邮政编码201101）
网　　址	www.sste.com　www.ewen.co
经　　销	各地新华书店
印　　刷	上海中华印刷有限公司
开　　本	787×1092　1/16
印　　张	24.25
版　　次	2024年10月第1版
印　　次	2024年10月第1次印刷
书　　号	ISBN 978-7-5428-8145-8/N·1223
定　　价	98.00元